W9-CFQ-526

Maria Rita Francia Biasin

Studio italiano
An Italian Course for Beginners

 **Guerra** Edizioni

© Copyright 2002 - Guerra Edizioni, Perugia

ISBN 88-7715-606-6

Tutti i diritti riservati sia del testo che del metodo

4.   3.   2.

2008   2007   2006

GUERRA EDIZIONI guru s.r.l.
Via A. Manna, 25
06132 PERUGIA (Italy)

Tel. +39 075 5289090 - Fax +075 5288244
e-mail: geinfo@guerra-edizioni.com
http: www.guerra-edizioni.com

TABLE OF CONTENTS

Capitolo 9
Filastrocche (quando tu vai, la mamma sta, i signori Graniglia, oggi a Palermo)

Table of contents

Studio italiano

PREFACE

STUDIO ITALIANO is a textbook designed to teach the Italian language to beginning college students in one year, but it can also be used in high schools over a two-year period.

The aim of this book is to give students a strong basis for learning to speak, understand, read and write modern Italian while, at the same time, introducing them to the Italian culture.

The language teaching method that I have been using in my own classes (both at the university and in private settings), is obviously reflected in the organization of this book: it is a blend of many different methods used today in language classes around the world. As with any other manual, however, it will be up to the teachers to decide what method or blend of methods they want to use*. One important feature of this book is the use of some child teaching techniques that have proven very effective in language learning (not only for children but for adults, as well).

Thus the student learns the language by way of nursery rhymes, reviews, conversation, games and well known fables as well as through regular readings and grammar exercises.

In particular, **repetition** and **reviewing** are emphasized in this book as essential tools in learning a new language.

In fact **six** chapters are dedicated almost entirely to reviewing.

By repeated exposure to certain concepts and words, it will become increasingly easier and eventually natural for the student to acquire greater linguistic fluency.

The student's progress may be seen by looking at the increasing level of difficulty: from short conversations, dialogues and fables in the early chapters to excerpts from true works of literature in the later ones.

Readings, in fact, are numerous, but always presented in a simple and easy to understand way.

There are four "letture" for each regular chapter: an introductory dialogue, a "Prima Lettura", a "Seconda Lettura" and "L'Italia in miniatura".

Four fables are introduced in the book at the outset.

They are: Little Red Riding Hood, Cinderella, Pinocchio, and Snow White.

These fables (in part or in their entirety) will be found in every chapter of the book, either in the form of easy readings (usually included in the **Prima lettura** section) or simply as a part of exercises.

Being well known to practically all students, they will sometimes be changed, usually in a humorous way, thus testing the ability of the student to see the differences between the original story and the new one, and thereby promoting conversation.

Note: * As Gina Doggett writes in her interesting article entitled "Eight approaches to language learning": "Some teachers prefer to practice one of the methods to the exclusion of the others. Other teachers prefer to pick and choose in a principled way among the methodological options that exist, creating their own unique blend". Gina Doggett's article is included in the book entitled "Teaching and Learning Languages", edited by Anthony Mollica, Soleil publishing Inc., 1998.

TEXTBOOK ORGANIZATION

The textbook consists of one preliminary chapter , 18 regular chapters, and 6 review chapters. Each regular chapter is divided into the following sections:

Per cominciare:

A love story between two graduate students (one Italian and the other American) is presented in the form of brief conversations at the beginning of each regular chapter.

Grammar and written exercises:

Grammar is explained thoroughly, but the emphasis is always placed on the most important rules and not on minor details.

Contrasts between Italian and English are often pointed out.

Exercises are many, but again they mostly refer to major rules, while less important ones are learned through readings and oral practice.

Oral exercises:

Oral exercises feature questions (and subsequent answers) of two kinds:
formal: **Parliamo** (questions directed to the students by the teacher)
and informal: **A voi la parola** (directed to the students by other students).
"A voi la parola" encourages students to divide into groups and have a relaxed conversation in Italian (for about five to ten minutes), without the constant control of the teacher.

Both these exercises will give the students the opportunity to use their new language in a practical and creative way.

They will also help them get used to the double address (formal and informal), which is very much used in every day life in Italy.

Other oral exercises (like role-playing and games) are found in most chapters.

Parole, Parole!:

This section lists the most important words or expressions that the student needs in order to understand the readings and the specific topics of the chapter.

Starting with chapter 4, lists become longer, because they include some words and expressions already learned. Students will see that they already know **something** about each new chapter and this should encourage them to learn more.

Prima lettura (First Reading) - **Seconda lettura** (Second Reading):

At first these readings are in the form of dialogues.

As we approach the last chapters (and various aspects of verb syntax) they will gradually become more difficult and will at times be taken from works of Italian writers (Serao, Collodi, Verga, Boccaccio, Leonardo).

Both readings are always related to the grammar and the vocabulary of the chapter and they are followed by oral and written exercises.

Filastrocche: The "nursery rhymes" section is intended to be used as a **review** of the pronunciation and/or the grammar of the chapter.

As with **Parole, parole**! repetition of nursery rhymes occurs throughout the book. Persistence in memorizing the rhymes (or even just trying to read them as quickly as possible) will help students get a "feel" for the new language.

L'Italia in miniatura:
This is a special reading regarding some of the most important cultural aspects of Italy (geography, history, customs etc..). Placed at the end of each chapter (after the Filastrocche and before the Vocabolario), it is always follo-wed by oral exercises.

Vocabolario:
This section lists all the most important words of the chapter. The words are taken from the section "Parole, Parole", from the readings and from the intro-ductory dialogue. All other new words are not included.
Most chapters are centered on very common subjects (school, house, family, food, clothes, travel etc..) while the last chapters are dedicated to more cultu-ral subjects, such as literature, art and music.

Ricapitoliamo:
Every three regular chapters there is a review chapter, called Ricapitoliamo. It consists of many oral and written exercises for a complete review of the grammar and the vocabulary studied in the previous three chapters.
It begins with a section called **Cominciamo**, that features various curiosities such as first names and last names, the fables' characters, the Roman numbers, proverbs, sayings and idioms. It also includes an easy "Lettura", and it always ends with nursery rhymes taken from the previous chapters. These review chap-ters are extremely useful for retaining all that has already been learned, without overwhelming the student with further new rules and vocabulary.

ADDITIONAL MATERIALS

Workbook and **Laboratory manual** (one volume):
The Workbook is to be used for homework assignments, but it can easily be used in class, as well.

The Laboratory manual (together with the **compact disc**) is designed to help students acquire a correct pronunciation while they are reviewing the vocabulary and the grammar presented in the book's various chapters.

Acknowledgments

Many professors and friends have helped me with this book.
First of all, I want to thank very warmly Caterina Feucht, former language director of the Italian language program at UC Berkeley. Her help through all the many and different stages of the development of this book has been inva-luable. Anthony Mollica, professor of education at Brock University and adjunct professor at the University of Toronto, has also been very helpful in revising the book and providing me with many insightful comments.
Professor Francesca Pagnotta, in Perugia, Italy, revised the whole text with great care and accuracy.
My thanks go also to the following persons whose input has been very impor-tant in shaping the final version of the book :
Alfredo Alberico, San Francisco State University
Giovanni Biasin, UC Berkeley

Armando Di Carlo, UC Berkeley
Caterina Labriola, College of Marin and Santa Rosa Junior College
Nicholas Perella, UC Berkeley
Elisabetta Properzi Nelsen, San Francisco State University
Ruggero Stefanini, UC Berkeley

I am also indebted to all my students who patiently tested this book with me, giving me useful suggestions for improving the text. Special thanks also to the three students who have generously given me some of the beautiful photographs included in this textbook. They are: Beth Kellman (who also provided the picture for the cover of this book), John Ronan and Douglas Schultz. Family members and friends have also contributed in providing photographs.

I also want to express my deepest appreciation to the Italian editorial staff of Guerra Edizioni, in particular to the editor Stefano Cipriani for the supervision of the text in its several production stages.

Last, but certainly not least, my heartfelt thanks go to my late husband, Gian-Paolo Biasin, whose constructive criticism on the very first version of the manuscript was extremely helpful. This book is dedicated to him.

Maria Rita Francia Biasin

▷ **Pronuncia**
▷ **Giorni della settimana**
▷ **Dare del Tu e del Lei**
▷ **Frasi affermative - interrogative - negative**

▷ **Espressioni di cortesia e saluti**
▷ **Colori**
▷ **Numeri da 0 a 20**
▷ **Alcuni pronomi, titoli e aggettivi
di nazionalità**

PIACERE DI CONOSCERLA

Capitolo preliminare

Studio italiano

A) PRONUNCIA

1. Vocali

There are five vowels in the Italian alphabet: **A, E, I, O, U.**
The sounds of these vowels are always the same, except for **"e"** and **"o"**, which may be open or closed, depending on the words. Even though rules are very clear about open and closed sounds, Italians prefer to follow the pronunciation prevalent in their region, instead of the official one. The approximate English equivalent of each vowel sound is indicated for the words listed below (look for the beginning vowel of each word). Listen carefully as your instructor pronounces the words below and repeat after each word:

A as in **a**h!	**a**lbero* - tree	**a**nitra - duck
E as in **e**gg or **e**ight	**e**cco - here is/here are *(open sound)*	**e**spresso - espresso *(closed sound)*
I as in mach**i**ne	**i**sola - island	**i**taliano - Italian
O as in **o**x or **o**ver	**o**ca - goose *(open sound)*	**o**ttobre - October *(closed sound)*
U as in r**u**le	**u**no - one	**u**ltimo - last

There is one noun in Italian which includes all the vowels and that is **AIUOLE**, which means flower - beds. Remember the pronunciation of this word!

2. Consonanti

foglio = paper

There are sixteen consonants in the Italian alphabet:

B, C, D, F, G, H, L, M, N, P, Q, R, S, T, V, Z.

Some of them are pronounced approximately as in English, but others are pronounced differently, as you can see in the words listed below.
Note that there are also combinations of consonants with special sounds.

gola = throat

C as in **ch**ip before "i" or "e" (soft sound)	**ci**polla - onion	*che* **ce**sta - basket
C as in **c**at before all other vowels (hard sound)	**ca**sa - house	**co**sto - cost
again as in **c**at when "h" precedes "i" or "e"	**chi**esa - church	**che** - that, which
G as in **g**in before "i" or "e" (soft sound)	**gi**raffa - giraffe	**ge**lato - ice cream
G as in **g**o before all other vowels (hard sound)	**ga**tto - cat	**gu**sto - taste
again as in **g**o when "h" precedes "i" or "e"	**ghi**anda - acorn	**ghe**tto - ghetto
GLI as in mi**lli**on	fo**gli**a - leaf	coni**gli**o - rabbit
GN as in ca**ny**on	ba**gno** - bathroom	ra**gno** - spider
H** the letter h is always silent	**h**o - I have	**h**anno - they have
P as in English, but softer	**p**era - pear	**p**enna - pen

Note: * The underline indicates stress (**a**lbero-**u**ltimo-t**a**vola) other than next to the last vowel.
** The letter **h** is mainly used to harden the sounds of the letters **c** and **g**. Italian words starting with the letter **H** come directly (or indirectly) from Latin or from modern foreign languages.

R always very clearly pronounced	**r**agazzo - boy	bo**rs**a - bag
S sometimes as in **s**ea	**s**era - evening	**s**edia - chair
sometimes as in ro**s**e	**s**vendita - sale	ro**s**a - rose
SC as in **sh**eriff before "i" or "e"	**sci**arpa - scarf	**sce**riffo - sheriff
SC as in **sk**in before all other vowels	**sca**rpa - shoe	**sco**nto - discount
SC as in **sk**in when "h" precedes "i" or "e"	**schi**ena - back	**sche**rzo - joke
T as in English, but softer	**t**avola - table	**t**appeto - rug
Z sometimes as in bi**ts**	gra**z**ie - thank you	pre**zz**o - price
sometimes as in bi**ds**	**z**aino - backpack	**z**anzara - mosquito

(handwritten next to "sometimes as in rose": z vendita)

▷ ▷ ▷ **ESERCIZI**

A. Mettere le seguenti parole nella colonna appropriata
(Place the following words in the appropriate column)

cipolla   giraffa   chiesa   gelato   gatto   cesta   casa   ghianda

suono dolce (soft sound)	**suono duro** (hard sound)
Cipolla	*chiesa*
cesta	*gatto*
giraffa	*casa*
gelato	*ghianda*

B. Mettere le seguenti parole nella colonna appropriata
(Place the following words in the appropriate column)

scarpa   sceriffo   scherzo   scimmia (monkey)   schiena   scena (scene)   sconto   sciarpa

sc as in sheriff	**sc as in skin**
sceriffo	*scarpa*
scena	*sconto*
scimmia	*schiena*
sciarpa	*scherzo*

3. Consonanti doppie

Double consonants are always pronounced much more forcefully than single consonants.
Listen carefully as your instructor pronounces each word below and repeat:

(handwritten: CASH Register)

pala shovel   **palla** ball   **casa** house   **cassa** crate   **polo** pole   **pollo** chicken
note notes   **notte** night   **sera** evening   **serra** greenhouse   **cane** dog   **canne** canes

4. Accento scritto (written accent)

The stress on Italian words is not usually written, except for those words that are stressed
on the last vowel: cità - city, universit**à** - university, caff**è** - coffee.

Most Italian words are stressed on the next - to - the - last vowel*: gel**a**to - rag**a**zzo
scer**i**ffo - tapp**e**to; when the stress falls on a different vowel this textbook will underline
the stressed vowel (<u>a</u>lbero - <u>u</u>ltimo - sv<u>e</u>ndita - t<u>a</u>vola) in all new words.
Listen to your instructor and repeat:

papa pope   **papà** daddy   **e** and   **è** is   **pero** pear - tree   **però** but

B) GIORNI DELLA SETTIMANA

In Italian calendars the week starts with Monday (lunedì). Most days of the week are
stressed on the last vowel. Listen to your instructor and repeat:

lunedì Monday
martedì Tuesday
mercoledì Wednesday
giovedì Thursday
venerdì Friday
s<u>a</u>bato Saturday
dom<u>e</u>nica Sunday

Note that in Italian the days of the week are not capitalized.

Che giorno è oggi? What day is today?
Oggi è lunedì. Today is Monday.

Che giorno è domani? What day is tomorrow?
Domani è martedì Tomorrow is Tuesday

[handwritten: 4 - to 11 pm   11 f]

mattino (or **mattina**) morning   **pomer<u>i</u>ggio** afternoon   **sera** evening   **notte** night

È giovedì mattina.   It's Thursday morning.

▷ ▷ ▷ ESERCIZI

[handwritten: Adesso]

A. Leggere ad alta voce (Read aloud)
1. esatto *[handwritten: Exact]* - ecco - oggi - ottobre - cassa - mattino
2. canne - serra - prezzo - cipolla - hanno - palla
3. giraffa - ghetto - penna - scimmia - pollo - pomeriggio
4. espresso - ragazzo - sceriffo - tappeto - settimana - notte

B. Leggere ad alta voce
1. città - università - martedì - povertà *[handwritten: poverty]* *[handwritten: beauty]*
2. beltà - felicità - è - giovedì
3. mercoledì - papà - lunedì - libertà *[handwritten: Liberty / freedom]*
4. caffè - però - venerdì - necessità *[handwritten: necessity]*

Note: * At this stage of language learning it is much easier and therefore much more effective, for both
teachers and students, to talk about vowels, rather than syllables. Later on students will learn to divide
words into sylllables.

Espressioni utili da ricordare

1. **Come si dice...?** How do you say...?
   Si dice... You say....

   Esempi (examples):
   Come si dice "house"? Si dice "casa".
   Come si dice "thank you"? Si dice "grazie".

2. **Cosa vuol dire...?** (or **che cosa vuol dire?** or **che vuol dire?**) What does it mean?
   Vuol dire... It means...

   Esempi:
   Cosa vuol dire "pera"? Vuol dire "pear".
   Cosa vuol dire "penna"? Vuol dire "pen".

PARLIAMO*(let's talk)

Answer your teacher's questions. Example: when your teacher asks:
"Come si dice "Saturday"?" you should answer: "Si dice sabato".

1. Come si dice "and"? Pope - evening - but - night - pole - pen?

2. Cosa vuol dire "palla"? Cane - grazie - papà - casa - note - è - pollo - gelato - italiano?

3. Che giorno è oggi? E domani?

4. Adesso (now) è mattino, pomeriggio, sera o notte?

I'll see you Tuesday

*ci vediamo
il prossimo martedì*

PAROLE, PAROLE!

Read the following words aloud,
paying attention to the correct pronunciation.

1. **Espressioni di cortesia e saluti**

benvenuto welcome
piacere how do you do?
prego you're welcome
grazie thank you
scusi excuse me (formal)
ciao hi or good - bye (informal)
arrivederLa so long (formal)
buona sera good evening
a domani until tomorrow

per favore or **per piacere** please
~~**piacere di conoscerLa**~~ pleased to meet you (formal)
~~**piacere di conoscerti**~~ pleased to meet you (informal)
grazie mille or **grazie tante** many thanks
scusa excuse me (informal)
arrivederci so long (formal or informal)
buon giorno good day (or good morning)
buona notte good night
a presto see you soon

Esercizio #1: Name 3 expressions that you should not use when addressing a stranger
(informal expressions).

Note: * Questions in the "Parliamo" exercises are asked by the teacher. At this stage students should answer while looking at the words they just read. Later on students should close their books before answering.

2. Colori

nero black	**bianco** white	**marrone** brown	**grigio** gray
giallo yellow	**rosso** red	**azzurro** light blue	**verde** green
blu blue	**rosa** pink	**arancione** orange	**viola** purple

Esercizio #2: point to three objects and tell your teacher what color they are.

3. Numeri da zero a venti

0 zero	11 undici
1 uno	12 dodici
2 due	13 tredici
3 tre	14 quattordici
4 quattro	15 quindici
5 cinque	16 sedici
6 sei	17 diciassette
7 sette	18 diciotto
8 otto	19 diciannove
9 nove	20 venti
10 dieci	

Ciao Paolo!

Esercizio #3: Let's count together up to twenty, at least twice.

4. Parole ed espressioni varie

avete capito? did you understand?
adesso (or **ora**) **facciamo una pausa** now let's take a break
leggiamo insieme! let's read together!
ci vediamo domani we'll see each other tomorrow
ci vediamo la prossima settimana we'll see each other next week

va bene o. k.	**sì** yes	**no** no	**ma** (or **però**) but
e and	**è** is	**ecco** here is or here are	**o** or

▷ ▷ ▷ ESERCIZI

A. Scrivere il colore appropriato (Write the appropriate color).
Esempio: banana (Write: giallo)

1. luna (moon) .bianca......... 9. foglia (leaf) ...verde......
2. cielo (sky) ..blu......... 10. arancia (orange) arancione..
3. pomodoro (tomato) .rosso..... 11. pera (pear) ..verde......
4. insalata (lettuce) .verde...... 12. latte (milk) ..bianco......
5. oro (gold) ..giallo....... 13. fico (fig) ..nero......
6. caffè (coffee) ..marrone.... 14. prugna (plum) ..viola......
7. patata (potato) ..bianca..... 15. argento (silver) grigio......
8. fuoco (fire) ..rosso....... 16. carota (carrot) arancione......

B. Leggere i seguenti numeri (Read the following numbers)

1. 14   1   5   13   19   2   10   16   12   6

2. 11   4   18   8   17   0   3   9   15   7

C. A voi la parola (your turn to talk).

Answer your classmate's questions. Example: when one of your classmates asks: "Come si dice yellow?" You should answer: "Si dice giallo".

1. Come si dice: good day - good evening - red - seventeen - blue - pink- so long - good night - nineteen - purple - brown - zero - and - see you soon - hi - twelve - yellow - nine - is - green - you are welcome - three - how do you do - but - tomorrow?

2. Cosa vuol dire: diciotto - grigio - giovedì - a domani - buonanotte - ecco - azzurro - grazie - pomeriggio - oggi - quindici - nero - benvenuto - bianco - sette - per favore - scusi - due - sì - piacere di conoscerLa - venti?

Ⓒ DARE DEL TU E DEL LEI

1. In Italian there are two ways of addressing people: the formal address and the familiar (informal) address.The familiar address is used only among family members, children, teenagers, classmates and with good friends. In all other cases the formal address is used.

2. Both **tu** and **Lei** mean **you** (singular). **Tu** is informal and **Lei** is formal.

Ⓓ FRASI AFFERMATIVE- INTERROGATIVE - NEGATIVE

1. Affirmative, interrogative and negative phrases are expressed as follows:

a. Affirmative:

(Io) parlo italiano.	(Tu) parli cinese.	(Lei) parla inglese.
I speak Italian.	You (informal) speak Chinese.	You (formal) speak English.

b. Interrogative:

Parlo (io) italiano?	Parli (tu) cinese?	Parla (Lei) inglese?
Io parlo italiano?	Tu parli cinese?	Lei parla inglese?
Parlo italiano, io?	Parli cinese, tu?	Parla inglese, Lei?
Do I speak Italian?	Do you speak Chinese?	Do you speak English?

c. Negative:

(Io) non parlo italiano.	(Tu) non parli cinese.	(Lei) non parla inglese.
I don't speak Italian.	You don't speak Chinese.	You don't speak English.

2. Note that the interrogative sentence can be expressed in many different ways, as long as the intonation (when speaking) and the question mark (when writing) remain.
Note also that the subject pronoun (io, tu, Lei) is not always necessary, as the verb itself expresses the person: Parlo italiano. Parli cinese? Non parla inglese.

3. When "**lei**" is not capitalized (except when it occurs at the beginning of a sentence) it means "she". Pay attention to the difference between "**Lei**" (capitalized) and "**lei**" (not capitalized):

Parla inglese **Lei**? Do you (formal) speak English?
Parla inglese **lei**? Does she speak English?
Tu parli inglese e **lei** parla italiano. You (informal) speak English and she speaks Italian.
Io non parlo italiano e **Lei** non parla cinese. I don't speak Italian and you (formal) don't speak Chinese.

— word —

PAROLE, PAROLE!

some pronouns   *nationalities*

1. Alcuni pronomi, titoli, nazionalità
title

io I	**tu** you (singular informal)	**Lei** you (singular formal) **lei** she
signore sir	**signor Rossi*** mister Rossi	
signora madam	**signorina** miss	
americano American	**cinese** Chinese	**francese** French
inglese English	**italiano** Italian	**russo** Russian
spagnolo Spanish	*Chinese*	

2. Incontri (encounters)

FORMAL ADDRESS	INFORMAL ADDRESS	
come si chiama (Lei)?	**come ti chiami** (tu)?	what's your name?
di dove è (Lei)?	**di dove sei** (tu)?	where are you from?
dove abita (Lei)?	**dove abiti** (tu)?	where do you live?
come sta (Lei)?	**come stai** (tu)?	how are you?
parla italiano (Lei)?	**parli italiano** (tu)?	do you speak Italian?
studia italiano (Lei)?	**studi italiano** (tu)?	are you studying Italian?

Mi chiamo... My name is...	**Sono di...** I am from...	**Abito a...** I live in...
Sto bene I am fine (well)	**molto bene** or **benissimo** very well	**male** badly
abbastanza bene well enough	**così così** so - so	**non c'è male** not bad

che,
c'è

Sì, parlo italiano. Yes, I speak Italian.
No, non parlo italiano. No, I don't speak Italian.

Sì, studio italiano. Yes, I am studying Italian.
No, non studio italiano. No, I am not studying Italian.

Add name
drop e

Note: * Titles ending in -ore, such as signore, professore (professor) and dottore (doctor) drop the final "e" when followed by the last name: signor Rossi, professor Rossi, dottor Rossi.

⇨ ⇨ ⇨ **ESERCIZI**

Ⓐ Cosa vuol dire...?

1. Buon giorno, signor Gatti, come sta? *Good morning Mr Gatti, how are you*

Sto bene, grazie, e Lei? *I'm fine, thanks - and you?*

2. Ciao Paolo, come stai? *Hello Paul, how are you*

Benissimo, grazie, e tu? *Very well, thanks and you*

3. Scusi signora, parla inglese o francese? *Excuse me, Madam, do you speak english or french*

Parlo inglese. Non parlo francese. *I speak english. I don't speak french*

4. Scusa, come ti chiami? *Excuse me, what is your name?*

Mi chiamo Roberta Selmi, e tu? *My name is Robert Selmi, and you?*

5. Scusi, di dove è? *Excuse me, where are you from?*

Sono di Milano, ma abito a Roma *I'm from Milano, I live in Roma*

6. Scusi, Lei è Alberto Rossi? *Excuse me, are you Alberto Rossi*

Sì, mi chiamo Alberto Rossi. Piacere di conoscerLa *Yes, my name is albert, nice to meet you*

7. Arrivederci Paolo, a domani *Bye Paul, see you tomorrow*

Ciao, a presto. *Bye. See you soon*

8. Buonanotte, signorina *Good night Miss —*

A domani e grazie mille *til tomorrow and thanks alot*

Ⓑ Come si dice...?

1. Where are you (inform.) from? *De dove se?*

I am from Rome *Sono di Roma*

2. How are you (inform.)? *Come sta?*

So, so *così così*

3. My name is Paul. *mi chiamo Paolo*

Pleased to meet you (inform.) *Piacere de conoscerti*

4. Good evening Mr. Bianchi! *Buono Sera Signor Bianchi*

Welcome! *Benevenuto*

5. Excuse me, Miss, what's your name? *Escusa Signorina come se chiama?*

My name is Lisa. *mi chiamo Lisa*

6. I don't speak Italian, and you (form.)?.. *No parle Italiano e tu?*
I speak Italian and Spanish . *Parlo italiano y spagnolo*

7. Do you (form.) speak Chinese, French or Russian? *Parle cinese, francese, Russo?*
No, I speak English . *No parlo inguese*

8. Good night Paul, and many thanks.. *Buono notte Paola y milgnaza*
Good-bye; see you soon! . *Arrevidecci y a presto*

C. Scrivere due frasi affermative, due interrogative e due negative
(Write two affirmative, two interrogative and two negative sentences).

D. Parliamo (let's talk)

1. Come si chiama? Di dove è? Dove abita? Come sta?

2. Parla italiano? Parla inglese? Parla cinese? Parla francese? Studia italiano? Studia cinese? Studia francese?

3. Contiamo insieme! (let's count together)

4. Oggi è sabato? Che giorno è oggi? Domani è domenica? Che giorno è domani?

5. È mattino, pomeriggio, sera o notte?

6. Come si dice: good morning - good evening - good night - see you soon - many thanks - eighteen - fourteen - two - seven - red - green - yellow - blue?

7. Cosa vuol dire: signor Rossi - signorina Betti - bianco - nero - grigio - marrone - prego - ciao - scusa - piacere - venerdì - mercoledì?

E. Attività in classe

Take a few minutes to meet as many people in your class as you can, by asking their names, where they are from, where they live, how they are feeling and what language (s) they speak. Then ask your teacher the same questions.

Siamo di Modena

The following is a list of the most important words and expressions of the chapter. Remember that memorization of words is a very important part of language learning!

Saluti - Pronomi - Titoli

buon giorno good morning (or good day)
buona notte good night
a domani until tomorrow - see you tomorrow
arrivederci good bye - so long (form. & inform.)
io I - **tu** you (s. inform.)
signora madam - Mrs
signor Rossi mister Rossi

buona sera good evening
ciao hi or good-bye
a presto see you soon
arrivederLa so long (form.)
Lei you (s. form.) **lei** she
signore sir - Mr.
signorina miss

Espressioni di cortesia

lui

benvenuto welcome
prego you're welcome
per favore or **per piacere** please
piacere how do you do
piacere di conoscerLa or conoscerti pleased to meet you (form. inform.)
grazie mille or **grazie tante** many thanks
scusi (form.) **scusa** (inform.) excuse me

Colori e altri aggettivi

arancione orange	**azzurro** light blue	**bianco** white	**blu** blue
giallo yellow	**grigio** gray	**marrone** brown	**nero** black
rosa pink	**rosso** red	**verde** green	**viola** purple
altro other	**americano** American	**cinese** Chinese	**francese** French
inglese English	**italiano** Italian	**russo** Russian	**spagnolo** Spanish

Giorni della settimana

LUNEDÌ - MARTEDÌ - MERCOLEDÌ - GIOVEDÌ - VENERDÌ - SABATO - DOMENICA

Che giorno è oggi? What day is today? **Domani**? Tomorrow?
Mattino (morning), **pomeriggio** (afternoon), **sera** (evening), **notte** (night).

Parole ed espressioni varie

Come si dice? how do you say?

Cosa vuol dire? what does it mean?

Come si chiama? (form.) **- come ti chiami?** (inform.) what's your name?

Mi chiamo my name is

Di dove è? (form.) **- di dove sei?** (inform.) where are you from?

Sono di... I am from...

Dove abita (form.) **- dove abiti?** (inform.) where do you live?

Abito a... I live in...

Come sta - stai? how are you? (form. - inform.)

Sto (abbastanza) bene I am well (enough)

Così così so - so **non c'è male** not bad

Molto bene (benissimo) very well **male** badly

E and **è** is

Ecco here is or here are

Ma (or **però**) but

O or

Parla - parli italiano? do you speak Italian? (form. - inform.)

Sì, parlo (no, non parlo) italiano yes, I speak (no, I don't speak) Italian

Studia - studi italiano? are you studying Italian? (form. - inform.)

Sì, studio (no, non studio) italiano yes, I am studying (no, I am not studying) Italian

Avete capito? did you understand?

Adesso (or **ora**) **facciamo una pausa** now let's take a break

Leggiamo insieme! let's read together!

Ci vediamo domani (la prossima settimana) we'll see each other tomorrow (next week)

Va bene o. k.

Mi chiamo Emanuele!

CAPITOLO 1 - INCONTRI

TURISTI AD ASSISI

Incontri

CAPITOLO
1

Studio italiano

PER COMINCIARE

Incontri

In aereo, volo Milano - Roma.
(On the airplane, flight Milan - Rome)

Luciano*: Scusi, signorina, come si chiama?
Lucille: Mi chiamo Lucille Bond, e Lei?
Luciano: Sono Luciano Caretti. Piacere di conoscerLa.
Lucille: Piacere.
Luciano: Scusi, studia italiano?
Lucille: Sì, studio italiano, ma parlo poco. E Lei parla inglese?   **poco** a little
Luciano: Un po'.   **un po'** a little bit
Lucille: Ecco l'alfabeto italiano! **A** come in **a**lbero...   **come** as **a**lbero tree
Luciano: **A** come in **a**more.
Lucille: Che cosa vuol dire amore?
Luciano: Vuol dire love.
Lucille: Ah, grazie mille... **B** come in **b**arca...   **barca** boat
Luciano: **B** come in **b**acio...
Lucille: Che cosa vuol dire b<u>a</u>cio?
Luciano: Vuol dire kiss.
Lucille: Ah, grazie tante... **C** come in...
Luciano: **C** come in **c**uore. Cuore vuol dire heart.
Lucille: Molto interessante!... **D** come in **d**onna... **E** come in...   **donna** woman
Luciano: **E** come in...
Lucille: **E** come in **e**nough!
Luciano: Come si dice "enough" in italiano?   **enough!** basta!
Lucille: Non lo so. Ecco il dizion<u>a</u>rio.   **non lo so** I don't know

PARLIAMO

1. Luciano parla italiano? Parla inglese?
2. Lucille studia inglese o italiano? Parla italiano?
3. Che cosa vuol dire albero? Amore - barca - bacio - cuore - donna?
4. Come si dice "enough!" in italiano?

Dialogo personalizzato. In pairs: personalize the dialogue by changing the questions and the answers as you wish. Be ready to read the new dialogue aloud.

A) L'ALFABETO E I NOMI

1. As you already know, the Italian alphabet has 21 letters: five vowels and sixteen consonants. Five additional letters are of foreign origin. They are: **j, k, w, x, y.**
There are no Italian nouns starting with the letter **h,** as you can see in the alphabet chart below. Nouns starting with the letter **h** come directly either from Latin or from modern foreign languages (humus, hotel).

Note: * Note the difference of the **ci** sound in the names of Luciano and Lucille. Luciano is an Italian name and Lucille is an English name. In order to remember the difference between the Italian and the English **ci** sounds the name of Lucille should always be pronounced in English (never in Italian!).

2. In Italian all nouns are either masculine or feminine. Most feminine nouns end in **a** in the singular form and **e** in the plural. Esempi: **casa** (house) **case** (houses) **mela** (apple) **mele** (apples)

Most masculine nouns end in **o** in the singular and **i** in the plural. Esempi:
gatto (cat) **gatti** (cats) **vaso** (vase) **vasi** (vases)
Look at the chart below: how many nouns are feminine and how many are masculine?

L' ALFABETO

ALBERO tree	**BARCA*** boat	**CASA** house	**DONNA** woman	**ESPRESSO** espresso	**FUNGO** mushroom
GATTO cat	**H**	**ISOLA** island	**LUNA** moon	**MELA** apple	**NASO** nose
OCA goose	**PERA** pear	**QUADRO** painting	**RAGAZZO** boy	**SEDIA** chair	**TAVOLA** table
UCCELLO bird	**VASO** vase	**ZAINO** backpack			

▷ ▷ ▷ ESERCIZI

A. Imparare a memoria le parole dell'alfabeto e poi formare il plurale
(memorize the words of the alphabet chart and then form the plural).
Esempio: albero - alberi.

B. A voi la parola
  1. Come si dice "bird"? tree - vase - women - boat - islands - boy - apples - house - tables?
  2. Cosa vuol dire "zaini"? luna - espresso - quadri - sedia - naso - gatti - oca - pere - fungo?
  3. Come si dice: "two** apples"? five chairs - seven vases - eighteen pears - six houses?
  4. Cosa vuol dire: quattro zaini - due quadri - cinque ragazzi - tre tavole - dodici funghi?

B) L'ARTICOLO DETERMINATIVO

In English there is just one definite article, **THE** and it is used with all nouns, both in the singular and in the plural. In Italian there are many different ways of saying **THE**, according to the gender (feminine or masculine), the number (singular or plural) and the initial letter (**s**) of the noun that follows, as indicated in the chart below:

WITH FEMININE NOUNS	SINGULAR	PLURAL
before any consonant	**la** casa	**le** case
before any vowel	**l'**ora*** (hour)	**le** ore
WITH MASCULINE NOUNS	**SINGULAR**	**PLURAL**
before most consonants	**il** gatto	**i** gatti
before any vowel	**l'**albero	**gli** alberi
before**** z or s plus cons.	**lo** zaino - **lo** sconto (discount)	**gli** zaini - **gli** sconti

Note: * As we will be shown later on, in order to keep the hard sound of the letters c and g the words barca, fungo and oca in the plural become respectively barche, funghi and oche.
**Numbers are invariable: due libri-tre case etc. (one exception is number one, which works as the indefinite article: un, uno, una; see the indefinite articles).
***The apostrophe is used to indicate the dropping of the article's final vowel: l'ora instead of la ora, l'albero instead of lo albero, un'ora instead of una ora.
****Masculine nouns starting with **gn** and **ps** also require the articles "lo" and "gli". They are rare. Examples: lo gnomo (elf) - gli gnomi, lo psicologo (psychologist) - gli psicologi.

studio italiano

Espressioni utili da ricordare

1. **Che cosa è (or che cos'è)?** what is it? (table) **È la tavola** it's the table
2. **Che cosa sono?** what are they? (chairs) **Sono le sedie** they are the chairs
3. **Che cos'è?** what is it? (unknown object) **Non (lo) so** I don't know

◊ ◊ ◊ **ESERCIZI**

A. **Aggiungere gli articoli determinativi alle parole dell'alfabeto nella pagina precedente e poi formare il plurale** (add the definite articles to the words of the alphabet chart listed in the previous page and then form the plural).
Esempio: l'albero - gli alberi.

B. **Rispondere** (answer) Esempio: È la sedia? (table) **No, non è la sedia: è la tavola.**

1. È il gatto? (bird) No, non è il gatto; è l'uccello
2. È la pera? (apple) No, non è la pera; è la mela
3. È l'albero? (boat) No, non è l'albero; è il barco
4. È il ragazzo? (woman) No, non è il ragazzo; è la donna
5. È il vaso? (painting) No, non è il vaso; è il quadro
6. È il fungo? (backpack) No, non è il fungo; è l'zaino
7. È l'isola? (moon) No, è l'isola; è la luna
8. È la giraffa? (goose) No, è la giraffa; è la oca

C. Rispondere

Esempi: Che cos'è? (cat) È **il** gatto. Che cosa sono? (cats) Sono **i** gatti.

1. Che cos'è? (goose) cosa é l'oca sono gli oco
2. Che cosa sono? (houses) Sono le case
3. Che cosa sono? (apples) Cosa sono le mele
4. Che cos'è? (vase) cos'é il vaso sono i vasi
5. Che cosa sono? (mushrooms) Cosa sono i fungi
6. Che cos'è? (pear) Cosa é la pera sono le pere
7. Che cos'è? (tree) Cos'é l'albero sono gli alberi
8. Che cosa sono? (cats) Sono i gatti
9. Che cosa sono? (unknown objects) Sono gli zaini
10. Che cos'è? (table) Cos'é la tavola
11. Che cos'è? (painting) Cosa é il quadro
12. Che cosa sono? (chairs) Sono le sedie
13. Che cosa sono? (birds) Sono gli uccelli
14. Che cos'è? (boat) cos'é il barco
15. Che cos'è? (moon) cos'é la luna
16. Che cosa sono? (islands) Sono le isoli

D. Aggiungere l'articolo determinativo ai seguenti nomi e poi formare il plurale (add the definite article to the following nouns and then form the plural).
Esempio: libro (book) **il** libro - **i** libri

1. banco ...il banco...i banci...
2. penna ...la penna..le penne.
3. tappeto ...il tappeto..i tappeti.
4. finestra ..la finestra..le finestre
5. pavimento lo pavimento ...i pavimento
6. matita ..la matita..le matite.
7. cassetto il cassetto..i casseti.
8. borsa la borsa...le borse...
9. stanza la stanza..le stanze
10. soffitto ...il soffitto.....i saffiti.
11. porta la porta...le porte...
12. cancellino ..il cancellino...i cancellini
13. aula ..l'aula....le auli.
14. foglio il foglio..i fogli.
15. lavagna ..la lavagna....le lavagne
16. muro ..il muro....i muri.

PAROLE, PAROLE!

Read the following words aloud,
paying attention to the correct pronunciation.

L'aula (classroom)

il banco student's desk
il cancellino eraser (for blackboard)
il cassetto drawer
il foglio (pl. i fogli) sheet of paper
la lavagna blackboard
la matita pencil
il pavimento floor
la porta door
la scrivania teacher's desk
la stanza room
la studentessa student (f.)

la borsa bag
la carta paper **la carta geografica** map
la finestra window
l'insegnante * (pl. gli/le insegnanti) teacher
il libro book
il muro wall
la penna pen
il quaderno notebook
il soffitto ceiling
lo studente (pl. gli studenti) student (m.)
il tappeto rug

e plura

Esercizio#1: point to three objects and tell your teacher what they are.

⒞ L'ARTICOLO INDETERMINATIVO

The indefinite article (**a - an**) is determined by whether the noun that follows is masculine or feminine (gender) and by its initial letter (s). The indefinite article has no plural. Therefore the plural (**some, a few** **) is rendered here with the adjective alcuni - alcune. "Alcuni" is used with all masculine nouns and "alcune" is used with all feminine nouns, no matter what the initial letter of the noun that follows is.

Note: * L'insegnante (s.) is used for both male and female teachers (lo insegnante, m.; la insegnante, f.)
** Later on the partitive article (di + article) will be presented.

WITH FEMININE NOUNS	SINGULAR	PLURAL
before any consonant	**una** casa	**alcune** case
before any vowel	**un'**ora	**alcune** ore
WITH MASCULINE NOUNS	SINGULAR	PLURAL
before most consonants	**un** gatto	**alcuni** gatti
before any vowel	**un** albero	**alcuni** alberi
before* **z** or **s** plus cons.	**uno** zaino	**alcuni** zaini
	uno sconto	**alcuni** sconti

discount

▷ ▷ ▷ **ESERCIZI**

A. Rispondere
Esempio: È una sedia? (table) **No, non è una sedia: è una tavola.**

1. È un'oca? (bird) . . . . *goose*

2. È una donna? (boy) . . . .

3. È una mela? (pear) . . . . *Apple*

4. È un quadro? (vase) . . . . *Painting*

5. È uno zaino? (bag) . . . .

6. È un gatto? (giraffe) . . . .

7. È una casa? (boat) . . . .

8. È un albero? (mushroom) . . . .

B. Rispondere
Esempi: che cos'è? (cat) È **un** gatto. Che cosa sono? (cats). Sono **alcuni** gatti.

1. Che cos'è? (boat) *barco*

2. Che cosa sono? (pears) *sono alcune pere* *pere*

3. Che cosa sono? (bags) *sono alcune borse*

4. Che cos'è? (pen) *é una penna*

5. Che cosa sono? (vases) *sono alcuni vase*

6. Che cos'è? (window) *é una finestra*

7. Che cos'è? (door) *é una porta*

8. Che cosa sono? (books) *sono alcuni libri*

9. Che cosa sono? (unknown objects) . . . .

10. Che cos'è? (espresso) *é un café*

Note: * Masculine nouns starting with g n and p s also require the article uno: uno gnomo (an elf) - uno psicologo (a psychologist)

11. Che cos'è? (room) ... *é una stanza*

12. Che cosa sono? (tables) ... *sono alcune tavole*

13. Che cosa sono? (houses) ... *sono alcune case*

14. Che cos'è? (backpack) ... *é uno zaino*

15. Che cos'è? (drawer) ... *é un cassetto*

16. Che cosa sono? (trees) ... *sono alcune alberi*

C. Aggiungere l'articolo indeterminativo ai seguenti nomi e poi formare il plurale
(add the indefinite article to the following nouns and then form the plural).
Esempio: libro (book) **un** libro - **alcuni** libri.

desk *rev* *rug* *window* *floor* *pencil* *drawer* *bag*

1. banco *un banco alcune banci* 9. stanza *una stanza alcune stanze* *room*

2. penna *una penna alcuni penne* 10. soffitto *un soffitto alcune soffitto*

3. tappeto *un tappeto alcune tappeti* 11. porta *una porta alcune porte*

4. finestra *una finestra alcune finestre* 12. cancellino *un cancellino alcuni cancellini* *eraser*

5. pavimento *un pavimento alcune pavimenti* 13. aula *una aula alcune aulé*

6. matita *una matita alcune matte* 14. foglio *un foglio alcuni fogli* *paper*

7. cassetto *un cassetto alcune cassetti* 15. lavagna *una lavagna alcune lavagne* *blackboard*

8. borsa *una borsa alcune borse* 16. muro *un muro alcune muri* *wall*

D. Parliamo

1. Come si chiama (Lei)? Di dove è? Dove abita? Parla inglese? Parla italiano?
Parla spagnolo o russo? Studia italiano? Come sta?

2. Che cos'è? (book) Che cos'è? (pen) Che cosa sono? (backpacks) Che cos'è? (pencil)

3. Che giorno è oggi: è lunedì o martedì? Domani è sabato o domenica?

4. Ripetiamo insieme (let's repeat together) i giorni della settimana!

5. Ripetiamo insieme i nomi dei colori: rosso vuol dire... giallo vuol dire... verde vuol dire...

6. Che cosa vuol dire: un quaderno, quattro case, alcuni uccelli, gli studenti, tre zaini?

7. Come si dice: three chairs - two women - seven tables - ten books - four pencils?

8. Contiamo insieme (let's count together)!

D) NOMI INVARIABILI AL PLURALE

Nouns ending in a consonant and nouns ending with an accented vowel do not change
their ending in the plural form.

Esempi: l'autobus - gli autobus (bus) una città - alcune città (city)
il caffè - i caffè (coffee - coffee house)

The same rule applies to abbreviated nouns, nouns of one syllable and nouns of foreign
origin: cinema is the abbreviation of cinematografo (movie theatre) - bici of bicicletta
(bicycle) - auto of automobile (automobile) - foto of fotografia (photograph) - film and sport
are of foreign origin - re (king) and tè (tea) are nouns of one syllable. Esempi: *bicycle*

| il cinema - i cinema | una foto - alcune foto | l'auto - le auto | la bici - le bici |
| il film - i film | lo sport - gli sport | un re - alcuni re | il tè - i tè |

King

Esercizio #1: Formare il plurale delle seguenti parole
(form the plural of the following words):

1. la foto - il bar - il caffè - il re - la città - l'università - la necessità

2. un tè - un film - un autobus - un'auto - un cinema - una jeep - uno sport

🄴 IL VERBO ESSERE E I PRONOMI SOGGETTO

1. Verbs tell you **who** is doing the action and **when. Essere** (to be) is an irregular verb, to be memorized:

io sono I am	**noi siamo** we are
tu sei you are (sing. inform.)	**voi siete** you are (pl. inform.)
Lei è you are (sing. form.)	**Loro sono** you are (pl. form.)
lei*, lui** è she, he is	**loro sono** they are

Chi sei tu? **Sono** una studentessa. Who are you? I am a student.
Chi è Paolo? Paolo **è** un ragazzo. Who is Paolo? Paolo is a boy.

Chi siete voi? **Siamo** studenti. Who are you? We are students.
Chi sono loro? **Sono** insegnanti. Who are they? They are teachers.

2. You already know the difference between **Lei** and **tu** (**you** singular, formal and informal.) Now you can see the difference between **Loro** and **voi** (**you** plural, formal and informal):

FORMAL ADDRESS	INFORMAL ADDRESS	
Sono (Loro) studenti?	**Siete (voi) studenti?**	Are you students?
Sì, e Loro?	**Sì, e voi?**	Yes, and you?
Sono (Loro) di Roma?	**Siete (voi) di Roma?**	Are you from Rome?
No, e Loro?	**No, e voi?**	No, and you?

3. Note, however, that while in spoken Italian the "Lei" form is frequently used, the "Loro" form is seldom used. "Voi" is now more and more accepted even in formal situations.

▷ ▷ ▷ ESERCIZI

A. Sostituire il soggetto della frase, come indicato nell'esempio
(substitute the subject of the sentence, as indicated in the example).
Esempio: Pia è di Bari. (noi, loro, tu)...
noi siamo di Bari; **loro sono** di Bari; **tu sei** di Bari.

1. Io sono di Milano (lei, noi, voi)
2. La signorina Bosi è di Modena. (noi, voi, Gina e Piero)

Note: *When **lei** is capitalized (Lei) it means you (sing. formal); the same goes for **loro**: Loro (you plural) and loro (they), as you will read later on.
Esempi: Chi è Lei? Sono uno studente americano. Chi è lei? È una ragazza francese.
** **It** in impersonal expressions is not rendered in Italian. Esempi: "it is necessary" is translated "è necessario", "it is important" is translated "è importante".

io sono
tu sei
é
lei ..

3. Siete di Napoli voi? (loro, Claudio, Lei)
4. Luigi non è di Roma. (tu, io, loro)
5. Paolo è studente (noi, voi, Giovanni e Carlo)
6. Gianna non è studentessa. (Paola e Rita, io, tu)
7. Teresa è insegnante? (Anna e Giulia, voi, Lei)
8. È insegnante Piero? (Aldo e Giorgio, noi, io)

B. Come si dice...?

1. I am from Rome and you (s.)?. *io sono di Roma é voi sei*
2. She is a student ... *lei é una studiantessa*
3. They are not from Milan . *no loro sono di milan*
4. He is a boy...... *lei é un ragazzo*
5. You (pl.) are not teachers. . *voi siete non gli insegnanti*
6. We are women ..... *noi siamo donne.*
dona

Parole opposte

1. **questo**   **questa** this   **quello*****   **quella** that
   questi   **queste** these   **quelli**   **quelle** those

   Che cos'è **questa? Questa** è una borsa. What is this? This is a bag.
   Che cos'è **quello? Quello** è uno zaino. What is that? That is a backpack.

   Che cosa sono **questi? Questi** sono i banchi. What are these? These are the desks.
   Che cosa sono **quelle? Quelle** sono le penne. What are those? Those are the pens.

2. **qui (qua)** here, over here   **lì (là)** there, over there

   La borsa è **qui**. The bag is here.
   Lo zaino è **là.** The backpack is over there.

Attenzione: **Ecco** means here is/here are while **qui** (or **qua**) means just here.

▷ ▷ ▷ ESERCIZI

A. Rispondere. Esempi: Che cos'è questo? (the book)... **questo è il libro**
Che cosa sono queste? (some apples)... **queste sono alcune mele.**

1. Che cos'è questa? (a blackboard). *Questa é la lavagna*
2. Che cosa sono queste? (two pencils) *Queste sono due matite*
3. Che cosa sono quelle? (three windows) *Queste sono tre finestre*
4. Che cos'è quello? (the floor). *quello é il parimento*

Note: * Quello is an irregular adjective: its irregular forms will be studied later on.

5. Che cosa sono questi? (some desks) . . . .

6. Che cos'è questo? (the notebook) . . . .

7. Che cosa sono quelli? (two sheets of paper) . . . .

8. Che cos'è? (unknown object) . . . .

B. **Formare il plurale o il singolare**.
Esempi: Ecco il gatto... **ecco i gatti** - Ecco alcune borse... **ecco una borsa**.

1. Ecco alcune penne . . . .

2. Ecco una matita e un quaderno . . . .

3. Ecco le finestre e le porte . . . .

4. Ecco il tappeto. . . . .

5. Ecco una mela e una pera . . . .

6. Ecco i gatti . . . .

7. Ecco il cappuccino . . . .

8. Ecco i caffè e alcune paste . . . .

Espressioni utili da ricordare

Dov'è (dove è)? Dove sono? where is it? where are they?

C'è (ci è) - ci sono there is - there are

Dov'è l'aiuola (flower-bed)? L'aiuola è **qui.**
Dove sono le finestre? Le finestre sono **là.**

C'è un libro **qua**? Sì, **c'è** un libro **qua.**
Ci sono alcune matite **là**? Sì, **ci sono** alcune matite **là.**

▷ ▷ ▷ ESERCIZI

A. **Formare il plurale**.
Esempi: Qui c'è la borsa... **qui ci sono le borse**. Qui c'è una borsa... **qui ci sono alcune borse**.

1. Qui c'è un libro . . . .

2. Ecco una lavagna . . . .

3. Dov'è la finestra? . . . .

4. Quella casa è là . . . .

5. Dov'è la scrivania? . . . .

6. L'oca è qua. . . . .

7. Questa sedia è qui . . . .

8. Ecco una tavola . . . .

B. Formare il singolare

Esempio: dove sono i funghi?... **dov'è il fungo**?

1. Là ci sono due matite . . . .

2. Dove sono gli zaini? . . . .

3. Ci sono due porte qui . . . .

4. Dove sono i quaderni? . . . .

5. Ci sono due studenti là . . . .

6. Dove sono i ragazzi? . . . .

7. Ci sono alcuni funghi là . . . .

8. Queste mele sono qui . . . .

C. Quattro favole (four fables).

Read the titles of the following fables, paying attention to the correct pronunciation!

Pino**cchio**	Bian**ca**neve	**Ce**ner**e**ntola	**Ca**ppu**cce**tto Rosso
Pinocchio	Snow White	Cinderella	Little Red Riding Hood

D. Parliamo

1. Io sono l'insegnante, e Lei? Come si chiama? Di dove è? Dove abita? Come sta?

2. Io parlo italiano, e Lei? Parla inglese? Parla cinese? Parla spagnolo? Parla francese?

3. Chi è lui? Chi è lei? Chi sono loro? Chi siete voi? Chi sono io?

4. Come si dice: Cinderella - Snow White - Little Red Riding Hood - Pinocchio?

5. Che cos'è questa? (pencil) Che cos'è quella? (bag) Che cosa sono questi? (drawers)

6. Come si dice: but - please - room - ceiling - wall?

7. Cosa vuol dire: grazie - piacere - signorina - benvenuto - prego - russo?

8. "Buon giorno" vuol dire "good evening"? "Lunedì" vuol dire "cat"?

9. Dov'è la finestra: qui o là? E il banco? Qui o là? Dove sono i libri? Qui o là? E i quaderni? C'è un libro qui? Ci sono due penne là? C'è una porta qui? C'è il muro là?

10. Oggi è domenica? È sabato? Che giorno è oggi? E domani? Adesso (now) è mattino, pomeriggio, sera o notte?

Parole ed espressioni utili per la lettura: "Al bar" *o americano*

il caffè: normale: regular (half an espresso cup) - **ristretto**: strong, concentrated (one third of an espresso cup) - **lungo**: with extra hot water (one full espresso cup) **macchiato:** with milk added; **corretto**: with a dash of an alcoholic beverage
il panino al prosciutto: sandwich with cured ham
la pasta pastry (or pasta)
il toast: toasted ham and cheese sandwich

PRIMA LETTURA - Al bar

Giorgio: Buon giorno! Come sta?
Cameriere (waiter): Bene, grazie, e Lei?
Giorgio: Non c'è male, grazie. Ecco alcuni amici (friends): Paolo, Carlo, Luisa, Gianni e Roberta.
Cameriere: Piacere! Che cosa prendete? (what are you having?)
Giorgio: Quattro caffè, un cappuccino e una birra (beer).
Cameriere: I caffè... normali?
Giorgio: Sì, per me (for me) normale.
Carlo: Per me un caffè ristretto.
Luisa: Per me un caffè lungo.
Paolo: Per me un caffè corretto.
Cameriere: Corretto con la grappa?
Paolo: Sì, con la grappa.
Cameriere: Volete qualcosa da mangiare? (do you want something to eat?)
Giorgio: Per me una pasta.
Carlo: Anche per me (for me too).
Gianni: Io prendo (I'll have) un panino con il prosciutto.
Luisa: Io prendo un toast.
Paolo: Per me due paste.
Roberta: Per me niente (nothing), grazie.
Cameriere: Benissimo. Torno subito (I'll be right back).

PARLIAMO

doesn't eat anything
Gianni non mangia niente

1. Come sta il cameriere? Come sta Giorgio?
2. Chi sono gli amici di Giorgio?
3. Chi ordina (orders) un caffè lungo? Chi ordina un caffè normale? E un caffè ristretto?
   E un caffè corretto? Chi ordina un panino con il prosciutto? E due paste?
   Che cosa mangia Giorgio? (what does Giorgio eat?) Che cosa mangia Luisa?
   Che cosa mangia Roberta?
4. Secondo voi (in your opinion) chi ordina un cappuccino? E chi ordina una birra?

Attività in classe: in groups of four or five pretend you are in an Italian bar and order what you wish. One of you should be the waiter.

F) LE STAGIONI, I MESI, I NUMERI

1. **Le stagioni** (seasons)
   la primavera spring   **l'estate** summer   **l'autunno** fall   **l'inverno** winter

2. **I mesi dell'anno** (months of the year)

gennaio January	**febbraio** February	**marzo** March
aprile April	**maggio** May	**giugno** June
luglio July	**agosto** August	**settembre** September
ottobre October	**novembre** November	**dicembre** December

You already know that the days of the week are not capitalized in Italian. The same rule applies to the seasons, the months and to nationality adjectives (italiano, americano, etc...)

3. I numeri da venti a un miliardo (numbers from twenty to one billion)

20 venti	**33** trentatré	**50.000** cinquantamila
21 ventuno	**40** quaranta	**100.000** centomila
22 ventidue	**50** cinquanta	**200.000** duecentomila
23 ventitré	**60** sessanta	**1.000.000** un milione
24 ventiquattro	**70** settanta	**1.000.000.000** un miliardo
25 venticinque	**80** ottanta	
26 ventisei	**90** novanta	*Quattrocento*
27 ventisette	**100** cento *chento*	*cinquecento*
28 ventotto	**200** duecento	*secento*
29 ventinove	**300** trecento	*settento*
30 trenta	**1.000*** mille	*ottento*
31 trentuno	**2.000** duemila	*novento*
32 trentadue	**3.000** tremila	

4. L'elenco telefonico telephone directory; il numero di telefono (telephone number): il prefisso (area code): **059**; il numero: **87-72-34**

◇ ◇ ◇ ESERCIZI

A. Leggere i seguenti numeri di telefono, un numero per volta
(read the following telephone numbers, one number at a time):

- 936 - 5739 • 735 - 2148 • 342 - 5731 • 642 - 5892 • 786 - 2381 • 562 - 9718
- 537 - 7855 • 493 - 0389

B. Leggere i seguenti numeri di telefono, due numeri per volta
(read the following telephone numbers, two numbers at a time):

- 87 - 32 - 44 • 58 - 64 - 51 • 25 - 49 - 62 • 78 - 36 - 25 • 53 - 29 - 71 • 75 - 43 - 96

C. Leggere i seguenti prefissi, tre numeri per volta
(read the following area-codes, three numbers at a time):

- 468 • 826 • 315 • 968 • 415 • 312 • 836 • 765 • 548 • 891 • 467 • 782
- 542 • 628 • 917 • 341

D. Scrivere i nomi di due mesi inclusi in ogni stagione
(write the names of two months included in each season).

1. primavera. . . . .

2. estate . . . .

3. autunno . . . .

4. inverno . . . .

Note: * The plural of mille is "mila" (duemila, tremila etc..).

Studio italiano

E. Attività in classe: Giusto o sbagliato?

Ask a classmate his-her telephone number by saying: "**numero di telefono, per favore!**". Write it down on the blackboard.

Your classmate will check whether it is right (**giusto**) or wrong (**sbagliato**).

Parole ed espressioni utili per la lettura "Incontri"

l'albergo hotel	**la città** city	**peccato!** too bad!
il treno train	**verso** toward	**all'università** at the university
prego, desidera? may I help you?		
(Literally: I beg you, what do you wish?)		

SECONDA LETTURA - Incontri

1. In città, a Palermo

Signor Smith: Scusi signorina, come si chiama?

Signorina Rossi: Mi chiamo Carla Rossi, e Lei ?

Signor Smith: Piacere, sono John Smith. Scusi, parla inglese?

Signorina Rossi: No, non parlo inglese ma parlo francese e cinese.

Signor Smith: Peccato!

PARLIAMO

Chi è John Smith? Parla inglese? Chi è Carla Rossi? Parla inglese? Parla cinese? Parla francese?

2. All'università, a Bologna

Roberto: Scusa, come ti chiami?

Luisa: Mi chiamo Luisa Cabrini, e tu?

Roberto: Piacere, sono Roberto Costi.

Luisa: Di dove sei?

Roberto: Sono di Venezia, ma abito a Bologna, e tu?

Luisa: Io sono di Modena, ma abito a Bologna.

Carlo: Ciao, come stai?

Paola: Sto bene, grazie, e tu?

Carlo: Sto benissimo, grazie.

Bologna, *I portici.*

PARLIAMO

Di dove è Roberto Costi? Dove abita? Di dove è Luisa Cabrini? Dove abita? Come sta Carlo? E Paola come sta?

3. In treno, verso Firenze

Signor Monet: Scusi signora, di dove è?

Signora Dallari: Sono di Pisa, ma abito a Firenze, e Lei?

Signor Monet: Io sono di Parigi (Paris) e abito a Parigi. Scusi, parla francese?

Signora Dallari: No, non parlo francese, ma parlo spagnolo e russo.

Signor Monet: Peccato!

PARLIAMO

Di dove è il signor Monet? Dove abita? Di dove è la signora Dallari? Dove abita? Parla francese? Parla russo? Parla spagnolo?

4. In albergo, a Napoli

Albergatore (hotel owner): Buona sera, signor Moretti. Come sta?
Signor Moretti: Abbastanza bene, grazie, e Lei?
Albergatore: Benissimo, grazie... e benvenuto a Napoli!
Signor Moretti: Grazie signor Varvaro. Buona notte e arrivederLa.
Albergatore: Arrivederci a domani.

PARLIAMO

Chi è il signor Varvaro? Come sta? E il signor Moretti come sta? Dove sono?

5. Al bar, a Milano

Cameriere (waiter): Prego, desidera?
Claudio: Un cappuccino, per favore.
Cameriere: E per (for) Lei?
Loretta: Un caffè e una pasta, per piacere.
Cameriere: Ecco il cappuccino.
Claudio: Grazie mille.
Cameriere: Ecco il caffè e la pasta.
Loretta: Grazie tante.

Milano, *Il Duomo.*

PARLIAMO

Che cosa ordina (orders) Claudio al bar? E Loretta che cosa ordina?

Attività in classe: Read the dialogues, choosing your role (tourist, student, waiter etc...).
Then read them again, this time changing the questions and the answers as you wish.

FILASTROCCHE

The Filastrocche section is intended to be a short review of the pronunciation and, later on, of the grammar explained in the chapter. Listen carefully as your instructor reads the nursery rhymes below. Repeat after each line, paying attention to the correct pronunciation.

A. Chi è la ragazza vicino al la**ghe**tto*?
    Che cosa mangia lo scoiattolo sul tetto?
    La ragazza si **chi**ama Vanda
    e lo scoiattolo mangia la **ghi**anda.

Who is the girl near the small lake?
What is the squirrel eating on the roof?
The girl's name is Vanda
and the squirrel is eating the acorn.

B. C'è una donna nel ba**gn**o
    e **c'è** un'anitra nello sta**gn**o.
    In campa**gn**a **ci sono** i coni**gli****
    e nell'aiuola **ci sono** i gi**gli.**

There is a woman in the bathroom
and there is a duck in the pond.
In the country there are the rabbits
and in the flowerbed there are the lilies.

Note:* "Laghetto" is the diminutive of lago (lake). The suffix "etto' denotes smallness and will be presented later on.
** Nouns ending in -io have special endings in the plural as you will see later on. For the moment note that the plural forms of coniglio (rabbit) and giglio (lily) are: conigli and gigli.

L'ITALIA IN MINIATURA
Parole ed espressioni utili per la lettura

nord north **sud** south **est** east **ovest** west

L'Italia in Europa

L'Italia è uno stato.
In Italia ci sono circa (about) 57 milioni di abitanti (inhabitants).
L'Italia è in Europa.
A (to the) nord l'Italia confina con (borders on) la Svizzera e l'Austria.
A nord - est confina con la Slovenia.
A nord - ovest confina con la Francia.
A est, a ovest e a sud l'Italia confina con il Mare Mediterraneo (Mediterranean sea).

▷ ▷ ▷ ESERCIZI

A. Listen carefully as your instructor slowly pronounces each word of the above reading. Repeat after each line paying attention to the right pronunciation.

B. Parliamo
1. Che cosa è l'Italia? Quanti (how many) abitanti ci sono in Italia? Dov'è l'Italia?
2. Con che cosa confina l'Italia a nord? E a sud? E a nord-ovest? E a nord-est? E a ovest? E a est?
3. Che cosa sono la Svizzera, l'Austria, la Francia e la Slovenia? Che cos'è il Mediterraneo?

VOCABOLARIO

Il verbo essere: Io **sono** - tu **sei** - lei - lui **è** - noi **siamo** - voi **siete** - loro **sono**

I nomi

l'aiuola flower-bed	**l'albergo** hotel	**l'albero** tree
l'amore (m.) love	**l'aula** classroom	**il bacio** kiss
il banco student's desk	**il bar** bar, coffee shop	**la barca** boat
la borsa bag	**il cancellino** eraser	**la carta** paper
la carta geografica map	**la casa** house	**il cassetto** drawer
la città city	**il cuore** heart	**la donna** woman
l'espresso espresso	**l'Europa** Europe	**la favola** fable
la finestra window	**il foglio** sheet (of paper)	**il fungo** mushroom
il gatto cat	**l'insegnante** teacher	**l'isola** island
l'Italia Italy	**la lavagna** blackboard	**il libro** book
la luna moon	**la matita** pencil	**la mela** apple
il muro wall	**il naso** nose	**l'oca** goose
l'ora hour	**la pasta** pastry, pasta	**il pavimento** floor
la penna pen	**la pera** pear	**la porta** door
il quaderno notebook	**il quadro** painting	**il ragazzo** boy

lo sconto discount
la sedia chair
lo studente student
il treno train
il vaso vase

la scrivania desk
il soffitto ceiling
il tappeto rug
l'uccello bird
lo zaino backpack

la scuola school
la stanza room
la tavola table
l'università university

Le stagioni

la primavera spring　　**l'estate** summer　　**l'autunno** fall　　**l'inverno** winter

I mesi dell'anno

| gennaio | febbraio | marzo | aprile | maggio | giugno |
| luglio | agosto | settembre | ottobre | novembre | dicembre |

Parole opposte

giusto right
qui - qua here - over here
est east

sbagliato wrong
lì - là there - over there
ovest west

questo/a this
nord north

quello/a that
sud south

Parole ed espressioni varie

basta enough
c'è - ci sono there is - there are
che cos'è what is it?
che cosa sono? what are they?
chi è who is (he, she)?
chi sono? who are they?
come as
dov'è? where is it?
dove sono? where are they?
l'elenco telefonico telephone directory
il numero di telefono telephone number
non lo so I don't know
poco (un po') a little (a little bit)
poi then (afterwards)
peccato! too bad!
prego, desidera? may I help you?
verso toward

CAPITOLO 2 - TURISTI

▷ Per cominciare: **Turisti**

▷ Gli aggettivi
▷ Il superlativo assoluto
▷ Nomi e aggettivi che finiscono in **-e**
▷ Il verbo avere
▷ Molto vs. molto - molta - molti - molte
▷ Le preposizioni semplici
(e **"in"** e **"su"** + articolo)
▷ Quanto e Quale

_____

▷ Prima lettura: **A scuola**
▷ Seconda lettura: **Turisti**
▷ Filastrocche
▷ L'Italia in miniatura: **Le regioni e i capoluoghi**

TURISTI A SPOLETO

PER COMINCIARE

Turisti*

Luciano e Lucille sono ancora in aereo.
(Luciano and Lucille are still on the airplane)

Lucille: Scusi, Lei di dove è?
Luciano: Sono di Torino, ma abito a Roma; e Lei?
Lucille: Io sono di New York ma abito nel New Jersey.
Luciano: Oh, New York è una città magnifica!
Lucille: Sì, è molto bella, ma ci sono sempre
troppi turisti! E a Roma ci sono molti turisti?
Luciano: Di solito sì, ci sono moltissimi turisti.
Lucille: E adesso? Ci sono molti turisti in febbraio?
Luciano: In inverno non ci sono troppi turisti.
Però ci sono alcuni turisti molto importanti.
Lucille: Per esempio? Chi sono questi turisti importanti?
Luciano: Beh... per esempio c'è la signorina Lucille Bond!
Lucille: Oh, grazie, grazie; Lei è sempre molto gentile.

magnifica magnificent
sempre always **bella** beautiful
troppi too many **molti** many
di solito usually

beh... well...
gentile kind

PARLIAMO

1. Di dove è Lucille? Dove abita Lucille? È americana o italiana?
2. Di dove è Luciano? Dove abita Luciano? È italiano o americano?
3. Ci sono molti turisti a New York? È bella New York?
4. In febbraio ci sono molti turisti a Roma? Ci sono alcuni turisti importanti? Chi sono?
5. È gentile Luciano?

Dialogo personalizzato. In pairs: personalize the dialogue by changing the
questions and the answers as you wish. Be ready to read the new dialogue aloud.

A) GLI AGGETTIVI

1. In Italian, adjectives must agree in number and gender with the nouns they modify.
   Let's look at two of them: alto (tall) and piccolo (small): (pay attention to the endings!)

il ragazz**o** è alt**o**	the boy is tall	**i** ragazz**i** sono alt**i**	the boys are tall
la ragazz**a** è alt**a**	the girl is tall	**le** ragazz**e** sono alt**e**	the girls are tall
la cas**a** è piccol**a**	the house is small	**le** cas**e** sono piccol**e**	the houses are small
il gatt**o** è piccol**o**	the cat is small	**i** gatt**i** sono piccol**i**	the cats are small

2. Adjectives usually follow the noun, instead of preceding it as they do in English**:
   Carla è una ragazza **alta.**   Carla is a **tall** girl.
   Paolo è un ragazzo **generoso.**   Paolo is a **generous** boy.

Note: * il turista (m.) - i turisti (m. or m. & f.), la turista (f.) - le turiste (f. only).
** Some of the most common adjectives that can precede the noun are the following:
caro, bello, brutto, buono, cattivo, bravo, nuovo, vecchio, giovane, grande, piccolo.

3. Demonstrative adjectives, such as **questo** or **quello*** always precede the noun, exactly as they do in English:

Questo libro e **quella** penna. This book and that pen.
Questi libri e **quelle** penne. These books and those pens.

Aggettivi opposti

alto tall, high	**basso** short, low	
buono good	**cattivo** bad, naughty	**bravo** good, able
bello pretty	**brutto** ugly	
biondo blond	**bruno** dark haired	
caldo hot	**freddo** cold	**fresco** cool, fresh
calmo calm	**nervoso** nervous	
caro (or **costoso**) expensive	**economico**** inexpensive	
fortunato fortunate	**sfortunato** unfortunate	
generoso generous	**avaro** stingy	
nuovo new	**vecchio** old	
grasso fat	**magro** thin, slender	
grosso big, large	**piccolo** small	
ricco rich	**povero** poor	

Esercizio #1: Scrivere 3 frasi usando alcuni degli aggettivi elencati sopra (Write 3 sentences using some of the adjectives listed above).

Espressioni utili da ricordare

Com'è (come è)? Come sono? What's (it - he - she) like? What are they like?
Esempi:
Com'è il gatto? Il gatto è nero e magro.
Come sono questi libri? Questi libri sono nuovi e costosi.

Esercizio #2: Sostituire il soggetto della frase, come indicato nell'esempio.
Esempio: Lui è avaro (noi, voi, tu)... **noi siamo** avari; **voi siete** avari; **tu sei** avaro.

1. Io sono grasso. (Lei, noi, voi)
2. Questa scrivania è brutta. (quadro, lavagna, albergo)
3. Il signor Rossi è calmo. (La signora Bianchi, tu, la signorina Satta)
4. Noi siamo poveri. (voi, lui, io)

However, even these adjectives are placed after the noun for emphasis or contrast or whenever they are modified by an adverb. Esempi:
Che bella casa! Sì, è una casa bella e comoda. What a beautiful house! Yes, it's a beautiful and comfortable house!
Paolo è un bravo studente? Paolo è uno studente molto bravo! Is Paolo a good student? Paolo is a very good student.
Remember that "caro" means both dear and expensive. It precedes the noun only when it means "dear". Bello - buono and grande have special forms when placed before a noun; these forms will be studied later on.
* Quello is an irregular adjective and will be studied later on.
** Inexpensive is also translated as "a buon mercato".

5. Questi libri sono nuovi. (matite, quaderni, penne)
6. Rosa è bionda. (Piero, Luisa e Pia, Stefano e Aldo)
7. Tu sei ricca. (Roberto, loro, noi)
8. Le studentesse sono belle. (studenti, insegnante, bambino)

B) IL SUPERLATIVO ASSOLUTO

a. In Italian the absolute superlative of adjectives is rendered in two ways:
   1. by placing the adverb molto-very (or estremamente-extremely) before the adjective.
   2. by adding the suffix "issimo" (or "issima" - "issimi" - "issime") to the adjective
(eliminating the final vowel of the adjective). Esempi:
   Il gatto è **molto** buono o il gatto è buon**issimo.**
   La casa è **molto** bella o la casa è bell**issima.**
   I ragazzi sono **molto** bravi o i ragazzi sono brav**issimi.**
   Le barche sono **molto** vecchie o le barche sono vecch**issime.**

b. The absolute superlative can be formed with adverbs too. Esempio:
   Come stai? Sto **molto** bene o **benissimo.**

Parole ed espressioni varie

a. **Di che colore è - di che colore sono...?** What color is it? What color are they?
   Di che colore è la casa? La casa è bianca.   **Di che colore sono** i gatti? I gatti sono neri.

b. **anche** also   **invece** instead   **sempre** always

▷ ▷ ▷ ESERCIZI

A. Formare il plurale

   1. Il ragazzo è molto alto e magro . . . .
   2. La signorina è bionda e bella . . . .
   3. Questo quadro è bello, ma è molto caro . . . .
   4. Quella signora è vecchia e ricchissima . . . .
   5. La bambina è bellissima e anche buona . . . .
   6. Questo libro è costoso e nuovissimo . . . .
   7. Il caffè è caldo, ma è cattivo . . . .
   8. Lo studente è bruno e molto nervoso . . . .

B. Completare le frasi (complete the sentences)

   1. Paola è alta e magra; anche Roberto . . . .
   2. Queste ragazze sono buone; quelle, invece . . . .
   3. Luigi è sempre molto generoso; Carlo, invece . . . .
   4. Le mele sono rosse; le pere, invece . . . .
   5. Io sono molto grassa; anche tu . . . .
   6. Tu sei sempre molto nervoso; anche lei . . . .
   7. Il signor Caroli è molto fortunato; lui, invece . . . .
   8. La signorina Sibani è bruna; anche Teresa . . . .

Studio italiano

C. Come si dice...? *chi sono, sono signorine amicare*
1. Who are they? They are American girls . . . .
2. The coffee is hot and the cappuccino is cold . . . .
3. She is rich and he is poor . *lu e rica e lu e paver* . . . .
4. This book is red and this rug is yellow. . . . .
5. You (pl.) are always very stingy *voi sete siumpre* . . . .
6. What color is the moon? The moon is yellow. . . . .
7. We are blond and thin . . . .
8. This hotel is small and inexpensive . . . .

D. Scrivere 8 frasi usando il verbo essere e aggettivi vari
(Write eight sentences using the verb to be and various adjectives).

E. A voi la parola

1. Come ti chiami? Dove abiti? Di dove sei? Come stai?
2. Sei italiano (a) o americano (a)? Sei alto (a) o basso (a)? Sei biondo (a) o bruno (a)?
   Sei grasso (a) o magro (a)? Sei calmo (a) o nervoso (a)? Sei fortunato (a) o sfortunato
   (a)? Sei buono (a) o cattivo (a)? Sei generoso (a) o avaro (a)?
3. Che cos'è questo? (book). Di che colore è? Che cosa sono queste? (pencils).
   Di che colore sono? etc...
4. Come si dice: new - big - poor - pretty - generous - good - dear - nervous - etc...
5. Cosa vuol dire: vecchio - alto - basso - biondo - bruno - cattivo - calmo - etc...

C) NOMI E AGGETTIVI CHE FINISCONO IN -E

1. Some nouns that end in **-e** in the singular can be either masculine or feminine.
   Esempi:il can**e** (dog) is masculine, but la nav**e** (ship) is feminine; il giornal**e** (newspaper)
   is masculine, but la carn**e** (meat) is feminine.
   In the plural these nouns end in **-i**: i can**i** (dogs), le nav**i** (ships), i giornal**i** (newspapers) and
   le carn**i** (meats).

Il can**e** è nero	the dog is black	**I** can**i** sono neri	the dogs are black
La nav**e** è nuova	the ship is new	**Le** nav**i** sono nuove	the ships are new

2. Just like nouns, adjectives ending in **-e** in the singular end in **-i** in the plural:

La ragazza è gentil**e**	the girl is kind	Le ragazze sono gentil**i**	the girls are kind
La nav**e** è verd**e**	the ship is green	**Le** nav**i** sono verd**i**	the ships are green

3. A few adjectives are invariable. You have already learned some of them:
   marrone (brown), **viola** (purple), **rosa** (pink), **arancione** (orange) and **blu** (blue).

   La borsa è **rosa** - le borse sono **rosa**. Il libro è **blu** - i libri sono bl**u**.

Aggettivi che finiscono in -E

1. OPPOSTI

diffi̱cile difficult	**fa̱cile** easy
felice happy	**triste** sad
u̱tile useful	**inu̱tile** useless

2. ALTRI

gentile kind	**gio̱vane** young
grande big, large, great	**intelligente** intelligent
interessante interesting	**veloce** fast

▷ ▷ ▷ **ESERCIZI**

A. Formare il plurale

1. L'esercizio è facile . . . .
2. Questa frase è difficile e inutile . . . .
3. Il libro è interessante. . . . .
4. Il ragazzo è intelligente e felice . . . .
5. La signora è gentile . . . .
6. La signorina è giovane e triste . . . .
7. La scuola è utile. . . . .
8. Questa lavagna è grande . . . .

B. Formare il singolare

1. Quelle sedie sono verdi . . . .
2. I ragazzi sono giovani . . . .
3. Queste isole sono grandi. . . . .
4. I giornali sono interessanti . . . .
5. Le bambine sono intelligenti. . . . .
6. Quelle navi sono italiane . . . .
7. I cani sono piccoli . . . .
8. Le signore sono gentili . . . .

Parole ed espressioni utili per la lettura "A scuola"

antipatico unpleasant   **castano** brown haired   **certamente** certainly
simpatico nice, pleasant

PRIMA LETTURA - A scuola

Luisa:	Com'è il nuovo preside* (principal)?
Carla:	È alto, biondo e magro.
Gianni:	No, no: è basso, bruno e grasso.
Luisa:	È giovane o vecchio?
Carla:	È giovane.
Gianni:	No, no: il nuovo preside è vecchio.
Luisa:	È calmo o nervoso?
Carla:	È nervosissimo e cattivissimo.
Aldo:	No, no: è molto calmo e buonissimo.
Luisa:	È simpatico o antipatico?
Carla:	È molto antipatico!
Gianni:	No, no: è simpaticissimo!
Luisa:	Ecco il preside!... È di statura media (of average height), castano, nè (neither) grasso nè (nor) magro, nè giovane nè vecchio...
Preside:	Buon giorno ragazzi; bella giornata, vero? (nice day, isn't it?); io sono il nuovo preside; mi chiamo Franco Sghedoni...
Luisa:	Certamente è simpatico!

Note: * Il preside-la preside (m. pl. i presidi - f. pl. le presidi)

PARLIAMO

1. Chi sono Luisa, Carla, Gianni e Aldo? Dove sono?

2. Come si chiama il nuovo preside? È alto o basso? È grasso o magro? È biondo o bruno? È giovane o vecchio? È simpatico o antipatico?

Attività in classe: describe the physical characteristics of a famous person (politician, actor, singer etc...)

PAROLE, PAROLE!

Read the following words aloud, paying attention to the correct pronunciation.

1. I mezzi di trasporto (means of transportation)

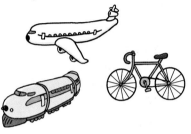

l'aeroplano (o **l'aereo**) airplane
la bicicletta (o **la bici**) bicycle
la macchina (o **l'automobile** o **l'auto**) car
la motocicletta (o **la moto**) motorcycle
la nave ship
il treno train

Esercizio #1: Scrivere 3 frasi usando alcune delle parole elencate sopra e almeno un aggettivo per ogni frase (Write 3 sentences using some of the words listed above and at least one adjective for each sentence).

2. Parole varie
ancora again, still, more   **basta** enough, no more   **di solito** usually

Ⓓ) IL VERBO AVERE

Avere is another irregular and very important verb. Memorize it!

Io ho I have
tu hai you have (s. inform.)
Lei ha you have (s. form.)
lei, lui ha she, he has

noi abbiamo we have
voi avete you have (pl. inform.)
Loro hanno you have (pl. form.)
loro hanno they have

Io ho due libri. I have two books.
Noi abbiamo tre quaderni. We have three notebooks.
Lui ha due case bianche. He has two white houses.

Io ho
due libri

▷ ▷ ▷ ESERCIZI

A. Scrivere 3 frasi usando il verbo avere (Write 3 sentences using the verb "to have").

B. Completare inserendo la forma verbale corretta di "avere"

1. Avete una casa? Sì,. . . . . una casa molto bella.

2. Hai il libro nuovo? No, ... un libro molto vecchio.

3. Roberto. . . . . molte sedie belle, ma ha una tavola brutta.

4. Noi . . . . una macchina bianca e grigia.

5. Voi. . . . . un cane molto grosso e molto cattivo.

6. Luigi. . . . .una motocicletta molto utile e bella.

7. Io. . . . . un cappuccino caldo e buono.

8. Io e Gianni. . . . . un tappeto giallo e blu.

9. Loro. . . . . alcuni quadri bellissimi.

10. Alberto. . . . . .una penna nuova.

11. Tu. . . . . un papà molto avaro.

12. La signora Molinari. . . . . una casa piccolissima.

E) MOLTO vs. MOLTO - MOLTA - MOLTI - MOLTE

Molto as an adverb may modify an adjective or another adverb while molto - molta - molti molte as adjectives modify nouns. In order not to confuse the adverb molto (very) with the adjective molto remember that **very is invariable**, while **a lot of** or **a great deal of** and **many** do change according to the gender and the number of the noun.

Esempi:

1. Molto as an adverb that modifies an adjective:

Il gatto è **molto** buono.	The cat is **very** good.
I gatti sono **molto** buoni.	The cats are **very** good.
La macchina è **molto** veloce.	The car is **very** fast.
Le macchine sono **molto** veloci.	The cars are **very** fast.

2. Molto as an adverb that modifies another adverb:

Io sto **molto** bene.	I feel **very** well.
Lui sta **molto** male.	He feels **very** bad.

3. Molto as an adjective that modifies a noun:

Lei ha **molto** denaro.	She has **a lot of** money.
Tu hai **molta** pazienza.	You have **a great deal of** patience.
Io ho **molti** funghi e **molte** pere.	I have **many** mushrooms and **many** pears.

▷ ▷ ▷ ESERCIZI

A. Come si dice....?

1. Do you (s.) have a blackboard? . . . .

2. Does he have a green car? . . . .

3. Does she have a white boat? . . . .

4. He has a red notebook . . . .

5. They have a great deal of money . . . .

6. We have many newspapers. . . . .

7. You (pl.) have many cats and many dogs . . . .

8. She has a lot of patience. . . . .

B. Completare

1. Io ho una bella casa; anche tu . . . .

2. Lei ha una barca molto vecchia; Alberto, invece . . . .

3. Tu hai un libro molto interessante; noi, invece . . . .

4. Giuseppe ha il naso molto grosso; Luigi, invece. . . . .

5. Noi abbiamo gli zaini blu; anche voi . . . .

6. Paola ha sempre molta pazienza; anch'io . . . .

7. La donna ha una borsa nera; tu, invece . . . .

8. Anna e Carlo hanno un papà molto giovane; io, invece . . . .

9. Biancaneve e Cenerentola sono molto buone; Pinocchio, invece. . . . .

10. Giovanna ha molto denaro; anche loro . . . .

11. Luisa e Roberto stanno molto bene; Giuliana, invece . . . .

12. Il professore ha molti libri; gli studenti, invece . . . .

C. A voi la parola

1. Hai la macchina? Com'è? È grossa o piccola? È vecchia o nuova? È bella o brutta? Di che colore è? Hai la bicicletta? Com'è? Hai la motocicletta? Com'è? Hai un cane? Com'è? Hai un gatto? Com'è? Hai molta pazienza?

2. Dove abiti? Hai una casa o un appartamento? Com'è?

3. Hai uno zaino? Com'è? È piccolo o grosso, nuovo o vecchio? Di che colore è? Hai molti libri? Hai molti quaderni? Hai molte penne? Di che colore è il libro? E il quaderno? E la penna? E il foglio? E il caffè? E il cappuccino? E la luna? Di che colore sono le sedie? Sono vecchie o nuove? Belle o brutte?

4. Com'è la lingua (language) italiana? È interessante o no? È facile o difficile? È bella o brutta? Com'è l'aula? È grande o piccola? Vecchia o nuova?

5. Chi è lui? Come si chiama? E lei come si chiama? E io chi sono? Come mi chiamo?

PAROLE, PAROLE!

Read the following words aloud, paying attention to the correct pronunciation.

1. A scuola (e altri nomi)

la chiave key	**la classe** class
il compito homework	**la domanda** question
l'esercizio exercise	**la frase** sentence
il giornale newspaper	**la lezione** lesson
la lingua language	**la pagina** page
la risposta answer	**la scatola** box
gli Stati Uniti the United States	**la televisione** television set

Esercizio #1:
Scrivere 3 frasi usando alcune delle parole elencate sopra e almeno un aggettivo per ogni frase. (Write 3 sentences using some of the words listed above and at least one adjective for each sentence).

2. Lui e Lei

il bambino child (male)	**la bambina** child (female)
il ragazzo boy	**la ragazza** girl
l'uomo (pl. **gli uomini**) man	**la donna** woman
il papà dad	**la mamma** mom
lo studente student (male)	**la studentessa** student (female)
il professore professor (male)	**la professoressa** professor (female)

Esercizio #2:

Scrivere 3 frasi con alcune delle parole elencate sopra.
Usare almeno un aggettivo per ogni frase.

Esercizio #3: **Completare ogni frase con una delle seguenti parole:**

risposta - chiavi - classe - esercizi - domande - giornali - lingue - lezione

1. La professoressa ha le . . . .

2. Gli studenti hanno i . . . . italiani.

3. Le . . . . straniere (foreign) sono molto utili.

4. Di solito gli . . . . sono facili.

5. Questa . . . . non è difficile.

6. In questa . . . . ci sono dodici studenti e tredici studentesse.

7. Queste . . . . sono interessanti.

8. La . . . . è molto semplice (simple).

F) LE PREPOSIZIONI

1. Le preposizioni semplici (simple prepositions)

di (of) **a** (at, to) **da** (from) **in** (in, at) **con** (with) **su** (on) **per** (for) **fra** or **tra** (between or among). Esempi:

Questi libri sono **per** Paolo. These books are for Paolo.
La penna è **tra** la pera e la mela. The pen is between the pear and the apple.
Io sono **a** casa. I am at home.
Questo è il libro **di** francese. This is the French book.
Luisa è **con** Giovanni. Luisa is with Giovanni.

2. Due preposizioni articolate (two prepositions with articles): in - su

In + il	=	**nel** (**nel** cassetto)	**In + i**	=	**nei** (**nei** cassetti)
In + la	=	**nella** (**nella** stanza)	**In + le**	=	**nelle** (**nelle** stanze)
In + lo	=	**nello** (**nello** zaino	**In + gli**	=	**negli** (**negli** zaini)
Su + il	=	**sul** (**sul** banco)	**Su + i**	=	**sui** (**sui** banchi)
Su + la	=	**sulla** (**sulla** tavola)	**Su + le**	=	**sulle** (**sulle** tavole)
Su + lo	=	**sullo** (**sullo** zaino)	**Su + gli**	=	**sugli** (**sugli** zaini)

Dov'è il libro? È **sul** banco. Where is the book? It is on the desk.
Dove sono le penne? Sono **nel** cassetto. Where are the pens? They are in the drawer.
Dov'è lo studente? È **nell**'aula. Where is the student? He is in the classroom.

C'è una donna **nella** stanza. There is a woman in the room.
Ci sono molte matite **sulla** tavola. There are many pencils on the table.
Ci sono alcuni fogli **sugli** zaini. There are some papers on the backpacks.

Studio italiano

▷ ▷ ▷ **ESERCIZI**

A. Completare ogni frase con una preposizione semplice o articolata

1. I libri sono . . . . scrivania.
2. La lavagna è . . . . la porta e la finestra.
3. Piero è . . . . casa.
4. Le chiavi sono . . . . la ragazza.
5. L'insegnante è . . . . gli studenti.
6. Le matite sono . . . . cassetto.
7. I giornali sono . . . . zaino.
8. Ci sono molti chilometri (kilometers) . . . . Milano . . . . Roma.
9. Giovanni è . . . . scuola.
10. C'è una penna verde . . . . televisione.
11. Questi funghi sono . . . . Alberto.
12. Dove sono gli studenti di italiano? Sono . . . . aula.
13. Ci sono due vasi molto costosi . . . . tavola.
14. C'è un quaderno rosso . . . . borsa.

B. Come si dice...?

1. There is a newspaper on the book. . . . .
2. Where is the telephone? It is on the chair. . . . .
3. There is a teacher in the room. . . . .
4. Where are the books? They are on the tables. . . . .
5. There are many pencils on the backpack. . . . .
6. Where is the black notebook? It is in the bag. . . . .
7. Where are the boxes? They are in the car. . . . .
8. There are two pens on this sheet. . . . .

Ⓖ **QUANTO E QUALE**

1. Quanti/quante? - Quanto/quanta? How many? - How much?

Quanto costa (costano)? How much does it (do they) cost?
Quanti zaini hai? Ho uno zaino. How many backpacks do you have?
I have one backpack.
Quante borse hai? Ho tre borse. How many bags do you have? I have three bags.
Quanta pasta avete? Abbiamo due chili di pasta. How much pasta do you have?
We have two kilograms of pasta.
Quanto caffè avete? Abbiamo tre etti di caffè. How much coffee do you have?
We have two hectograms of coffee.
Quanto costa questa penna? How much does this pen cost?
Costa due euro. It costs two euros.
Quanto costano questi libri? How much do these books cost?
Costano venti dollari l'uno. They cost twenty dollars each.

2. Quale - quali? Which one-which ones?

Quale libro hai? Ho il libro di italiano.
Quale matita hai? Ho la matita rossa.
Quali giornali hai? Ho il giornale francese e il giornale inglese.
Quali penne hai? Ho le penne blu.

⇨ ⇨ ⇨ ESERCIZI

A. Completare in italiano. Esempio: quanti libri hai? **Ho** due libri

1. Quanto costa questa macchina? . . . . 20.000 euro.
2. Quanto costano questi giornali? . . . . 3 dollari l'uno (each).
3. Quale cane hai? . . . . il cane nero.
4. Quali lingue parli? . . . . italiano e inglese.
5. Quale barca avete? . . . . la barca blu.
6. Quante mele ci sono sulla tavola? . . . . sette mele.
7. Quanto costa questo tappeto? . . . . 300 euro.
8. Quanti ragazzi ci sono in quest'aula? . . . . ventidue ragazzi.

B. Come si dice...?

1. How many newspapers do you have? I have two newspapers . . . .
2. Which book do you have? I have the Italian book . . . .
3. What are the girls like?The girls are pretty, but very bad . . . .
4. How much does this bicycle cost? It costs 200 dollars . . . .
5. How much do these pastries cost? They cost 1 dollar each (l'una) . . . .
6. How many chairs do you have? I have four chairs . . . .
7. There are three dogs here . . . .
8. There is a box on the television set . . . .

C. Completare con l'aggettivo opposto (complete with the opposite adjective)

1. Questo esercizio non è facile; è . . . .
2. Gli uomini non sono generosi; sono . . . .
3. Questo libro non è utile; è . . . .
4. Quella casa non è costosa; è . . . .
5. Il cane non è piccolo; è . . . .
6. Questi ragazzi non sono calmi; sono . . . .
7. Il professore non è ricco; è . . . .
8. Le bambine non sono bionde; sono . . . .
9. Queste mele non sono buone; sono . . . .
10. Il signor Tosatti non è basso; è . . . .
11. Tu non sei antipatica; sei . . . .
12. Noi non siamo tristi; siamo . . . .
13. Questo cappuccino non è caldo; è . . . .
14. Voi non siete grassi; siete . . . .
15. Io non sono sfortunata; sono . . . .
16. La signora Buratti non è giovane; è . . . .

Turisti

D. Parliamo

1. Ha (Lei) una televisione? È a colori (in color) o in bianco e nero? È piccola o grossa?

2. Quanti libri ha Lei? Come sono? Sono interessanti - costosi - a buon mercato - nuovi vecchi - utili - inutili? Quanti quaderni ha? E quante penne? E quante matite?

3. Di che colore è questo libro? E questo quaderno? E questa penna? E questa matita? e questi fogli? E i banchi? E la lavagna? E il pavimento? E il soffitto?

4. Dov'è la porta? Qui o là? E la finestra? Qui o là? E la cattedra? teacher's desk

5. Quanti studenti ci sono in classe? Quanti uomini ci sono? Quante donne ci sono?

6. Ecco una carta geografica degli (of the) Stati Uniti: dov'è il Montana? A nord? A sud? E la Florida? a est? A ovest? E il Texas? E il Maine? E Los Angeles? E Boston?

7. Ecco una carta geografica dell'Italia: dov'è Milano? E Roma? E Palermo?

8. Qual è il Suo (your - formal) numero di telefono? E il Suo numero di codice postale (zip code)?

9. Quanto costa un caffè? E un giornale? E una pizza? E una bella casa?

10. Di solito Pinocchio è buono o cattivo? Cappuccetto Rosso è fortunata o sfortunata? Cenerentola è bella o brutta? Biancaneve è bionda o bruna?

Parole ed espressioni utili per la lettura "Turisti"

(a) destra (to the) right **(a) sinistra** (to the) left
la cabina telefonica telephone booth
immediatamente immediately
i soldi (o **il denaro**) money

diritto straight ahead
esattamente exactly
lontano (da) far (from)
vicino (a) close (to)
qui vicino nearby

il negozio di alimentari grocery store
pronto! chi parla? hello! who is speaking?
K

SECONDA LETTURA - Turisti

1. In una cabina telefonica, a Pisa

John: Pronto!

Carlo: Pronto! Chi parla?

John: Ciao Carlo, sono io, John. Come stai?

Carlo: Oh, ciao Giovanni. Io sto bene, grazie. Ma...dove sei?

John: Sono qui, a Pisa, vicino alla famosa torre (famous tower).

Carlo: Sei a Pisa? Vieni immediatamente a casa mia! (Come immediately to my house!).

John: Vengo, vengo (I am coming, I am coming), ma... dove abiti esattamente?

Carlo: Abito in via Puccini (Puccini St.), numero tre, non lontano dalla (from the) piazza. Hai la macchina?

John: No, non ho la macchina, ma c'è l'autobus qui vicino e...

Carlo: No, no, vengo io (I am coming); a presto! Benvenuto a Pisa!

Pisa, Piazza dei Miracoli

PARLIAMO

Dov'è John? Dov'è Carlo? Dove abita Carlo? Ha la macchina John?

Studio italiano

2. In un negozio di alimentari, a Bari

Signora Fantoni: Buon giorno.
Negoziante (shopkeeper): Buon giorno, desidera?
Signora Fantoni: Ha le orecchiette fresche?
Negoziante: Certamente, signora. A Bari abbiamo
sempre le orecchiette freschissime!
Signora Fantoni: Quanto costano?... Ah, ecco il prezzo!
Mezzo chilo (half a kilogram), per favore.
Negoziante: Ecco le orecchiette.
Signora Fantoni: Grazie. Ecco i soldi. ArrivederLa.
Negoziante: Arrivederci e... benvenuta a Bari!

Bari, Cattedrale di S. Nicola

PARLIAMO

Dov'è la signora Fantoni? Che pasta vuole? (does she want?) Quanta pasta vuole?

3. In un albergo, a Venezia

Signor Kennedy: Buon giorno. Scusi, dov'è la basilica di San Marco
(St. Mark's basilica)?
Albergatore (hotel owner): È qui vicino.
Volti (turn) a destra e poi a sinistra.
Signor Kennedy: A destra e poi a sinistra?
Albergatore: Esattamente. E poi diritto.
Signor Kennedy: Grazie. E... scusi,
ha una guida (guide) di Venezia?
Albergatore: No, non abbiamo guide qui in albergo,
ma abbiamo la cartina (map) di Venezia. Ecco la cartina.
Signor Kennedy: Grazie mille e arrivederci.

Venezia, veduta

PARLIAMO

Dov'è il signor Kennedy? Che cosa chiede? (what is he asking?) Dov'è la basilica?
L'albergatore ha una guida di Venezia? Che cosa ha invece?
instead

Attività in classe: Read the dialogues together with your classmates, choosing your role. Then
read the dialogues again, this time changing the questions and the answers as you wish.

FILASTROCCHE

Listen carefully as your instructor reads the nursery rhymes below. Repeat after each line,
paying attention to the correct pronunciation.

A. "Il **ce**lebre **ci**rco arriva in **ci**ttà"
annun**ci**a il bambino al papà.
"Giovedì è il **gi**orno spe**ci**ale"
le**gge** il papà sul **gi**ornale locale.

The famous circus is arriving in the city,
announces the child to (his) dad.
"Thursday is the special day",
dad reads in the local paper.

Note: * "Orecchiette" is a kind of ear-shaped pasta typical of the Apulia region, where Bari is located.

B. Il dottore **sche**rza con l'amico:
  "Che **schi**fo lo **sci**opero passato!"
  "Che **sce**mo il politico disoccupato!"
  "E che noioso lo **sci**enziato preoccupato!"

The doctor is joking with (his) friend:
  "How awful the past strike (was)"
  "How stupid the unemployed politician (was)!"
  "And how boring the worried scientist (was)"

L'ITALIA IN MINIATURA

Parole ed espressioni utili per la lettura

la capitale capital (of a state)
il capoluogo capital (of a region)
la regione region

centrale central
meridionale southern
settentrionale northern

Le regioni e i capoluoghi

Dal (since) 1946 l'Italia è una repubblica. La capitale d'Italia è Roma. In Italia ci sono venti regioni. Ogni (each) regione ha un capoluogo. Ecco le regioni e i capoluoghi italiani:

Italia settentrionale

1.	Il Piemonte	Torino
2.	La Valle d'Aosta	Aosta
3.	La Lombardia	Milano
4.	Il Trentino - Alto Adige	Trento
5.	Il Friuli - Venezia Giulia	Trieste
6.	Il Veneto	Venezia
7.	L' Emilia - Romagna	Bologna
8.	La Liguria	Genova

Italia centrale

9.	La Toscana	Firenze
10.	Le Marche	Ancona
11.	L' Umbria	Perugia
12.	L' Abruzzo	Aquila
13.	Il Molise	Campobasso
14.	Il Lazio	Roma

Italia meridionale

15.	La Campania	Napoli
16.	La Puglia	Bari
17.	La Basilicata	Potenza
18.	La Calabria	Catanzaro

Le isole

19.	La Sicilia	Palermo
20.	La Sardegna	Cagliari

▷ ▷ ▷ ESERCIZI

A. Listen carefully as your instructor reads the names of the regions and the capitals. Repeat after each name paying attention to the right pronunciation.

B. Parliamo

1. Che cos'è l'Italia? Da quando (since when) l'Italia è una repubblica?

2. Quante regioni ci sono nell'Italia settentrionale? E nell'Italia meridionale? E nell'Italia centrale? Quali isole italiane sono anche regioni? Qual è la capitale d'Italia? In quale regione è?

3. Guardiamo (let's look at) la carta geografica dell'Italia. Dov'è la Lombardia? A nord, a sud, a sud-ovest, a nord-est, a nord-ovest, a sud-est? E la Campania? E la Sicilia? E l'Abruzzo?... Dov'è Bari? È in Sardegna? Dov'è Palermo? È in Toscana? Dov'è Torino? È in Umbria?... Qual è il capoluogo della (of the) Lombardia? E quello del Veneto? E quello della Liguria?...

Studio italiano

C. Gioco (game): **Chi vince?** (Who is the winner? Literally: who wins?)
Write down all the names of the regions in alphabetical order. The student who finishes first should read the names aloud, paying attention to the correct pronunciation. If the order of the names and the pronunciation are both correct he/she is the winner. Otherwise the student who finishes second (or third or fourth) should start reading, until there is a winner. The same game could then be repeated with the names of the "capoluoghi".

VOCABOLARIO

Il verbo avere: Io **ho** - tu **hai** - lei-lui **ha** - noi **abbiamo** - voi **avete** - loro **hanno**

I nomi

il bambino (m.) **- la bambina** (f.) child
la cabina (**telefonica**) (telephone) booth
la capitale capital (of a country)
la chiave key
il compito homework
la domanda question
la frase sentence
la lezione lesson
la macchina car
la nave ship
la pagina page
il professore - la professoressa professor
la risposta answer
gli Stati Uniti the United States
i turisti tourists

la bicicletta bicycle
il cane dog
il capoluogo capital (of a region)
la classe class
il denaro (or **i soldi**) money
l'esercizio exercise
il giornale newspaper
la lingua language
la motocicletta motorcycle
il negozio di alimentari grocery store
il papà dad
la regione region
la scatola box
la televisione television set
l'uomo (pl. **gli uomini**) man

Gli aggettivi opposti

alto tall, high
buono good
bello pretty
biondo blond
caldo hot
calmo calm
caro dear, expensive
facile easy
fortunato fortunate
felice happy
generoso generous
grasso fat
grosso - grande big
nuovo new
ricco rich
settentrionale northern
simpatico nice
utile useful

basso short, low
cattivo bad
brutto ugly
bruno dark haired
freddo cold
nervoso nervous
economico cheap
difficile difficult
sfortunato unfortunate
triste sad
avaro stingy
magro thin, slender
piccolo small
vecchio old
povero poor
meridionale southern
antipatico unpleasant
inutile useless

Altri aggettivi

bravo good, able
centrale central
gentile kind
intelligente intelligent
magnifico magnificent

castano brown haired
fresco fresh
giovane young
interessante interesting
veloce fast

Le preposizioni semplici

di of   **a** at, to   **da** from   **in** in, at   **con** with   **su** on   **per** for
fra (o tra) between - among

Parole ed espressioni opposte

(a) destra (to the) right
basta enough, no more
lontano far

(a) sinistra (to the) left
ancora again, still, more
vicino close, near

Parole ed espressioni varie

anche also
certamente certainly
di che colore è? what color is it?
di solito usually
insieme together
molto (a - i - e) very, a lot, many
quale - quali? which one - ones?
quante - quanti? how many?
sempre always
beh... (bene) well
com'è? what's (he - she - it) like?
diritto straight (ahead)
esattamente exactly
invece instead
pronto, chi parla? hello,
    who is speaking?
quanto - quanta? how much?
qui vicino nearby
troppi (e) too many

CAPITOLO 3

AMICI

Studio italiano

PER COMINCIARE
Amici e nemici

Ancora in aereo. (Still on the airplane)

Luciano: Scusi, Lei ha molti amici?

Lucille: Amici? Cosa vuol dire amici?

Luciano: Vuol dire "friends". Ci sono gli amici
e ci sono i nemici.

Lucille: Nemici? Cosa vuol dire nemici?

Luciano: Vuol dire "enemies". Ha nemici Lei?

Lucille: Oh, no; non ho nemici, ma ho molti amici: Cindy, Linda, Florence, Paul, John... e Lei?

Luciano: Io ho moltissimi amici e anche alcuni nemici.
E... Lei ha solo amici americani o anche amici italiani?   **solo** only

Lucille: Ho solo amici americani; e Lei?

Luciano: E io ho solo amici italiani; non ho amici americani!
Ma forse ora ho anche un'amica americana, giusto?   **forse** perhaps

Lucille: Certamente; e io ho un amico italiano!

Luciano: Sono molto contento.   **contento** glad

Lucille: Anch'io.   **anch'io** me too

PARLIAMO

1. Che cosa vuol dire "amici"? E "nemici"?

2. Lucille ha molti amici? Quali? Lucille ha anche nemici? Ha amici italiani?

3. Luciano ha molti amici? Ha anche nemici? Ha amici americani?

4. Luciano e Lucille sono amici? È contento Luciano? E Lucille?

Dialogo personalizzato. In pairs: personalize the dialogue by changing the
questions and the answers as you wish. Be ready to read the new dialogue aloud.

A) I VERBI REGOLARI IN -ARE

1. In the dictionary verbs are indicated in the infinitive form:

parl**are** = to speak
rispond**ere** = to answer
dorm**ire** = to sleep

Verbs ending in **-are** belong to the first conjugation; verbs ending in **-ere** belong to the
second conjugation and verbs ending in **-ire** belong to the third conjugation.

2. Regular verbs ending in **-are** are conjugated by adding to the stem of the infinitive
(parlare= **parl**) the appropriate ending for each verb form:

PARL**ARE**

io parl**o**   I speak (I am speaking, I do speak)
tu parl**i**   you speak
lei, lui parl**a**   she, he speaks
noi parl**iamo**   we speak
voi parl**ate**   you speak
loro p̲a̲rl**ano**   they speak

Note that the Italian present tense corresponds to three different present tense forms in English: **Io parlo** means "I speak" or "I am speaking"* or "I do speak", according to the context.

Tu **parli** con Teresa. You speak with Teresa.

I ragazzi **parlano** con il professore. The boys are speaking with the professor.

Lui **parla** sempre ad alta voce. He always speaks aloud.

3. Remember that the verb forms for **Lei** and **Loro** (**you** formal, singular and plural) are the same as the verb forms of the third person subject pronouns **lei** (for the singular) and **loro** (for the plural). The only difference in writing is that the formal subject pronouns are usually capitalized while the others are not: **Lei** and **Loro** vs. **lei** and **loro**.

Scusi, **parla** italiano **Lei**? Excuse me, do you (form.) speak Italian?

Sì, io parlo italiano ma **lei parla** solo inglese.

Yes, I speak Italian, but she speaks only English.

4. Note the pronunciation of the verb forms of the third person plural: the stress should be placed on the same vowel as in the third person singular:

lei, lui p**a**rla   she, he speaks
loro p**a**rlano   they speak

Esercizio #1: Paying attention to the right pronunciation express the verb forms of **lei, lui** and **loro** for the following verbs:

1. cantare (to sing) lei, lui..................... loro.................................
2. lavorare (to work) lei, lui..................... loro.................................
3. incontrare (to meet) lei, lui..................... loro.................................
4. ricordare (to remember) lei, lui..................... loro.................................
5. telefonare (to telephone) lei, lui..................... loro.................................
6. arrivare (to arrive) lei, lui..................... loro.................................

5. Orthographical and/or phonetic changes occur when conjugating some common verbs:
 a. Verbs ending in **-care** and **-gare** add an **h** in the second person singular and in the first person plural: **gioc**are (to play) : gioco - gio**chi** - gioca - gio**chi**amo - giocate - giocano.

Esercizio #2: Conjugate the following verbs:
 spiegare (to explain), dimenticare (to forget), pagare (to pay)

 b. Verbs ending in **-iare** drop the **i** in the second person singular and in the first person plural: **mangiare** (to eat): mangio - mang**i** - mangia - mang**iamo** - mangiate - mangiano.

Esercizio #3: Conjugate the following verbs:
cominciare (to begin), studiare (to study), viaggiare (to travel)
 VERBI IN **-ARE**
Read the following verbs aloud, paying attention to the correct pronunciation.

abitare to live (at,in)	**arrivare** to arrive
cantare to sing	**cominciare** to begin
comprare to buy	**giocare** to play~ kids play , play card
guardare to look	**guidare** to drive

Note: * The present progressive (I am speaking, you are speaking etc.) does exist and will be presented later on.

lavorare to work	**imparare** to learn
incontrare to meet	**insegnare** to teach
mangiare to eat	**preparare** to prepare
ricordare to remember	**spiegare** to explain
studiare to study	**suonare** to play (an instrument)
telefonare to telephone	**tornare** to return

Esercizio #1: Scrivere 3 frasi usando alcuni dei verbi elencati sopra.

Espressioni utili da ricordare

1. **mi dispiace** I am sorry   *òyni*   **ogni** every   **perchè** why or because
   solo only   **spesso** often

   I bambini giocano **spesso.** Children play often.
   Alberto studia **ogni** giorno. Alberto studies every day.

   Perchè Paolo non lavora? Why isn't Paolo working?
   Non lavora **perchè** è molto stanco. He is not working because he is very tired.

   Hai una penna per favore? **Mi dispiace**: ho **solo** una matita.
   Do you have a pen, please? I am sorry: I only have a pencil.

2. **quante volte?** how many times?
   al giorno per day - **al mese** per month - **alla settimana** per week - **all'anno** per year

   Quante volte al giorno mangiate? How many times a day do you eat?
   Mangiamo solo due volte **al giorno.** We eat only twice a day.

3. **il lunedì, il martedì, la domenica** every Monday, Tuesday, Sunday etc..
   (or on Mondays, Tuesdays, Sundays etc...)
   la sera, la mattina, il pomeriggio in the evening, in the morning, in the afternoon

   Leggi il giornale **la mattina?** Do you read the newspaper in the morning?
   No; di solito leggo il giornale **la sera**. No, I usually read the newspaper in the evening.

▷ ▷ ▷ ESERCIZI

A. Completare le frasi

1. Io lavoro otto ore al giorno; anche tu . . . .
2. Lei guarda la televisione ogni sera; lui, invece . . . .
3. Io suono la chitarra (guitar) ogni pomeriggio; anche noi . . . .
4. Lei compra il giornale solo la domenica; io, invece . . . .
5. Lui mangia la pasta la sera; anche tu . . . .
6. Tu studi solo due ore alla settimana; loro, invece . . . .
7. Noi guidiamo la macchina ogni giorno; voi, invece . . . .
8. Luisa prepara la cena la mattina; io, invece . . . .

B. Inserire la forma verbale corretta

1. Tu non (mangiare) . . . . la pasta, perchè è cattiva.
2. I bambini (giocare) . . . . spesso con i giocattoli (toys).

Studio italiano

3. Lei (lavorare) . . . . sempre a casa.

4. Lui (suonare) . . . . il piano benissimo.

5. Noi (imparare) . . . . la lezione.

6. Giovanni non (studiare) . . . . perchè è stanco.

7. Gli studenti (telefonare) . . . . spesso.

8. Io (cantare) . . . . sempre quando guido la macchina.

C. **Sostituire il soggetto della frase con quelli tra parentesi, come indicato nell'esempio:**
Esempio: Io mangio la pasta (tu, noi, voi)... **tu mangi** la pasta, **noi mangiamo** la pasta,
voi mangiate la pasta.

voi abitate a milano
le abita a milano

1. Io abito a Milano. (lei, voi, noi)

2. Paola suona il piano. (io, loro, tu)

3. Tu prepari la cena. (noi, lei, voi)

4. Linda impara la lezione. (io, tu, loro)

5. Voi comprate alcuni panini. (tu, noi, lei)

6. Loro telefonano spesso. (io, lui, voi)

7. Paolo arriva oggi. (loro, tu, noi)

8. Ora la bambina gioca. (tu, voi, io)

D. **Come si dice...?**

1. I am sorry, I don't speak English . . . .

2. The students are studying the lesson. . . . .

3. He buys only two apples and some mushrooms. . . . .

4. The professor does not teach today. *Io prefeser nun inseg*

5. How many times a day do you (s.) eat? *Quante volte a giorno*

6. I play the piano very well. . . . .

7. We meet the teacher every Monday. . . . .

8. Do you remember this song (la canzone)? *tu ricordi queste la canzone*

E. **A voi la parola**

1. Parli spesso in italiano? Studi l'italiano ogni giorno? Per quante ore?

2. Guidi la macchina ogni giorno? Guardi la televisione la sera?

3. Quanti giornali compri al giorno? Quanti libri compri all'anno?

4. Quanto costa il libro di italiano? Quanto costa uno zaino?

5. Telefoni spesso a casa? Quante volte al mese (o alla settimana)?

6. Quante volte al giorno mangi?

7. Suoni uno strumento musicale? Quale?

Io Suono
non

B) PAROLE SIMILI E FALSI AMICI*

Cognates are words that look the same and have the same meaning in both languages. Therefore it is usually very easy to recognize them, but watch out for false cognates (falsi amici), that is, words that look the same but have different meanings.

For example, **i parenti** means relatives, not **parents**, which is **i genitori**.
La libreria means bookstore, not **library**, which is **la biblioteca**.

Let's look at some cognates (check the endings in both languages!):

1. sta**zione** sta**tion**
2. universi**tà** universi**ty**
3. nerv**oso** nerv**ous**
4. certa**mente** certain**ly**
5. intellig**ente** intellig**ent**
6. profess**ore** profess**or**

solu**zione** solu**tion**
cit**tà** ci**ty**
gener**oso** gener**ous**
esatta**mente** exact**ly**
evid**ente** evid**ent**
invent**ore** invent**or**

Esercizio #1: Guess the meaning of the rhymes below:

-zione (-tion)
Alla stazione parlano dell'inflazione:
"è una grossa preoccupazione!"
"non è facile trovare (to find) una soluzione!"

-tà (-ty)
In città c'è l'università:
è una grande necessità
per l'intera società.

-oso (-ous)
Il professore è molto famoso
e anche molto generoso
ma è troppo (too) nervoso.

-mente (-ly)
Paola è molto intelligente, certamente;
ma studia anche spesso, evidentemente
e legge (reads) ogni giorno, regolarmente.

C) I VERBI REGOLARI IN -ERE E -IRE

1. Regular verbs endind in -**ere** and -**ire** are conjugated by adding to the stem of the infinitive (rispondere=**rispond**, dormire = **dorm** and capire = **cap**) the appropriate ending for each verb form, according to the chart below.
Note that verbs of the third conjugation belong to two different groups: **3A** and **3B**; verbs belonging to the second group (3B) take the suffix -**isc** between the stem and the ending in all forms except the **noi** and **voi** forms.

2. rispond**ere** (to answer)

Io rispond**o**
tu rispond**i**
lei, lui rispond**e**
noi rispond**iamo**
voi rispond**ete**
loro rispond**ono**

3A. dorm**ire** (to sleep)

Io dorm**o**
tu dorm**i**
lei, lui dorm**e**
noi dorm**iamo**
voi dorm**ite**
loro dorm**ono**

3B. cap**ire** (to understand)

Io cap**isco**
tu cap**isci**
lei, lui cap**isce**
noi cap**iamo**
voi cap**ite**
loro cap**iscono**

Note: * Parole simili e falsi amici literally means: similar words and false friends.

Carlo, perchè non **rispondi**? Carlo, why don't you answer?
Ora la bambina **dorme**. Now the girl is sleeping.
Io non **capisco** questa lezione. I don't understand this lesson.

Esercizio #1: conjugate the following verbs:

1. Second conjugation: pr**e**ndere (to take, to get), spendere (to spend), scrivere (to write)
2. Third conjugation, first group: aprire (to open), partire (to leave)
3. Third conjugation, second group: preferire (to prefer), finire (to finish)

2. Most verbs ending in **-gere** are conjugated as follows:

leggere (to read): le**gg**o - leggi - legge - leggiamo - leggete - **leggono.**

Note the hard sound of the first and last forms (leggo - leggono).

Esercizio #2: conjugate the following verbs:
pi**a**ngere (to cry), ind**u**lgere (to indulge), dip**i**ngere (to paint)

VERBI IN **-ERE**

Read the following verbs aloud, paying attention to the correct pronunciation.

chie**dere** to ask	**chi**u**dere** to close
leggere to read	**me**ttere to put
pre**ndere** to take/to get	**ric**e**vere** to receive
scrivere to write	**sp**e**ndere** to spend
vedere to see	**v**e**ndere** to sell

Esercizio #3: Scrivere 3 frasi usando alcuni dei verbi elencati sopra.

VERBI IN **-IRE** (PRIMO GRUPPO: 3A)

aprire to open	**dormire** to sleep
offrire to offer	**partire** to leave
sèntire to feel/to hear	

VERBI IN **-IRE** (SECONDO GRUPPO: 3B)

capire to understand	**finire** to finish
preferire to prefer	**pulire** to clean

Esercizio #4: Scrivere 3 frasi usando alcuni dei verbi elencati sopra.

Attività in classe: Do and say what your teacher is doing and saying:

1. Insegnante: Io prendo un libro. Ecco un libro! Metto il libro sul banco... e poi... prendo una matita e metto la matita sul libro... e poi... prendo un foglio e metto il foglio sulla matita. E Lei (e tu)?

    Studente: Anch'io...
    Insegnante: E noi?
    Tutti insieme (all together): Anche noi...

Amici e nemici

Studio italiano

2. Insegnante: Ora io prendo una penna. Ecco una penna! Apro la borsa, metto la penna nella borsa e poi chiudo la borsa. E Lei (e tu)?

    Studente: Anch'io...

    Insegnante: E noi?

    Tutti insieme (all together): Anche noi...

3. Insegnante: Adesso io prendo un quaderno. Ecco un quaderno!

Apro il cassetto, metto il quaderno nel cassetto... e poi... chiudo il cassetto. E Lei (e tu)?

    Studente: Io non ho il cassetto, ma ho lo zaino (o la borsa) perciò (therefore) io...

    Insegnante: E noi?

    Tutti insieme (all together): Anche noi...

▷ ▷ ▷ ESERCIZI

A. Completare le frasi

    1. Lei legge il giornale solo la domenica; lui, invece . . . .

    2. Tu dormi solo sei ore; loro, invece. . . . .

    3. Noi prendiamo l'autobus ogni mattina; anche voi . . . .

    4. Voi pulite la casa solo una volta alla settimana; Piera, invece . . . .

    5. Loro spendono sempre molti soldi; anch'io . . . .

    6. Luisa capisce l'italiano; tu, invece . . . .

    7. Mario preferisce studiare la sera; Lucia, invece . . . .

    8. I ragazzi partono ora; anche noi . . . .

B. Sostituire il soggetto della frase con quelli tra parentesi, come indicato nell'esempio. Esempio: Io ricevo la lettera (tu, noi, voi)... **tu ricevi** la lettera, **noi riceviamo** la lettera, **voi ricevete** la lettera.

    1. Io chiudo la finestra. (noi, lei, loro)

    2. Lei apre la porta. (tu, io, voi)

    3. Noi prendiamo l'autobus. (tu, voi, lei)

    4. Loretta spende molti soldi. (io, noi, loro)

    5. Voi partite domani. (tu, noi, lei)

    6. Loro offrono la birra. (io, lui, voi)

    7. Tu finisci l'esercizio. (noi, lei, loro)

    8. Io pulisco la tavola. (tu, voi, lui)

C. Come si dice...?

    1. I read the newspaper every morning . . . .

    2. Elisabetta writes letters (lettere) every week . . . .

    3. I open the door . . . .

    4. They close the window . . . .

    5. I understand Italian very well . . . .

    6. Carlo returns today . . . .

    7. We receive many packages (pacchi) every month . . . .

    8. You (s.) don't take this bus, right? . . . .

D. A voi la parola

1. Quante lingue parli? Capisci l'italiano?
2. Pulisci la casa spesso? Quante volte alla settimana o al mese?
3. Leggi molti libri? Ricevi molti messaggi elettronici (e-mail messages)?
4. Spendi molti soldi? Quanti soldi spendi al giorno, di solito?
5. Preferisci studiare o lavorare? Preferisci scrivere o leggere?
   Preferisci studiare la sera o il pomeriggio?
6. Preferisci mangiare al (at the) ristorante o a casa?
   Preferisci la pizza o la bistecca (beefsteak)?

D)) GLI AVVERBI QUANTITATIVI

The most common quantitative adverbs are the following:

Troppo * too much	**molto** or **tanto** much	**moltissimo** very much
abbastanza enough	**poco** little (o **un po'** a little bit)	**pochissimo** very little

Carlo mangia poco. Carlo eats little.
Loro parlano troppo. They speak too much.
Tu studi moltissimo. You study very much.

Note that **moltissimo** and **pochissimo** are the absolute superlative forms of the adverbs **molto** (much) and **poco** (little)

Esercizio: completare ogni frase con un avverbio quantitativo

1. Capisci l'italiano? .. *Capisco italiano un po'* ....
2. Mangia tanto Carlo? No, non mangia ...., ma abbastanza.
3. Quanto costa questa macchina? Costa *moltissimo questa macchina*
4. Parlate cinese? Sì, ma solo *parlo cinese*
5. Lavora molto Luigi? Oh, sì, lavora *troppo*
6. Dormite molto o poco? Dormiamo *pochissimo*
7. Loro scrivono *moltissimo* .... ma leggono poco
8. Perchè Roberto impara poco? Perchè studia *pochissimo* ....

Parole ed espressioni utili per la lettura "In una trattoria"

l'antipasto appetizer	**la cena** supper (in the evening)
la cotoletta cutlet	**l'insalata** lettuce/salad
il pomodoro tomato	**il pranzo** dinner (usually at lunch time)
la trattoria informal restaurant	

Note: * Whenever troppo, molto, tanto and poco are used as adjectives they change their endings according to the gender and number of the nouns they modify. Examples: tu mangi troppi panini—noi abbiamo pochi libri. Abbastanza is invariable.

PRIMA LETTURA - In una trattoria

Roberto e Laura sono due amici. Oggi sono in una trattoria, a Trieste.

Roberto: Che cosa prendi?
Laura: Prendo la pasta al gorgonzola* e un'insalata.
Roberto: Mangi poco! Io prendo un antipasto, le penne al ragù, una cotoletta, dei pomodori e... un tiramisù.
Laura: Ma tu mangi moltissimo! Quante volte mangi al giorno?
Roberto: Mangio solo due volte: a pranzo e a cena. Al mattino prendo solo un caffè. E tu?
Laura: Io mangio sempre tre volte al giorno, incluso (included) il mattino, ma mangio sempre poco. La domenica, però, mangio solo due volte perchè dormo fino a (until) mezzogiorno (12 p.m.)!
Roberto: Ecco il cameriere (waiter)! Ora ordiniamo! (let's order!)

PARLIAMO

1. Chi sono Roberto e Laura? Dove sono oggi? Dov'è Trieste?
2. Che cosa vogliono mangiare? (What do they want to eat?)
3. Quante volte al giorno mangia Roberto?
   Quante volte al giorno mangia Laura di solito? E la domenica? Perchè?
4. Lei mangia spesso? Quante volte al giorno? Di solito mangia molto o poco?

E) PLURALI PARTICOLARI

Nouns and adjectives ending in **-ca**, **-ga**, **-co** and **-go** usually insert an **h** in the plural in order to preserve the hard sound :

oca - o**che**   ami**ca** (friend) - ami**che**   nemi**ca** (enemy) - nemi**che**
lar**ga** (large) - lar**ghe**   lun**go** (long) - lun**ghi**   fun**go** - fun**ghi**

Some exceptions regarding **only masculine** nouns and adjectives are the following:

gre**co** (Greek) - gre**ci**
ami**co** - ami**ci**
nemi**co** - nemi**ci**
medi**co** (physician) - medi**ci**
simpati**co** - simpati**ci**
antipati**co** - antipati**ci**
magnifi**co** - magnifi**ci**
psicolo**go** (psychologist) - psicolo**gi**

un'oca

quattro oche

Note that, aside from the first three exceptions (greco, amico and nemico), the stress on all the others falls on the third to the last vowel.

Note: * Gorgonzola is an Italian cheese, similar to blue cheese.

Esercizio #1: Scrivere il plurale delle seguenti parole:

1. il dialogo . . . .
2. la barca . . . .
3. l'albergo. . . . .
4. il banco . . . .
5. ricco . . . .
6. ricca . . . .
7. disco (record) . . . .
8. lunga . . . .

F) DI + ARTICOLO

1. As you already learned in the first chapter, the word "some" (meaning "a few") is expressed by **alcuni** or **alcune**. But there is another way of expressing this word, and that is by using the preposition **di** plus the definite article.

While alcuni-alcune has only the plural meaning of "a few", **di + article** has also the singular meaning of "a little" or "a little bit of". Esempi:

Io compro **delle** (o **alcune**) penne. I buy some (or a few) pens.

Tu compri **dei** (o **alcuni**) libri. You buy some (or a few) books.

Ecco **del** pane per la cena. Here is some bread for dinner.

Io prendo **del** caffè e tu prendi **del** tè. I take some coffee and you take some tea.

2. DI+article (or just **di***) also indicates possession. Here is how it works:

Di chi è? Di chi sono? È di... sono di....

Di+ il	=	**del**	**Di + i**	=	**dei**
Di + la	=	**della (dell')**	**Di + le**	=	**delle**
Di + lo	=	**dello (dell')**	**Di + gli**	=	**degli**

Ecco il libro **di Paolo.** Here is **Paolo's** book.

Quelle sono le matite **di Rosa.** Those are **Rosa's** pencils.

Questo è il giornale di **Luigi**. This is **Luigi's** newspaper.

Di chi è questo libro? (Whose book is this?)

È **di** Paolo (it's Paolo's book). È **della** ragazza (it's the girl's)

È **del** ragazzo (it's the boy's). È **dello** zio (it's the uncle's)

È **dell'**alunno (it's the pupil's). È **dell'**alunna (it's the pupil's)

Di chi sono questi libri? (Whose books are these?)

Sono **di** Paolo (they are Paolo's). Sono **delle** ragazze (they are the girls')

Sono **dei** ragazzi (they are the boys'). Sono **degli** zii (they are the uncles')

Note: * The preposition di (without the article) is used mainly with proper names (il libro di Carlo, di Paola, di Luigi, etc...)

⇨ ⇨ ⇨ ESERCIZI

A. Rispondere

1. Paola ha una casa. Di chi è la casa? . . . .

2. Il papà ha un gatto. Di chi è il gatto? . . . .

3. La signora ha una bicicletta. Di chi è la bicicletta? . . . .

4. Giovanni ha due quadri. Di chi sono i quadri? . . . .

5. I bambini hanno un cane. Di chi è il cane?. . . . .

6. Gli zii hanno molte macchine. Di chi sono le macchine?. . . . .

7. Le donne hanno le chiavi. Di chi sono le chiavi? . . . .

8. Gianna e Rita hanno due borse. Di chi sono le borse? . . . .

B. Completare con la forma corretta di "di + articolo"

1. Hai . . . . caffè? Mi dispiace; ho solo . . . . tè.

2. Che cosa compri oggi? Compro . . . . mele.

3. Che cosa mangi? Mangio . . . . pane.

4. Hai. . . . . libri di italiano? No, mi dispiace.

5. Che cosa leggete? Leggiamo . . . . favole.

6. Di chi è questa borsa? È . . . . papà.

7. Di chi sono questi giornali? Sono. . . . . signora Rossi.

8. Avete. . . . . panini? Sì, abbiamo anche. . . . . bibite (beverages).

PAROLE, PAROLE!

Read the following words aloud, paying attention to the correct pronunciation.

1. La famiglia (the family)

la madre - la mamma mother - mom
il padre - il papà (o **il babbo**) father - daddy
il marito husband
la moglie* wife
il figlio son
la figlia daughter
la sorella sister
il fratello brother
il cugino cousin (male)
la cugina cousin (female)
i genitori parents
i parenti relatives
il nonno grandfather
la nonna grandmother
lo zio (pl. **gli zii**) uncle
la zia (pl. **le zie**) aunt
il nipote grandson (also nephew)

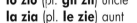

Note: * Although nouns ending in - i and - i e (la crisi, la specie) do not change their endings in the plural (le crisi, le specie) moglie is an exception: la moglie (pl. le mogli).

la nipote granddaughter (also niece)
la matrigna** stepmother
il patrigno stepfather
la sorellastra stepsister (also half - sister)
il fratellastro stepbrother (also half - brother)

Esercizio #1: Scrivere 3 frasi usando alcune delle parole elencate sopra.

2. Parole opposte

vero true   **falso** false

▷ ▷ ▷ ESERCIZI

A. Inserire la forma verbale corretta

1. La mamma (comprare) . . . . la pasta nel negozio di alimentari.
2. Ogni sera i cugini di Luigi (guardare) . . . . la televisione.
3. Ogni giorno i genitori di Anna (mangiare) . . . . al ristorante.
4. La sorella di Paolo (leggere) . . . . spesso.
5. Loro (avere) . . . . molti zii e molti cugini.
6. Il padre del ragazzo (vendere) . . . . la bicicletta.
7. Il nipote della signora (essere) . . . . molto sfortunato.
8. La figlia del signor Bianchi (lavorare) . . . . moltissimo.

B. Come si dice...?

1. I have two sisters and two brothers . . . .
2. She has many cousins . . . .
3. Here are Luigi's parents . . . .
4. Giorgio is Paolo's son . . . .
5. Are you Alfredo's mother? . . . .
6. Roberta has three nieces . . . .
7. I buy a television set for uncle Carlo . . . .
8. We see grandma' and grandpa' every day . . . .

C. A voi la parola

1. Chi è la sorella del babbo? Chi sono i fratelli della mamma? Chi è la moglie del babbo?
2. Chi sono i figli dello zio? Chi è la figlia della zia? Chi è il marito della nonna?
3. Hai dei fratelli o delle sorelle? Come sono? (alti, bassi - buoni, cattivi etc...)
   Hai degli zii o delle zie? Come sono? Hai un marito o una moglie? Hai dei cugini?
   Come sono?
4. Quanti compagni di classe (classmates) hai? Quante ore al giorno lavori (o studi)?
5. Quante ore alla settimana guardi la televisione? Quante ore al giorno guidi la
   macchina? Quante volte al giorno rispondi al telefono?
6. Mangi molto, poco, abbastanza o troppo? Studi molto, poco, abbastanza o troppo?

Note: ** When used in fables the terms matrigna, patrigno, sorellastra and fratellastro usually have a pejorative connotation.

ⓖ **CONIUGAZIONI A CONFRONTO**

1. Event hough there are three conjugations (and two groups for the third one) you can easily see from the chart below that the similarities of the verb forms for these conjugations out number their differences:

1. parl**are**	2. rispond**ere**	3A. dorm**ire**	3B. cap**ire**
Io parl**o**	Io rispond**o**	Io dorm**o**	Io cap**isco**
tu parl**i**	tu rispond**i**	tu dorm**i**	tu cap**isci**
lei, lui parl**a**	lei, lui rispond**e**	lei, lui dorm**e**	lei, lui cap**isce**
noi parl**iamo**	noi rispond**iamo**	noi dorm**iamo**	noi cap**iamo**
voi parl**ate**	voi rispond**ete**	voi dorm**ite**	voi cap**ite**
loro parl**ano**	loro rispond**ono**	loro dorm**ono**	loro cap**iscono**

2. Note that the endings of the first person singular, the second person singular and the first person plural are exactly the same for all conjugations:

parl**o** - rispond**o** - dorm**o** - capisc**o**
parl**i** - rispond**i** - dorm**i** - capisc**i**
parl**iamo** - rispond**iamo** - dorm**iamo** - cap**iamo**

Esercizio #1: Paying attention to the proper conjugation express the verb forms of **io**, **tu** and **noi** for the following verbs:

1. arrivare, abitare, comprare: io. . . . . tu. . . . . noi. . . . .
2. prendere, mettere, chiudere: io. . . . . tu. . . . . noi. . . . .
3A. aprire, offrire: io. . . . . tu. . . . . noi. . . . .
3B. finire, preferire: io. . . . . tu. . . . . noi. . . . .

3. The endings of the third person singular and plural are **-a** and **-ano** for first conjugation verbs and **-e** and **-ono** for second and third conjugation verbs:

Parlare: lei, lui parl**a**, loro parl**ano**
Rispondere: lei, lui rispond**e**, loro rispond**ono**
Dormire: lei, lui dorm**e**, loro dorm**ono**
Capire: lei, lui capis**ce**, loro capis**cono**

Note the pronunciation of the verb forms of the third person plural: the stress should be placed on the same vowel as in the third person singular.

Esercizio #2: Express the verb forms of **lei, lui** and **loro** for the following verbs:

1. cantare, lavorare, incontrare: lei, lui. . . . .   loro. . . . .
2. ricevere, scrivere, vedere: lei, lui. . . . .   loro. . . . .
3A. offrire, sentire, partire: lei, lui. . . . .   loro. . . . .
3B. pulire, preferire, finire: lei, lui. . . . .   loro. . . . .

4. The only verb form that changes in all three conjugations is the **voi** form:

Parlare: voi parl**ate**
Rispondere: voi rispond**ete**
Dormire: voi dorm**ite**
Capire: voi cap**ite**

Note that the vowel used in the **voi** endings is the same as the one of the infinitive.

Esercizio #3: Express the verb forms of **voi** for the following verbs:

    1. cantare, lavorare, incontrare: voi . . . .
    2. ricevere, scrivere, vedere: voi . . . .
    3A. offrire, sentire, partire: voi . . . .
    3B. pulire, preferire, finire: voi . . . .

⇨ ⇨ ⇨ **ESERCIZI**

A. Sostituire il soggetto della frase con quelli tra parentesi, come indicato nell'esempio:
Esempio: Io mangio la pasta (tu, noi, voi)... **tu mangi** la pasta, **noi mangiamo** la pasta, **voi mangiate** la pasta.

    1. Giorgio incontra la figlia del signor Gatti. (io, voi, tu)
    2. Io vedo il cugino di Roberto. (noi, lei, loro)
    3. La domenica noi dormiamo moltissimo. (io, lui, tu)
    4. Lei scrive poco. (noi, voi, io)
    5. Tu studi ogni giorno. (io, lui, loro)
    6. Voi lavorate troppo. (noi, tu, lei)
    7. Carla chiude la porta. (io, loro, voi)
    8. Lo studente capisce la lezione benissimo. (io, noi, loro)

B. Scrivere 12 frasi con i verbi regolari: 3 per ogni coniugazione o gruppo.

Parole ed espressioni utili per la lettura "Amici e nemici"

alla fine at the end   **il bosco** woods   **infatti** in fact
salvare to save   **tagliare** to cut   **tutti** all (everybody)
tutti (e) e due both (m.& f.)

SECONDA LETTURA - Amici e nemici

1. Pinocchio è un burattino (puppet). Abita con il papà, Geppetto.
Pinocchio non studia e non lavora, ma gioca sempre. Infatti, quando (when) Geppetto compra un libro per Pinocchio, Pinocchio vende il libro.
Il Grillo Parlante (the talking cricket) è la coscienza (conscience) di Pinocchio.
Il grillo è molto buono: è un vero amico di Pinocchio. Anche la fata (fairy) è una vera amica. Invece il gatto e la volpe (fox) sono falsi amici di Pinocchio.
Geppetto abita nella balena (whale) per molto tempo (for a long time). La balena è molto grossa. Poi arriva Pinocchio e salva il papà. Alla fine il burattino diventa un bambino vero (real).

⇨ ⇨ ⇨ **ESERCIZI**

A. Sottolineare tutti i verbi e per ognuno dare l'infinito
(Underline all the verbs and for each one give the infinitive).

B. Parliamo

1. Chi è Pinocchio? Con chi abita? Come si chiama il papà di Pinocchio?
Chi è il Grillo parlante? Com'è il grillo? E la fata? Chi sono il gatto e la volpe? Come
sono? Com'è la balena? Che cosa diventa Pinocchio alla fine della favola?

2. Cappuccetto Rosso è una bambina. Lei abita con la mamma. Lei indossa (wears)
sempre un cappuccio (hood) rosso.
La nonna di Cappuccetto Rosso abita in una casa nel bosco.
Il lupo (wolf) cattivo è nemico della nonna e di Cappuccetto Rosso.
Infatti il lupo mangia la nonna e anche Cappuccetto Rosso.
Poi arriva il cacciatore (hunter). Il cacciatore è un bravissimo uomo e un caro amico
della nonna e di Cappuccetto Rosso.
Alla fine lui taglia la pancia (belly) del lupo e salva la nonna e Cappuccetto Rosso.

◊ ◊ ◊ ESERCIZI

A. Sottolineare tutti i verbi e per ognuno dare l'infinito (Underline all the verbs and for each
one give the infinitive).

B. Parliamo

1. Chi è Cappuccetto Rosso? Che cosa indossa sempre? Con chi abita?
E la nonna di Cappuccetto dove abita? Com'è il lupo? Chi mangia il lupo?
Chi salva Cappuccetto Rosso alla fine della favola?

3. Biancaneve e Cenerentola hanno molte cose (things) in comune (in common).
Infatti tutte e due sono bellissime e buonissime. Tutte e due hanno una matrigna molto
cattiva, ma Cenerentola ha anche due sorellastre cattive. Le due matrigne e le due sorel
lastre sono vere nemiche.
Biancaneve e Cenerentola puliscono sempre la casa, cantano spesso e parlano spesso
con gli animali. Cenerentola parla spesso anche con la fata e Biancaneve parla con i
sette nani (dwarfs). I sette nani e la fata sono buoni amici. Anche gli animali sono buoni
amici. Alla fine delle favole tutte e due sono molto fortunate, perchè incontrano un
bellissimo e bravissimo principe azzurro (prince charming).

◊ ◊ ◊ ESERCIZI

A. Sottolineare tutti i verbi e per ognuno dare l'infinito (Underline all the verbs and for
each one give the infinitive).

B. Parliamo

1. Come sono Biancaneve e Cenerentola? Che cosa hanno in comune? Cantano spesso?
Puliscono spesso la casa? Con chi parla spesso Biancaneve? E Cenerentola? Quali sono
gli amici e i nemici di Biancaneve e di Cenerentola? Perchè tutte e due sono fortunate
alla fine della favola?

2. Quale favola preferisce? Quali personaggi (characters) preferisce?

3. Lei ha molti amici? Chi sono? Come sono? Lei ha anche nemici o falsi amici?
Chi sono? Come sono?

Studio italiano

FILASTROCCHE

Listen carefully as your instructor
reads the nursery rhymes below.
Repeat after each line, paying attention to the correct pronunciation.

A. Chi è la ragazza vicino al la**ghe**tto*?
  Che cosa mangia lo scoiattolo sul tetto?
  La ragazza si **chi**ama Vanda
  e lo scoiattolo mangia la **ghi**anda.

Who is the girl near the small lake?
What is the squirrel eating on the roof?
The girl's name is Vanda
and the squirrel is eating the acorn.

B. C'è una donna nel ba**gn**o
  e **c'è** un'anitra nello sta**gn**o.
  In campa**gn**a **ci sono** i coni**gli**
  e nell'aiuola **ci sono** i gi**gli**.

There is a woman in the bathroom
and there is a duck in the pond.
In the country there are the rabbits
and in the flowerbed there are the lilies.

Gioco (game): take a few minutes to practice reading the nursery rhymes, paying attention
to the right pronunciation. Then choose one of them and memorize it.
Your teacher will then ask each student to recite their favorite rhyme. The student who makes
a mistake is out of the game. The others will continue to play until there is a winner.
The winner is the one who can recite the fastest with the best pronunciation.

L'ITALIA IN MINIATURA

Parole ed espressioni utili per la lettura

il fiume river
occidentale western
lo stivale boot

il lago lake
orientale eastern

il mare sea
la pianura plain

il mondo world
principale major

The following reading contains many cognates. Can you recognize them?
Can you guess their meaning?

Note: * "Laghetto" is the diminutive of lago (lake). The suffix "etto" denotes smallness and will be
presented later on.

La penisola italiana

L'Italia è una penisola. Ha la forma di uno stivale.

Il mare Mediterraneo circonda (surrounds) l'Italia con diversi nomi: il Mar Adriatico a est, il Mar Tirreno a ovest, il Mar Ligure a nord-ovest e il Mar Ionio a sud-est.

La Sicilia e la Sardegna sono le maggiori isole italiane.

In Italia ci sono due catene montuose (mountain chains): le Alpi e gli Appennini.

Le Alpi, a nord, uniscono (unite) l'Italia all'Europa. Gli Appennini, da nord a sud, dividono l'Italia in due versanti (slopes): il versante orientale e il versante occidentale.

I principali (major) fiumi italiani sono: il Po, l'Adige, l'Arno e il Tevere.

L'Adige e il Po sono al nord.

Il Po attraversa (crosses) la fertile pianura Padana ed è il fiume più lungo (longest) d'Italia, subito seguito (followed right away) dall'Adige.

L'Arno e il Tevere attraversano rispettivamente le città di Firenze e di Roma.

I laghi più (most) famosi sono: il lago di Garda, il lago Maggiore, il lago di Como e il lago Trasimeno.

I golfi più (most) importanti sono: il Golfo di Venezia, di Genova, di Napoli e di Taranto.

In Italia ci sono anche alcuni vulcani molto famosi come il Vesuvio, vicino a Napoli e l'Etna, nella provincia di Catania, in Sicilia.

▷ ▷ ▷ ESERCIZI

A. Dare il significato delle seguenti parole simili contenute nella lettura (give the meaning of the following cognates contained in the reading):
famoso, la forma, il golfo, rispettivamente

B. Sottolineare tutte le altre parole simili contenute nella lettura
(underline all the other cognates contained in the reading).

C. Parliamo

1. Guardiamo la carta geografica. Che cos'è l'Italia? Che forma ha? Quali sono i mari italiani? Dove sono? A est, a ovest, a sud - est, a sud...?
2. Quali sono le catene montuose italiane? Dove sono?
3. Qual è il fiume più lungo d'Italia? Che cosa attraversa? Quali sono altri importanti fiumi italiani? Dove sono?
4. Quali sono i laghi più famosi? Dove sono? E i golfi? E i vulcani?

D. Gioco: Chi vince?

Write down all the names of the rivers and the seas in alphabetical order.
The student who finishes first should read the names aloud, paying attention to the right pronunciation. If the order of the names and the pronunciation are both correct he/she is the winner. Otherwise the student who finishes second (or third or fourth) should start reading, until there is a winner.
The same game could then be repeated with the names of the lakes, the gulfs etc...

I verbi

abitare to live (at,in)
arrivare to arrive
capire (**B**) to understand
chiudere to close
comprare to buy
finire (**B**) to finish
guardare to look at
incontrare to meet
imparare to learn
leggere to read
mettere to put
partire (**A**) to leave
prendere to take/to get
pulire to clean
ricordare to remember
salvare to save
sentire (**A**) to feel/to hear
spiegare to explain
suonare to play
telefonare to telephone
vedere to see

aprire to open
cantare to sing
chiedere to ask
cominciare to begin
dormire (**A**) to sleep
giocare to play
guidare to drive
insegnare to teach
lavorare to work
mangiare to eat
offrire (**A**) to offer
preferire (**B**) to prefer
preparare to prepare
ricevere to receive
rispondere to answer
scrivere to write
spendere to spend
studiare to study
tagliare to cut
tornare to return
vendere to sell

I nomi: La famiglia

la cugina (f.) - **il cugino** (m.) cousin
il fratello brother
la madre (**la mamma**) mother (mom)
la moglie wife
il nipote grandson - nephew
il padre (**il papà**) father (daddy)
la sorella sister

la figlia - il figlio daughter-son
i genitori parents
il marito husband
la nonna - il nonno grandma - grandpa
la nipote granddaughter - niece
il parente - la parente relative
lo zio - la zia (pl. **gli zii - le zie**) uncle - aunt

Altri nomi

l'antipasto appetizer
il bosco woods
la cotoletta cutlet
l'insalata lettuce/salad
il mare sea
il nemico (pl. **i nemici**) enemy

l'amico (pl. **gli amici**) friend
la cena supper
il fiume river
il lago lake
il mondo world
il pane bread

Amici e nemici

Studio italiano

la **pianura** plain
il **pranzo** dinner (lunch)
il **tè** (o **the**) tea

il **pomodoro** tomato
lo **stivale** boot
la **trattoria** informal restaurant

Parole opposte

vero true
occidentale western

falso false
orientale eastern

Parole ed espressioni varie

anch'io me too
contento glad
infatti in fact
ogni every
principale major
solo only
tanto a lot
tutti all (everybody)

alla fine at the end
forse perhaps
mi dispiace I am sorry
perchè why, because
quante volte? how many times?
spesso often
troppo too much
tutti (e) e due both

CUGINI

RICAPITOLIAMO

Cominciamo: **Nomi e cognomi**

TURISTI A PERUGIA

COMINCIAMO

Nomi e cognomi

A. Listen carefully as your instructor reads the following names. Repeat after each one, paying attention to the right pronunciation.

Nomi maschili	Nomi femminili
1. Carlo	Carla
2. Francesco	Francesca
3. Luciano	Luciana
4. Paolo	Paola
5. Claudio	Claudia
6. Roberto	Roberta
7. Giovanni	Cristina
8. Davide	Anna
9. Andrea	Gertrude

Note that most masculine first names end in -**o**, while a few end in -**i** (Giovann**i**), -**e** (David**e**) or -**a** (Andre**a**). As for feminine first names they usually end in -**a** while a few end in -**e** (Gertrud**e**).
Note also that many masculine first names that end in -**o** have an equivalent feminine name that ends in -**a** (Carlo - Carla, Francesco - Francesca etc.)

B. Listen carefully as your instructor reads the following first and last names. Repeat after each one, paying attention to the right pronunciation. Note that most last names end in -**i**, some end in -**o** (Eco, Colombo), some end in -**a** (Tomba), a few end in -**e** (Versace) and still a few do not have a final vowel (Manin).

1. Guido Versace	**11.** Giuseppe Ferrari
2. Grazia Montessori	**12.** Renata Bartoli
3. Riccardo Agnelli	**13.** Federico Tomba
4. Giacomo Eco	**14.** Elena Rossellini
5. Isabella Tebaldi	**15.** Enzo Puccini
6. Enrico Mastroianni	**16.** Alessandro Manin
7. Marco Pavarotti	**17.** Daniele Alighieri
8. Alberto Colombo	**18.** Ruggero Marconi
9. Emanuele Armani	**19.** Armando Verdi
10. Mario Bocelli	**20.** Cecilia Maraini

▷ ▷ ▷ ESERCIZI

The last names listed above belong to famous Italian people, but the first names for these people are not correct. Can you recognize some of these last names? Do you remember the correct first name for at least five of them?

CAPITOLO PRELIMINARE

1. Saluti, espressioni di cortesia, colori, giorni della settimana, numeri da zero a venti, contatti

⇨ ⇨ ⇨ ESERCIZI

A. Per ogni argomento scrivere alcune parole o espressioni che ricordate.
(For each subject write some words or expressions that you remember).

Esempi: **saluti**... ciao, buongiorno etc... - **espressioni di cortesia**... scusi - prego etc...

1. Saluti . . . .

2. Colori . . . .

3. Espressioni di cortesia . . . .

B. Scrivere i giorni della settimana . . . .

C. Scrivere i numeri da zero a venti . . . .

D. Come si dice?

1. Mr. Rossi, where are you from? . . . .
I am from Rome . . . .

2. Hi Giorgio, how are you? . . . .
I am very well, thank you . . . .

3. Miss Boyd, where do you live? . . . .
I live in New York . . . .

4. Roberta, do you speak French? . . . .
No, I don't speak French, but I speak English and Spanish . . . .

5. Good morning Mrs. Epstein; are you studying Italian? . . . .
Yes, I am studying Italian . . . .

6. Excuse me (form.), do you speak English? . . . .
No, I don't speak English, but I speak Chinese . . . .

7. Excuse me (inform.), what's your name? . . . .
My name is Alfredo . . . .

8. Good afternoon professor Bianchi, how are you? . . . .
Not bad, thank you; and you (form.)? . . . .

CAPITOLO 1

1. Il genere e il numero dei nomi
casa (f. s.) - **case** (f. pl.)   **gatto** (m. s.) - **gatti** (m. pl.)

2. Gli articoli determinativi e indeterminativi

With feminine nouns:
la casa - le case   **una casa - alcune** (o **delle**) **case**
l'oca - le oche   **un'oca - alcune** (o **delle**) **oche**

With masculine nouns:

il gatto - i gatti   **un gatto - alcuni** (o **dei**) **gatti**
l'albero - gli alberi   **un albero - alcuni** (o **degli**) **alberi**
lo zaino - gli zaini   **uno zaino - alcuni** (o **degli**) **zaini**
lo sconto - gli sconti   **uno sconto - alcuni** (o **degli**) **sconti**

▷ ▷ ▷ ESERCIZI

A. Indicare il genere (maschile o femminile) **del nome.** Esempio: **casa**... f; **gatto**... m;

1. tappeto. . . . . . bambina. . . . . . stato. . . . . . castello. . . . . .

2. lavagna. . . . . . uccello. . . . . . cassetto. . . . . . zucchero (sugar). . . . . .

3. finestra. . . . . . regalo (gift). . . . . . cugino (cousin). . . . . . acqua (water). . . . . .

4. letto. . . . . . isola. . . . . . quaderno. . . . . . assegno (check). . . . . .

B. Aggiungere l'articolo determinativo e formare il plurale.
Esempio: **casa** la casa - le case; **gatto** il gatto - i gatti

1. tappeto - bambina - **st**ato - castello - libro - **z**aino
2. **st**ipendio (salary) - lavagna - **u**ccello - cassetto - **sp**ecchio* (mirror) - **z**ucchero (sugar)
3. finestra - **st**agno (pond) - regalo (gift) - cugino (cousin) - telefono - **a**cqua (water)
4. letto - **i**sola - quaderno - sorella (sister) - **a**ssegno (check) - compito

C. Aggiungere l'articolo indeterminativo e formare il plurale (con "alcuni, alcune").
Esempio: **casa** una casa - alcune case; **gatto** un gatto - alcuni gatti

1. zanzara - tappeto - bambina - **st**ato - castello - libro
2. **st**ipendio (salary) - lavagna - **u**ccello - cassetto - **sp**ecchio (mirror) - **z**ucchero (sugar)
3. finestra - **st**agno (pond) - regalo (gift) - cugino (cousin) - telefono - **a**lbero
4. letto - **i**sola - quaderno - sorella (sister) - **a**ssegno (check) - compito

D. Scrivere i mesi dell'anno e le stagioni

1. I mesi dell'anno . . . .

. . . .

2. Le stagioni . . . .

. . . .

E. Leggere i seguenti numeri

1. 18 – 42 – 53 – 29 – 106 – 213 – 1000 – 7500 – 18450
2. 6 – 11 – 35 – 47 – 100 – 378 – 10.000 – 30.000 – 57420
3. 50 – 70 – 90 – 688 – 2.000 – 18.000 – 100.000 – 1.000.000 – 1.000.000.000

3. Il verbo essere e i pronomi soggetto

Io sono, tu sei, lei, lui è, noi siamo, voi siete, loro sono

Note: * The plural of specchio is specchi.

▷ ▷ ▷ ESERCIZI

A. Inserire il pronome soggetto corretto

1. . . . . sono una studentessa.
2. . . . . sei un bambino.
3. . . . . siamo di Bologna.
4. . . . . sono ragazzi.
5. . . . . siete di Milano.
6. . . . . è Paola.

CAPITOLO 2

1. Gli aggettivi

Il ragazz**o** è alt**o** - **I** ragazz**i** sono alt**i**   **La** cas**a** è piccol**a** - **Le** cas**e** sono piccol**e**

2. Nomi e aggettivi che finiscono in -e

Il can**e** è buono - **I** can**i** sono buoni   **La** nav**e** è nuova - **Le** nav**i** sono nuove
La casa è grand**e** - Le case sono grand**i**   Il ragazzo è gentil**e** - I ragazzi sono gentil**i**

▷ ▷ ▷ ESERCIZI

A.1. Formare il plurale

1. Il cane è nero. . . . .
2. La scuola è utile . . . .
3. Il film è interessante . . . .
4. La bicicletta è gialla . . . .
5. Questa casa è brutta. . . . .
6. Il professore è alto . . . .
7. La televisione è piccola . . . .
8. La macchina è veloce . . . .
9. Il ragazzo è felice . . . .
10. La città è grande . . . .
11. Il panino è buono. . . . .
12. La pera è verde . . . .
13. L'autobus è nuovo. . . . .
14. Il caffè è caldo. . . . .
15. Lo studente è intelligente . . . .
16. Quella bambina è fortunata . . . .

B. Scrivere l'aggettivo opposto

1. buono . . . . bello. . . . .
2. caldo . . . . calmo . . . .
3. facile . . . . felice . . . .
4. fortunato . . . . generoso . . . .
5. nuovo . . . . grasso . . . .
6. grosso . . . . questo. . . . .
7. ricco . . . . utile . . . .

C. Come si dice...?

1. here . . . . there. . . . .
2. to the right . . . . to the left. . . . .
3. true . . . . false . . . .
4. far . . . . near . . . .
5. right . . . . wrong. . . . .
6. also . . . . instead . . . .
7. enough! . . . . again . . . .

3. Il verbo avere

Io ho, tu hai, lei, lui ha, noi abbiamo, voi avete, loro hanno

4. Il superlativo assoluto:

Il gatto è **molto** buono o il gatto è buon**issimo.**
La casa è **molto** bella o la casa è bell**issima.**
Io sto **molto** bene o io sto ben**issimo**.

▷ ▷ ▷ ESERCIZI

A. Come si dice....?

1. She is beautiful, but very stingy. . . . .
2. He has a blue car and also a red bicycle. . . . .
3. They are very calm but he is nervous. . . . .
4. You (pl.) are very rich and generous. . . . .
5. The pears are yellow and the apple is red. . . . .
6. The school is new and the professors are old. . . . .
7. Roberta is tall, thin and very beautiful. . . . .
8. You (s.) have three boxes and I have five paintings. . . . .

B. Completare con la forma corretta di "avere"

1. Io . . . . tre libri.
2. Voi . . . . due vasi blu.

3. Lei . . . . un panino.

4. Noi . . . . una casa piccola.

5. Lui . . . . una moto giapponese.

6. Tu . . . . uno zaino giallo.

C. Cosa vuol dire...?

1. molto - poco . . . . spesso . . . .

2. abbastanza . . . . troppo . . . .

3. ogni . . . . perchè . . . .

4. oggi - domani . . . . infatti . . . .

5. alla fine . . . . insieme . . . .

D. Parliamo

1. Lei come si chiama? Dove abita? Di dove è? Come sta? È americano (a) o italiano (a)?

2. Lei è generoso (a) o avaro (a)? Alto (a) o basso (a)? Fortunato (a) o sfortunato (a)? Buono (a) o cattivo (a)? Calmo (a) o nervoso (a)? Felice o triste? Giovane o vecchio (a)?

3. Di che colore è il libro? E il quaderno? E la penna? E la matita? E i fogli? E i banchi?

4. Lei ha una macchina, una bicicletta o una moto? Com'è - come sono?

5. Dov'è il libro? E la penna? E la matita? E il quaderno? Dov'è la porta? a destra o a sinistra? E la finestra? Qui o là? E la cattedra? E dove sono le carte geografiche?

6. Quanti studenti ci sono in classe? Quanti uomini ci sono? Quante donne ci sono? Chi è lui? E chi è lei? Chi sono io?

7. Ecco una carta geografica dell'Italia:dov'è Milano? A nord o a sud? E Roma? E Palermo? E Firenze? E Bari?

8. Qual è il Suo (your - formal) numero di casa? E il Suo numero di codice postale (zip code)? E il Suo numero di telefono?

9. Pinocchio è un bambino o un uomo? Cappuccetto Rosso è una bambina o una donna? Cenerentola ha sorelle o fratelli? Biancaneve abita in città o in campagna (country)?

E. Gioco. Chi vince?

Students should close their books. Then the teacher will ask each student to name a word related to one of the subjects listed below: one word per one student at a time.

As the students answer the words should be written on the blackboard.

The winner is the student who has the last word.

As the subjects are two the game can be played twice.

The subjects are the following:

1. Aggettivi (descriptive adjectives only)

2. Scuola

GUBBIO

LETTURA - **In classe**

Siamo in un'aula a Perugia, in Umbria.

Insegnante: Che lingua parliamo in questa classe?
Studenti: Parliamo Italiano.
Insegnante: Com'è la lingua italiana?
Studente #1: È molto bella.
Studente #2: È un po' difficile.
Studentessa #1: Per me (for me) è abbastanza facile.
Insegnante: Guardiamo la carta geografica dell'Italia. Che cosa è l'Italia?
Studentessa #1: L'Italia è una penisola. È anche uno stato e una repubblica.
Insegnante: Brava! Che cosa sono la Sicilia e la Sardegna?
Studentessa #2: La Sicilia e la Sardegna sono isole. Sono anche regioni.
Insegnante: Bene! Qual è la capitale d'Italia?
Studente #2: La capitale d'Italia è Roma. Ci sono anche altre città molto importanti in Italia, come Milano, Genova, Venezia, Pisa, Firenze, Napoli, Bari, Palermo.
In tutte le città italiane ci sono molti bar.
Insegnante: Benissimo! Allora parliamo dei bar o caffè italiani. Sono come i bar americani?
Studentessa #2: No. Nei bar italiani mangiamo le paste, i tramezzini* , le pizzette, i gelati, i toast...
Insegnante: E che cosa beviamo (we drink) in un bar italiano?
Studente #1: Beviamo il caffè, il cappuccino, il tè, l'acqua minerale (mineral water), i succhi di frutta (fruit juices) e anche le bevande alcoliche (alcoholic beverages).
Insegnante: E quando prendiamo lo scontrino (receipt) alla cassa (cash register)?
Studente #2: Quando ordiniamo al banco (at the counter). Se invece ordiniamo al tavolo** il cameriere porta il conto (bill). Al tavolo, però, spendiamo di più (more)!
Insegnante: Bravi! Oggi parlate tutti molto bene!... Ora facciamo una pausa.

PARLIAMO

1. L'italiano è una lingua facile o difficile? E l'inglese è una lingua facile o difficile? Che cosa ricorda dell'Italia? (delle regioni, delle città, dei fiumi, delle isole, dei mari etc...)
2. Che cosa mangiamo e che cosa beviamo in un bar italiano? E in un bar americano? Ci sono molti bar in Italia? E nel Suo (your) paese (country)?
3. Che cosa vuol dire "ordinare al banco"? E "al tavolo"? Ordinare al banco costa come ordinare al tavolo? Che cos'è lo scontrino?
4. Quante pagine ci sono nel libro di italiano? Quante pagine ci sono nel capitolo uno?
5. Contiamo (let's count) insieme fino a (up to) venti.
6. Di solito Lei parla molto o poco? Studia molto o poco? Legge molto o poco?
7. Cosa vuol dire: "pronto, chi parla?", "quanto costa?", "ci vediamo la prossima settimana", "facciamo una pausa", "prego, desidera?", "a presto", "avete capito?", "qui vicino".

Note: * Tramezzini are diagonally cut sandwiches.
** Il tavolo (and not la tavola) is usually used when talking about tables in a cafè or in a restaurant while la tavola mainly refers to the family table.

5. **Le preposizioni semplici** (simple prepositions):

di of **a** at, to **da** from **in** in, at **con** with **su** on **per** for **fra** or **tra** between or among

6. **Due preposizioni articolate** (two prepositions with articles):

nel - nei - nella - nelle - nello - nell' - negli (in the):

nel cassetto; nei cassetti; nella scatola; nelle scatole; nello zaino; negli zaini

sul - sui - sulla - sulle - sullo - sull' - sugli (on the):

sul banco; sui banchi; sulla tavola; sulle tavole; sull'albero; sugli alberi

▷ ▷ ▷ ESERCIZI

A. Completare con le preposizioni "in" e "su" + articolo

1. Il gatto è . . . . sedia.

2. La matita è . . . . cassetto.

3. I fogli sono . . . . banco.

4. Le mele sono . . . . alberi.

5. L'insegnante mette la penna . . . . cattedra.

6. Lo studente mette il quaderno . . . . tavola.

7. Il ragazzo mette i libri . . . . zaino.

8. La bambina è . . . . aula.

B. Scrivere 3 frasi usando le preposizioni semplici o articolate

CAPITOLO 3

1. I verbi regolari (tempo presente)

Parl**are**: parlo, parli, parla, parliamo, parlate, parlano
Ved**ere**: vedo, vedi, vede, vediamo, vedete, vedono
Dorm**ire**: dormo, dormi, dorme, dormiamo, dormite, dormono
Cap**ire**: capisco, capisci, capisce, capiamo, capite, capiscono

▷ ▷ ▷ ESERCIZI

A. Coniugare i seguenti verbi (conjugate the following verbs):

1. comprare, incontrare, imparare, abitare
2. leggere, ricevere, vedere, spendere
3. sentire, partire, finire, preferire.

B. Scrivere la forma verbale corretta

1. Io (mangiare) . . . . spesso le mele.

2. Lei (comprare) . . . . un bellissimo tappeto.

3. Noi (ricordare) . . . . il compito molto bene.

4. L'insegnante (finire) . . . . la lezione oggi.

5. Tu (mettere) . . . . il libro sul banco.

6. Voi (scrivere). . . . . l'esercizio adesso.

7. Loro (aprire) . . . . la finestra della stanza.

8. Lui (lavorare) . . . . troppo.

9. La sera la moglie e il marito (guardare) . . . . spesso la televisione.

10. Tu (studiare).. . . . . poco perchè (dormire) . . . . troppo.

11. La mattina la nonna (telefonare). . . . . spesso.

12. Gli studenti (incontrare). . . . . la professoressa.

13. Le lezioni (cominciare) . . . . la prossima settimana.

14. La studentessa (parlare) . . . . spesso con l'insegnante.

15. Certamente noi (capire) . . . . l'italiano.

16. Il fratello di Luigi (pulire) . . . . la casa ogni giorno.

2. Le parole simili

Che cosa vuol dire....?

-zione (-tion)
Alla stazione parlano dell'inflazione:
"è una grossa preoccupazione!"
"non è facile trovare (to find) una soluzione!"

-tà (-ty)
In città c'è l'università:
è una grande necessità
per l'intera società.

-oso (-ous)
Il professore è molto famoso
e anche molto generoso
ma è troppo nervoso.

-mente (-ly)
Paola è molto intelligente, certamente
ma studia anche spesso, evidentemente
e legge ogni giorno, regolarmente.

Esercizio #1: Cercare nel dizionario 12 parole simili (3 che finiscono in **-zione**, 3 in **-tà**, 3 in **-oso** e 3 in **-mente**)

3. Di + articolo:

Ecco **del** pane per la cena.
Io prendo **del** caffè e tu prendi **del** tè.
Io compro **delle** (o **alcune**) penne e tu compri **dei** (o **alcuni**) libri.

Di chi è questo libro?
È **di** Paolo. È **della** ragazza. È **del** ragazzo. È **dello** zio.

Di chi sono questi libri?
Sono **di** Paolo. Sono **delle** ragazze. Sono **dei** ragazzi. Sono **degli** zii.

▷ ▷ ▷ **ESERCIZI**

A. Rispondere

1. Paola ha una macchina. Di chi è la macchina? . . . .

2. Il papà ha un cane. Di chi è il cane? . . . .

3. Lo zio ha molte scatole. Di chi sono le scatole? . . . .

4. I bambini hanno un gatto. Di chi è il gatto? . . . .

5. Gli zii hanno molte case. Di chi sono le case? . . . .

6. Le donne hanno le chiavi. Di chi sono le chiavi? . . . .

B. Come si dice...?

1. Whose book is that one? It's Carlo's book. . . . .

2. She swims often and you teach every day. . . . .

3. They sleep, we play and she studies. . . . .

4. I write, you eat and he drives the car. . . . .

5. You put the book on the white desk. . . . .

6. He always sings, because he is always happy. . . . .

7. I see the bus near the telephone booth. . . . .

8. You open the window and he closes the door. . . . .

C. Gioco. Chi vince?

Students should close their books. Then the teacher will ask each student to name a word related to one of the subjects listed below: one word per one student at a time.
As the students answer the words should be written on the blackboard.
The winner is the student who has the last word.
As the subjects are two the game can be played twice.
The subjects are the following:
1. Verbi (any conjugation)
2. Famiglia

D. A voi la parola

1. Quanti sono i giorni della settimana? Quali sono? Quali sono i mesi dell'anno? Quali sono le stagioni?

2. Che giorno è oggi? E domani? Qual è il tuo numero di telefono?

3. Canti spesso? Dormi molto o poco? Mangi molto o poco?

4. Capisci l'italiano? Quante e quali lingue capisci?

5. Quanti giorni alla settimana studi l'italiano?

6. Quante ore lavori (studi) in un giorno?

7. Quante ore leggi in una settimana?

8. Quante volte al giorno rispondi al telefono?

9. Hai molti amici? Hai nemici?

FILASTROCCHE

Leggere le filastrocche
ad alta voce, facendo
attenzione alla pronuncia
corretta (read the nursery rhymes aloud,
paying attention to the correct pronunciation).

A. "Il **ce**lebre **ci**rco arriva in **ci**ttà"
annun**ci**a il bambino al papà
"Giovedì è il **gi**orno spe**ci**ale"
le**gge** il papà sul **gi**ornale locale.

B. Il dottore **sche**rza con l'amico:
"Che **schi**fo lo **sci**opero passato!"
"Che **sce**mo il politico disoccupato!"
"E che noioso lo **sci**enziato preoccupato!"

Lago di Como

Gioco: Chi vince?

One at a time students should read one line each and translate it; whenever a student makes a mistake, either in the pronunciation or in the translation he/she is out of the game and the others will continue; if more than one student can read and translate perfectly they should continue the game by reading the rhymes as fast as they can; the winner is the one who can read the fastest with the best pronunciation.

CAPITOLO 4

◊ Per cominciare: **Città e campagna**

◊ **Gli aggettivi possessivi**
◊ **I pronomi possessivi**
◊ **Le espressioni di tempo
   ed espressioni varie**
◊ **Le espressioni con avere**
◊ **I numeri ordinali (da primo a decimo)**
◊ **Le preposizioni "in" e "a"
   con i termini geografici**

◊ Prima lettura: **Un bambino in famiglia**
◊ Seconda lettura: **Città e campagna**
◊ **Filastrocche**
◊ L'Italia in miniatura: **Mezzi di trasporto**

BAMBINI IN CAMPAGNA

PER COMINCIARE
Città e campagna

Atterraggio. (landing)

Luciano: Lucille, dove si trova la tua casa, in America?
In città o in campagna?   **si trova** is located

Lucille: Io abito in un appartamento in città, con due amiche; la casa dei miei genitori, invece, si trova in campagna, con tanti alberi, tanti fiori, tanti animali... e la tua casa dove si trova?   **il fiore** flower

Luciano: Anch'io abito in un appartamento: si trova in centro a Roma.
Non è lontano dal Colosseo.

Lucille: Oh, il Colosseo! È magnifico!
E tu abiti da solo o con la tua famiglia?   **da solo** by yourself

Luciano: Abito con mio padre, mia madre e un fratello di   **mia - mio - mie - miei** my
undici anni. E tu, hai fratelli o sorelle?

Lucille: Io ho una sorella di quindici anni e un fratello di nove anni.

Luciano: Io ho anche i nonni. Loro abitano in un appartamento
vicino al nostro. Mio zio, invece, abita in una villa in periferia.   **la periferia** outskirts

Lucille: I miei nonni abitano a New York e mia zia abita a San Francisco.

Luciano: Vedi spesso i tuoi nonni e tua zia?   **tua - tuo - tue - tuoi** your

Lucille: Vedo i miei nonni molto spesso, ma non mia zia, perchè abita troppo lontano.

Luciano: Guarda! Siamo già a Roma!   **guarda!** look! **già** already

Lucille: Oh, che bello!

PARLIAMO

1. Dove abita Lucille? Con chi abita? Dove si trova la casa dei genitori di Lucille?
Che cosa c'è vicino alla casa dei suoi genitori?
2. Luciano abita in una casa o in un appartamento? Dove si trova?
3. Luciano abita da solo o con la sua famiglia? Ha fratelli o sorelle? E i nonni di Luciano
dove abitano? E suo (his) zio?
4. Lucille ha fratelli o sorelle? Dove abitano i nonni di Lucille?
E sua (her) zia? Lucille vede spesso i nonni? E la zia?
5. È contenta Lucille quando l'aereo arriva a Roma?

Dialogo personalizzato. In coppia: personalizzate il dialogo cambiando le domande e le risposte a vostro piacimento. Siate pronti a leggere il nuovo dialogo ad alta voce.
(In pairs: personalize the dialogue by changing the questions and the answers as you wish.
Be ready to read the new dialogue aloud).

A) GLI AGGETTIVI POSSESSIVI

1. In Italian possessive adjectives are usually preceded by the articles, as indicated in the chart below:

SINGOLARE

with masculine nouns			with feminine nouns	
my	il mio		la mia	
your	il tuo		la tua	
his - her	il suo	gatto	la sua	casa
our	il nostro		la nostra	
your	il vostro		la vostra	
their	il loro		la loro	

PLURALE

with masculine nouns			with feminine nouns	
my	i miei		le mie	
your	i tuoi		le tue	
his - her	i suoi	gatti	le sue	case
our	i nostri		le nostre	
your	i vostri		le vostre	
their	i loro		le loro	

2. Possessive adjectives take the gender and the number of the thing possessed:

Il mio gatto è bianco. My cat is white. **I miei gatti** sono bianchi. My cats are white.
La tua casa è nuova. Your house is new. **Le tue case** sono nuove. Your houses are new.

Ecco **il nostro** cane. Here is our dog.
Ecco **le vostre** borse. Here are your bags.
Gli studenti mettono **i loro** libri sui banchi. The students put their books on the desks.
Paolo vende **la sua** macchina. Paolo is selling his car.

Esercizio #1: Scrivere 3 frasi usando gli aggettivi possessivi.

3. With singular nouns referring to family members the articles should **not** be used before the possessive adjectives, except with LORO and a few terms of endearment (mamma - babbo - papà)*.
With plural nouns referring to family members, however, the articles are again required.

mio fratello my brother		**i miei fratelli** my brothers	
tua sorella your sister		**le tue sorelle** your sisters	
suo zio his (her) uncle		**i suoi zii** his (her) uncles	
nostra zia our aunt		**le nostre zie** our aunts	
vostro figlio your son		**i vostri figli** your sons	
la loro figlia their daughter		**le loro figlie** their daughters	
la mia mamma my mom		**le vostre mamme** your mom/moms	

Tua sorella suona il pianoforte molto bene. Your sister plays the piano very well.
Ecco **i nostri** cugini. Here are our cousins.
Vostro figlio è molto intelligente. Your son is very intelligent.
Il mio papà legge molti giornali. My dad reads many newspapers.

Esercizio #2: Scrivere 3 frasi usando gli aggettivi possessivi e i termini di parentela (nouns referring to family members).

Note: * The article is also retained whenever the noun is modified by a suffix or an adjective.
Esempi: il mio fratellino, la mia cara zia, la mia giovane sorella.

B) I PRONOMI POSSESSIVI

With possessive pronouns (mine, yours, etc.) the article is always required except when it is preceded by the verb to be (in which case it is often optional).

Quale panino mangi? Mangio **il tuo**. Which sandwich are you eating? I am eating yours.
Di chi è questo libro? È **mio** (o **il mio**). Whose book is this? It's mine.
Di chi sono queste chiavi? Sono **sue** (o **le sue**). Whose keys are these?
They are his (or hers).
La **nostra** casa è nuova e **la vostra** è vecchia. Our house is new and yours is old.

▷ ▷ ▷ ESERCIZI

A. Completare come indicato nell'esempio.
Esempio: Luigi ha una matita. È **la sua** matita.

1. Io ho un ombrello (umbrella). È . . . .
2. Piero ha una cartella (briefcase). È . . . .
3. Tu hai una bicicletta. È . . . .
4. Voi avete un appartamento (apartment). È . . . .
5. Gianna ha una penna. È . . . .
6. I bambini hanno un gatto. È . . . .
7. Noi abbiamo un cane. È . . . .
8. Loro hanno una sorella. È . . . .

B. Formare il plurale. Esempio: la mia casa è vecchia. **Le mie case sono vecchie.**

1. La mia borsa è piccola . . . .
2. La sua televisione è nuova . . . .
3. La tua macchina è bellissima . . . .
4. Nostro figlio è molto intelligente . . . .
5. Il vostro amico abita qui . . . .
6. Tuo nonno dorme poco . . . .
7. Il loro zio mangia troppo . . . .
8. Mio cugino studia moltissimo . . . .

C. Trasformare le frasi usando (by using) **gli aggettivi possessivi.**
Esempio: Le sorellastre di Cenerentola sono molto brutte... Le **sue** sorellastre sono molto brutte.

1. Il naso di Pinocchio è molto lungo (long) . . . .
2. Il papà di Pinocchio si chiama Geppetto . . . .
3. Il gatto e la volpe sono nemici di Pinocchio . . . .
4. La nonna di Cappuccetto Rosso abita nel bosco . . . .
5. La matrigna di Cenerentola è molto cattiva . . . .
6. Gli animali sono gli amici di Cenerentola e di Biancaneve . . . .
7. I sette nani sono gli amici di Biancaneve . . . .
8. La casa dei sette nani è piccola . . . .

D. Come si dice...?

1. Here is your book . . . .

2. Here are her keys. . . . .

3. Here are my parents . . . .

4. Here is Carla's husband . . . .

5. My backpack is green and yours is black . . . .

6. His pencils are red and theirs are blue . . . .

7. Your car is new and mine is old . . . .

8. Her bag is big and yours is small . . . .

9. My mom is pretty and yours is generous. . . . .

10. His father works too much and mine eats too much . . . .

11. My coffee is good and yours is bad . . . .

12. They speak with their friends and we speak with ours. . . . .

E. Parliamo

1. Di chi è questo libro di italiano? È mio o suo? E quella borsa (o zaino)?
E questo quaderno? E questa penna? E quella matita?

2. Parla spesso con Suo (your - formal) padre? E con Sua madre? Telefona spesso ai Suoi genitori? Ha sorelle o fratelli? Parla spesso con loro? Telefona spesso a loro?

3. Ha cugini o cugine, zii o zie? Come si chiamano? Dove abitano? Ha nonni o nonne?
Come si chiamano? Dove abitano? Ha il ragazzo (boy friend) o la ragazza, il fidanzato (o la fidanzata), il marito (o la moglie)? Come si chiama? Dove abita?
Parla spesso con lui (lei)?

4. Chi è il Suo amico (o la Sua amica) preferito/a (favorite)? Com'è? Dove abita?
Parla spesso con lui? Mangiate spesso insieme?

5. Quale è il Suo film preferito (favorite)? E il Suo sport preferito? E il Suo libro preferito?
E la Sua pizza preferita? E la Sua pasta preferita?

©) LE ESPRESSIONI DI TEMPO ED ESPRESSIONI VARIE

1. Espressioni di tempo:

Che tempo fa? or **Com'è il tempo?** how is the weather?

fa caldo it's hot	**fa freddo** it's cold
fa fresco it's cool	**è nuvoloso** it's cloudy
fa bello it's nice	**fa brutto** it's bad
c'è la nebbia it's foggy	**c'è il sole** it's sunny
c'è vento it's windy	**è sereno** it's clear
nevica it's snowing	**piove** it's raining

2. Parole ed espressioni varie

durante during
niente nothing
s<u>u</u>bito right away

naturalmente of course
quando when

Da quanto tempo* ...? Da .... How long... For...

Da quanto tempo abiti qui? How long have you been living here?
Abito qui da dieci anni. I have been living here for ten years.

QUANTA NEVE IN MONTAGNA!

⇨ ⇨ ⇨ ESERCIZI

A. Completare con le espressioni di tempo

1. Di solito durante l'inverno . . . .
2. Spesso durante l'estate . . . .
3. Di solito in autunno. . . . .
4. Spesso in primavera . . . .
5. Com'è spesso il tempo a Londra (London)? . . . .
6. Com'è spesso il tempo a Chicago? . . . .
7. Che tempo fa di solito all'Equatore (Equator)? . . . .
8. Com'è di solito il tempo al Polo Nord (North Pole)? . . . .

Note: * Note the use of the present tense in Italian and the past tense in English.

B. A voi la parola

1. Preferisci studiare quando piove o quando c'è il sole?
2. Preferisci mangiare quando fa freddo o quando fa caldo?
3. Preferisci bere (to drink) durante l'estate o durante l'inverno?
4. Preferisci studiare durante il giorno o durante la notte?
5. Quali colori preferisci? Quali numeri preferisci?
6. Quale mese dell'anno preferisci? Quale giorno della settimana preferisci?
7. Da quanto tempo studi l'italiano? Da quanto tempo guidi la macchina?
8. Che giorno è oggi? Che mese è? Che tempo fa oggi?
9. Durante quali stagioni piove spesso? In quale stagione nevica, di solito?

D) LE ESPRESSIONI CON "AVERE"

Many expressions requiring the verb "to be" in English require the verb "to have" in Italian. The most common expressions with "avere" are the following:

avere caldo to be hot	**avere freddo** to be cold
avere fame to be hungry	**avere sete** to be thirsty
avere sonno to be sleepy	**avere fretta** to be in a hurry
avere paura to be afraid	**avere voglia di** to feel like
avere bisogno di to need	**avere... anni** to be... years old
avere ragione to be right	**avere torto** to be wrong

Lui ha freddo e lei ha sonno. He is cold and she is sleepy.
Noi abbiamo sete e voi avete fame. We are thirsty and you are hungry.
Ho voglia di mangiare una pizza. I feel like eating a pizza.

▷ ▷ ▷ ESERCIZI

A. Scrivere 3 frasi usando alcune espressioni con avere

B. Completare con le espressioni con avere

1. Il bambino ha voglia di giocare; anche i suoi amici. . . . .
2. In estate lei ha sempre caldo, ma in inverno . . . .
3. Noi, di solito, abbiamo fretta; anche voi . . . .
4. Loro mangiano poco, perchè . . . .
5. Noi abbiamo bisogno di dormire, perchè . . . .
6. Tu, di solito, hai ragione; lei, invece . . . .
7. Quando Paolo guarda un film giallo (thriller) . . . .
8. Lui ha diciotto anni; anche tu . . . .

C. Come si dice...?

1. They need to sleep a lot and you need to eat a lot. . . . .
2. You are right: he is hungry and thirsty . . . .
3. She is often wrong and he is usually right. . . . .

4. Why is he afraid? I don't know . . . .
5. We are hot and you are cold . . . .
6. Why are they in a hurry? Because they are hungry . . . .
7. I feel like eating some bread . . . .
8. You are fifteen and he is twenty . . . .

D. Parliamo

1. Durante quale stagione Lei ha molto freddo? Quando ha molto caldo?
Durante quale stagione ha molta sete? Quando ha paura?
Ha ragione o ha torto spesso? Quando ha bisogno di dormire molto?
Quante volte al giorno ha bisogno di mangiare?
Quante ore al giorno ha bisogno di dormire?

2. Quando Lei ha fame che cosa fa (what do you do)? E quando ha sete?
E quando ha sonno? Quando ha voglia di parlare con chi parla volentieri (gladly)?
Con i Suoi genitori, con i Suoi fratelli o sorelle?
Con il Suo amico (la Sua amica) preferito/a?

Parole ed espressioni utili per la lettura "Un bambino in famiglia"

il bicchiere glass   **il succo di frutta** fruit juice

PRIMA LETTURA - Un bambino in famiglia

In cucina (in the kitchen)

Bambino: Mamma, ho fame. Ho voglia di un panino.
Mamma: Ecco un panino con il prosciutto.

Bambino: Papà, ho sete, ho voglia di un succo di frutta.
Papà: Ecco un bicchiere di succo di frutta.

Bambino: Nonna, ho ancora fame. Ho voglia di un altro panino.
Nonna: Ecco un altro (another) panino con il prosciutto.

Bambino: Nonno, ho ancora sete. Ho voglia di un altro succo.
Nonna: Ecco un altro bicchiere di succo di frutta.

In camera da letto (in the bedroom)

Mamma: È molto tardi (it's very late!). Ora dormi! Buona notte.
Bambino: Buona notte, mamma.

Bambino: Papà, ho paura. Ho bisogno dell'orsacchiotto (teddy bear).
Papà: Ecco l'orsacchiotto. E adesso basta. Ora dormi! Buona notte.
Bambino: Hai ragione, papà, buona notte.

Bambino: Nonno, nonno! Io ho freddo. Ho bisogno di una coperta (blanket).
Nonno: Ecco una coperta. E ora dormi. Buona notte.

Bambino: Nonna, nonna: ho ancora freddo. Ho bisogno di un'altra coperta.
Nonna: Ecco un'altra coperta. E ora basta. Buona notte.

Bambino: Mamma, papà, nonna, nonno: ho troppo caldo!

In salotto (in the living room)

Mamma: Io non sento niente* (I don't hear anything) e tu?
Papà: Neppure (not even) io sento niente, e voi?
Nonna e nonna: Assolutamente (absolutely) niente!

▷ ▷ ▷ ESERCIZI

A. Sottolineare (underline) tutte le espressioni con avere. Quante e quali sono?

B. Parliamo

1. Che cosa mangia il bambino in cucina? Chi prepara i panini?
2. Che cosa beve il bambino in cucina? Chi prepara i bicchieri?
3. In camera da letto che cosa dice (says) la mamma?
   E il bambino che cosa risponde?
4. Ha paura il bambino? Ha freddo il bambino?
   Che cosa chiede al suo papà?
   E poi che cosa chiede a suo nonno? Che cosa risponde il suo papà? E suo nonno?
5. Che cosa chiede il bambino a suo nonno e a sua nonna?
   E poi che cosa dice (says)?
6. In salotto chi sente il bambino? (La sua mamma, il suo papà, sua nonna, suo nonno?)
   I genitori e i nonni non sentono davvero il bambino?
7. Dorme il bambino? Ha sonno il bambino?

PAROLE, PAROLE!

Read the following words aloud, paying attention to the correct pronunciation.

1. **Termini geografici** (geographic terms):
la montagna mountain   **la periferia** outskirts
si trova - si trovano is-are located

2. **In città**
l'appartamento apartment   **il centro** downtown
il cinema movie theatre   **il condominio** (o **il palazzo**) condominium
il duomo cathedral   **l'edificio** building
la farmacia drugstore   **il museo** museum
il piano floor   **la pensione** motel
il ristorante restaurant   **la stazione** station
la strada street   **la vista (la veduta)** view

Esercizio #1: Scrivere 3 frasi usando alcune delle parole elencate sopra
(write 3 sentences using some of the words listed above).

Note: * Note that in Italian the double negation is commonly used: "io non sento niente" (literally: I don't hear nothing) or "neppure io sento niente" (literally: not even I hear nothing).

3. In casa

il bagno bathroom
la camera da letto bedroom
la cucina kitchen
il salotto living room
lo studio (pl. **gli studi**) study

il balcone balcony
la cantina cellar
la sala da pranzo dining room
la soffitta attic

4. In campagna (countryside)

l'anitra duck
il coniglio rabbit
il giardino garden
l'orto vegetable garden
la zanzara mosquito

il cavallo horse
il fiore flower
la mucca cow
la verdura vegetable (s)

Esercizio #2: Scrivere 3 frasi usando alcune delle parole elencate sopra (write 3 sentences using some of the words listed above).

E) I NUMERI ORDINALI DA PRIMO A DECIMO

Ordinal numbers work as adjectives; therefore they must agree in gender and number with the nouns they modify.

Al prim**o** piano on the first* floor   La terz**a** coniugazione the third conjugation

Here are the ordinal numbers:

primo-secondo-terzo-quarto-quinto-sesto-settimo-ottavo-nono-decimo

⇩ ⇩ ⇩ ESERCIZI

A. Completare con le seguenti parole: *mucche - balcone - studio - stazione - edificio - in montagna - quinto - il ristorante - conigli - camere da letto*

1. Il mio appartamento si trova al . . . . piano di questo . . . .

2. Nel suo . . . . ci sono molti libri interessantissimi.

3. . . . . si trova nella seconda strada.

4. In campagna ci sono molti . . . . e molte . . . .

5. Le mie . . . . sono piccole; le tue, invece, sono molto grandi.

6. Il vostro . . . . ha una magnifica veduta.

7. Il museo e il duomo si trovano vicino alla . . . .

8. . . . . nevica spesso; invece al mare spesso fa bel tempo.

B. Formare il plurale. Esempio: il mio balcone è piccolo. **I miei balconi sono piccoli.**

1. Il mio cavallo è giovane.
2. Nella sua casa c'è una stanza grande.

Note: * The first floor in Italy corresponds to the second floor in the United States.

3. La nostra camera da letto è vecchia.

4. La sua anitra è bella.

5. Nel tuo giardino c'è una rosa rossa.

6. Il vostro bagno è moderno.

7. Nel loro orto c'è uno scoiattolo.

8. Il mio salotto è piccolo.

9. Il suo edificio è vicino alla stazione.

10. Il vostro negozio si trova in città.

11. Il tuo ristorante è buono.

12. Nella nostra cantina c'è una bottiglia di vino speciale (special bottle of wine).

C. Gioco. Chi vince?

Students should close their books. Then the teacher will ask each student to name a word related to one of the subjects listed below: one word per one student at a time.

As the students answer the words should be written on the blackboard.

The winner is the student who has the last word. As the subjects are three the game can be played three times.

The subjects are the following:

1. Animali.

2. Stanze di una casa.

3. Edifici di una città.

F) LE PREPOSIZIONI "IN" E "A" CON I TERMINI GEOGRAFICI

The preposition **in** is required before feminine names of countries, regions or states (Italia, America, California, Sicilia), while the preposition **a** is required before names of cities:

Io abito **in** Italia. Lei abita **in** California. Voi abitate **a** New York. Tu abiti **a** Roma.

With masculine, plural or modified nouns the preposition **in** is followed by the definite article:

Io abito **nel** Colorado o **nel** Veneto o **nelle** Filippine (Philippines) o **nell'**Italia settentrionale o **nella** California meridionale o **negli** Stati Uniti.

The preposition **"in"** is also required with the following geographic terms: campagna, città, montagna.

Io abito **in** campagna. Tu abiti **in** montagna. Noi abitiamo **in** città

▷ ▷ ▷ ESERCIZI

A. Dove si trova - si trovano? Completare con le preposizioni "in", "in +articolo" o "a"

1. Miami si trova . . . . Florida.

2. San Francisco e Los Angeles si trovano . . . . California.

3. Il colosseo si trova . . . . Roma.

4. La Casa Bianca si trova . . . . Washington.

5. Roma e Milano si trovano . . . . Italia.

6. Parigi si trova . . . . Francia.

7. Il Big Ben si trova . . . . Londra (London).

8. La statua della libertà (statue of liberty) si trova . . . . New York.

B. Dove? Completare con le preposizioni "in", "in +articolo" o "a"

1. Il museo e il duomo sono . . . . città.

2. John abita . . . . Alaska.

3. Claudio e Loretta lavorano . . . . Stati Uniti.

4. Robert e Janet studiano . . . . Chicago.

5. Gianni abita . . . . California.

6. Le mucche e i cavalli sono . . . . campagna.

7. Paolo abita . . . . Italia settentrionale.

8. Carlo compra i funghi . . . . montagna

Parole ed espressioni utili per la lettura "Città e campagna"

che that, which, who   **come** as, such as

da solo by oneself   **la maestra** elementary school teacher

perciò therefore   **tanti - tante** many   **tutto** all, everything

SECONDA LETTURA - Città e campagna

Siamo a Milano. Oggi c'è la nebbia e fa molto freddo. Nell'aula di una scuola elementare della città la maestra e gli alunni (pupils) parlano delle loro case. Ascoltiamo!

Gianni: La mia casa è una villa bianca e si trova nella periferia della città, vicino alla campagna. Io ho un giardino con tanti fiori e anche un orto con tante verdure.

Luisa: La casa di mia nonna, invece, si trova vicino al mare e quella di mio zio si trova sul lago Maggiore.

Paola: La casa dei miei cugini si trova in montagna.

Aldo: Io non ho una casa, ma un appartamento. Si trova al quinto piano di un condominio in centro. C'è una bellissima vista del duomo.

Paola: Anch'io abito in un appartamento, ma il mio si trova al primo piano, perciò non si vede il panorama; però vicino a casa mia c'è un museo molto famoso, con tanti turisti.

Luisa: La mia casa si trova vicino ad un albergo molto grande e molto bello. In questo albergo ci sono sempre moltissimi turisti stranieri (foreign): francesi, americani, inglesi, cinesi, tedeschi (German), russi, giapponesi (Japanese)...

Maestra: Va bene, va bene. E la tua casa, Carlo, com'è?

Carlo: La mia casa si trova in campagna, lontano dalla città, dai negozi e dai turisti.

In campagna ci sono tanti alberi, tanti fiori e tanti animali, come le mucche, i cavalli, i cani, i gatti, le anitre, le oche, i conigli, i grilli, le zanzare...".

Maestra: Va bene, va bene. Ora parliamo delle stanze di una casa. Qual è la vostra stanza preferita (favorite)?

Gianni: Io preferisco il salotto, perchè in salotto c'è la televisione.

Luisa: Io preferisco la mia camera da letto, perchè là ci sono tutti i miei giocattoli (toys).

Aldo: Io e mio padre preferiamo la sala da pranzo, perchè abbiamo sempre fame.

Carlo: Mio fratello, invece, preferisce il garage, perchè là c'è la macchina del papà, che è bellissima.

Paola: Io non ho il garage, perchè in città il garage costa troppo. Comunque (anyway) io sono spesso in salotto; mia madre è spesso in cucina e mia zia è sempre in camera da letto, perchè ha sempre sonno.

Gianni: Mio padre è spesso nello studio, perchè là legge e scrive; invece mio zio è spesso in cantina, perchè là ci sono tante bottiglie di vino (bottles of wine) buono... ma... e Lei, signora maestra che stanza preferisce?

Maestra: La mia stanza preferita è la mia camera da letto perchè ha il balcone. Sul balcone prendo il sole (I sun-bathe), ma naturalmente solo quando fa caldo, cioè (that is) in estate oppure (or) in primavera o in autunno ma non adesso, perchè è inverno e fa freddo. Allora (well then) bambini, per domani scrivete un tema* (composition) intitolato (entitled): Città e campagna. E ora facciamo una pausa.

▷ ▷ ▷ **ESERCIZI**

A. **Parliamo**

1. Dove si trova Milano? Dove sono la maestra e gli alunni? Che tempo fa?
2. Dove abita Gianni? e Aldo? E Paola? E Luisa? E Carlo? C'è una bella vista dall'appartamento di Aldo? Dove si trova la casa dei cugini di Paola?
3. Chi abita in campagna? Che animali ci sono in campagna?
4. Chi preferisce la cucina? E la camera da letto? E lo studio? E il garage? E la cantina? Quale stanza preferisce la maestra?
5. Dove si trova la Sua casa? Ha una casa o un appartamento? Quante stanze ci sono nella Sua casa? Qual è la Sua stanza preferita? Che cosa c'è vicino alla Sua casa? Ha un giardino? Ha un orto? Abita da solo o con altri?
6. Quanti sono i giorni della settimana? E i mesi dell'anno? E le stagioni? Quali sono?
7. Che tempo fa oggi? Che tempo fa in estate a San Francisco? A Roma? A New York...?
8. In che mese siamo? In che stagione siamo? Quale stagione dell'anno preferisce?
9. Che giorno è... oggi? E domani ? Qual è il Suo numero di telefono?
10. Da quanto tempo abita in questa città? Da quanto tempo studia l'italiano?

B. Scrivere un breve (short) tema intitolato: "Città e campagna" (Che cosa c'è in città? E in campagna? Preferisce la città o la campagna? Perchè?)

FILASTROCCHE

A. Io ho un appartamento a Milano:
è nuovo e si trova al quinto piano;
ci sono due grandi camere da letto
ma il ba**gn**o è uno solo e un po' stretto. **stretto** narrow

B. I miei **ge**nitori abitano in campa**gn**a
e hanno an**che** una villa in monta**gn**a;
ma io preferisco vivere in **ci**ttà
con tanti ami**ci** della mia età. **l'età** age

Note: * Il tema (pl. i temi) composition

⇨ ⇨ ⇨ **ESERCIZI**

A. Leggere le filastrocche ad alta voce e poi tradurle
(Read the nursery rhymes aloud and then translate them).

B. In quali regioni si trovano Milano, Palermo, Torino, Ischia, Urbino? Che cos'è Ischia?

C. **Gioco: Chi vince?**

One at a time students should read one line each and translate it; whenever a student makes a mistake, either in the pronunciation or in the translation he/she is out of the game and the others will continue; if more than one student can read and translate perfectly the game should be continued by reading the rhymes as fast as possible; the winner is the one who can read the fastest with the best pronunciation.

L'ITALIA IN MINIATURA

Parole ed espressioni utili per la lettura

la benzina gas   **dunque** so
parcheggiare to park   **il parcheggio** parking   **se** if

The following reading contains many cognates. Can you recognize them?
Can you guess their meaning?

Mezzi di trasporto

In Italia il mezzo di trasporto più diffuso (widespread) è certamente l'automobile.
Molte famiglie italiane hanno più di (more than) una macchina. Ma, dato che (since) moltissimi italiani vivono in appartamenti, possedere (to own) un garage non è sempre facile. Nei vecchi palazzi di città spesso non ci sono i garage e in quelli nuovi ci sono garage piccoli, per una sola macchina; perciò molte persone parcheggiano la seconda macchina (o anche la prima) nelle strade. Trovare (finding) quindi (then) un parcheggio in città è difficilissimo, anche perchè il centro storico di moltissime città italiane è chiuso (is closed) al traffico. Ci sono però in tutta Italia mezzi pubblici molto efficienti: gli autobus e i filobus per i percorsi (distances) più brevi (shortest), i treni e gli aerei per i percorsi più lunghi. Nelle grandi città, come Milano, Torino o Roma, c'è anche la metropolitana (subway), sicura (safe) e veloce. Per andare (in order to go) in Sardegna o in Sicilia via mare prendiamo il traghetto (ferry - boat). Il treno, comunque (anyway), è il mezzo di trasporto più usato (most used) dagli italiani dopo (after) l'automobile. Con il treno possiamo (we can) visitare tutte

le città d'Italia, comodamente (comfortably) e senza problemi nè (neither) di traffico nè (nor) di parcheggio. Soprattutto (most of all) prendere (taking) il treno è facile e non costa molto, mentre (while) usare la macchina è più (more) costoso, perchè la benzina in Italia è molto cara. Se però siamo un po' sportivi e se non fa troppo freddo prendiamo la bicicletta e visitiamo tranquillamente non solo le città, ma anche la campagna e tutte le zone di periferia!

▷ ▷ ▷ ESERCIZI

A. Dare il significato delle seguenti parole simili contenute nella lettura (give the meaning of the following cognates contained in the reading):
efficiente, pubblico, il traffico, la zona

B. Sottolineare tutte le altre parole simili contenute nella lettura
(underline all the other cognates contained in the reading).

C. Parliamo

1. Qual è il mezzo di trasporto più diffuso in Italia? E il secondo?
2. Dove abitano moltissimi italiani, in case o in appartamenti? Nei palazzi di città ci sono sempre i garage? I garage di città sono grandi o piccoli? Dove parcheggiano la seconda macchina di solito gli italiani?
3. Perchè non è possibile di solito parcheggiare nei centri storici di molte città? In quali città si trovano le metropolitane? Quando prendiamo il traghetto?
4. Quali mezzi di trasporto pubblici ci sono in italia? Il treno è comodo (comfortable)? È costoso? E la benzina è cara?
5. Se siamo un po' sportivi quale mezzo di trasporto usiamo?

D. Gioco

In groups of four take a few minutes to write down all the names of the means of transportation that you can remember. Compare your answers with the answers of the other groups. Which group remembers more words and can best pronounce them?

ANDIAMO IN BICICLETTA

VOCABOLARIO

I verbi e le espressioni con avere

parcheggiare to park
avere... anni to be... years old
avere bisogno di to need
avere caldo to be hot
avere fame to be hungry
avere freddo to be cold
avere fretta to be in a hurry

visitare to visit
avere paura to be afraid
avere ragione to be right
avere sete to be thirsty
avere sonno to be sleepy
avere torto to be wrong
avere voglia di to feel like

I numeri ordinali

primo - secondo - terzo - quarto - quinto - sesto - settimo - ottavo - nono - decimo

Il tempo

che tempo fa - com'è il tempo? how is the weather?
fa bello - fa brutto it's nice - bad
fa caldo - fa freddo - fa fresco it's hot - cold - cool
c'è la nebbia it's foggy
c'è il sole it's sunny
c'è vento it's windy
nevica it's snowing
è nuvoloso it's cloudy
piove it's raining
è sereno it's clear

E' NUVOLOSO

I nomi: In città, in casa, in campagna e altri

l'**anitra** duck
il **bagno** bathroom
la **benzina** gas
la **campagna** countryside
la **cantina** cellar
il **centro** downtown
il **condominio** (o il **palazzo**) condominium
la **cucina** kitchen
l'**edificio** (pl. **gli edifici**) building
il **fiore** flower
il **giardino** garden
la **montagna** mountain
il **museo** museum
il **parcheggio** (pl. **i parcheggi**) parking
la **periferia** outskirts
la **soffitta** attic
la **strada** street
il **succo di frutta** fruit juice
la **verdura** vegetable (s)

l'**appartamento** apartment
il **balcone** balcony
il **bicchiere** glass
la **camera da letto** bedroom
il **cavallo** horse
il **cinema** movie theatre
il **coniglio** (pl. **i conigli**) rabbit
il **duomo** cathedral
la **farmacia** drugstore
la **foglia** leaf
la **maestra** elementary school teacher
la **mucca** cow
l'**orto** vegetable garden
la **pensione** motel
il **piano** floor
la **stazione** station
lo **studio** (pl. **gli studi**) study
la **vista** (o **veduta**) view
la **zanzara** mosquito

Parole opposte

tutto all, everything

niente nothing

Parole ed espressioni varie

che that, which, who
da solo by oneself (alone)
durante during
guarda! look!
perciò therefore
subito right away
si trova-si trovano it is - they are located
tutto all

come as, such as
dunque so
già already
naturalmente of course
quando when
se if
tanti (e) many

CAPITOLO 5

◊ **Per cominciare: Ma che bella sorpresa!**

◊ **I verbi irregolari (con "a" e "da" + articolo)**
◊ **Buono, bello e quello**
◊ **Il presente progressivo**
◊ **Nomi con terminazioni particolari**

◊ **Prima lettura: Sogno o realtà?**
◊ **Seconda lettura: Ma che bella sorpresa!**
◊ **Filastrocche**
◊ **L'Italia in miniatura: Abitudini culinarie**

MA CHE BELLA SORPRESA!

PER COMINCIARE
Ma che bella sorpresa!

Un mese dopo, a Roma.
Lucille entra in un bar.
(One month later, in Rome.
Lucille enters a coffee-shop)

Luciano: Oh, ma tu sei Lucille! Ciao, come stai?
Ma che bella sorpresa!

Lucille: Ciao Luciano! È davvero una bellissima sorpresa!
Io sto benissimo, grazie, e tu?

Luciano: Anch'io, grazie. Prendi un caffè?

Lucille: Prendo un cappuccino e una pasta, grazie.

Luciano: Cameriere, un cappuccino e una pasta per la signorina,
per favore. Ma...Lucille, dove abiti?

Lucille: Abito qui vicino, ma esco poco! Peccato, perchè il tempo
è magnifico qui a Roma, ma devo sempre studiare l'italiano.

Luciano: Ma parli benissimo ora! Posso avere il tuo numero di telefono?

Lucille: Certamente; eccolo: 06 - 75-92-34.

Luciano: Grazie. Ci vediamo uno di questi giorni?

Lucille: Sì, con molto piacere.

Luciano: Questa sera devo andare a cena con alcuni amici, ma domani
sono libero. Ci vediamo domani sera?

Lucille: Sì, sì, domani sera va benissimo.

davvero really

esco I go out
devo I must
posso can I

libero free

PARLIAMO

1. Chi incontra Lucille al bar?
2. Che cosa dice (says) Lucille? Che cosa dice Luciano?
3. Che cosa prende Lucille al bar? Dove abita Lucille? Che cosa studia? Parla bene l'italiano?
4. Che cosa chiede Luciano a Lucille? E Lucille che cosa risponde?
5. Dove deve andare Luciano questa sera? Quando vuole vedere Lucille?
Per Lucille va bene domani sera?

Dialogo personalizzato. In coppia: personalizzate il dialogo cambiando le domande e le
risposte a vostro piacimento. Siate pronti a leggere il nuovo dialogo ad alta voce.

A) I VERBI IRREGOLARI

1. The verbs **andare** (to go), **stare** (to stay), **venire** (to come) and **uscire** (to go out) are
irregular; therefore they should be memorized.

andare (to go)	stare (to stay, to feel)	venire (to come)	uscire (to go out)
vado	sto	vengo	esco
vai	stai	vieni	esci
va	sta	viene	esce
andiamo	stiamo	veniamo	usciamo
andate	state	venite	uscite
vanno	stanno	vengono	escono

2. Andare, venire and uscire require specific prepositions, according to the noun that follows. Note the prepositions "a" and "da" used with the articles:

andare - venire a: Roma, New York, Sidney, Londra, etc..
scuola - teatro (theater) - casa - letto (bed)
dormire - mangiare - studiare, trovare (visit) etc..

andare - venire al: bar - cinema - concerto (concert) - mare - museo - ristorante
all'ufficio postale (Post Office) - **alla** stazione

andare - venire in: Italia, America, California, Inghilterra etc...
campagna - montagna - città
macchina - bicicletta - treno - moto, etc..   a piedi (by foot)
albergo - biblioteca(library) - banca(bank) - chiesa - ufficio (office)
cucina - camera da letto - sala da pranzo, etc..
pizzeria - pasticceria (pastry - shop) - lavanderia (laundromat),etc...

andare da (to)   **da** Paolo, Laura, Giovanni, etc... (meaning to their place)
dal dottore (doctor), **dagli** amici, **dal** barbiere (barber), etc..

venire da (from)   San Francisco, Roma, Parigi, Buenos Aires etc...
dal Texas, **dal** Messico, **dalla** California
dalla Francia (France), dalla Svizzera (Switzerland)
dall'Italia, **dagli** Stati Uniti, **dalle** Filippine

"andare via" means "to go away".   **"Come va?"** means: "how is it going?"

uscire da: **dal** cinema, **dal** bar, **dalla** banca, **dall'**istituto etc...
uscire di: **di** casa

Quando **andate in città?** Domani. When are you going to the city? Tomorrow.
Da dove vieni? Vengo da Roma. Where are you coming from? I am coming from Rome.
Ogni giorno **lei esce di casa** alle nove. Every day she leaves home at nine.

3. The verb **stare** means to stay, but also to be, to feel:

Io **sto** a casa oggi. I stay (at) home today.
Come **sta?** How are you (how do you feel)?
Sto bene, grazie. I am (feel) fine, thank you.

stare attento (a - i - e) to pay attention, to be careful; **stare zitto (a - i - e)** to be quiet

Gli studenti **stanno attenti** in classe. Students pay attention in class.
"Ragazzi, **state zitti**" dice l'insegnante. "Boys and girls, be quiet" says the teacher.

▷ ▷ ▷ ESERCIZI

A. Scrivere 4 frasi con i verbi andare - stare - venire e uscire

B. Sostituire il soggetto della frase, come indicato nell'esempio.
Esempio: Paolo mangia la pasta. (io, tu, voi): **Io mangio** la pasta, **tu mangi** la pasta, **voi mangiate** la pasta.

1. Giovanni va al cinema. (tu, loro, noi, Lei)
2. Paolo viene a scuola in bicicletta, (noi, lei, voi, tu)
3. Noi usciamo sempre alle nove. (io, lei, tu, loro)
4. Luisa viene in questa biblioteca ogni mattina. (voi, lui, tu, io)
5. Io vado dalla nonna. (Lei, voi, lui, tu)
6. Andiamo in pizzeria ogni venerdì sera. (lui, tu, voi, loro)
7. Venite in chiesa ogni domenica. (io, lei, loro, tu)
8. Io sto benissimo. (tu, voi, Lei, noi)

C. Aggiungere la preposizione corretta (Add the correct preposition)

1. Io vado . . . . campagna spesso.
2. Lei viene . . . . pizzeria tutti i giorni.
3. Tu esci. . . . . casa alle otto (at eight).
4. Dove vai? Vado . . . . banca.
5. Oggi la signora Cartelli va . . . . lavanderia.
6. Domani andiamo. mare.
7. Voi andate . . . . Francia ogni anno.
8. I signori Smith escono ora . . . . Istituto.

D. Completare con la preposizione "da" o "da+articolo"

1. Noi veniamo . . . . California.
2. Io vengo . . . . Italia.
3. Luigi viene . . . . Milano.
4. Gli studenti vengono . . . . Londra.
5. Voi venite. . . . . Stati Uniti.
6. Tu vieni . . . . Messico.
7. Io vengo . . . . San Francisco.
8. Dina viene . . . . Parigi.

E. Completare con la preposizione "a" o "a+articolo"

1. Io vado . . . . opera domani.
2. I tuoi amici vanno . . . . stazione.
3. Voi andate . . . . letto.
4. Quando vai . . . . ristorante?
5. Vado. . . . . casa.
6. Andiamo . . . . bar questa sera?
7. Le signore vanno. concerto.
8. Rosa va . . . . ufficio postale.

F. Parliamo

1. Come sta (Lei)? Da dove viene? Dove va Lei, di solito, la mattina, il pomeriggio durante il fine - settimana (week - end) e durante le vacanze?

2. Quando Lei va in vacanza preferisce andare al mare, in montagna, in campagna o preferisce stare in città? Perchè?

3. La sera esce spesso o preferisce stare in casa? Guarda spesso la televisione? Va spesso al cinema? Quante volte alla settimana (o al mese) va al ristorante? Quali ristoranti preferisce?

4. Viene a scuola tutti i giorni? Viene a piedi, in bicicletta, in motocicletta, in macchina, in autobus o in treno?

4. Fare (to do, to make), **dare** (to give), **sapere** (to know) and **dire** (to say) are also irregular verbs. Note that the present tense forms of "fare" come directly from the Latin infinitive **facere** and those of "dire" come from the Latin infinitive **dicere**.

fare (to do, to make)	**dare** (to give)	**sapere*** (to know)	**dire** (to say)
faccio	**do**	**so**	**dico**
fai	**dai**	**sai**	**dici**
fa	**dà**	**sa**	**dice**
facciamo	**diamo**	**sappiamo**	**diciamo**
fate	**date**	**sapete**	**dite**
fanno	**danno**	**sanno**	**dicono**

5. The above verbs are used in the following expressions:

fare: **colazione** (to have breakfast)
la doccia (to take a shower)
la spesa (to shop for groceries)
una domanda (to ask a question)
un giro (to wander around - to go for a ride or a walk)
una telefonata (to make a telephone call)
una passeggiata (to take a walk).

dare: **un esame** (to take an exam)
la mancia (to give a tip)
un passaggio (to give a lift)

dire: **di sì o di no** (to say yes or no)

Remember: **cosa vuol dire?** And **come si dice?**

sapere: **guidare** (to know how to drive)
suonare il pianoforte (to know how to play the piano)

Remember: **lo so - non lo so** (I know - I don't know)

Tutte le mattine **faccio colazione** in casa. Every morning I have breakfast at home.
Alberto **dà un esame** venerdì. Alberto takes an exam on Friday.
Come si dice "although"? **Non lo so**. How do you say "although"? I don't know.

Note: * To know a person= conoscere. Sapere means to know something or to know how.

⟡ ⟡ ⟡ **ESERCIZI**

A. Scrivere 4 frasi con i verbi fare, dare, sapere e dire

B. Sostituire il soggetto della frase, come indicato nell'esempio.
Esempio: Paolo mangia la pasta. (io, tu, voi): **Io mangio** la pasta, **tu mangi** la pasta, **voi mangiate** la pasta.

1. Paolo dà la mancia al cameriere. (tu, loro, noi, Lei)
2. Luigi fa colazione alle sette (at seven) ogni mattina. (noi, Lei, voi, tu)
3. Noi sappiamo parlare molto bene. (tu, voi, lei, io)
4. Loretta dà un esame ogni mese. (voi, lui, tu, io)
5. Io so suonare il pianoforte. (lei, voi, lui, tu)
6. Diciamo sempre la verità (truth). (lui, tu, voi, loro)
7. Lui fa la doccia ogni giorno. (io, Lei, loro, tu)
8. Noi facciamo una passeggiata ogni pomeriggio. (io, lei, tu, loro)

C. Rispondere con la forma verbale corretta. (Answer with the correct verb form).

1. Dai un passaggio a Claudio oggi? Sì . . . .
2. Sai suonare il pianoforte? No . . . .
3. Fate un giro con i bambini? Sì . . . .
4. Date i libri agli studenti? Sì . . . .
5. Carlo, so guidare bene io? No. . . . .
6. Mamma, sai dov'è il libro di Italiano? No . . . .
7. Fate la spesa ogni mattina? Sì . . . .
8. Fai una telefonata ora? Sì . . . .

D. Parliamo

1. Che lavoro fa Lei? Lavora o studia? È soddisfatto (satisfied) del Suo lavoro (o della Sua scuola)? Che cosa fa Lei, di solito, la sera, dopo (after) il lavoro (o la scuola)? E durante il fine - settimana?
2. Che mancia (tip) dà Lei, di solito, al cameriere (waiter) quando va al ristorante?
3. Quante volte alla settimana fa la spesa? Di solito, quando fa la spesa, spende molto o poco? Fa almeno (at least) una passeggiata al giorno o no?
4. Lei dice sempre la verità (truth)? I suoi amici dicono sempre la verità?
5. Sa nuotare (to swim)? Sa usare (to use) il computer bene?

6. Potere (can, to be able to, to be allowed to), **volere** (to want, to desire), **dovere** (to have to, must) and **bere** (to drink) are also irregular verbs. Note that the present tense forms of **bere** come directly from the old Italian infinitive **bevere**.

potere (can)	**volere** (want)	**dovere** (must)	**bere** (to drink)
posso	**voglio**	**devo**	**bevo**
puoi	**vuoi**	**devi**	**bevi**
può	**vuole**	**deve**	**beve**
possiamo	**vogliamo**	**dobbiamo**	**beviamo**
potete	**volete**	**dovete**	**bevete**
possono	**vogliono**	**devono**	**bevono**

Potete venire? No, **dobbiamo** studiare. Can you come? No, we must study.
Vuoi una birra? Sì, **bevo** una birra, grazie. Do you want a beer? Yes, I'll drink a beer, thank you.

◊ ◊ ◊ **ESERCIZI**

A. Scrivere 4 frasi usando i verbi potere, volere, dovere e bere

B. Sostituire il soggetto della frase, come indicato nell'esempio.
Esempio: Paolo mangia la pasta. (io, tu, voi): **Io mangio** la pasta, **tu mangi** la pasta, **voi mangiate** la pasta.

1. Claudio non può partire oggi. (tu, loro, noi, Lei)
2. Umberto vuole andare a casa. (noi, lei, voi, tu)
3. Noi dobbiamo studiare questa sera. (tu, voi, lei, io)
4. Anna beve sempre molte birre. (voi, lui, tu, io)
5. Alberto non vuole parlare. (Lei, voi, io, tu)
6. Noi beviamo spesso il vino rosso. (lui, tu, voi, loro)
7. Lui deve scrivere i compiti. (io, lei, loro, tu)
8. Loro non possono rispondere. (io, lei, tu, noi)

C. Rispondere con la forma verbale corretta.

1. Puoi venire a casa mia alle otto? Sì . . . .
2. Vuoi giocare a carte (cards) questa sera? No . . . .
3. Dovete studiare per domani? Sì . . . .
4. Bevete sempre l'acqua minerale (mineral water)? Sì . . . .
5. Posso fare una telefonata, per favore? Sì . . . .
6. Dobbiamo studiare tutto (the whole) il capitolo? No . . . .
7. Loro bevono spesso? Sì . . . .
8. Bambini, volete fare una pausa? Sì . . . .

D. Inserire la forma verbale corretta

1. Ogni mattina io (fare) . . . . colazione al bar.
2. Loro (andare). . . . . al cinema.
3. Lei (stare) . . . . male, perchè (lavorare). . . . . troppo.
4. Io (dare). . . . . la mancia (tip) al cameriere (waiter).
5. Tu (andare) . . . . sempre a scuola in bicicletta
6. Lui (andare) . . . . al mare ogni anno.
7. Noi (stare). . . . . benissimo, ma voi (stare). . . . . molto male.
8. I ragazzi (fare) . . . . una passeggiata.

E. Come si dice...?

1. I drink some tea and you drink some coffee . . . .
2. She wants to eat and they want to sleep . . . .
3. We must study and you must work . . . .
4. Are you going out? Yes, but not now . . . .

5. I say good day and he says good evening . . . .

6. They go to the bank and we go to the theatre . . . .

7. We take a walk and she makes a phone - call . . . .

8. You go to the mountains and Paolo goes to Rome . . . .

F. Completare

1. Io so guidare; tu, invece . . . .

2. Lei non può dormire perchè . . . .

3. Tu devi lavorare ogni giorno; voi, invece . . . .

4. Loro vogliono stare a casa; lui, invece . . . .

5. Noi dobbiamo partire subito; tu, invece . . . .

6. Voi non uscite questa sera; perchè? . . . .

7. Io do una grossa mancia (tip) al cameriere, perchè . . . .

8. Tu vuoi bere, perchè . . . .

G. A voi la parola

1. Che cosa vuoi mangiare quando hai molta fame? Che cosa vuoi bere quando hai molta sete? Puoi dormire molte ore di notte? Quante ore vuoi dormire quando sei molto stanco (tired)? Bevi molto? Che cosa bevi di solito?

2. Che cosa devi fare oggi? Devi andare a scuola o al lavoro domani?
Di solito devi lavorare molto o poco? Quante ore al giorno studi (o lavori)?

3. Che cosa dici quando vuoi mangiare? E quando vuoi bere?

4. Sai suonare uno strumento musicale (musical instrument)? Quale? Sai ballare (to dance) bene? Sai cantare? Puoi cantare una canzone (song) ora?

5. Quante volte alla settimana (o al mese o all'anno) vai dal parrucchiere (hairdresser) o dal barbiere? Vai spesso al bar, ai concerti, all'opera? Vai spesso in biblioteca (library)? Per quante ore stai in biblioteca, di solito?

6. Quante volte alla settimana (o al mese) vai in pizzeria? Preferisci andare in pizzeria o in un ristorante elegante? Esci spesso con gli amici? Dove vai? Vai spesso in lavanderia?

B) BUONO - BELLO - QUELLO*

1. The irregular adjectives "buono", "bello" and "quello" have shortened forms when they precede a noun:

a. Buono: only when it precedes a noun (and only in the singular) buono takes forms that are similar to those of the indefinite article (a/an):

Note: * Other irregular adjectives are grande (big, great) and santo (saint, holy). Grande can change to gran (before a consonant) and grand' (before a vowel): un gran giorno; un grand'uomo. It never changes, though, before nouns starting with z or s + consonant: un grande zio; un grande spettacolo.When Santo is followed by proper nouns it changes to San (before a consonant) and Sant' (before a vowel): San Francesco (Saint Francis); Sant'Antonio (Saint Anthony); but it does not change before z or s + consonant: Santo Stefano (Saint Stephen). In all other cases santo is used before all consonants and sant' is used before vowels: Santo cielo (Good Heavens!); Santo Padre (holy Father); questo è un santo giorno (this is a holy day); è un sant'uomo (he is a holy man).

un lavoro (job)	un **buon** lavoro
un amico	un **buon** amico
uno zio	un **buono** zio
una mela	una **buona** mela
un'arancia	una **buon'**arancia

b. Bello and **Quello: only** when they precede a noun these adjectives take forms that are similar to those of the definite article (the):

quel bambino	**quei** bambini	che **bel** bambino!	che **bei** bambini!
quell'amico	**quegli** amici	che **bell'**amico!	che **begli** amici!
quello zio	**quegli** zii	che **bello** zio!	che **begli** zii!
quella mela	**quelle** mele	che **bella** mela!	che **belle** mele!
quell'arancia	**quelle** arance	che **bell'** arancia!	che **belle** arance!

Che **bel** bambino e che **bello** zio! What a pretty child and what a handsome uncle!
Quel ragazzo è allegro. That boy is cheerful.
Quelle ragazze sono generose. Those girls are generous.

2. Bello and **buono** do not change when they follow a noun or the verb "to be":

Un bambino **bello** ma cattivo. A pretty but bad child.
Questo gatto è **buono.** This cat is good.

3. As a pronoun quello is declined as follows : **quello - quella - quelli - quelle**.
Esempi:
Quei libri sono nostri! Those books are ours!
No, no; **quelli** non sono i vostri; **quelli** sono i miei. No, no, those (ones) are not yours; those are mine.

Chi è quel ragazzo? Who is that boy?
Quello vicino alla porta? That one near the door?
Sì, **quello**. Yes, that one.
Quello è mio fratello. That (one) is my brother.

▷ ▷ ▷ ESERCIZI

A. Inserire la forma corretta di "buono" o "bello"
(Insert the correct form of "buono" or "bello").

1. Che...............caffè!	Che............... veduta!	Che .... mele!
2. Che...............funghi!	Che............... appartamento!	Che .... quadri!
3. Che...............città!	Che............... pane!	Che .... macchina!
4. Che...............bosco!	Che............... pere!	Che .... albergo!
5. Che...............negozio!	Che............... zia!	Che ....stipendio!

B. Inserire la forma corretta di "quello"
(Insert the correct form of "quello").

1. .... finestre sono molto grandi.
2. .... tappeto ha dei bellissimi colori.
3. .... zaino è di Roberto.
4. .... bambino ha tre sorelle.
5. .... donne hanno molti soldi.
6. .... uomo è nostro cugino.
7. .... professori insegnano tutti i giorni.
8. .... isola è troppo piccola.

Parole ed espressioni utili per la lettura "Sogno o realtà?"

chissà who knows
la festa party
la bocca mouth
cioè that is
il lavoro job, work
l'occhio (pl. **gli occhi**) eye
davvero really
lo stipendio salary

PRIMA LETTURA - Sogno o realtà?

A casa di Luigi c'è una festa. Carla parla con Luigi. Ascoltiamo:
"Posso sapere chi è **quel bell'**uomo?" Chiede Carla, l'amica di Luigi.
"**Quell'**uomo è mio zio Claudio", risponde Luigi.
"È bellissimo!" dice Carla.
Luigi: Sì, mio zio è molto **bello**; ha anche un **buon** lavoro ed un **buono** stipendio.
Carla: E chi è **quella bella** signora?
Luigi: **Quella** signora è mia zia Paola.
Carla: Che **bella** bocca e che **begli** occhi ha!
Luigi: Hai ragione. La zia Paola è molto **bella**, molto gentile e molto buona. Anche lei ha un **buon** lavoro.
Carla: Che **begli** zii hai, Luigi... E chi è **quel bel** bambino?
Luigi: **Quel bel** bambino è mio cugino Marco, il figlio dei miei zii.
Carla: Com'è carino (nice)!
Luigi: È vero. Marco è un **bel** bambino ed è anche un **buon** bambino.
Carla: Che **bella** famiglia! Una famiglia perfetta!
Luigi: Beh... a dire la verità... (to tell the truth...)
Carla: E **quella** ragazza chi è?
Luigi: **Quella** ragazza è Roberta, la sorella di Marco, cioè mia cugina.
Carla: Davvero? Ma **quella** ragazza non può essere tua cugina!
Luigi: Sì, sì; è mia cugina; davvero!
Carla: Ma... **quella** ragazza è la sorella di Marco? **Quella** è la figlia dello zio Claudio e della zia Paola? Ma... è così... diversa! (different).
Luigi: Puoi dire la verità: non è **bella**, ma soprattutto non è **buona.** Roberta non studia, non lavora ed è sempre molto sgarbata (rude) con tutti.
Carla: Ma questa è una favola... i genitori e il figlio sono **belli** e **buoni** e invece la figlia è brutta e cattiva! Chissà! forse (may be) ora arriva un **bel** principe azzurro, dà un bacio a Roberta e lei diventa una **bella** e **buona** ragazza.
Luigi: E poi lui deve diventare (become) suo marito! Eccolo (there he is)! Guarda!

PARLIAMO

1. Chi è Claudio? Chi è Paola? Come si chiamano i figli di Claudio e Paola? Come si chiama il cugino di Marco?
2. Com'è Paola? e Claudio? E Marco? e Roberta?
3. Dov'è il principe azzurro? È nella stanza davvero o no?
4. Nelle favole di Biancaneve, di Cappuccetto Rosso, di Cenerentola e di Pinocchio: Chi è bello? Chi è buono? Chi è brutto? Chi è cattivo?
   Chi ha la bocca grande e le orecchie (ears) grandi e gli occhi grandi?
   Chi va al ballo? Chi abita con i sette nani? Chi abita nella balena per molto tempo? Come si chiama la coscienza di Pinocchio?
5. Com'è il suo amico/a preferito/a? Com'è il suo attore (actor) o attrice (actress) preferito/a?

Attività in classe: in groups of 4 take a few minutes to re-write the dialogue describing either an ideal or a disfunctional family.

PAROLE, PAROLE!

Leggete le parole sotto elencate.
Quante ne conoscete già?
(Read the words listed below: how many of them do you already know?)

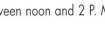

1. **I pasti italiani** (Italian meals)

   la prima colazione breakfast (before 10 A. M.)
   il pranzo (o **la seconda colazione**) lunch (between noon and 2 P. M.)
   la cena supper (between 7 P. M. and 9 P. M.)

2. **Per la prima colazione**

Il burro butter	**il caffè** coffee	**il latte** milk	**il limone** lemon
la marmellata jam	**il pane** bread	**la pasta** pastry	**la pancetta** bacon
il succo d'arancia orange juice	**le uova** eggs	**il tè** tea	**lo zucchero** sugar

Esercizio #1: Scrivere 3 frasi usando alcune delle parole elencate sopra.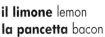

3. **A pranzo o a cena**

l'acqua minerale mineral water	**la bevanda** beverage	**la birra** beer
la bistecca steak	**la carne** meat	**il dolce** dessert
i fagioli beans	**il formaggio** cheese	**la frutta fresca** fresh fruit
il gelato ice cream	**l'insalata** lettuce (salad)	**la melanzana** eggplant
la minestra soup	**il panino** sandwich	**la pasta** pasta
le patate potatoes	**i peperoni** bell peppers	**il pesce** fish
i pomodori tomatoes	**i salumi** cold cuts	**gli spinaci** spinach
la torta cake	**le verdure** vegetables	**il vino** wine

4. Sulla tavola

la **bottiglia** bottle	il **bicchiere** glass	il **cibo** food
il **coltello** knife	il **cucchiaio** spoon	il **cucchiaino** teaspoon
la **forchetta** fork	il **piatto** plate	le **posate** silverware
la **tovaglia** tablecloth	il **tovagliolo** napkin	la **tazza** cup

Esercizio #2: Scrivere 4 frasi usando alcune delle parole elencate sopra.

5. Parole opposte

dentro inside	**fuori** out - outside	**forse** perhaps	**certamente** certainly
quasi almost	**proprio** exactly, really	**sopra** above	**sotto** under

⇨ ⇨ ⇨ ESERCIZI

A. Completare in italiano con le seguenti parole: *frutta - acqua - bicchieri - piatti - il caffé - latte - la pasta - il pesce - il formaggio - tazza - forchette*

1. A pranzo mangio spesso . . . .

2. A cena le ragazze bevono . . . .

3. A colazione lei prende sempre. con un po' di . . . .

4. Sopra la tavola ci sono cinque . . . . , cinque . . . . e cinque . . . .

5. Vuoi una . . . . di tè? Sì, grazie.

6. Che cosa mangi? I pomodori con . . . . , non vedi?

7. Bambini, dovete mangiare . . . . con le verdure!

8. Paolo, puoi comprare della . . . . quando esci?

B. Come si dice...?

1. I have to buy many vegetables, because I want to prepare a good minestrone.

2. How many plates do you have? I have twenty four plates.

3. Do you want a glass of orange juice? Yes, thank you very much.

4. Can you come to the restaurant tonight? I am sorry, I must study for my exam.

5. This is my breakfast: eggs, bacon, coffee, milk, bread, butter and jam.

6. She always wants to eat lettuce and tomatoes for lunch.

7. I need a spoon, a fork and a knife; where are they?

8. Can I have a sandwich with cold cuts, fresh fruit and a glass of mineral water?

C. Gioco: chi vince?

Students should close their books. Then the teacher will ask each student to name a word related to one of the subjects listed below: one word per one student at a time.

As the students answer the words should be written on the blackboard.

The winner is the student who has the last word. As the subjects are three the game can be played three times. The subjects are the following:

1. Sulla tavola (plate, knife etc...).

2. Cibo e bevande per colazione.

3. Cibo e bevande a pranzo e a cena.

D. A voi la parola

1. Che cosa mangi per la prima colazione? A pranzo? E a cena? Bevi molta acqua durante il giorno? Quanti bicchieri? Che frutta mangi, di solito? Preferisci la frutta fresca o il dolce?

2. Prepari spesso la cena o il pranzo? Vai spesso fuori a cena o a pranzo?

3. Che verdure preferisci? Metti molto zucchero nel caffè o nel tè? Quanti cucchiaini metti?

Ⓒ IL PRESENTE PROGRESSIVO

1. You already know that the present tense is often used to express the present progressive. However, when we want to emphasize the fact that an action is in progress the present progressive is used. The present progressive is formed with the present tense forms of the verb **stare** plus the gerund of the verb. The gerund is formed by adding **ando** (for first conjugation verbs) or **endo** (for second and third conjugation verbs) to the (regular) infinitive stem.

1. **mangiare - mangiando**
2. **scrivere - scrivendo**
3A. **dormire - dormendo**
3B. **pulire - pulendo**

Io **sto mangiando** la mela.	I am (in the process of) eating the apple.
Tu **stai scrivendo** una lettera.	You are writing a letter.
Lei **sta dormendo**.	She is sleeping.
Noi **stiamo guardando** la televisione.	We are watching TV.
Voi **state pulendo** la casa.	You are cleaning the house.
Loro **stanno bevendo** un'aranciata.	They are drinking an orange soda.

2. Unlike English in Italian the present progressive should not be used when it refers to a future action (the regular present tense should be used instead).

What **are you doing** in the afternoon? **Che cosa fai** nel pomeriggio?

3. Some common irregular gerunds are the following:

FARE facendo   **DIRE dicendo**   **BERE bevendo**

▷ ▷ ▷ ESERCIZI

A. Scrivere 4 frasi usando il presente progressivo

B. Dare una risposta appropriata (Give an appropriate answer)

1. Che cosa stai facendo? . . . .

2. Perchè Carlo sta bevendo? . . . .

3. Che cosa stanno guardando i bambini? . . . .

4. Perchè stanno dormendo i ragazzi ? . . . .

5. Con chi state giocando? . . . .

6. Con chi sta parlando Luisa? . . . .

7. Dove stanno andando i tuoi amici? . . . .

8. Che cosa stanno dicendo i suoi genitori? . . . .

Studio italiano

C. Mettere al presente progressivo

1. Aspetto mia sorella . . . .

2. Cerchiamo i nostri amici . . . .

3. Chiudete le finestre . . . .

4. Mangi un panino con il prosciutto . . . .

5. Paolo telefona a Luigi . . . .

6. L'insegnante ascolta gli studenti . . . .

7. Andiamo all'università . . . .

8. Puliamo la casa . . . .

D) NOMI CON TERMINAZIONI PARTICOLARI

1. The plural endings of most feminine nouns ending in **-cia** and **-gia** are **-ce** and **-ge:**

pronun**cia** - pronun**ce**   spia**ggia** (beach) - spia**gge**

Exceptions* occur when the stress falls on the letter "i" of "cia" and "gia":
farma**cia** (drugstore) - farma**cie** bu**gia** (lie) - bu**gie** (stress is on "i" of "cia"and "gia").

Esercizio #1: Formare il plurale:

arancia (orange) . . . .

mancia (tip) . . . .

bilancia (scale) . . . .

pancia (belly) . . . .

2. The plural ending of masculine nouns ending in **-io** is **i**:

conig**lio** - conig**li**; orolo**gio** (clock, watch) - orolo**gi**
Exceptions occur when the stress falls on the letter "i" of "io": z**io** - z**ii**

Esercizio #2: Formare il plurale:

negozio . . . .

ufficio (office) . . . .

aglio (garlic) . . . .

figlio . . . .

3. Nouns ending in **-ore** are masculine: dottore (doctor), colore, amore, fiore...
Nouns ending in **-zione** are feminine: operazione, stazione, lezione, inflazione...

Esercizio #3:

Nel dizionario trovare cinque parole che finiscono in **-ore** e cinque che finiscono in **-zione**
(In the dictionary find five words that end in **-ore** and five more that end in **-zione**).

Note: *Another exception is "camicia (shirt)-camicie" (il camice means "smock").

Parole ed espressioni utili per la lettura "Ma che bella sorpresa!

abbracciare to hug
brindare to toast
celebrare (festeggiare) to celebrate
congratulazioni congratulations
il pacco package
pronto (a, i, e) ready
tirare fuori to take out

il biglietto (di auguri) (well wishing) card
il cielo sky
il compleanno birthday
intanto in the meantime
preferito (a, i, e) favorite
il regalo gift

SECONDA LETTURA - Ma che bella sorpresa!

Siamo vicino a Roma. È estate; è il mese di giugno; fa caldo, ma non troppo.
La famiglia Rossi è in campagna per festeggiare il compleanno del signor Rossi. In campagna ci sono molti alberi e sugli alberi ci sono tante foglie verdi. Sotto gli alberi ci sono dei funghi e il cielo è sereno. "Facciamo una passeggiata?" Chiede la figlia Paola.
 "Sì, andiamo" risponde il fratello Marco.
"No, ragazzi, non adesso; ora dobbiamo mangiare!" dice il padre.
Il signor Rossi apre una borsa. Nella borsa ci sono la tovaglia rossa e i tovaglioli bianchi.
Il signor Rossi mette la tovaglia e i tovaglioli sopra la tavola.
Intanto la signora Rossi apre una cesta. Nella cesta ci sono la pasta, la carne e tante verdure: cipolle, pomodori, peperoni, melanzane e fagioli.
La signora Rossi mette il cibo sulla tavola.
" Marco, per favore, puoi portare i piatti e i bicchieri?" chiede il babbo.
"Certamente, papà, sono nel mio zaino" risponde Marco.
Marco apre il suo zaino e poi tira fuori i piatti, i bicchieri e anche le posate.
Poi domanda: "Posso vedere la torta?"
"Certamente, è ancora in macchina, nella scatola bianca" risponde la mamma.
Marco va a prendere la torta. "Che bella torta! " dice "deve essere anche buonissima!"
Ora la tavola è quasi pronta.
Paola apre la sua borsa e tira fuori un pacco; poi dà il pacco al suo papà e dice:
"Ecco il mio regalo! Buon compleanno, papà!"
Il signor Rossi apre il pacco: dentro ci sono dodici fazzoletti (handkerchiefs) bianchi e blu.
"Grazie Paola, è un regalo bellissimo!' dice e poi dà un bacio a sua figlia.
Intanto anche la signora Rossi dà una scatola al marito.
Il signor Rossi apre la scatola: dentro c'è una bellissima camicia (shirt) azzurra.
"Che bella camicia, grazie, grazie…" e poi dà un bacio a sua moglie.
Ora arriva anche Marco con un'altra scatola. Il papà apre la scatola: nella scatola ci sono dei cioccolatini (small chocolates) Perugina.
"Cioccolatini Perugina" dice il papà "sono proprio i miei preferiti! grazie, Marco!" e poi dà un bacio anche a Marco.
"Caro, guarda chi sta venendo!" dice la signora Rossi al marito.
Sulla strada c'è un signore che (who) sta parcheggiando la macchina.
"Oh, ma è il mio amico Angelo! Ciao, ma che bella sorpresa… come stai?" Chiede il papà.
"È davvero una sorpresa" pensa (thinks) l'amico e poi risponde: "Io sto bene, grazie; a dire la verità lavoro sempre un po' troppo, come tu sai, ma sto bene; e…questo è il mio regalo: buon compleanno!"

L'amico dà al signor Rossi un pacco molto grande.

Il signor Rossi apre il pacco: dentro c'è un bellissimo quadro.

"È magnifico: grazie mille! Ma....è un po' troppo per un compleanno! " dice il signor Rossi.

Abbraccia l'amico e poi legge il biglietto di auguri:

"Buon compleanno e... congratulazioni per la tua promozione!...Ma come (how)?... Ma davvero?... Ma quando?... Posso proprio dire che questo è un compleanno meraviglioso! Allora mangiamo e brindiamo subito!" esclama (exclaims) il signor Rossi.

▷ ▷ ▷ ESERCIZI

A. Sottolineare tutti i verbi irregolari.

B. Parliamo

1. Dove abita la famiglia Rossi? Ricorda dove si trova Roma?

2. Dove sono oggi i signori Rossi? Che cosa stanno facendo? In che mese siamo?

3. Che cosa c'è in campagna? Che cosa c'è nella borsa del signor Rossi?... e nella cesta?... E nello zaino di Marco?... E in macchina?

4. Che regali riceve il signor Rossi...dalla moglie? Dalla figlia? Dal figlio? Dall'amico?

5. Che cosa legge il papà nel biglietto di auguri? E poi che cosa dice?

6. In quale giorno e mese è il Suo compleanno? Quanti anni ha? Che regali vuole ricevere quest'anno per il suo compleanno? Dove va, di solito, per il Suo compleanno? Che cosa fa? Con chi festeggia il Suo compleanno?

C. Scrivere un breve tema (a short composition) intitolato: "Un compleanno speciale"

FILASTROCCHE

Leggere le filastrocche ad alta voce, almeno due volte (Read the nursery rhymes aloud, at least twice).

A. Quando tu vai in monta**gn**a
prefieri**sci** man**gi**are le verdure fre**sche.**
Quando lei viene in campa**gn**a
preferi**sce** man**gi**are pro**sci**utto e pe**sche.**   **la pesca** peach

Esercizio: Sostituire il pronome soggetto "tu" con " noi" e il pronome "lei" con "loro".

B. La mamma sta apparec**cchi**ando la tavola   **apparecchiare** to set the table
mentre il fi**gli**o sta le**gge**ndo una favola.   **mentre** while
Il padre sta ammirando la tova**glia**
e la nonna sta lavorando a ma**glia.**   **lavorare a maglia** to knit

Esercizio: Sostituire il presente progressivo con il presente.

L'ITALIA IN MINIATURA

Parole ed espressioni utili per la lettura

la merenda afternoon snack (or picnic)
la paninoteca sandwich parlor
lo spuntino snack

The following reading contains a few cognates. Can you recognize them? Can you guess their meaning?

Abitudini culinarie

Che cosa mangiano e che cosa bevono gli italiani?
La colazione, di solito, è un pasto molto leggero. Molti prendono solo un caffè, normale o macchiato e spesso con molto zucchero.
Altri (others) bevono un cappuccino o un tè e mangiano dei biscotti.
Il pranzo e la cena di solito sono pasti completi. Comprendono (they include):

1. un primo piatto di pasta, o asciutta o in brodo*.

2. un secondo piatto di carne o pesce o formaggi o salumi con almeno (at least) una verdura e sempre del pane.

3. frutta fresca e, qualche volta (sometimes), ma non spesso, il dolce.

4. caffè.

Quali bevande accompagnano il pasto? Il vino e l'acqua minerale. Anche i giovani bevono il vino, ma, di solito, preferiscono l'acqua minerale.
Fra un pasto e l'altro, a casa, a scuola o al bar, molti bambini, giovani e adulti fanno uno spuntino o una merenda con un panino, una focaccia, una pasta o anche solo un succo di frutta o un cappuccino. E quando vogliono mangiare fuori dove vanno gli italiani?
I giovani vanno spesso in pizzeria o in paninoteca; gli adulti, invece, preferiscono andare al ristorante o in trattoria.

▷ ▷ ▷ ESERCIZI

A. Sottolineare tutte le parole simili contenute nella lettura.

B. Parliamo

1. Che cosa mangiano di solito gli italiani a colazione? E a pranzo? e a cena?
2. Il pane è sempre incluso (included) nei pasti principali? E il dolce?

Note: * Pasta asciutta is pasta (spaghetti, penne, etc...) with sauce, while pastina in brodo is small pasta with broth.

3. Che cosa bevono di solito gli italiani a pranzo e a cena?
   Cosa preferiscono bere i giovani?
4. Quando fanno uno spuntino o una merenda molti italiani?
5. Quando mangiano fuori dove vanno di solito i giovani? E gli adulti?

VOCABOLARIO

I verbi

abbracciare to hug
bere to drink
celebrare to celebrate
dire to say
fare to do, to make
sapere to know
tirare fuori to take out
venire to come

andare (via) to go (away)
brindare to toast
dare to give
dovere must
potere can, to be able to
stare to stay
uscire to go out
volere want

I nomi: A tavola

l'acqua minerale mineral water
la birra beer
la bottiglia bottle
il cibo food
il coltello knife
il dolce dessert
la forchetta fork
la frutta fresca fresh fruit
il latte milk
la marmellata jam
la merenda afternoon snack
il pasto meal
i peperoni bell peppers
il piatto plate
i salumi cold cuts
il succo d'arancia orange juice
la torta cake
il tovagliolo napkin
lo zucchero sugar

la bevanda beverage
la bistecca steak
la carne meat
la colazione breakfast
il cucchiaio (pl. **i cucchiai**) spoon
i fagioli beans
il formaggio (pl. **i formaggi**) cheese
il gelato ice cream
il limone lemon
le melanzane eggplant
la paninoteca sandwich parlor
le patate potatoes
il pesce fish
le posate silverware
lo spuntino snack
la tazza cup
la tovaglia tablecloth
il vino wine

Altri nomi

il biglietto (di auguri) (well wishing) card
il cielo sky
la festa party
l'occhio (pl. **gli occhi**) eye
la realtà reality
il sogno dream

la bocca mouth
il compleanno birthday
il lavoro job, work
il pacco package
il regalo gift
lo stipendio (pl. **gli stipendi**) salary

Parole opposte

dentro inside
forse perhaps
quasi almost
sopra above

fuori out - outside
certamente certainly
proprio exactly, really
sotto under

Parole ed espressioni varie

chissà who knows
congratulazioni congratulations
intanto in the meantime
preferito (a, e, i) favorite
ma che bella sorpresa! what a beautiful surprise!

cioè that is
davvero really
libero (a, e, i) free
pronto (a, e, i) ready

ROMA, Colosseo

CAPITOLO 6

◊ **Per cominciare: La laurea**

◊ **Il passato prossimo (con avere e essere)**
◊ **Le frazioni e l'orologio**
◊ **Le quattro operazioni**
◊ **Ripasso delle preposizioni**

◊ **Prima lettura: A mezzanotte in punto**
◊ **Seconda lettura: La laurea**
◊ **Filastrocche**
◊ **L'Italia in miniatura: Il diploma**

L'UNIVERSITÀ "LA SAPIENZA", A ROMA

PER COMINCIARE
La Laurea

Da un mese Luciano e Lucille escono regolarmente insieme. Oggi sono seduti a tavola, nell'appartamento di Lucille.
(Luciano and Lucille have been regularly going out together for a month. Today they are seated at the table, in Lucille's apartment)

Luciano: Ieri Carlo ha preso la laurea in matematica.   **ieri** yesterday   **ha preso** he got
Questa sera c'è una festa in casa sua. Puoi venire?
Lucille: Certo, a che ora?   **certo** sure   **a che ora?** at what time?
Luciano: Alle sette. C'è una cena e poi Carlo può aprire i suoi regali.
Lucille: Benissimo. Che cosa possiamo regalare a Carlo?
Luciano: Ho già comprato un bellissimo libro di geografia. Guarda!
Lucille: Oh, è davvero molto bello!
Luciano: Allora posso venire a casa tua verso le sei e mezzo?   **verso** around   **mezzo** half
Lucille: Alle sei e mezzo va benissimo! E io che regalo posso comprare?
Luciano: Tu puoi regalare il libro insieme a me: è molto caro!   **me** me
Lucille: D'accordo. Quanto costa?   **d'accordo** agreed
Luciano: Oh, non ti preoccupare! Adesso devo andare   **non ti preoccupare** don't worry
all'università, ma fra poche ore torno. Va bene?
Lucille: Benissimo. Ci vediamo dopo. Ciao.   **dopo** later

PARLIAMO

1. Chi ha preso la laurea in matematica? Chi è Carlo?
2. Che cosa c'è questa sera a casa di Carlo? A che ora comincia la festa? Lucille vuole andare a questa festa?
3. Luciano a che ora va a prendere Lucille? Dove deve andare Luciano ora?
4. Che cosa ha comprato Luciano? E Lucille che cosa può regalare a Carlo? È caro il libro? Luciano dice quanto costa il libro? Che cosa dice, invece?

Dialogo personalizzato. In coppia: personalizzate il dialogo cambiando le domande e le risposte a vostro piacimento. Siate pronti a leggere il nuovo dialogo ad alta voce.

A) IL PASSATO PROSSIMO (CON AVERE E ESSERE)

1. The passato prossimo is a compound tense. It is formed with the present tense of the auxiliary verb (**avere** or **essere**) plus the past participle of the main verb. The forms of the past participle are the following :

First conjugation: **parlare** (to speak) becomes **parlato** (spoken)
Second conjugation: **ricevere** (to receive) becomes **ricevuto** (received)
Third conjugation: **dormire** (to sleep) becomes **dormito** (slept)

2. The passato prossimo is used when we want to talk about something that happened in the recent past. Read the examples below and note the three corresponding English forms:

Ho mangiato una mela.   I ate an apple or I have eaten an apple or I did eat an apple.
Loro **hanno ricevuto** la lettera. They received (have received or did receive) the letter.
Lei **ha dormito** nove ore.   She slept (has slept or did sleep) nine hours.

3. Most verbs require the present of **avere** to form the passato prossimo, but some require the present of **essere**.

4. Verbs requiring **essere** are: verbs of motion (andare, arrivare), verbs indicating a state of being (essere, diventare) and verbs indicating a change in state (nascere, morire).

The following are the most common ones:

andare (to go), **arrivare** (to arrive), **entrare** (to enter), **diventare** (to become), **morire** (to die), **n̲a̲scere** (to be born) - **partire** (to leave), **stare** (to stay), **tornare** (to return), **uscire** (to go out), **venire** (to come).

The past participle of verbs requiring **avere** is invariable, while the past participle of verbs requiring **essere** always agrees in gender and number with the subject of the verb.

Giovanni **è arrivato** alle otto e mezzo (m.)
Elisabetta **è arrivata** alle nove (f.)
Lisa e Gianna **sono arrivate** alle sette e mezzo (f.)
Giuseppe e Luigi **sono arrivati** alle sei (m.)
Carlo e Paola **sono arrivati** alle otto (m. and f.)

5. **Essere** and **stare** have **the same past participle**, which is **stato.**
   Sono stato ammalato I have been sick   **Sono stato a casa** I (have) stayed home

6. **Lasciare and partire**
   Lasciare means to leave something or somebody, while **partire** means to depart, to leave on a trip.
   Ho lasciato l'ombrello a casa tua. I left my umbrella at your house.
   Carlo **ha lasciato** Maria. Carlo left Maria.
   Domani i ragazzi **partono** per l'Italia. Tomorrow the boys are leaving for Italy.
   Sono **partiti** gli ospiti? Did the guests leave?

Esercizio: Scrivere 8 frasi al passato prossimo usando i seguenti verbi: parlare, mangiare, ricevere, dormire, arrivare, stare, lasciare, partire.

7. The verbs dovere, potere and volere take the auxiliary **avere** when the verb that follows (in the infinitive) requires avere; however either essere or avere can be used with verbs requiring essere.

Non **ho potuto vedere** il film domenica scorsa. I couldn't see the film last Sunday.
Ha dovuto lavorare troppo ieri. He had to work too much yesterday.
Non **sono potuta andare** a scuola martedì o non **ho potuto andare** a scuola martedì. I couldn't go to school on Tuesday.
Lei **è voluta partire** subito o Lei **ha voluto partire** subito.
She wanted to leave right away.

PAROLE, PAROLE!

Leggete le parole ed espressioni sotto elencate. Quante ne conoscete già?

1. Verbi

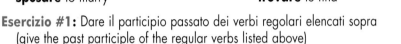

aiutare to help	**ammirare** to admire
aspettare to wait for	**chiacchierare** to chat
chiamare to call	**decidere** (p. p. **deciso**) to decide
dimenticare to forget	**discutere** (p. p. **discusso**) to discuss
lasciare to leave	*****morire** (p. p. **morto**) to die
mostrare to show	*****nascere** (p. p. **nato**) to be born
pensare to think	**portare** to bring
promettere (p. p. **promesso**) to promise	**regalare** to give (as a gift)
ridere (p. p. **riso**) to laugh	*****rimanere** (p. p. **rimasto**) to remain
ringraziare to thank	**rispettare** to respect
sbagliare to make a mistake	**scherzare** to joke
sposare to marry	**trovare** to find

Esercizio #1: Dare il participio passato dei verbi regolari elencati sopra (give the past participle of the regular verbs listed above)

2. Verbi con participi passati irregolari

aprire **aperto**	bere **bevuto**	chiedere **chiesto**
chiudere **chiuso**	dire **detto**	fare **fatto**
leggere **letto**	mettere **messo**	offrire **offerto**
prendere **preso**	rispondere **risposto**	scrivere **scritto**
spendere **speso**	vedere **visto** (or **veduto**)	venire **venuto**

Esercizio #2: Scrivere 3 frasi al passato prossimo usando alcuni dei verbi elencati sopra.

3. Parole ed espressioni opposte e varie

(essere) in anticipo (to be) early	**(essere) in ritardo** (to be) late
presto early (or soon)	**tardi** late
prima before, first	**dopo** after, afterwards
per fortuna fortunately	**purtroppo** unfortunately
molte volte many times	**qualche volta** sometimes
scorso last	**prossimo** next
sempre always	**mai** never
fa ago	**ieri** yesterday **ieri sera** last night
ogni tanto once in a while	**raramente** rarely

I ragazzi **sono in ritardo** oggi. The boys are late today.

Il mese scorso ho comprato una macchina nuova. Last month I bought a new car.

Anna è partita **due giorni fa**. Anna left two days ago.

Esercizio #3: Scrivere 4 frasi al passato prossimo usando alcune delle espressioni elencate sopra.

Note: * Verbs marked with the asterisk are irregular in the present tense. They are conjugated as follows: morire: muoio, muori, muore, muoriamo, morite, muoiono/nascere: nasco, nasci, nasce, nasciamo, nascete, nascono/rimanere: rimango, rimani, rimane, rimaniamo, rimanete, rimangono

⇩ ⇩ ⇩ **ESERCIZI**

A. Completare con le seguenti parole o espressioni: *ieri - è morto - è nato - è morta - è nata - ieri sera - in anticipo - in ritardo - ha comprato - la scorsa settimana*

1. Gli studenti sono arrivati a scuola . . . .
2. I miei amici hanno mangiato troppo . . . . , perciò
   oggi non mangiano niente.
3. Tua figlia . . . . due mesi fa e suo figlio . . . . ieri.
4. Suo marito . . . . tre anni fa e sua sorella . . . . alcuni giorni fa.
5. Abbiamo dovuto aspettare due ore alla stazione, perchè il treno è arrivato . . . .
6. I nostri zii sono partiti . . . .
7. . . . . l'insegnante ha spiegato la lezione e poi ha chiacchierato un po'.
8. Mio fratello . . . . un chilo di pere e una bottiglia di vino.

B. Come si dice...?

1. He left his girl last week . . . .
2. Two days ago we went to the restaurant . . . .
3. Last month she sang in church . . . .
4. Yesterday you drank three beers . . . .
5. Last week they didn't work . . . .
6. Last Sunday he slept twelve hours . . . .
7. I left the museum early last night . . . .
8. Last Thursday I saw a very beautiful house . . . .

C. Completare

1. Io sono arrivato in anticipo; tu, invece . . . .
2. Noi abbiamo mangiato troppo, ma tu . . . .
3. Loro sono partiti molto presto; lei, invece . . . .
4. Io ho bevuto solo una birra, ma lui . . . .
5. Ogni tanto vado al cinema; e tu? . . . .
6. Raramente andiamo a casa presto; e voi? . . . .
7. Tu hai fatto solo una domanda, ma lei . . . .
8. Io sono arrivato a casa tardi; e lui? . . . .

D. Sostituire il soggetto della frase, come indicato nell'esempio.
   Esempio: io ho comprato il libro (noi, tu, lei). **Noi abbiamo comprato** il libro, **tu hai comprato** il libro, **lei ha comprato** il libro.

1. Io ho messo il libro sulla tavola. (noi, tu, lei)
2. Tu hai portato la sedia in giardino. (voi, io, loro)
3. Lei ha comprato una mela nel negozio di frutta. (loro, io, noi)
4. Lui è arrivato ieri dalla Francia. (loro, tu, voi)
5. Tu sei tornata dall'Italia la settimana scorsa. (voi, io, noi)
6. Io sono nato negli Stati Uniti. (noi, tu, lei)
7. Voi siete andati a scuola in bicicletta. (tu, loro lui)
8. Loro hanno voluto andare al mare. (lui, io, noi)

E. A voi la parola

1. Che cosa hai fatto ieri mattina? E ieri pomeriggio? E ieri sera?
2. Che cosa hai mangiato? Che cosa hai bevuto? Hai mangiato bene o male?
3. A chi hai telefonato ieri? Con chi hai parlato? Hai chiacchierato o hai discusso?
4. Dove sei andato domenica scorsa? E durante le vacanze (vacations)?
5. Quante ore hai studiato (o lavorato) questa settimana? E la scorsa settimana?
6. Ieri sei arrivato a scuola in ritardo, in anticipo, o in orario (on time)?
7. Sei uscito ieri sera o sei rimasto a casa? E durante il fine - settimana?

F. Attività in classe.

In pairs: ask your classmate when he/she was born and what his/her Zodiac sign is. Then ask when his/her parents or other relatives or friends were born and what their Zodiac signs are.
Esempio: Quando sei nato? Di che segno sei? Sono nato (nata) il sette (7) dicembre, 1983.
Sono Sagittario, e tu? Io sono nato (nata) l'undici (11) maggio1984. Sono Toro.
E i tuoi genitori quando sono nati?… E tua sorella (o tuo fratello)…?
If you were born on the first day of the month you should use the ordinal number, instead of the cardinal number: sono nato (nata) il primo (1) novembre. Sono Scorpione.

Here are the names of the signs of the Zodiac, starting with Aries:

l'Ariete	**il Toro**	**i Gemelli**	**il Cancro**	**il Leone**	**la Vergine**
la Bilancia	**lo Scorpione**	**il Sagittario**	**il Capricorno**	**l'Acquario**	**i Pesci.**

Ⓑ LE FRAZIONI E L'OROLOGIO

Le frazioni

1/2 metà, mezzo
1/3 un terzo
1/4 un quarto
1/5 un quinto
1/6 un sesto
1/7 un settimo
1/8 un ottavo
1/9 un nono
1/10 un decimo

L'orologio (clock)**: Che ora è? Che ore sono?** What time is it?

8:00	Sono le otto **in punto** (exactly).
7:05	Sono le sette e cinque.
6:10	Sono le sei e dieci.
5:15	Sono le cinque e un quarto (o quindici).
4:20	Sono le quattro e venti.
3:25	Sono le tre e venticinque.
2:30	Sono le due e mezzo (o trenta).
1:35	È l'una e trentacinque.
12:40	È mezzogiorno e quaranta.

12:00 P. M. È mezzogiorno

12:00 A. M. È mezzanotte

11:45 Sono le undici e quarantacinque (o mancano quindici minuti alle dodici; o manca un quarto alle dodici; o sono le dodici meno un quarto; o sono le undici e tre quarti).

10:50 Sono le dieci e cinquanta (o mancano dieci minuti alle undici; o sono le undici meno dieci).

9:55 Sono le nove e cinquantacinque (o mancano cinque minuti alle dieci; o sono le dieci meno cinque).

A che ora vieni? All'una o alle due? At what time are you coming? At one or at two?

Vengo verso le due. I am coming around two.

Esercizio #1: Che ore sono?

8:40	7:30	6:10	11:50	10:10	9:30	5:15	3:20	2:50
1:05	12:10	4:35	7:45	8:30	12:00 P.M.	11:15	12:00 A. M.	

Ⓒ LE QUATTRO OPERAZIONI

addizione   + **più**   **sottrazione** - **meno**
moltiplicazione x **per**   **divisione** : **diviso**
uguale   = **equals**

Quanto fa...? how much is... **Fa**.... it's...

3 + 5 = 8   Tre più cinque fa (o uguale) otto.
6 x 2 = 12   Sei per due fa (o uguale) dodici.
8 - 2 = 6   Otto meno due fa (o uguale) sei.
15 : 3 = 5   Quindici diviso tre fa (o uguale) cinque.

▷ ▷ ▷ ESERCIZI

A. Quanto fa...?

    3 x 4   5 x 2   6 + 6   10 - 3   5 + 2   8 - 5   10 : 2   9 : 3
    10 + 7   18 +10   36 : 4   48 -12

B. A voi la parola

1. A che ora è cominciata la lezione di italiano? A che ora finisce? Che ore sono adesso?
2. A che ora mangi la colazione, di solito? E il pranzo? E la cena? A che ora hai mangiato ieri (la colazione, il pranzo, la cena)?
3. A che ora vai a dormire, di solito, durante la settimana? E durante il fine - settimana? A che ora sei andato a dormire ieri sera?
4. Che cos'è il Big Ben? Dove si trova?
5. Hai molti orologi? Sono costosi o a buon mercato?
6. A che ora cominci a studiare, di solito? Quante ore al giorno studi?
7. Qual è la metà di 18? Di 24? Di 56? Di 138? Di 1964? Di 3582? Quant'è un terzo di 15? Un quarto di 100? Un quinto di 50? Un sesto di 48? Un settimo di 56? Un ottavo di 80? Un nono di 99? Un decimo di mille?
8. Quanto fa: 3 x 9? 5 x 8? 6 x 4? Quanto fa 6 + 5? 11 + 4? 25 + 7? Quanto fa 8 - 2? 12 - 4? 35 - 8? Quanto fa 18 : 6? 26 : 2? 40 : 5?

Parole ed espressioni utili per la lettura "A mezzanotte in punto"

ballare to dance
il castello castle
così so, this way
il regno kingdom
il vestito dress
immediatamente immediately
perdere (p .p. **perso**) to lose
vivere (p. p. **vissuto**) to live
e poi che cosa è successo? and then what happened?

il ballo ball, dance
che fortuna! what luck!
finalmente finally
la scarpetta little shoe
diventare to become
improvvisamente all of a sudden
usare to use

PRIMA LETTURA - A mezzanotte in punto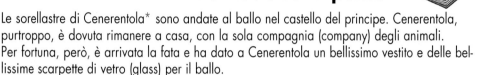

Le sorellastre di Cenerentola* sono andate al ballo nel castello del principe. Cenerentola, purtroppo, è dovuta rimanere a casa, con la sola compagnia (company) degli animali.
Per fortuna, però, è arrivata la fata e ha dato a Cenerentola un bellissimo vestito e delle bellissime scarpette di vetro (glass) per il ballo.
Poi ha detto: "prima di mezzanotte devi uscire dal palazzo, perchè a mezzanotte in punto l'incantesimo (spell) finisce e tu torni esattamente come prima".
Cenerentola ha ringraziato moltissimo la fata ed è andata al ballo.
Nel palazzo il principe ha ballato con Cenerentola tutta la sera. Ma improvvisamente l'orologio ha cominciato a battere (to strike) le ore... una, due, tre....
Cenerentola ha lasciato il principe ed è uscita immediatamente dal palazzo.
A mezzanotte in punto Cenerentola ha perso una scarpetta sulle scale (stairs) del palazzo.
Che fortuna! Così il principe ha potuto usare la scarpetta per cercare Cenerentola.
Il principe ha detto ai suoi servitori (servants): "andate in tutte le case del regno e cercate la ragazza che (who) può indossare (wear) questa scarpetta. Quella ragazza deve diventare mia moglie".
I servitori hanno visitato (visited) tutte le case del regno e, finalmente, sono arrivati anche a casa di Cenerentola. Cenerentola ha mostrato ai servitori l'altra scarpetta, uguale alla loro. Così Cenerentola ha sposato il principe e insieme hanno vissuto felici e contenti per tanto, tanto tempo.

▷ ▷ ▷ ESERCIZI

A. Sottolineare tutti i verbi al passato prossimo. Poi sottolineare tutte le preposizioni articolate.

B. Parliamo

1. Perchè le sorellastre non sono andate al ballo insieme a Cenerentola?
2. Con chi è rimasta a casa Cenerentola?
3. Che cosa ha dato la fata a Cenerentola? Che cosa ha detto la fata a Cenerentola?
4. E poi che cosa è successo?... Con chi ha ballato Cenerentola? A che ora è uscita dal palazzo? Che cosa ha perso sulle scale del palazzo? E poi che cosa è successo?
5. Che cosa ha detto il principe ai suoi servitori? Che cosa hanno fatto i servitori?
6. Che cosa ha mostrato Cenerentola ai servitori? E poi che cosa è successo?
7. Qual è la morale della favola di Cenerentola? Ha visto il film su Cenerentola?

Note: * Cinderella's fairy tale was first written down in simple children's language by Charles Perrault, a French poet who lived in the seventeenth century.

D) RIPASSO DELLE PREPOSIZIONI

1. In the previous chapters we combined the prepositions **in**, **su**, **di**, **da** and **a** with the definite articles. Now let's review all the prepositions, both simple and with articles:

a. Le preposizioni semplici

di of	Le scarpe sono **di** Luigi.
a at, to	Lavoro **a** casa.
da from, by	Viene **da** Napoli.
in in, at	Paolo è **in** America.
con with	Il bambino mangia il pane **con** il burro.
su on	La ragazza è **su** quel treno.
per for	Questo pacco è **per** la mamma.
fra or **tra** between or among	La penna è **tra** il libro e il quaderno.

b. Le preposizioni articolate

Preposition plus	**il**	**i**	**lo**	**l'**	**la**	**gli**	**le**
di (of)	del	dei	dello	dell'	della	degli	delle
a (at, to)	al	ai	allo	all'	alla	agli	alle
da (from, by)	dal	dai	dallo	dall'	dalla	dagli	dalle
in (in, at)	nel	nei	nello	nell'	nella	negli	nelle
su (on)	sul	sui	sullo	sull'	sulla	sugli	sulle

2. As you already know the above prepositions can always be combined with the article. For all the other prepositions the separate forms should be used (even though **con** and **per** can occasionally be combined with the article).

Il libro **della** ragazza è **nella** borsa.	The girl's book is in the bag.
Le penne **dei** bambini sono **sui** banchi.	The children's pens are on the desks.
Vengo **dalla** Francia.	I am (coming) from France.
Vado **alla** stazione **alle** otto.	I am going to the station at eight.
Io lavoro **dalle** nove **alle** cinque.	I work from nine to five.
La bambina sta giocando **con la** bambola.	The girl is playing with the doll.
Questo regalo è **per la** mamma.	This gift is for mom.

▷ ▷ ▷ ESERCIZI

A. Completare con le preposizioni semplici o articolate

1. Io sono andato . . . . bar e tu sei andata . . . . stazione.

2. Lui è andato . . . . montagna e lei è andata . . . . mare.

3. Paolo ha messo il pane . . . . tavola e Luigi ha messo i libri . . . . zaino.

4. Carla viene . . . . Roma e Giovanna viene . . . . Bari.

5. Questo quadro non è tuo; è . . . . ragazzo.

6. Paolo e Luigi lavorano . . . . nove . . . . cinque ogni giorno.

7. Siamo tornati . . . . New York ieri mattina . . . . sette e mezzo.

8. Roberto è partito . . . . otto e dieci.

9. Andate . . . . cinema questa sera? No, siamo molto stanchi, perciò andiamo . . . . letto presto.

10. Luigi tira fuori i libri . . . . scatola.

11. Paola mette le penne . . . . borsetta (purse).

12. Quel ragazzo ha comprato dei bellissimi fiori . . . . la sua mamma.

B. Come si dice...?

1. The spoon is between the fork and the knife . . . .

2. I bought this package for Giacomo . . . .

3. Lucille comes from the United States . . . .

4. The tablecloth is in the drawer . . . .

5. The children's gifts are on the table . . . .

6. Gianni works from ten to five every day . . . .

7. I put the cheese and the bread on the plate . . . .

8. They took out the food from the box . . . .

C. Attività in classe: Fate e dite quello che fa e dice l'insegnante (Do and say what your teacher is doing and saying).

1. "Che cosa faccio io?" dice l'insegnante.

"Io prendo un libro e metto il libro sul banco... e poi... prendo una matita e metto la matita sul libro... e poi... io prendo un foglio e metto il foglio sulla matita".

"E Lei che cosa fa?" "Anch'io. . . . ."

"E loro che cosa fanno?" "Anche loro . . . ."

"Che cosa ho fatto io?" dice l'insegnante.

"Io ho preso un libro e ho messo il libro sul banco... e poi... ho preso una matita e ho messo la matita sul libro... e poi... io ho preso un foglio e ho messo il foglio sulla matita".

"E Lei che cosa ha fatto?" "Anch'io . . . ."

"E voi che cosa avete fatto?" "Anche noi . . . ."

2. "Ora io apro la borsa, metto la penna nella borsa e poi chiudo la borsa" dice l'insegnante. E Lei che cosa fa?" "Anch'io. . . . ." " E voi che cosa fate?" "Anche noi . . . ." "E loro che cosa fanno?" "Anche loro . . . ."

"Che cosa ho fatto io? Ho aperto la borsa, ho messo la penna nella borsa e poi ho chiuso la borsa" dice l'insegnante.

"E Lei che cosa ha fatto?" "Anch'io . . . ." " E voi che cosa avete fatto?" "Anche noi . . . ." " E loro che cosa hanno fatto?" "Anche loro . . . ."

3. "Adesso io apro il cassetto" dice l'insegnante "poi prendo una penna e metto la penna nel cassetto... e poi... chiudo il cassetto".

"E Lei che cosa fa?" "Io non ho il cassetto, ma ho lo zaino, perciò io . . . . "

"E lei che cosa fa?" "Lei non ha lo zaino ma ha la borsa, perciò lei . . . . "

"E lui che cosa fa?" "Lui ha una scatola, perciò lui . . . . "

"Che cosa ho fatto io? Io ho aperto il cassetto" dice l'insegnante "poi ho preso una penna e ho messo la penna nel cassetto... e poi... ho chiuso il cassetto".

"E Lei che cosa ha fatto?"

"Io non ho il cassetto, ma ho lo zaino, perciò io . . . . "

" E lei che cosa ha fatto?"

"Lei non ha lo zaino ma ha la borsa, perciò lei . . . . "

"E lui che cosa ha fatto?"

"Lui ha una scatola, perciò lui . . . . "

Parole ed espressioni utili per la lettura "La laurea"

l'assegno check
i frutti di mare sea food
il limite di velocità speed limit
il traffico traffic

con affetto with affection
infine finally
più o meno more or less
l'ufficio office

SECONDA LETTURA - La laurea

Marcello e la sua famiglia sono di Napoli. Siamo nel mese di luglio e fa molto caldo. Vediamo che cosa fa la famiglia di Marcello questa sera.

Questa sera la mamma è arrivata a casa tardi, verso le sei meno dieci, perchè ha dovuto fare la spesa. Anche il papà è arrivato a casa tardi, verso le sei e un quarto, perchè ha dovuto lavorare molto in ufficio.

Pure (also) i bambini sono arrivati a casa tardi, verso le sei e venti, perchè hanno giocato troppo. E Marcello è arrivato più o meno alla stessa ora (at the same time), perchè ha trovato molto traffico per strada.

Per fortuna gli zii sono arrivati verso le sette e mezzo, perchè hanno chiacchierato troppo con i loro amici e gli ospiti (guests) sono arrivati più o meno alla stessa ora, perchè hanno sbagliato strada (they went the wrong way).

Così la mamma ha potuto preparare una buona cena con calma; il papà ha potuto aiutare la mamma in cucina e i bambini hanno potuto portare il cane a fare una passeggiata prima di cena.

Alle otto in punto tutti hanno cominciato a mangiare.

Come antipasto hanno mangiato le pizzette. Come primo piatto gli spaghetti ai frutti di mare. Di secondo piatto il pesce con molte verdure. Infine, come dolce, una torta squisita (delicious).

Alla fine del pasto tutti hanno brindato a Marcello, per la sua nuovissima laurea in matematica.

Verso le dieci, Marcello ha aperto i regali e i biglietti di auguri che ha ricevuto.

Un amico ha regalato a Marcello un bellissimo libro di geografia. Nel biglietto l'amico ha scritto: "Caro Marcello, prima di aprire il regalo devi rispondere a questa domanda in meno di due secondi: quanto fa 197.381 x 456?" Marcello ha letto il biglietto ad alta voce (aloud) e tutti hanno riso di gusto (heartily).

La zia Rosa e lo zio Paolo hanno regalato a Marcello un orologio d'oro. Nel biglietto hanno scritto: "Per un ragazzo d'oro (golden) e poco puntuale, con tante congratulazioni!"

I nonni hanno regalato al nipote un assegno in Euro del valore (value) di un milione di vecchie lire. Nel biglietto hanno scritto:

"Per un nipote matematico (mathematician) un milione di congratulazioni dai tuoi vecchi nonni, con tanto affetto".

Paola e Carlo hanno regalato al fratello un CD (compact disc) nuovissimo, intitolato: Numeri e numeri!

Verso le dieci e mezzo il papà e la mamma hanno chiamato tutti nel garage e poi hanno mostrato il loro regalo: una nuovissima Ferrari rossa.

"Non abbiamo scritto un biglietto" ha detto il papà "ma ora che hai una laurea in matematica non puoi dimenticare i limiti di velocità!"

Tutti hanno riso e poi hanno ammirato la magnifica macchina.

Marcello è stato felicissimo: "Prometto di rispettare sempre i limiti di velocità!" ha detto.

Poi ha abbracciato i suoi genitori. Infine ha ringraziato tutti ed è andato subito a fare un giro sulla sua macchina nuova.

Verso le undici gli ospiti sono partiti; gli zii e i nonni sono partiti più o meno alla stessa ora. I bambini sono andati a letto; il papà e la mamma, invece, sono andati in salotto a guardare la televisione.

Dopo un po' di tempo (after a little while) la moglie ha chiesto al marito:

"Che ore sono?"

"Sono le undici e tre quarti. Sei nervosa? "

"Sì, molto, e tu?"

"Un po', ma dobbiamo pensare che Marcello non è mai stato un guidatore spericolato (reckless driver)" ha risposto il marito.

Tutti e due hanno aspettato con ansia (anxiety) il ritorno (return) del figlio.

▷ ▷ ▷ ESERCIZI

A. Rileggere (re-read) il raccontino cambiando i verbi dal passato prossimo al presente.

B. Parliamo

1. Dov'è Napoli? Che tempo fa oggi? A che ora è arrivata a casa la mamma? E il babbo? E i bambini? E gli zii? E gli ospiti?
2. Che cosa ha fatto la mamma quando è arrivata a casa? E il babbo? E i bambini? Chi è Marcello? Che cosa ha festeggiato con i suoi parenti ed amici? Che regali ha ricevuto? E poi che cosa è successo?
3. Quando sono partiti gli ospiti? E gli zii? E i nonni? Quando sono andati a letto i bambini? E la mamma e il babbo cosa hanno fatto? E poi che cosa è successo?...
4. Lei ha ricevuto un diploma? Ha partecipato a feste per festeggiare il diploma di un amico o di un parente? Quando? Che cosa ricorda di queste feste?
5. Lei è un guidatore spericolato o prudente (prudent)? Com'è la Sua macchina? che marca (make), che colore, quanti anni ha etc...). Qual è la Sua macchina preferita?

C. Scrivere un breve tema intitolato: "La mia automobile preferita"

FILASTROCCHE

Ricordate queste filastrocche?

A. In primavera osservo le **aiuole** con tanti bei **fio**ri
e in **au**tunno ammiro le fo**glie** di tanti bei colori.
Durante l'estate gli ami**ci** vanno al mare
e durante l'inverno vanno a **sci**are.

osservare to observe

sciare to ski

B. L'**uo**mo mette la **pala** in giardino
e la si**gn**ora dà la **palla** al bambino.
"Buona **notte**" di**ce** la ragazza innamorata,
e poi ascolta le **note** della serenata.

la pala shovel
la palla ball
innamorata in love
la serenata serenade

Esercizio: Leggere le filastrocche ad alta voce e poi mettere tutti i verbi al passato prossimo.

L'ITALIA IN MINIATURA

Parole ed espressioni utili per la lettura

il diploma (pl. **i diplomi**) diploma
la facoltà school
ottenere to obtain

durare to last
la laurea (pl. **le lauree**) university degree
a seconda di according to

The following reading contains many cognates. Can you recognize them? Can you guess their meaning?

IL DIPLOMA

La maggior parte delle scuole italiane sono pubbliche: statali o comunali (municipal).
Il sistema scolastico è strutturato così:
la scuola elementare, che dura cinque anni; la scuola media (tre anni) e la scuola secondaria
superiore (cinque anni)*.

Note: * Alcuni istituti (per esempio l'istituto Magistrale) durano solo quattro anni e altri (alcuni istituti
professionali) solo tre.

Alla fine di ognuna (each) di queste scuole lo studente (o la studentessa) riceve un diploma (o licenza).

Fra le scuole secondarie le più frequentate (most popular) sono il liceo e l'istituto tecnico.

A seconda del diverso tipo di istruzione il liceo può essere classico, scientifico, artistico o linguistico e l'istituto tecnico può essere commerciale, industriale o agrario.

Per ottenere il diploma della scuola superiore bisogna (one must) superare (pass) un esame speciale, chiamato (called) "esame di maturità".

Con questo diploma gli studenti possono iscriversi (enroll) all'università.

All'interno (inside) dell'università ci sono varie facoltà, come la facoltà di lettere, di lingue e letterature straniere, di medicina, di economia e commercio, di giurisprudenza, di ingegneria, di architettura ecc...

Dopo tre anni di studio lo studente ottiene la laurea triennale di base. Dopo altri due anni ottiene la laurea specialistica**.

Durante questi anni lo studente deve sostenere (take) vari esami, sia scritti che orali (both written and oral).

Quando ho sostenuto tutti gli esami richiesti (required) deve presentare una tesi* o dissertazione, che poi deve discutere e difendere durante un ultimo (last) esame, cioè l'esame di laurea***.

▷ ▷ ▷ ESERCIZI

A. Dare il significato delle seguenti parole simili contenute nella lettura:
la maggior parte, l'esame (pl. gli esami), la giurisprudenza, la dissertazione

B. Sottolineare tutte le altre parole simili contenute nella lettura.

C. Parliamo

1. La maggior parte delle scuole italiane sono pubbliche o private? Quali scuole ci sono? Quanto durano? Che cosa ottiene lo studente alla fine di ognuna di queste scuole?

2. Quali sono le scuole secondarie più frequentate? Quali e quanti tipi di liceo ci sono? E di istituti tecnici? Quale esame bisogna superare alla fine della scuola secondaria? Quanti anni ha uno studente quando finisce il liceo o l'istituto tecnico?

3. Quali facoltà ci sono all'interno dell'università? Quanto dura di solito un corso di studi? Quali esami deve sostenere uno studente, normalmente? Che cos'è la tesi? Che cos'è l'esame di laurea?

VOCABOLARIO

I verbi

aiutare to help	**ammirare** to admire
aspettare to wait	**ballare** to dance
chiacchierare to chat	**chiamare** to call
decidere to decide	**dimenticare** to forget
discutere to discuss	**diventare** to become

Note: * La tesi (pl. le tesi) thesis. ** Dopo la laurea specialistica lo studente può continuare gli studi per ottenere il dottorato di ricerca. *** Per la laurea triennale lo studente può scegliere (choose) di presentare un progetto, invece di una breve (short) tesi.

durare to last
mostrare to show
nascere to be born
perdere to lose
promettere to promise
ridere to laugh
rimanere to remain
sbagliare to make a mistake
sposare to marry
vivere to live

lasciare to leave
morire to die
ottenere to obtain
portare to bring
regalare to give (as a gift)
ringraziare to thank
rispettare to respect
scherzare to joke
trovare to find

I participi passati irregolari

aprire **aperto**
chiedere **chiesto**
decidere **deciso**
discutere **discusso**
leggere **letto**
morire **morto**
offrire **offerto**
prendere **preso**
ridere **riso**
rispondere **risposto**
spendere **speso**
venire **venuto**

bere **bevuto**
chiudere **chiuso**
dire **detto**
fare **fatto**
mettere **messo**
nascere **nato**
perdere **perso**
promettere **promesso**
rimanere **rimasto**
scrivere **scritto**
vedere **visto**
vivere **vissuto**

I nomi

l'assegno check
il castello castle
la facoltà school
la laurea (pl. **le lauree**) university degree
il regno kingdom
il traffico traffic
il vestito dress

il ballo ball
il diploma (pl. **i diplomi**) diploma
i frutti di mare sea food
il limite di velocità speed limit
la scarpetta little shoe
l'ufficio (pl. **gli uffici**) office

Parole ed espressioni opposte

essere in anticipo to be early
presto early
prima before, first
per fortuna fortunately
molte volte many times
scorso last
sempre always

essere in ritardo to be late
tardi late
dopo later, after, afterwards
purtroppo unfortunately
qualche volta sometimes
prossimo next
mai never

Parole ed espressioni varie

certo sure
con affetto with affection
d'accordo agreed
finalmente finally
immediatamente immediately
in orario (o **puntuale**) on time (punctual)
non ti preoccupare don't worry
più o meno more or less
raramente rarely
verso toward - around
che ora è? (o **che ore sono?**) what time is it?
È... (o **sono le...**) It's...
a che ora? at what time?
e poi che cosa è successo? and then what happened?

che fortuna! what luck!
così so, this way
fa ago
ieri yesterday
improvvisamente all of a sudden
infine finally, lastly
ogni tanto once in a while
quanto fa? how much is it?
a seconda di according to
a voce alta aloud

RICAPITOLIAMO

Cominciamo: Personaggi delle favole

Capitolo 4
Capitolo 5
Capitolo 6

Lettura: Ragazzi a tavola
Filastrocche

COM'È IL NASO DI PINOCCHIO?

COMINCIAMO
Personaggi delle favole

Read the names of the fables' characters aloud, paying attention to the correct pronunciation.

Pinocchio

il burattino puppet; **il papà Geppetto**; **la fata dai capelli turchini** the fairy with blue hair; **il Grillo parlante**, **la coscienza** the talking cricket, the conscience; **Mangiafuoco**, **il burattinaio** Fire-Eater, the puppeteer; **Lucignolo** Lampwick; **il gatto e la volpe**; **la balena**

Cappuccetto Rosso

la mamma - la nonna - il lupo - il cacciatore

Cenerentola

la matrigna - le sorellastre - gli animali - la fata - il principe azzurro

Biancaneve

la matrigna - i sette nani - il principe azzurro - gli animali

I sette nani

Brontolo Grumpy	**Cucciolo** Dopey	**Dotto** Doc	**Eolo** Sneezy
Gongolo Happy	**Mammolo** Bashful	**Pisolo** Sleepy	

Brontolo comes from the verb "brontolare" (to grumble);
Cucciolo means "puppy" or "a young and inexperienced person";
Dotto means "learned";
Eolo, in Greek mythology, was the name of the God of the winds;
Gongolo comes from the verb "gongolare" (to be delighted);
Mammolo means "a modest and bashful person" and comes from the noun "mammola", the flower of the violet family;
Pisolo means "nap"; "fare un pisolo" means to take a nap.

Attività in classe: in groups of three choose one of the fables and try to relate it to the whole class. The winning group is the one that best remembers the whole story. Then choose one of the characters that you think best fits you or somebody you know and explain why.

Capitolo 4

1. Gli aggettivi possessivi

with masculine nouns	with feminine nouns
mio - tuo - suo - nostro - vostro - loro	mia - tua - sua - nostra - vostra - loro
miei - tuoi - suoi - nostri - vostri - loro	mie - tue - sue - nostre - vostre - loro

il mio libro - **la nostra** macchina - **il suo** ufficio - **i vostri** occhi - **le loro** scarpe

suo fratello - **tuo marito** - **nostra madre** - **il loro bambino**

2. I pronomi possessivi

Quale panino mangi? (which sandwich are you going to eat?) Mangio **il mio** (mine).

Di chi è questo libro? (Whose book is this?) È **mio** (or è **il mio**).

Questa è la mia penna e quella è **la tua**. This is my pen and that one is yours.

▷ ▷ ▷ ESERCIZI

A.1. Completare con aggettivi o pronomi possessivi adatti.

1. . . . . madre lavora molto e . . . . padre studia spesso.
2. . . . . camera da letto è piccola; . . . . , invece, è molto grande.
3. . . . . fratello mangia molto, però è molto magro.
4. . . . . insegnante spiega le lezioni molto bene; . . . . , invece, è molto noiosa.
5. . . . . nipoti giocano molto e studiano poco.
6. Ogni sera lei guarda la televisione con . . . . famiglia.

B. Come si dice...?

1. My dress is white and your shoes are black. . . . .
2. His pencils are red and yours are yellow. . . . .
3. Your car is new and my bicycle is old. . . . .
4. My uncle is very fat, because he eats too much. . . . .
5. Here is your gift and here are our exercises. . . . .
6. Here are their flowers and here is my package. . . . .
7. Your grandmother is very kind. . . . .
8. Her eyes are black and mine are blue. . . . .

3. Le espressioni di tempo e le espressioni con avere

a. Che tempo fa? Fa caldo, fa freddo, fa bello, fa brutto, c'è vento, etc.
b. Avere caldo, avere freddo, avere fame, avere sonno, etc.

4. I numeri ordinali

primo, secondo, terzo, quarto, quinto, sesto, settimo, ottavo, nono, decimo

▷ ▷ ▷ ESERCIZI

A.2. Come si dice...?

1. How is the weather?. . . . .
2. It's hot . . . . it's cold . . . . it's nice . . . . . .·. . . . . .
3. it's bad . . . . it's cool . . . . it's foggy . . . .
4. it's sunny . . . . it's windy . . . . it's cloudy . . . .
5. it's clear . . . . it's snowing . . . . it's raining . . . .

B. Cosa vuol dire...?

1. durante . . . .   quando . . . .

2. subito . . . .   niente . . . .

C. Come si dice...?

1. I am cold and he is hot . . . .

2. My brother is always right . . . .

3. In January it is usually very cold . . . .

4. The child is not sleepy and his mother is nervous . . . .

5. My friends are always in a hurry . . . .

6. This is my second year at the university . . . .

7. During the summer I am often thirsty . . . .

8. You are always hungry, because you don't sleep enough. . . . .

D. A voi la parola

1. Quanti sono i giorni della settimana? E i mesi dell'anno? E le stagioni?

2. Che tempo fa? In che mese siamo? In che stagione siamo? Che stagione preferisci?

3. Che giorno è... oggi? E domani? Qual è il tuo numero di telefono?

4. Che tempo fa quando nevica? Fa caldo o fa freddo? E quando c'è il sole? Fa bello o fa brutto? È sereno quando piove? In che mese è il tuo compleanno? In che giorno?

5. Quante ore al giorno guidi la macchina?

6. Com'è la tua casa? Dove si trova? Quante stanze ci sono? Pulisci spesso la casa?

7. Qual è la tua stanza preferita? Abiti da solo o con altri? Se abiti con altri: con chi?

8. A che ora finisci di studiare (o di lavorare) di solito?

9. Di solito la sera preferisci leggere o guardare la televisione?

10. Vai spesso a ballare? Dove? Con chi?

Capitolo 5

1. I verbi irregolari

andare (to go)	**vado, vai, va, andiamo, andate, vanno**
fare (to do, to make)	**faccio, fai, fa, facciamo, fate, fanno**
stare (to stay, to be)	**sto, stai, sta, stiamo, state, stanno**
dare (to give)	**do, dai, dà, diamo, date, danno**
bere (to drink)	**bevo, bevi, beve, beviamo, bevete, bevono**
potere (can)	**posso, puoi, può, possiamo, potete, possono**
volere (want)	**voglio, vuoi, vuole, vogliamo, volete, vogliono**

dovere (must)	devo, devi, deve, dobbiamo, dovete, devono
sapere (to know)	so, sai, sa, sappiamo, sapete, sanno
venire (to come)	vengo, vieni, viene, veniamo, venite, vengono
dire (to say)	dico, dici, dice, diciamo, dite, dicono
uscire (to go out)	esco, esci, esce, usciamo, uscite, escono

2. Le preposizioni articolate

in: nel - nei - nella - nelle - nello - negli (in the)
su: sul - sui - sulla - sulle - sullo - sugli (on the)
di: del - dei - della - delle - dello - degli (of the)
da: dal - dai - dalla - dalle - dallo - dagli (from the) **Da quanto tempo? Da...**
a: al - ai - alla - alle - allo - agli (at - to the)

▷ ▷ ▷ ESERCIZI

A. Come si dice...?

1. I am going to the restaurant..
2. He is coming from San Francisco..
3. They are staying at home tonight..
4. We are going to the hotel..
5. They have to make a phone call...
6. How are you? I am fine, thank you...
7. Every morning she has breakfast in bed..
8. You have to take an exam tomorrow...

B. Completare con le seguenti parole o espressioni: *due mesi - fiori - da - stanze - il professore - città - dalle - alle - a teatro*

1. Da quanto tempo abiti in questa . . . . ? Da tre anni.
2. Nella casa ci sono molte . . . . piccole.
3. . . . . mette il suo libro sulla scrivania.
4. Vado al cinema spesso, ma non vado mai . . . .
5. Da dove vieni? Vengo . . . . Napoli.
6. Sulla tavola ci sono dei bellissimi . . . .
7. Carlo lavora . . . . nove . . . . cinque.
8. Da quanto tempo studi l'italiano? Da. . . . .

C. Parliamo

1. Che cosa fa (Lei) di solito, la mattina - il pomeriggio - la sera - la domenica?
2. Dove va, di solito, la mattina - il pomeriggio...etc...?
3. Che lavoro fa? La sera sta in casa spesso, raramente, qualche volta o mai?
4. Quando vuole andare in vacanza? Dove? Sa parlare l'Italiano? Vuole imparare l'italiano?

5. Può dormire molte ore di notte? Di solito quante ore dorme?

6. Deve uscire presto per andare al lavoro (o a scuola) la mattina?

7. Che cosa deve fare oggi? Deve andare a scuola (o al lavoro) domani?

8. Esce spesso la sera? Quante volte? E durante il fine-settimana? E durante le vacanze?

9. Viene a scuola tutti i giorni? Viene a piedi, in macchina, in treno o in bicicletta?

10. A che ora deve partire dal castello Cenerentola? Perchè?

LETTURA - **Ragazzi a tavola**

Carlo, Gianna, Luigi ed Elisabetta sono quattro amici. Carlo e Gianna sono di Reggio Emilia; Luigi ed Elisabetta sono di Parma. Oggi sono in una pizzeria e stanno parlando delle loro abitudini culinarie:

Carlo: Al mattino io ho sempre molta fame. Bevo una tazza di caffellatte e mangio una focaccia o una banana o tutte e due; mio padre, invece, beve solo un caffè con lo zucchero e mia madre beve un tè con il limone e mangia solo due o tre biscotti.

Gianna: Io non ho fame al mattino, e poi ho sempre fretta, perchè è sempre tardi, perciò non mangio niente. Mio fratello, invece, mangia moltissimo!
Verso le undici, però, anch'io devo mangiare qualcosa (something): di solito compro un panino con il prosciutto e un cappuccino.

Luigi: Al mattino io mangio pochissimo; però, quando torno dall'università, verso l'una e mezzo del pomeriggio, ho davvero molta fame.
Mia madre prepara sempre un pasto abbondante (rich): infatti di solito mangio un buon piatto di pasta, una bistecca con il pane e almeno una verdura: pomodori o insalata. Poi prendo un po' di frutta. Bevo sempre acqua minerale e, qualche volta, mezzo bicchiere di vino.

Elisabetta: Anche in casa mia facciamo un pasto abbondante a pranzo; a cena, invece, mangiamo un po' meno (less); io, poi, mangio pochissimo! Ieri, per esempio, ho mangiato solo una pastina in brodo; non ho voluto la carne e le verdure e neppure (not even) il dolce. Poi, però, sono uscita con le mie amiche e ho preso una pizza con una birra!

Carlo: A proposito di pizza, quali ordiniamo?

PARLIAMO

1. Chi sono Carlo, Gianna, Elisabetta e Luigi? Di dove sono? Sa in quale regione si trovano Reggio Emilia e Parma? Che cosa mangia Carlo al mattino? Che cosa mangia suo padre? E sua madre? Mangia molto Gianna al mattino? A che ora mangia? Che cosa mangia? E Luigi mangia molto al mattino? E a pranzo? Che cosa mangia di solito Elisabetta a pranzo e a cena? Che cosa ha mangiato ieri?

2. Lei mangia molto o poco al mattino, a pranzo, a cena? Che cosa ha mangiato ieri? Che cosa preferisce mangiare quando ha molta fame? Che cosa preferisce bere quando ha molta sete? Qual è la sua verdura preferita? E come frutta che cosa preferisce? E come carne? E come pasta?

3. Buono, bello e quello

Buono:

un **buon** lavoro - dei buoni lavori
una **buona** signora - delle buone signore
un **buono** stipendio - dei buoni stipendi

Bello:

un **bel** bambino - una bella ragazza
dei **bei** bambini - delle belle ragazze
un **bello** strumento- dei **begli** strumenti

Quello:

quel bambino - **quei** bambini
quella ragazza - quelle ragazze
quello strumento - **quegli** strumenti

Di chi sono **quei** libri? **Quello** è di Paolo e **quelli** sono di Gianni.
Di chi sono **quelle** macchine? **Quella** è di Luigi e **quelle** sono degli studenti.

4. Il presente progressivo

Io **sto** mangi**and**o, tu **stai** scriv**endo**, lei **sta** dorm**endo**...

▷ ▷ ▷ ESERCIZI

A. Mettere i verbi al presente e al presente progressivo

	Presente	Presente progressivo
1. aprire (io, la porta)	Io apro la porta	Io sto aprendo la porta.
2. mangiare (tu, la pasta)	....	....
3. bere (lei, il vino)	....	....
4. lavorare (noi, in ufficio)	....	....
5. studiare (voi, adesso)	....	....
6. insegnare (io, ora)	....	....
7. finire (lui, il compito)	....	....
8. vendere (loro, la macchina)	....	....
9. fare (tu, la doccia)	....	....
10. comprare (lei, la bicicletta)	....	....
11. preparare (noi, la cena)	....	....
12. spiegare (voi, la lezione)	....	....
13. chiudere (io, la finestra)	....	....
14. ricevere (lui, un regalo)	....	....
15. tagliare (loro, la torta)	....	....
16. leggere (tu, il libro)	....	....

B. Come si dice...?

1. That telephone - booth is near the shops. . . . .
2. Your sister is reading an interesting book. . . . .
3. He has a good job and a good salary. . . . .
4. My mom is really good. . . . .
5. His father is eating a good sandwich. . . . .
6. They are often in a hurry and we are usually sleepy. . . . .
7. Her brother is studying in the living room. . . . .
8. They see many animals in the country. . . . .
9. I take seven plates and she takes five forks. . . . .
10. He is always hot and she is always cold. . . . .
11. Those beautiful girls are certainly lucky. . . . .
12. Whose bicycle is that one? It's Franco's. . . . .

C. Come si dice...?

1. above . . . . below . . . .
2. perhaps . . . . certainly . . . .
3. inside . . . . outside . . . .

A TAVOLA

CAPITOLO 6

1. Il passato prossimo

a. With avere:
ho mangiato - hai ricevuto - ha dormito....

b. With essere:

Io sono arriva**to**	I arrived (m.)	Io sono arriva**ta**	I arrived (f.)
Noi siamo parti**ti**	we left (m. or m. and f.)	Noi siamo torna**te**	we came back (f.)

▷ ▷ ▷ **ESERCIZI**

A. Scrivere il participio passato dei seguenti verbi (write the past participle of the following verbs):

1. nascere. . . . . morire . . . .
2. essere. . . . . bere . . . .
3. rimanere. . . . . leggere . . . .
4. dire . . . . vedere . . . .
5. chiedere . . . . prendere . . . .
6. mettere . . . . scrivere . . . .
7. promettere. . . . . fare . . . .
8. discutere . . . . spendere . . . .
9. offrire . . . . chiudere . . . .
10. aprire . . . . rispondere . . . .

B. Come si dice...?

1. yesterday . . . . today . . . .
2. once in a while . . . . usually . . . .
3. next week . . . . last week . . . .
4. infact . . . . instead . . . .
5. fortunately . . . . unfortunately . . . .
6. to be early . . . . to be late . . . .
7. sometimes . . . . often . . . .
8. early . . . . late . . . .

2. L'orologio e le operazioni

▷ ▷ ▷ **ESERCIZI**

A. Che ore sono? Sono le due e... (o meno..) È l'una e.... (o meno...)

7 : 45	12 : 00 P. M.	11 : 30	4 : 15
8 : 20	9 : 50	1 : 10	6 : 35
12 : 00 A. M.	5 : 15	10 : 55	3 : 5

B. Quanto fa? Fa...

6 x 8	9 + 7	15 - 6	30 : 6
84 - 13	18 : 3	43 + 7	7 x 4
5 + 12	18 - 6	60 : 10	8 x 5
31 + 5	28 - 7	46 : 2	3 x 4

C. Come si dice...?

1. He slept twelve hours last Sunday . . . .
2. Two days ago my parents went to the restaurant. . . . .

3. She sang in church last month . . . .

4. You drank three beers yesterday. . . . .

5. Cinderella went to the ball. . . . .

6. Unfortunately they couldn't work last week . . . .

7. What time is it? It's midnight . . . .

8. Paola arrived late and the boys arrived early . . . .

9. Roberto is usually on time, but she is always late. . . . .

10. How much is twenty plus sixteen? . . . .

11. So Cinderella married the prince . . . .

12. Everybody laughed . . . .

D. Formare le frasi al presente e al passato prossimo

	Presente	Passato prossimo
1. guardare (io, la televisione)	io guardo la televisione	io **ho** guardato la televisione
2. andare (loro, al cinema)	loro vanno al cinema	loro **sono** andati al cinema
3. telefonare (lei, alla mamma)	. . . .	
4. vedere (noi, l'insegnante)	. . . .	
5. imparare (voi, la lezione)	. . . .	
6. scrivere (tu, molte lettere)	. . . .	
7. dormire (lui, molto)	. . . .	
8. arrivare (lei, in ritardo)	. . . .	
9. giocare (loro, con gli amici)	. . . .	
10. cominciare (io, la scuola)	. . . .	
11. chiedere (tu, informazioni)	. . . .	
12. partire (noi, presto)	. . . .	
13. abitare (lui, in campagna)	. . . .	
14. comprare (lei, le verdure)	. . . .	
15. rimanere (noi, a casa)	. . . .	
16. leggere (tu, molti libri)	. . . .	

E. A voi la parola

1. Che cosa hai fatto ieri mattina? Il pomeriggio - la sera - domenica scorsa?
2. A che ora hai fatto colazione ieri? A che ora hai mangiato il pranzo? E la cena?
3. Che cosa hai mangiato? Che cosa hai bevuto? Hai visto qualcosa (something) di interessante?
4. A chi hai telefonato ieri? Con chi hai parlato la scorsa settimana?
5. Dove sei andato domenica scorsa? Ieri mattina - il pomeriggio - la sera - per le vacanze?
6. Quante ore hai lavorato (o studiato) questa settimana?
7. Quante volte sei andato al lavoro (o a scuola) la scorsa settimana?

FILASTROCCHE

A. I genitori stanno apparecchiando la tavola
mentre i figli stanno leggendo una favola.
Le zie stanno ammirando la tovaglia
e la cugina sta guardando una maglia.

apparecchiare
to set the table
mentre while
maglia sweater

Esercizio: Sostituire il presente progressivo con il presente.

B. Tu metti la pala in giardino
e io do la palla al bambino.
"Buona notte" dicono le ragazze innamorate,
e poi ascoltano le note delle serenate.

la pala shovel
la palla ball
innamorato in love
la serenata serenade

Esercizio: Mettere tutti i verbi al passato prossimo.

◊ Per cominciare: **Non so che cosa mettermi!**

◊ I verbi riflessivi
◊ Il passato prossimo dei verbi riflessivi
◊ Conoscere vs. sapere
◊ L'avverbio di luogo **"ci"**
◊ I suffissi per i nomi e gli aggettivi
◊ Gli avverbi che finiscono in **"-mente"** e altri

◊ Prima lettura: **La nonna cattiva**
◊ Seconda lettura: **Non so che cosa mettermi!**
◊ Filastrocche
◊ L'Italia in miniatura: **L'Italia è sempre di moda?**

NON SO CHE COSA METTERMI!

PER COMINCIARE
Non so che cosa mettermi!

Luciano sta telefonando a Lucille.

Luciano: Pronto, Lucille, ma che fai?

Lucille: Oh, ciao Luciano; lo so, lo so! è tardi!

Luciano: Non è tardi: è tardissimo! Ma che cosa stai facendo? Sto aspettando da un'ora!

Lucille: Lo so, lo so; mi dispiace molto, ma sai, oggi non so proprio che cosa mettermi!

Luciano: Come non sai che cosa metterti? E il vestito rosso non va bene? È bellissimo!

Lucille: Oh, è vero! Il vestito rosso! Hai ragione: quello è proprio bello ed è anche di moda! **di moda** fashionable

Luciano: Ma sai che ore sono? La festa è già cominciata da un'ora e tu non sei ancora uscita di casa!

Lucille: Scusa, scusa Luciano; mi vesto in un minuto e arrivo subito!

Luciano: D'accordo: ma un minuto, non un'ora!

PARLIAMO

1. A chi telefona Luciano? È calmo o nervoso? Perchè?

2. Perchè Lucille non è ancora uscita di casa?

3. La festa è cominciata o no? Quanto tempo ha aspettato Luciano?

4. Che cosa dice Luciano a Lucille? E Lucille che cosa risponde?

Dialogo personalizzato. In coppia: personalizzate il dialogo cambiando le domande e le risposte a vostro piacimento. Siate pronti a leggere il nuovo dialogo ad alta voce.

A) I VERBI RIFLESSIVI

1. A reflexive verb is a verb whose action refers back to its subject.
The subject (for example "I") and the object (myself) are the same: Io mi diverto I enjoy myself. The object is expressed with reflexive pronouns.
They are the following: **mi - ti - si - ci - vi - si** (myself, yourself etc...).

divertirsi (to enjoy oneself, to have fun)

io **mi** diverto	I enjoy myself
tu **ti** diverti	you enjoy yourself
lei, lui **si** diverte	she, he enjoys herself/himself
noi **ci** divertiamo	we enjoy ourselves
voi **vi** divertite	you enjoy yourselves
loro **si** divertono	they enjoy themselves

When looking for a verb in the dictionary you will easily recognize if the verb is reflexive or non reflexive by checking its ending. Reflexive verbs end in -**arsi, -ersi** and -**irsi**: alz**arsi** - sed**ersi** - divert**irsi**.
However, most reflexive verbs can be used nonreflexively as well as reflexively; therefore the nonreflexive verb (ending in -are, -ere or -ire) will be listed first.
Esempio: **lavare** to wash; **lavarsi** to wash oneself.

Esercizio #1: Trovare 2 verbi riflessivi nel dizionario e coniugarli
(Find two reflexive verbs in the dictionary and conjugate them).

2. When reflexive verbs are used with "dovere","volere" and "potere" (and a few others, like desiderare) the reflexive pronoun is either attached to the infinitive (which drops the final **e**) or placed before the conjugated verb.

Voglio divertir**mi** o **mi** voglio divertire.	I want to enjoy myself.
Puoi seder**ti** o **ti** puoi sedere.	You can sit (yourself) down.
Deve alzar**si** o **si** deve alzare.	He must get (himself) up.

Esercizio #2: Scrivere 2 frasi con i verbi riflessivi preceduti dai verbi modali.
(Write 2 sentences with reflexive verbs preceded by the modal verbs).

3. Most reflexive verbs can be used as nonreflexive verbs:

Prepar**are** to prepare: **Io preparo la cena.** I prepare dinner.
Prepar**arsi** to get ready: **Io mi preparo.**   I get (myself) ready.

Lav**are** to wash: **Io lavo la camicia.** I wash the shirt.
Lav**arsi** to wash oneself: **Io mi lavo.** I wash myself.

4. Verbs are conjugated reflexively whenever the action refers to one's body or to clothing. Note that the reflexive pronoun replaces the possessive in English.

Lavarsi il viso to wash one's face: **Io mi lavo il viso.** I wash my face.
Mettersi la giacca to put on one's jacket: **Lui si mette la giacca.** He puts on his jacket.

Note the difference: **Io mi lavo.** I wash myself.   **Io mi lavo il viso.** I wash my face.

5. Reciprocal verbs express a reciprocal action.
These verbs are used with the plural reflexive forms (we - you - they).

Vedersi - incontrarsi - salutarsi to see - to meet - to greet each other (one another)

Ci vediamo tutti i giorni.	We see each other every day.
Vi incontrate spesso.	You often meet each other.
Ogni tanto **si salutano**.	Once in a while they greet each other.

Esercizio #3: Scrivere 2 frasi usando due verbi reciproci.

VERBI RIFLESSIVI

abbracciarsi to embrace each other
alzarsi to get up
arrabbiarsi to get angry
baciarsi to kiss each other
farsi la barba to shave
guardarsi to look at each other (or at oneself)
lavarsi to wash (oneself)
pettinarsi to comb (one's hair)
riposarsi to rest
sedersi to sit down
togliersi (p. p.: **tolto**) to take off
vestirsi to get dressed

addormentarsi to fall asleep
annoiarsi to get bored
assomigliarsi to resemble each other
divertirsi to enjoy oneself
fermarsi to stop
incontrarsi to meet each other
mettersi to put on
prepararsi to get ready
salutarsi to greet each other
svegliarsi to wake up
vedersi to see each other (or oneself)

Due verbi irregolari al presente

sedersi: mi si**e**do, ti si**e**di, si si**e**de, ci sediamo, vi sedete, si si**e**dono.
togliersi: mi to**l**go, ti togli, si to**g**lie, ci togliamo, vi togliete, si to**l**gono.

Esercizio #4: Coniugare almeno dieci verbi tra quelli elencati sopra; poi scegliere (choose) 3 verbi e scrivere una frase per ciascuno (each one).

Espressioni utili da ricordare

Secondo me - te - lei - lui - noi - voi - loro (according to me, you, her, him, us, you, them **or** in my - your... opinion).

B) IL PASSATO PROSSIMO DEI VERBI RIFLESSIVI

1. The passato prossimo of reflexive verbs is formed with the present tense of **essere** and the past participle.
As always with **essere** the past participle must agree with the subject in gender and number.

Mi sono divertito I had fun (m.)	**Mi sono divertita** (f.)
Ci siamo annoiati We got bored (m. pl.)	**Ci siamo annoiate** (f. pl.)

Ci siamo annoiati We got bored (m. & fem. pl.)
Vi siete incontrati You met each other (m. pl. or m. & f. pl.)

2. With dovere, potere and volere two forms are possible:

Mi sono dovuto (potuto, voluto) alzare presto o **ho dovuto (potuto, voluto) alzarmi** presto. **I had to (I could, I wanted to) get up early.**

▷ ▷ ▷ ESERCIZI

A. Completare con la forma verbale corretta

1. Quando vado alle feste (divertirsi). . . . .
2. Di solito la mattina i bambini (alzarsi) . . . . alle sette e mezzo.
3. La sera Paolo (addormentarsi). . . . . molto presto.
4. Spesso quando guardo la televisione (annoiarsi) . . . .
5. Mio padre (farsi la barba). . . . . tutte le mattine.
6. Quando torni a casa troppo tardi tua madre (arrabbiarsi). . . . .
7. Oggi non potete uscire. Dovete (prepararsi) . . . . per l'esame di francese.
8. Domani partiamo per l'Italia; dobbiamo (svegliarsi) . . . . alle cinque.

B. Mettere al passato

1. Mi sveglio alle sette e mi alzo alle sette e un quarto.
2. Quando i tuoi amici si incontrano non si salutano.
3. Secondo me lei si diverte ma lui si annoia.
4. Ti addormenti immediatamente e ti svegli lentamente (slowly).
5. Vi sedete in salotto e vi riposate.

6. I ragazzi si fermano e guardano il negozio.

7. Mi arrabbio perchè tu arrivi troppo tardi.

8. Lui si mette l'impermeabile (raincoat) e tu ti metti la giacca.

C. Scrivere 8 frasi con i verbi riflessivi

D. A voi la parola

1. A che ora ti svegli la mattina? A che ora ti alzi? E poi che cosa fai?

2. A che ora ti addormenti, di solito, la sera?

3. Quando e con chi ti arrabbi di solito? Ti prepari in fretta (fast) la mattina?

4. Ti lavi spesso le mani durante il giorno? Ti pettini spesso? Quante volte?

5. A che ora ti sei alzato ieri? E poi che cosa hai fatto? Dove sei andato?
   Che cosa hai mangiato? Che cosa hai bevuto?

6. Dove ti diverti e dove ti annoi? (A scuola, al cinema, a teatro, ad una festa, a casa).

7. Quante volte ti riposi durante il giorno: mai, spesso, sempre, qualche volta o raramente?

8. Secondo te io mi diverto o mi annoio a scuola?

ⓒ CONOSCERE VS. SAPERE

The present tense forms of sapere and conoscere are the following:

SAPERE	CONOSCERE
so	conosco
sai	conosci
sa	conosce
sappiamo	conosciamo
sapete	conoscete
sanno	conoscono

GONDOLA

In Italian both **sapere** and **conoscere** mean "to know", but they are not interchangeable:
Sapere means to know something, to have knowledge of..., to know how.
Conoscere means to know somebody, to make the acquaintance of (to meet), to be acquainted with somebody or something.

Non so quando parte il treno I don't know at what time the train leaves.
Sai guidare? Do you know how to drive?
Conosci l'Italia? Do you know Italy?
Ho conosciuto due studenti. I met two students.

Remember that **conoscere** is always followed by a noun (an object) while **sapere** is usually followed by a sentence or the infinitive (even though it can also be followed by a noun).

Conosci il presidente? Do you know the president?
Sai chi è il presidente? Do you know who the president is?
No, non conosco il presidente, ma so chi è. No, I don't know the president (personally) but I know who he is.

Sai suonare il pianoforte? Do you know how to play the piano?
Sì, so suonare a orecchio, ma **non conosco le note**. Yes, I know how to play (I can play) by ear, but I don't know the notes.

D) L'AVVERBIO DI LUOGO "CI"

As you just learned **ci** (as used in reflexive verbs) means "ourselves" (noi ci divertiamo: we enjoy ourselves). But **ci** has many other meanings. One of them is **"there"**, as you certainly remember from the expressions: c'è and ci sono (there is and there are). Esempi:

Andate in Italia presto? Are you going to Italy soon?
Sì, **ci** andiamo domani. Yes, we are going (there) tomorrow.

Quando vai a casa? When are you going home?
Ci vado adesso. I am going (there) right now.

Vai alla festa domenica? Are you going to the party on Sunday?
No, mi dispiace, non **ci** posso andare. No, I am sorry. I can't go (there).

▷ ▷ ▷ ESERCIZI

A. **Completare con "sai" o "conosci".** Esempio:... ballare? **Sai** ballare?

1. .... dov'è la banca?

2. .... quanto costa questo libro?

3. .... il signor Rossi?

4. .... perchè Carlo non è venuto?

5. .... quando finisce la conferenza?

6. .... molti professori in questa università?

7. .... usare il computer?

8. .... a che ora arriva l'autobus?

B. Tradurre (translate)

1. I don't know that boy, but I know his sister.
2. Do you know (s. form.) where the restaurant "Gallo" is? Yes, I go there often.
3. Do you know (pl. inform.) where the theatre is? Yes: it's near the museum. Over there.
4. Do you know (s. inform.) what this is? No, I don't know. I am sorry.
5. Are you going to school today? Yes, I am going there right now.
6. Linda and John met in Italy.
7. Every morning I wake up at seven o'clock sharp.
8. In the evening they usually fall asleep very early.

E) I SUFFISSI PER I NOMI E GLI AGGETTIVI

Suffixes add, intensify or diminish a positive or negative quality of a noun or of an adjective. In Italian there are many different suffixes. Let's look at the most common ones:

-ina - ino (small) **-etta - etto** (small - cute) **- ona - one** (big) **- accia - accio** (bad)

Paola - Paol**ina** - Paol**etta** - Paol**ona** - Paol**accia**
Carlo - Carl**ino** - Carl**etto** - Carl**one** - Carl**accio**

Il ragazzo - il ragazz**ino** - il ragazz**etto** - il ragazz**one** - il ragazz**accio**
la ragazza - la ragazz**ina** - la ragazz**etta** - la ragazz**ona** - la ragazz**accia**

La casa - la cas**ina** - la cas**etta** - la cas**ona** - la cas**accia**
Il libro - il libr**ino** - il libr**etto** - il libr**one** - il libr**accio**

bello - bell**ino** (m.) bella bell**ina** (f.) pretty - cute
magro/a - magr**ino/a** thin - very thin

grasso - grass**one** (m.) grassa - grass**ona** (f.) fat - very fat
pigro/a - pigr**one/a** lazy - very lazy

Attenzione:

il bambino (o **il bimbo**) **- la bambina** (o **la bimba**) child (m.& f.)
i calzini men's socks **i calzoni** trousers
carino cute
il cappuccio hood **il cappuccetto** small hood **il cappuccino** espresso with milk

▷ ▷ ▷ ESERCIZI

A. Completare ogni frase con una delle seguenti parole: *ragazzaccio - magrina - calzoni - casona - stradina - libraccio - carina - scarpetta*

1. Carlone abita in una . . . . e Paolino vive in una casina.
2. Perchè stai leggendo questo . . . . ?
3. Di chi è questa . . . . ? È di Cenerentola.
4. Dov'è l'albergo? È in quella . . . . a destra.
5. Piero, ti sei messo i . . . . nuovi? Sì, mamma, sono pronto.

6. La tua amica è molto . . . .

7. Secondo me Paolo non è un . . . . : è solo un pigrone.

8. Questa bambina è . . . .

B. Trasformare usando i suffissi. Esempio: Ecco una casa piccola... Ecco una **casina.**

1. Ecco un vaso grande . . . .

2. Ci sono due grossi alberi vicino alla mia casa . . . .

3. Questo è un brutto film . . . .

4. Dove sono i bicchieri piccoli? . . . .

5. Tuo fratello piccolo è molto carino. . . . .

6. Questo è un brutto (o cattivo) libro . . . .

7. Rosanna è una ragazza molto magra. . . . .

8. Questi bambini sono molto pigri . . . .

Parole ed espressioni utili per la lettura "La nonna cattiva"

il dente tooth   **meglio** better   **l'orecchio** (pl. **le orecchie**) ear
la pancia belly   **la voce** voice

PRIMA LETTURA - La nonna cattiva

Mi chiamo Cappuccetto Rosso*. Di solito mi sveglio verso le sette. Mi lavo, mi pettino, mi vesto, faccio colazione e poi vado a scuola. Due giorni fa, però, non sono andata a scuola.

La mamma ha detto: "Cappuccetto, questa mattina devi andare a trovare la nonna, perchè è ammalata (sick). Devi portare alla nonna questa torta". "Va bene, ci vado subito," ho risposto. Ho preso la torta e sono uscita di casa. Ho attraversato quasi tutto il bosco e poi ho visto un lupo che (who) ha detto: "Dove vai?" "Vado a trovare la mia nonna, che (who) è ammalata", ho risposto. "Sai dove abita la tua nonna?" ha chiesto il lupo. "Certamente: abita in una casetta rossa, alla fine del bosco. Conosco la strada benissimo". Il lupo allora è andato via.

Verso le dieci sono arrivata a casa della nonna. Ho bussato (knocked) alla porta e ho sentito la vociona della nonna ammalata che ha detto: "Vieni dentro, la porta è aperta". Io sono entrata e ho visto la nonna a letto, con una camicia da notte (nightgown) bianca.

Mi sono avvicinata (I got close) al letto e ho detto: "Nonna, che occhioni hai!" e lei ha risposto: "per vedere meglio la mia nipotina".

"Che orecchione hai!" "per sentire meglio la mia bambina".

"Che boccona e che dentoni aguzzi (sharp) hai!" "Per mangiare meglio la mia ragazzina" ha risposto la nonna. E poi mi ha mangiata (she ate me). Ma io non sono morta, perchè, per fortuna, è arrivato un cacciatore. Il cacciatore ha tagliato la pancia della nonna cattiva e poi ha tirato fuori me (me) e anche la nonna buona. Che bravo! Così la nonna cattiva è morta. Io e la nonna buona ci siamo guardate un po', poi ci siamo abbracciate e baciate.

Infine io ho detto: "Nonnina, come sono contenta! Tu sei proprio la nonna buona: non hai gli occhioni, le orecchione, la boccona e i dentoni aguzzi!" "Certo, cara nipotina," ha risposto la nonna "è il lupo che ha gli occhioni, le orecchione, la boccona e i dentoni aguzzi!".

Allora (so) io ho capito che le nonne cattive e i lupi si assomigliano moltissimo.

Note: * Little Red Riding Hood's fairy tale was first written down in simple children's language by Charles Perrault, a French poet who lived in the seventeenth century.

▷ ▷ ▷ **ESERCIZI**

A. Sottolineare tutti i verbi riflessivi e reciproci. Poi sottolineare tutti i suffissi.

B. Parliamo

1. A che ora si sveglia, di solito, Cappuccetto Rosso? E poi che cosa fa?
2. Che cosa ha fatto, invece, due giorni fa?
3. Dove si trova la casetta della nonna? Di che colore è?
4. Com'è la voce della nonna? Come sono i suoi occhi? E le orecchie? E la bocca?
5. Che cosa ha fatto il cacciatore?
6. Che cosa ha detto Cappuccetto Rosso alla nonna? E la nonna che cosa ha risposto?
7. È vero o non è vero che la nonna cattiva è morta? Esiste la nonna cattiva?
8. Secondo Lei Cappuccetto Rosso ha capito chi è davvero il lupo o no?
 La fine (ending) di questa favola è vera o falsa?

PAROLE, PAROLE!

Leggete le parole sotto elencate. Quante ne conoscete già?

1. Abbigliamento e calzature (clothing and footwear)

l'abito dress/suit
la camicia shirt
le calze velate stockings
il cappello hat
il cotone cotton
la flanella flannel
il giubbotto (sports) jacket
il guanto glove
la lana wool
il maglione sweater
il numero shoe size
la pelle (o **il cuoio**) leather
la sciarpa scarf
un paio di scarpe a pair of shoes
i sandali sandals
gli stivali boots

la camicetta blouse
la camicia da notte nightgown
i calzini socks
il cappotto coat
la cravatta tie
la giacca jacket
la gonna skirt
l'impermeabile raincoat
la maglietta Tshirt
la marca brand
i pantaloni (o **calzoni**) trousers
il pigiama pajamas
il vestito dress
le scarpe da ginnastica sneakers
la seta silk
la taglia clothes'size

essere di moda to be fashionable
indossare to wear

essere fuori moda to be out of fashion
le maniche lunghe o corte
long or short sleeves

il negozio di abbigliamento clothing store
il saldo (o **la svendita** o **la liquidazione**) sale

il negozio di calzature shoe store

Esercizio #1: Scrivere 3 frasi usando alcune delle parole o espressioni elencate sopra.

2. Aggettivi opposti

leggero light	**pesante** heavy
lungo long	**corto** short (in length)
stretto tight	**largo** large

▷ ▷ ▷ ESERCIZI

A. Completare con le seguenti parole o espressioni: *le maniche corte - si mette - gonna di seta - pantaloni bianchi - stivali - non ti metti - svendita - giacca rossa*

1. Questa sera c'è una festa. Lei . . . . il vestito rosso elegante e io mi metto l'abito nero.
2. "Secondo me la camicetta con . . . . è troppo leggera" dice la mamma.
3. "Sai, Gianni, nel negozio di calzature ci sono degli . . . . bellissimi" dice Lia.
4. "Oggi fa freddo: perchè . . . . il cappotto pesante?" Ha chiesto il papà al bambino.
5. "Questa . . . . non è di moda, perciò mi metto quella nuova di lana" dice Paola.
6. "Ho comprato un bellissimo maglione blu: è perfetto sui . . . . " ha detto Carlo.
7. "Secondo te questa maglietta va bene con la . . . . ?" Chiede Luisa alla mamma.
8. "Quando c'è la . . . . ?" Chiede Paolo. "Comincia domani pomeriggio" risponde Laura.

B. Scrivere 8 frasi usando alcune parole sull'abbigliamento e le calzature.

C. A voi la parola

1. Che cosa indossi oggi?... E io che cosa indosso?
2. Che numero di scarpe porti? Che taglia porti?
3. Che cosa indossi durante l'inverno? E durante l'estate?
4. Quale negozio di calzature preferisci? E per l'abbigliamento?
5. Preferisci vestirti in modo elegante o casual?
6. Che cosa ti metti di solito quando viaggi? E quando stai a casa?
7. Preferisci le giacche corte o lunghe? Leggere o pesanti? Strette o larghe?

D. Gioco: Chi vince?

Students should close their books. Then the teacher will ask each student to name a word related to one of the subjects listed below: one word per one student at a time.
As the students answer the words should be written on the blackboard.
The winner is the student who has the last word.
As the subjects are three the game can be played three times.

The subjects are the following:

1. Abbigliamento   **2.** Calzature   **3.** Tessuti (fabrics)

F) GLI AVVERBI CHE FINISCONO IN -*MENTE* E ALTRI

1. Adverbs are invariable. They modify verbs, adjectives and other adverbs. Most adverbs are formed by adding **-mente** to the feminine form of the adjective. The suffix **-mente** corresponds to the English -ly.

adjective: nervoso (m.) nervos**a** (f.)   adverb: nervosa**mente** (nervously)
adjective: raro (m.) rar**a** (f.)   adverb: rara**mente** (rarely)

2. When the Italian adjective ends in "le" or "re" preceded by a vowel, the final "e" is dropped and the suffix "mente" is added.

faci**le**   facil**mente** (easily)
regola**re**   regolar**mente** (regularly)
genti**le**   gentil**mente** (kindly)

3. Some adjectives are also adverbs. As an example remember the difference between molto (adverb, meaning very) and molte -i (adjective, meaning many):

Io ho **molti** libri e **molte** penne   I have **many** books and **many** pens
Il ragazzo è **molto** intelligente   The boy is **very** intelligent

4. Some very common adverbs that you already know are:
adesso, bene, presto, poco, quando, sempre, spesso, subito, tardi, troppo.
Do you remember their meaning?

Esercizio #1: Formare gli avverbi dai seguenti aggettivi

1. difficile. . . . . particolare . . . .
2. felice . . . . ideale . . . .
3. allegro (cheerful) . . . . semplice . . . .
4. certo . . . . vero . . . .
5. generoso . . . . sicuro . . . .
6. inutile . . . . recente (recent) . . . .

Parole ed espressioni utili per la lettura "Non so che cosa mettermi!"

accidenti! damn!   **come al s<u>o</u>lito** as usual   **l'idea** idea
seccato annoyed   **il tacco** heel

SECONDA LETTURA
Non so che cosa mettermi!

Siamo a Venezia. È sabato sera. In casa Visentin* tutti si stanno preparando per uscire.
Caterina, una ragazza di diciotto anni, deve andare a una festa molto elegante organizzata
(organized) da alcuni studenti liceali (of High School); i signori Visentin, insieme al figlio
Carlo, sono stati invitati a cena da alcuni amici.
Entriamo in casa Visentin:

     Caterina: "Mamma, dov'è quella gonna di seta nera che abbiamo comprato un mese fa?"
     La signora Visentin: "È in lavanderia (laundromat); non ti ricordi?"
     Caterina: "In lavanderia? Ma io non so che cosa mettermi! Come faccio? (What can I do?)"

Note: * Many last names that do not have a final vowel (like Visentin) are typical of the Veneto region.

La signora Visentin: "C'è la gonna di cotone rossa: è bellissima!"

Caterina: "La gonna rossa? Ma è fuori moda!"

La signora Visentin: "Allora puoi metterti i pantaloni neri, quelli nuovi: sono elegantissimi!"

Caterina: "Ma no! Voglio mettermi una gonna, così posso indossare le calze nuove! Accidenti! Non ho niente da mettermi!"

La signora Visentin: "Come non hai niente da metterti? Hai anche la gonna blu e la camicetta bianca, quella di seta".

Caterina: "Ah, sì,... la gonna blu! Sta benissimo con la camicetta bianca! Grazie, mamma!"

La signora Visentin: "Prego, prego... che pazienza con questa figlia!"

Intanto Carlo, un bambino di undici anni, chiama sua madre dalla camera da letto:

Carlo: "Mamma, non so che pantaloni mettermi! Forse i pantaloni gialli?"

La signora Visentin: "Ma cosa dici? Fa molto freddo oggi... devi metterti i pantaloni di lana".

Carlo: "No, no, non voglio mettermi i pantaloni di lana, sono troppo pesanti! Ecco... come al solito non so che cosa mettermi!"

La signora Visentin: "Ma come non sai cosa metterti? Hai i jeans nuovi, non ti ricordi?"

Carlo: "Ah, sì, i jeans! Stanno benissimo con il maglione bianco e blu! Grazie, mamma!"

La signora Visentin: "Prego, prego... eh, anche i bambini sono difficili!"

Ora il marito chiama la moglie:

Il signor Visentin: "Cara, non so proprio cosa mettermi questa sera: il giubbotto non è abbastanza elegante, il cappotto è troppo pesante, la giacca del vestito grigio è troppo leggera...."

La signora Visentin (ora davvero seccata): "Anche tu non sai che cosa metterti? E la giacca di pelle nera? È elegante, non troppo pesante e non troppo leggera".

Il signor Visentin: "Buon'idea! Sei un genio (genius), cara".

La signora Visentin: "Eh, un genio! Basta un po' di calma! Dovete imparare tutti ad essere meno nervosi!" La signora Visentin guarda l'orologio: "Oooh, sono già le sette meno un quarto! Dobbiamo uscire alle sette!" Esclama. Immediatamente va in camera e apre l'armadio (wardrobe): "Dunque... la gonna gialla non va bene, quella blu è troppo leggera, quella marrone è troppo corta, i pantaloni neri sono troppo vecchi, le scarpe eleganti hanno i tacchi troppo alti, quelle blu sono brutte... accidenti! Non so che cosa mettermi!"

▷ ▷ ▷ **ESERCIZI**

A. Dare l'infinito e il participio passato di ogni verbo contenuto nella lettura.

B. Scrivere una frase per ognuna delle seguenti parole o espressioni:
accidenti, come al solito, l'idea, seccato

C. **Parliamo**

1. In quale città siamo? Dove si trova questa città? Che giorno è? È mattino, pomeriggio, sera o notte?

2. Chi è Caterina? Quanti anni ha? Dove deve andare? È calma o nervosa? Perchè?

3. Chi è Carlo? Quanti anni ha? Che cosa vuole mettersi? Che cosa dice sua madre?

4. Che cosa chiede il signor Visentin a sua moglie? E lei che cosa risponde?

5. Come sono il marito e i figli: calmi o nervosi? E la moglie?

6. A che ora devono uscire i signori Visentin con il figlio? È pronta la mamma? Che cosa sta facendo? Che cosa dice?

7. Di solito Lei decide immediatamente che cosa mettersi quando deve uscire o no?
Di solito Lei è nervoso o calmo? Quando è nervoso? Quando è calmo?

8. Durante l'inverno preferisce indossare tessuti (fabrics) di lana, di flanella, di cotone o
di seta? Che cosa indossa, di solito, in estate? E in autunno? E in primavera? Quando
compra un vestito, una giacca, una camicia, una cravatta, delle calze, dei pantaloni,
dei maglioni, quali colori preferisce?

9. Che scarpe indossa di solito in estate? E in autunno? E quando va a sciare (to ski)?

D. Scrivere un breve tema intitolato: "I miei vestiti"

FILASTROCCHE

A. Gherardo Ghinelli si mette
l'impermeabile e il cappello
bacia la moglie e poi prende
la cartella e l'ombrello.   **cartella** briefcase
Ogni mattina deve andare in città   **ombrello** umbrella
perchè deve insegnare all'università.

B. I signori Graniglia si preparano molto in fretta;   **in fretta** in a hurry
devono ricevere ospiti nella loro casetta.   **l'ospite** guest
Lui si mette la camicia azzurra e i pantaloni blu di cotone,
lei si mette la gonna bianca di lana e un bellissimo maglione.

Esercizio: Leggere le filastrocche ad alta voce e poi mettere tutti i verbi al passato
prossimo.

**VENEZIA, Basilica
di San Marco**

Note: * When reading words starting with "ps" remember that both letters should be pronounced.
Remember also that masculine nouns starting with "ps" and "gn" take the articles "lo" "gli" and "uno".

L'ITALIA IN MINIATURA

Parole ed espressioni utili per la lettura

almeno una volta at least once
apprezzare to appreciate
soprattutto most of all
il tesoro treasure

amare to love
desiderare to desire
straniero foreign
la vita life

The following reading contains many cognates. Can you recognize them? Can you guess their meaning?

L'Italia è sempre di moda?

Da recenti sondaggi (polls) risulta che l'Italia è una delle mete (destinations) preferite dai turisti stranieri.
Infatti molti turisti dicono che l'Italia è "sempre di moda". È proprio vero? Perchè?
I turisti rispondono così:

1. Per i numerosi tesori culturali (storici e artistici) che si trovano in tutto il paese, dal Colosseo di Roma all'anfiteatro greco di Siracusa, dalla basilica di San Marco a Venezia al duomo (cathedral) di Monreale vicino a Palermo, dagli affreschi (frescoes) di Giotto nella basilica di San Francesco ad Assisi (in Umbria) a quelli di Michelangelo nella Cappella Sistina (Sistine Chapel) della Città del Vaticano, a Roma.

2. Per la bellezza (beauty) fisica del suo territorio, dalle Alpi e dalla riviera ligure (in Liguria) alla costa amalfitana (vicino a Napoli), alla Sardegna, alla Sicilia.

3. Per il modo di vivere (way of life) degli italiani: spesso rilassato (relaxed) ma al tempo stesso (at the same time) pieno di passione e amore per la vita e per tutto ciò che (all that) rende (makes) la vita più piacevole (more pleasant).
   "Chi non ammira automobili come la Ferrari, la Lamborghini o la Maserati?"
   Dice un turista americano.
   "Chi non desidera comprare, almeno una volta, gli abiti raffinati di famosi stilisti (designers) italiani?" Aggiunge una signora spagnola.
   "Chi non apprezza le scarpe italiane, così eleganti e così comode (comfortable)?"
   Dice una turista australiana.
   "E chi non ama la cucina italiana, così varia e soprattutto così buona?"
   Aggiunge un turista inglese.
   Infine i turisti stranieri rispondono che amano moltissimo la lingua italiana, soprattutto per la sua musicalità, che deriva dalle sue caratteristiche fonetiche. Non per niente (not for nothing), infatti, l'opera è nata in Italia.

▷ ▷ ▷ **ESERCIZI**

A. Dare il significato delle seguenti parole simili contenute nella lettura:
caratteristica, derivare, elegante, recente

B. Sottolineare tutte le altre parole simili contenute nella lettura.

C. Parliamo

1. Perchè molti turisti dicono che l'Italia è sempre di moda? Lei che cosa pensa?

2. Dove si trova il Colosseo? Dove si trova la basilica di San Marco?
E la Cappella Sistina? Di chi sono i famosi affreschi della Cappella Sistina?

3. Dove si trova il duomo di Monreale? Dov'è la basilica di San Francesco?
Dov'è la costa amalfitana?

4. Che cosa sono la Ferrari, la Lamborghini e la Maserati? Secondo alcuni turisti come sono molti abiti di famosi stilisti italiani? E le scarpe italiane? E la cucina italiana?
E la lingua italiana? Dove è nata l'opera?

VOCABOLARIO

I verbi

abbracciarsi to embrace each other
alzarsi to get up
annoiarsi to get bored
arrabbiarsi to get angry
baciarsi to kiss each other
desiderare to desire
essere di moda to be fashionable
farsi la barba to shave
guardarsi to look at each other
indossare to wear
mettersi to put on
salutarsi to greet each other
svegliarsi to wake up
vedersi to see each other

addormentarsi to fall asleep
amare to love
apprezzare to appreciate
assomigliarsi to resemble each other
conoscere (p.p. **conosciuto**) to know
divertirsi to enjoy oneself
essere fuori moda to be out of fashion
fermarsi to stop
incontrarsi to meet each other
lavarsi to wash oneself
pettinarsi to comb (one's hair)
sedersi to sit down
togliersi (p. p. **tolto**) to take off
vestirsi to get dressed

I nomi: Abbigliamento e calzature

l'abito dress/suit
la camicia shirt
le calze velate stockings
il cappello hat
il cotone cotton
la flanella flannel
il giubbotto sports jacket
il guanto glove
la lana wool
il maglione sweater
la marca brand
il paio (pl. **le paia**) pair
la pelle (o **il cuoio**) leather
i sandali sandals

la camicetta blouse
la camicia da notte nightgown
il calzino sock
il cappotto coat
la cravatta tie
la giacca jacket
la gonna skirt
l'impermeabile raincoat
la maglietta Tshirt
la manica sleeve
il numero shoe size
i pantaloni (o **calzoni**) trousers
il pigiama pajamas
la scarpa shoe

le **scarpe da ginnastica** sneakers
la **seta** silk
la **svendita** (o il **saldo** - la **liquidazione**) sale
la **taglia** clothes' size

la **sciarpa** scarf
lo **stivale** boot
il **tacco** heel

Altri nomi

il **dente** tooth
l'**orecchio** (pl. le **orecchie**) ear
il **tesoro** treasure
la **voce** voice

l'**idea** idea
la **pancia** belly
la **vita** life

Gli aggettivi opposti

leggero light
lungo long
stretto tight

pesante heavy
corto short
largo large

Altri aggettivi

seccato annoyed

straniero foreign

Parole ed espressioni varie

accidenti! damn!
come al solito as usual
soprattutto most of all
**secondo me - te - lei - lui
noi - voi - loro** in my, your... opinion

almeno una volta at least once
meglio better

MASCHERE

CAPITOLO 8

◊ **Per cominciare: Una cena a Modena**

◊ **I pronomi diretti**
◊ **I pronomi indiretti**
◊ **Il verbo piacere**
◊ **I pronomi diretti e indiretti al passato prossimo**
◊ **Il verbo piacere al passato prossimo**

◊ **Prima lettura: Il regalo**
◊ **Seconda lettura: Una cena a Modena**
◊ **Filastrocche**
◊ **L'Italia in miniatura: Prodotti alimentari**

UNA CENA A MODENA

PER COMINCIARE
Una cena a Modena

Luciano e Lucille fanno una gita a Modena e ora sono in un famoso ristorante della città.

Luciano: Allora, che cosa vuoi mangiare?   **allora** well then...

Lucille: Decidi tu; tu sei l'esperto di cucina!   **l'esperto** expert **la cucina** cuisine

Luciano: Beh, vuoi mangiare la pasta?

Lucille: Sì, sì; lo sai che la pasta mi piace moltissimo!

Luciano: Allora: fra le specialità di Modena ci sono i tortellini,   **la specialità** specialty
i tortelloni, le lasagne...?

Lucille: Le lasagne? Perfetto! Le prendo senza dubbio!   **senza dubbio** without any doubt
E tu che cosa prendi?

Luciano: Io prendo i tortellini in brodo: sono squisiti!...   **squisito** delicious
E poi che cosa mangiamo?

Lucille: Dopo le lasagne io voglio solo un'insalata verde;
ma poi, forse, prendo anche un dolce; e tu?

Luciano: Io voglio ordinare un arrosto di maiale   **l'arrosto di maiale** pork roast
con patatine e fagiolini; e poi, se ho ancora fame,
prendo anche il dolce.   **i fagiolini** green beans

PARLIAMO

1. Dove sono Luciano e Lucille?
2. Quali sono alcune specialità di Modena?
3. Che cosa vuole mangiare Lucille dopo la pasta?
   E Luciano che cosa vuole mangiare?
4. Lucille vuole mangiare il dolce sicuramente
   (for sure) o no? E Luciano?

Dialogo personalizzato. In coppia: personalizzate il dialogo cambiando le domande e le risposte a vostro piacimento. Siate pronti a leggere il nuovo dialogo ad alta voce.

A) I PRONOMI DIRETTI

1. A direct object pronoun takes the place of a direct object noun.
   A direct object noun is a noun that **directly** (i.e. without a preposition in front of it) receives the action of the verb.

   Mangio (che cosa?) **la mela.** I eat (what?) **the apple** ("mela" is the direct object noun).
   La mangio. I eat **it** ("la" is the direct object pronoun, meaning apple).

   Maria saluta (chi?) **Paolo.** Maria greets (whom?) **Paolo** ("Paolo" is the direct object noun).
   Maria **lo** saluta. Maria greets **him** ("lo" is the direct object pronoun, meaning Paolo).

   Compra **le tavole?** Sì, **le** compra. Is he buying the tables? Yes, he is buying **them.**
   Vedi **i ragazzi?** No, non **li** vedo. Do you see the **boys?** No, I don't see **them.**
   Bevete **il caffè?** No, non **lo** beviamo mai. Do you drink coffee? No, we never drink it.

2. Note that in Italian direct object pronouns are placed before the conjugated verbs:
la mangio - **lo** saluta - **le** compra - **li** vedo - **lo** beviamo.
Note also that with negative sentences **NON** is always placed before the object pronoun:
non li vedo - **non lo** beviamo.

3. Direct object pronouns have the same forms as the reflexive pronouns except for the third person singular and plural, as you can see in the chart below:

Singolare	Plurale
mi (me)	**ci** (us)
ti (you, inform.)	**vi** (you, inform.)
la - La (her - it, f.-you form. f. & m.)	**le - Le** (them - you form. f.)
lo (him - it, m.)	**li - Li** (them - you form. m.)
Mangiate il dolce? Sì, **lo** mangiamo.	Do you eat dessert ? Yes, we eat **it** .
Vedi i bambini? No, non **li** vedo.	Do you see the children? No, I don't see **them.**
Vuole questa pizza? Sì, **la** voglio.	Do you want this pizza? Yes, I want **it**.

4. When **dovere, volere** and **potere** are followed by the infinitive the direct object pronoun is either attached to the infinitive, which drops its final **e**, or placed before the conjugated verb.

Vuoi mangiare questi pomodori? Sì, voglio **mangiarli** or Sì, **li** voglio mangiare.
Do you want to eat these tomatoes? Yes, I want to eat them.
Dovete vendere questa macchina? No, non dobbiamo **venderla** or No, non **la** dobbiamo vendere. Do you have to sell this car? No, we don't have to sell it.

5. Direct object pronouns must follow the expression "ecco" and should be written as one word with it.

Vuoi la pasta? **Eccola!**	Do you want some pasta? **Here it is!**
Dove sono i ragazzi? **Eccoli!**	Where are the boys? **There they are!**
Paola, dove sei? **Eccomi!**	Paola, where are you? **Here I am!**

▷ ▷ ▷ ESERCIZI

A. Trasformare con i pronomi diretti. Esempio: Lui vende **il libro** - lui **lo** vende.

1. Il principe cerca **Cenerentola**. . . . .

2. Cenerentola sposa **il principe**. . . . .

3. Pinocchio incontra **il gatto e la volpe** . . . .

4. Il gatto e la volpe imbrogliano (swindle) **Pinocchio**. . . . .

5. Il cacciatore salva **Cappuccetto Rosso e la nonna**. . . . .

6. Cappuccetto Rosso e la nonna ringraziano **il cacciatore**. . . . .

7. Biancaneve aiuta sempre **i sette nani** . . . .

8. I sette nani amano molto **Biancaneve** . . . .

B. Rispondere con i pronomi diretti. Esempio: compri **il libro**? Sì, **lo** compro or No, non **lo** compro.

1. Mangi spesso **il pollo** a pranzo? . . . .

2. Luigi beve sempre **la birra** a cena? . . . .

3. Di solito incontrate **le ragazze** in pizzeria? . . . .

4. Vuoi comprare **l'abito**? . . . .

5. Roberta sta leggendo **il giornale**? . . . .

6. Chiudi **la finestra**, per favore? . . . .

7. Porti **le sedie**, per piacere? . . . .

8. Conosci **i miei amici**? . . . .

B) I PRONOMI INDIRETTI

1. Indirect object pronouns take the place of indirect object nouns. An indirect object noun is a noun that **indirectly** (i.e through a preposition) receives the action of the verb.

Parliamo (**a chi?**) **a Maria**. We speak (**to whom?**) **to Maria.** **Le** parliamo. We speak **to her**.

Preparo la cena (**per chi?**) per mio marito. I prepare dinner (**for whom?**) for my husband. **Gli** preparo la cena. I prepare dinner **for him**.

2. Indirect object pronouns have the same forms as the direct object pronouns except for the third person singular and plural: **gli - le** for the singular and **gli** (**loro***) for the plural:

Singolare

mi (to me)
ti (to you)
le - Le (to her - to you, form. f. & m.)
gli (to him)

Plurale

ci (to us)
vi (to you)
gli (to them or to you, form. f. & m.)

Carlo **le** parla spesso. Carlo speaks **to her** often.
Gli offriamo una birra. We offer a beer **to him** (we offer him a beer).
Paolo **ci** presta la macchina. Paolo lends the car **to us** (Paolo lends us the car).
Lei **mi** insegna l'italiano. She teaches Italian **to me** (she teaches me Italian).

3. Exactly like direct object pronouns indirect object pronouns are:

a. placed before the conjugated verb: **mi** parla - **ti** parla - **gli** parla etc..

b. preceded by "non" in negative sentences: **non** mi parla - **non** ti parla etc..

c. either attached to the infinitive, which drops its final "e", or placed before the conjugated verb whenever **dovere, potere** and **volere** are followed by the infinitive.

Voglio parlare **a Maria** domani.   I want to speak to Maria tomorrow.
Voglio parlar**le** (or **le** voglio parlare) domani.   I want to speak to her tomorrow.

Potete parlare **a Paolo** questa sera?   Can you speak to Paolo tonight?
Potete parlar**gli** (or **gli** potete parlare) questa sera?   Can you speak to him tonight?

Note: * Regarding the use of "loro" and "gli" for the third person plural you should know that "loro" is the correct pronoun. However, since "loro" should be placed after the conjugated verb (and not before as all the other pronouns) in colloquial contemporary Italian the tendency is to replace loro with gli. In this textbook we will follow the contemporary tendency and always use "gli".

4. The following is a list of verbs that take indirect object nouns and pronouns whenever they are directed to people. The preposition these verbs require is the preposition **a** (**to**). Note that many of these verbs express acts of communication or acts of giving:

chiedere to ask	**consigliare** to advise	**dare** to give
dire to say	**domandare** to ask	**insegnare** to teach
mandare to send	**mostrare** to show	**offrire** to offer
portare to bring	**prestare** to lend	**regalare** to give (as a gift)
rispondere to answer	**scrivere** to write	**spiegare** to explain
telefonare to telephone		

In the examples below note the differences between direct and indirect object nouns and pronouns, both in English and in Italian:

Luigi manda (che cosa?) **Un vestito** (direct object) (a chi?) **Alla ragazza** (indirect object).
Luigi sends (what?) **A dress** (to whom?) **To the girl**.
Le manda un vestito. He sends a dress **to her** (or: he sends her a dress).

Noi diamo **un libro** (direct object) **a Giovanni** (indirect object).
We give **a book to Giovanni** (or: we give Giovanni a book).
Noi **gli** diamo un libro. We give a book **to him** (we give him a book).

▷ ▷ ▷ ESERCIZI

A. Trasformare con i pronomi indiretti.
   Esempio: Il grillo parla **a Pinocchio -** il grillo **gli** parla.

   1. I servitori hanno mostrato la scarpetta di vetro **a Cenerentola.** . . . .
   2. Cenerentola ha dato **ai servitori** l'altra scarpetta . . . .
   3. Pinocchio ha chiesto aiuto (help) **alla fata** . . . .
   4. La fata ha detto **a Pinocchio** di stare attento . . . .
   5. Il lupo ha domandato **a Cappuccetto Rosso** dove abita la nonna . . . .
   6. Cappuccetto Rosso ha risposto subito **al lupo**. . . . .
   7. Biancaneve ha parlato **alla matrigna** . . . .
   8. La matrigna ha regalato **a Biancaneve** una mela avvelenata. . . . .

B. Rispondere con i pronomi indiretti. Esempio: parli **a Roberto**? Sì, **gli** parlo o No, non **gli** parlo.

   1. Scrivi **a Giovanni?** . . . .
   2. Telefoni **alla mamma** domani?. . . . .
   3. Parli **al ragazzo** oggi? . . . .
   4. L'insegnante spiega un concetto (concept) difficile **agli studenti** . . . .
   5. Volete dare un regalo **al nonno?**. . . . .
   6. Possiamo mostrare i quadri **alla signora?** . . . .
   7. Dovete mandare i libri **alla studentessa?** . . . .
   8. Rispondete **a Giuseppe?** . . . .

C. Completare con i pronomi diretti o indiretti

1. Sono contenta perchè Paolo . . . . scrive spesso.

2. Carlo è arrabbiato perchè Gianna non. . . . . telefona mai.

3. Conosci la signora Rossi? No, non. . . . . conosco.

4. Siete fortunati, perchè l'insegnante . . . . ammira molto.

5. Roberto è molto felice, perché Paola . . . . ama molto.

6. Parli spesso a Luigi? Si, ... parlo ogni settimana.

7. Luisa è triste, perchè Carlo non. . . . . dice mai la verità.

8. Vedi spesso Loretta? No, ... vedo raramente.

D. Scrivere 8 frasi usando i pronomi diretti e indiretti

E. A voi la parola

1. Puoi prestarmi la macchina? Che macchina è?

2. Puoi regalarmi un libro? Quale?

3. Se ti faccio una domanda mi rispondi? Hai il ragazzo - a (boy - friend/girl - friend)?

4. Ti voglio dare il mio numero di telefono; lo vuoi? Eccolo...

5. Puoi aiutarmi a studiare l'italiano? Quando? Dove? A che ora?

6. Com'è la mia giacca (la mia camicia, il mio maglione)? Di che colore è?
Vuoi comprarla - lo? Perchè?

7. Ecco i miei libri. Li hai anche tu? Sono nuovi o vecchi? Posso vederli?
Quanto costano? Ecco un quaderno. Lo hai anche tu? Quanto costa? Posso vederlo?

8. Ecco uno zaino. Lo hai anche tu? Posso vederlo? Quanto costa? Ecco due penne.
Le hai anche tu? Posso vederle?...

9. Quando l'insegnante ti fa una domanda le (gli) rispondi sempre? Ti fa delle domande
facili o difficili? Quando i tuoi genitori ti dicono di fare una cosa (thing) la fai sempre,
qualche volta, ogni tanto o mai? Quando il tuo migliore amico ti telefona che cosa gli dici
subito?

C. IL VERBO PIACERE

1. The verb piacere translates the English verb "to like". The sentence construction used with
piacere, though, differs from the English construction, because piacere literally means "to
be pleasing to" and therefore what is the subject in English becomes the indirect object in
Italian:

mi piace			mi piacciono	
ti piace			ti piacciono	
le piace			le piacciono	
gli piace	**il caffè**		gli piacciono	**i broccoli**
ci piace			ci piacciono	
vi piace			vi piacciono	
gli* piace			gli piacciono	

Note: * The correct form would be loro and it should be placed after the verb form: il caffè piace loro.
In colloquial Italian, though gli is now very common.

Mi piace il pollo. I like chicken (literally: chicken is pleasing to me).
A Paolo piacciono i broccoli. Paolo likes broccoli (lit: broccoli are pleasing to Paolo).

Notice that "chicken" and "broccoli" are the subjects, even though they are placed at the end of the sentence. That's why the verb is in the third person singular or plural ("**piace**", meaning "is pleasing to" and "**piacciono**" meaning "are pleasing to").

2. Piacere is an irregular verb. Its present tense forms are the following:
   piaccio - piaci - piace - piacciamo - piacete - piacciono.

Piacere is mostly used in the third person singular and plural (**piace** and **piacciono**). Therefore you should concentrate on these two tense forms.

Mi piace la pasta.	I like pasta.
Ti piacciono i dolci.	You like desserts.
Non gli piacciono i funghi.	He doesn't like mushrooms.
Ci piace guidare.	We like to drive.
Ai ragazzi non piacciono le mele.	The boys don't like apples.
A Luisa piace viaggiare.	Luisa likes to travel.

3. Note that whenever "piacere" is followed by an infinitive the verb form is always in the singular and no preposition is required before the infinitive:
   Ci piace guidare - A Luisa piace viaggiare.

▷ ▷ ▷ ESERCIZI

A. Rispondere. Ti piace? Ti piacciono? Use the model as a point of departure:
Ti piace la pasta? Sì, mi piace - no, non mi piace - mi piace molto - poco - abbastanza - mi piace ogni tanto - spesso - sempre).

Verdure fresche

1. il vino rosso
2. le bistecche
3. studiare la domenica
4. i film di avventure
5. guardare la televisione
6. i fagiolini
7. i dolci
8. mangiare al ristorante

B. Inserire "piace" o "piacciono"

1. Ti . . . . le cotolette, ma non ti. . . . . il pesce.
2. Gli. . . . . i pomodori, ma non gli. . . . . le melanzane.
3. Mi. . . . . la pasta, ma non mi . . . . la carne e il pesce.
4. A Giovanni. . . . . il formaggio con le pere e a Rosa . . . . la pizza.
5. Ai ragazzi . . . . la mia casa in campagna.
6. Giovanni, ti . . . . le mie scarpe nuove?
7. Alle bambine . . . . dormire molto e ai nonni . . . . mangiare molto.
8. A Claudia . . . . moltissimo i quadri di Norman Rockwell.

C. Sostituire (substitute) **il verbo preferire con il verbo piacere**
Esempio: Io **preferisco** stare in casa la sera. **Mi piace** stare in casa la sera.

1. Preferisco mangiare al ristorante la domenica.
2. Preferiamo la tovaglia rossa.
3. Paolo preferisce il vino bianco con il pesce.
4. Preferite andare all'opera.
5. Io preferisco la frutta fresca.
6. Lei preferisce giocare.
7. Loro preferiscono guardare la televisione.
8. Voi preferite bere la birra con la pizza.

D. Scrivere 8 frasi usando il verbo piacere

E. A voi la parola

1. Ti piace la musica? Quale? (classica, rock, jazz...) Ti piace l'opera? Conosci Pavarotti?
2. Ti piacciono i film gialli (thrillers)? Hai molti CD? Quali?
3. Ti piace studiare? E lavorare? Ti piace dormire? Parlare? Scrivere lettere? E guidare? E fare la spesa? E fare le passeggiate? E nuotare? Sai nuotare? Sai giocare a tennis? Ti piace viaggiare? Dove vuoi andare? Che cosa vuoi visitare?
4. Ti piacciono le case con molte stanze o preferisci le case piccole? Ti piacciono le case nuove o preferisci quelle vecchie?
5. Ti piace la moda italiana? Ti piace la mia giacca (cappotto, maglione, gonna, etc..)? Perchè? Se vedi una giacca di un famoso designer a buon mercato la compri subito?

PAROLE, PAROLE!

Leggete le parole sotto elencate. Quante ne conoscete già?

1. **Mangiare e bere** (eating and drinking)

A. **Il pane e i condimenti** (bread and seasonings)
il pane integrale, casalingo whole wheat, home-made bread
il panino sandwich **la focaccia** kind of flat bread
l'aceto vinegar **il burro** butter **il miele** honey
l'olio oil **il pepe** pepper **il sale** salt

B. **Le bevande** (drinks)
l'acqua minerale: gassata sparkling   **liscia** plain   **la bibita** soft drink
la cioccolata in tazza hot chocolate (in a cup)

il caffè: normale - ristretto - doppio - lungo - corretto - macchiato
il vino: secco dry   **dolce** sweet   **spumante** sparkling
il liquore liquor

Esercizio #1: Scrivere 3 frasi usando alcune delle parole elencate sopra.

C. **Prima dei pasti** (before meals)
l'aperitivo aperitif **gli antipasti misti** assorted appetizers

D. Primi piatti (first courses)

la minestrina (or la **pastina**) **in brodo** soup (with pasta)
la zuppa di verdure vegetable soup (without pastina)
il minestrone (vegetable soup with or without pastina)

la pasta asciutta: al sugo (with tomato sauce) **in bianco** (with butter or olive oil)
al pesto (with basil sauce), **al ragù** (with meat sauce) **alla panna** (with cream)

Esercizio #2: Scrivere 3 frasi usando alcune delle parole elencate sopra.

E. Secondi piatti: Carne (second courses: meat)

l'agnello lamb	**l'anitra** duck	**la bistecca** beefsteak
il bollito boiled meat	**la braciola** chop	**la cotoletta** cutlet
il maiale pork	**il pollo** chicken	**la salsiccia** sausage
la scaloppina thin sliced veal steak	**il tacchino** turkey	**il vitello** veal

F. Secondi piatti: pesce e frutti di mare (second courses: fish and seafood)

la cozza mussel	**il gamberetto** shrimp	**il salmone** salmon
la sogliola sole	**la trota** trout	**la vongola** clam
al forno baked	**arrosto/arrostito** roasted	**bollito** boiled
fritto fried	**ripieno** stuffed (**il ripieno** stuffing)	
pranzare to dine (lunch)	**cenare** to dine (supper)	

cavolini – brussel sprouts

G. Verdure o contorni (vegetables or side dishes)

le bietole Swiss chard	**il carciofo** artichoke	**la carota** carrot
il cavolfiore cauliflower	**il cavolo** cabbage	**i fagiolini** string beans
l'insalata salad	**la melanzana** eggplant	**i peperoni** bell peppers
i piselli peas	**il pomodoro** tomato	**il sedano** celery
gli spinaci spinach	**la zucca** pumpkin	**gli zucchini** Italian squash

le patatine fritte french fries
il purè di patate mashed potatoes
le verdure alla griglia grilled vegetables

*grairo y corn
corno*

Esercizio #3: Scrivere 3 frasi usando alcune delle parole elencate sopra.

H. Le uova, i salumi e i formaggi (eggs, cold cuts and cheeses)

Le uova (s. **l'uovo**): **al tegamino** sunny - side up **sode** hard - boiled
strapazzate scrambled

I salumi (usually thin sliced): **la coppa - il prosciutto - la pancetta - il salame**
Il formaggio: dolce mild **piccante** spicy

I. Dolci e frutta fresca (desserts and fresh fruit)

l'albicocca apricot	**l'arancia** orange	**il biscotto** cookie
la ciliegia cherry	**la crema** custard	**la crostata** pie
la fragola strawberry	**il melone** melon	**le paste** pastries
la prugna plum	**la torta** cake	**l'uva** grapes
la macedonia di frutta fruit salad		

Esercizio #4: Scrivere 3 frasi usando alcune delle parole elencate sopra.

2. **Sulla tavola**

la bottiglia bottle	**il bicchiere** glass	**il cibo** food
il coltello knife	**il cucchiaio** spoon	**il cucchiaino** teaspoon
la forchetta fork	**il piatto** plate	**le posate** silverware
la tovaglia tablecloth	**il tovagliolo** napkin	**la tazza** cup

3. **Parole ed espressioni opposte**

apparecchiare to set the table	**sparecchiare** to clear the table	
cotto cooked	**crudo** raw	
ben cotto well done	**al dente** firm (for pasta)	**al sangue** rare (for meat)
leggero light	**forte** strong	
dolce sweet	**salato** salty	**amaro** bitter

Buon appetito! (enjoy your meal!)   **Salute!** or **Cin Cin!** (To your) health! Or Cheers!

Attività in classe: Interview a classmate about his/her culinary habits; then tell the class what you found out.

▷ ▷ ▷ ESERCIZI

A. Completare con le seguenti parole: *dolce - torta di albicocche - melone - cotolette - carne di maiale - spaghetti - il pesce alla griglia - alla panna*

1. A Giovanni piacciono molto le . . . .

2. Il tuo . . . . preferito è il tiramisù.

3. Come antipasto lei ordina sempre il prosciutto con il . . . .

4. Come primo piatto io preferisco la pasta asciutta . . . .

5. Come secondo mangiamo spesso il . . . .

6. Come dolce preferiscono sempre la . . . .

7. Mi piacciono gli . . . . , però preferisco le penne.

8. Non gli piace la . . . . ; preferisce quella di pollo.

B. Tradurre

1. He likes cookies but he doesn't like cakes.

2. I like strawberries, but I prefer cherries.

3. We don't like broccoli, but we like tomatoes and beans.

4. She likes pasta: she eats it every day.

5. They don't like fish: they always order meat.

6. I know that you are very hungry. Here is a sandwich with prosciutto.

7. You (pl.) like apples, but you don't like pears, right?

8. You (s.) like to eat at the restaurant every Sunday, right?

C. A voi la parola

1. Ti piacciono le verdure? Quali ? Come le preferisci: alla griglia, al forno,crude, cotte?

2. Ti piace la frutta? Quale? Come la preferisci, cotta o cruda?

3. Ti piacciono i dolci? Quali? Quante volte al giorno (alla settimana o al mese) li mangi ?

4. Preferisci la carne o il pesce? Come preferisci la carne: alla griglia, al forno o bollita? La preferisci ben cotta o al sangue? E il pesce lo preferisci fritto, bollito o al forno?

5. Quali sono le tue bevande preferite?

6. Ti piace la pasta? Che tipo di pasta preferisci? Come la preferisci: ben cotta o al dente?

7. Che cosa ordini, di solito, in un ristorante italiano? Che cosa mangi, di solito, il giorno del Ringraziamento (Thanksgiving)? E per Natale (Christmas)?

D. Gioco. Chi vince?

Students should close their books. Then the teacher will ask each student to name a word related to one of the subjects listed below: one word per one student at a time.
As the students answer the words should be written on the blackboard.
The winner is the student who has the last word.
As the subjects are four the game can be played four times.

The subjects are the following:
1. Pane, condimenti e primi piatti
2. Secondi piatti (carne, pesce, frutti di mare)
3. Verdure e bevande
4. Dolci e frutta

Parole ed espressioni utili per la lettura: " Il regalo"

che cosa succede? what's happening? (what happens?) **senza** without
ubbidiente obedient   **viziato (a)** spoiled

PRIMA LETTURA - Il regalo

Cristina è una bambina molto viziata. Ogni giorno la mamma le chiede che cosa vuole mangiare, ma lei dice sempre che non le piace niente. Che cosa succede oggi? Ascoltiamo:

Mamma: Cristina, ti preparo gli spaghetti, li vuoi?
Cristina: No, non li voglio; lo sai che non mi piacciono gli spaghetti!
Mamma: Allora ti preparo la pastina in brodo, va bene?
Cristina: No, non ho voglia di pastina; non mi piace!
Mamma: E le scaloppine con i piselli? Ti piacciono?
Cristina: No, non mi piacciono.
Mamma: Allora ti preparo un panino con il prosciutto o con il salame, va bene?
Cristina: Non lo voglio, non mi piace!
Mamma: Posso darti alcune cotolette con il purè; le vuoi?
Cristina: Non le voglio; non mi piacciono.
Mamma: Ho una bistecca, la vuoi?
Cristina: Non la voglio, non mi piace.
Mamma: Ho un regalo, lo vuoi?
Cristina: Non lo voglio; non mi... che cosa hai detto?... Ho capito bene?
Mamma: Che cosa ho detto? Non mi ricordo; forse ho detto che ho il pollo con le patatine?
Cristina: No: hai detto che hai un regalo!
Mamma: Un regalo? Devo avere sbagliato. I regali sono per i bambini gentili e ubbidienti, che (who) non fanno storie (fuss) quando è ora (it's time) di mangiare! Allora... che cosa vuoi mangiare oggi?
Cristina: Quello che (whatever) vuoi tu!

▷ ▷ ▷ **ESERCIZI**

A. Rileggere il dialogo sostituendo Cristina con un ospite (guest), a cui la mamma parla formalmente (re - read the dialogue substituting Cristina with a guest, to whom mother speaks formally).

Esempio: **Mamma**: Le preparo gli spaghetti, li vuole? **Ospite**: no, non li voglio...

B. **Parliamo**

1. Chi è Cristina? È una bambina ubbidiente o no? Perchè?

2. Quanti primi piatti elenca (lists) la mamma? Quanti e quali secondi piatti? Quante e quali verdure?

3. Qual è la parola - chiave del dialogo? E poi che cosa succede?

4. Le piacciono le scaloppine con i piselli? E le cotolette con il purè? E il pollo con le patatine?

5. Le piace la bambina del dialogo? E la mamma? Perchè? Secondo Lei come finisce questa storia (story)?

6. Lei è viziato - a? Ha degli amici o amiche viziati - e? Chi sono? Come sono? Perchè sono viziati?

Ⅾ) **I PRONOMI DIRETTI E INDIRETTI AL PASSATO PROSSIMO**

1. When a verb is conjugated in the passato prossimo the past participle must agree with the **direct object** pronouns of the **third** person singular and plural (**la-lo-li-le**). As for the other direct object pronouns (mi-ti-ci-vi) the agreement is not necessary. Esempi:

L'ho (meaning "**lo** ho") incontrat**o** domenica scorsa. I met **him** last Sunday.
L'ho (meaning "**la** ho") incontrat**a** due giorni fa. I met **her** two days ago.

Chi ha mangiato il pollo? Io **l'ho** (**lo** ho) mangiat**o**. Who ate the chicken? I ate **it**.
Chi ha comprato la macchina? Paola **l'ha** (**la** ha) comprat**a**. Who bought the car? Paola bought **it**.
Avete visto Paolo e Mario? Sì, **li abbiamo** vist**i** giovedì scorso. Have you seen Paolo and Mario? Yes: we saw **them** last Thursday.
Hai comprato le pere? Sì, **le ho** comprat**e**. Did you buy the pears? Yes, I bought **them**.
Ciao Paola, sai che Carlo **ti ha** vist**o** (or vist**a**) al cinema ieri? Hi, Paola, do you know that Carlo saw you at the movies yesterday?
Non so perchè non **vi** hanno salutat**o** (or salutat**i**). I don't know why they didn't greet **you**.

2. The past participle **never** agrees with indirect object pronouns. Esempi:

Mi hanno fatt**o** una domanda intelligente. They asked me an intelligent question.
Ti ha dat**o** due libri interessanti. He gave you two interesting books.
Le ha scritt**o** una lettera molto bella. He wrote (to) her a very beautiful letter.

▷ ▷ ▷ **ESERCIZI**

A. Rispondere come indicato nell'esempio (answer as indicated in the example).
Esempio: dove sono le banane? **Le ho** mangiat**e** io. Where are the bananas? I ate them.

1. Dove sono i piselli? . . . .

2. Dov'è il gelato? . . . .

3. Dove sono le lasagne? . . . .

4. Dov'è la pasta? . . . .

5. Dove sono le fragole? . . . .

6. Dov'è la zuppa di verdure? . . . .

7. Dov'è il tacchino? . . . .

8. Dove sono i peperoni? . . . .

B. Rispondere come indicato nell'esempio.
Esempio: dov'è il tè? **Lo ha** (**l'ha**) bevut**o** lui.

1. Dove sono le bottiglie di vino? . . . .

2. Dov'è la birra? . . . .

3. Dove sono i cappuccini? . . . .

4. Dov'è il caffè macchiato? . . . .

5. Dove sono le bibite? . . . .

6. Dov'è il succo di arancia? . . . .

7. Dove sono gli aperitivi? . . . .

8. Dov'è l'acqua minerale? . . . .

C. Sostituire il nome sottolineato con il pronome diretto o indiretto
Esempio: Lui ha incontrato Paola. Lui **la** ha (**l'ha**) incontrata.

1. Noi abbiamo visto Giovanni . . . .

2. Io ho parlato a Carlo e Luigi . . . .

3. Voi avete regalato una borsa a Roberta . . . .

4. Loro hanno insegnato la matematica a Maria . . . .

5. Tu hai fatto una domanda a Claudio . . . .

6. Lei ha sposato Giuseppe . . . .

7. Lui ha ascoltato Loretta . . . .

8. Io ho telefonato a Marco . . . .

E)) IL VERBO PIACERE AL PASSATO PROSSIMO

1. When piacere is conjugated in the past tense it requires the auxiliary verb "essere".
As always with "essere" the past participle must agree in gender and number with the subject:

mi è piaciut**o**		mi sono piaciut**i**	
ti è piaciuto		ti sono piaciuti	
le è piaciuto		le sono piaciuti	
gli è piaciuto	**il caffè**	gli sono piaciuti	**i broccoli**
ci è piaciuto		ci sono piaciuti	
vi è piaciuto		vi sono piaciuti	
gli è piaciuto		gli sono piaciuti	

mi è piaciut**a**		mi sono piaciut**e**	
ti è piaciuta		ti sono piaciute	
le è piaciuta		le sono piaciute	
gli è piaciuta	**la pasta**	gli sono piaciute	**le arance**
ci è piaciuta		ci sono piaciute	
vi è piaciuta		vi sono piaciute	
gli è piaciuta		gli sono piaciute	

Ti è piaciuta la pasta con i fagioli? Sì, **mi è piaciuta** molto.
Vi sono piaciuti gli spaghetti ieri? Sì, **ci sono piaciuti** molto.
A Massimo è piaciuto il tiramisù? Sì, **gli è piaciuto** molto.
A Chiara sono piaciute le cozze? Sì, **le sono piaciute** molto.

Esercizio: Mettere al passato prossimo

1. Mi piace il prosciutto con il melone. . . . .

2. A Giacomo piacciono le bistecche . . . .

3. Vi piace la carne ben cotta . . . .

4. Ci piacciono le salsicce alla griglia . . . .

5. Le piace moltissimo la pastina in brodo . . . .

6. Ti piacciono i frutti di mare. . . . .

7. Gli piacciono tanto i fagioli . . . .

8. Alla ragazza piace il purè di patate. . . . .

Parole ed espressioni utili per la lettura "Una cena a Modena"

il conto bill   **il menù** menu   **non importa** it doesn't matter
ordinare to order   **più tardi** later   **squisito** delicious

IL CAMERIERE (WAITER)
Che cosa prende? What are you taking?
Vuole ordinare ora? Do you want to order now?
Vuole qualcosa da bere? Do you want something to drink?
Mi dica tell me   **Le consiglio...** I recommend (I advise)

IL CLIENTE (CUSTOMER)
Qual è la specialità della casa? What's the specialty of the house?
Lei che cosa mi consiglia? What do you advise me?
Per (o **come**) **primo/per** (o **come**) **secondo prendo...** For my first/second course I'll have...

Mi porti... bring me... **Vorrei...** I would like... **Mi dia...** give me...

SECONDA LETTURA - **Una cena a Modena**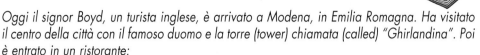

Oggi il signor Boyd, un turista inglese, è arrivato a Modena, in Emilia Romagna. Ha visitato il centro della città con il famoso duomo e la torre (tower) chiamata (called) "Ghirlandina". Poi è entrato in un ristorante:

Cameriere: Prego, desidera?... Che cosa prende?... Che cosa Le porto?...

Turista: Vorrei... prendo... mi dia... mi porti...

Cam.: È indeciso (undecided), vero?; prego, legga (read) il menù con calma... intanto se posso portarle qualcosa da bere...

Tu.: Sì, per favore. Vorrei una bottiglia di acqua minerale gassata e una mezza bottiglia di vino.

Cam. Che vino Le porto?

Tu.: Non importa. Lei che cosa mi consiglia?

Cam.: Beh... vuole ordinare pesce o carne?

Tu.: Carne, non mi piace il pesce.

Cam.: Benissimo; allora Le porto il Lambrusco della casa... è squisito! Torno subito.

Il turista legge attentamente (carefully) il menù. Poi torna il cameriere.

Cam.: Ecco da bere. Ed ecco il pane: è casalingo! E ora mi dica, desidera un antipasto?

Tu.: Sì, prendo prosciutto e melone...

Cam.: Buona scelta (good choice); abbiamo un prosciutto fantastico e i meloni in questa stagione sono dolcissimi... e come primo piatto?

Tu.: Per primo vorrei i tortellini...

Ca.: Li vuole in brodo o alla panna?

Tu.: Lei che cosa mi consiglia?

Cam.: Le consiglio i tortellini in brodo, senza dubbio.

Tu.: Benissimo, allora li prendo in brodo.

Cam.: E come secondo, che cosa Le porto?

Tu.: Come secondo...vediamo...qual è la specialità della casa?

Cam.: Beh...abbiamo il bollito misto (assorted boiled meats*), la faraona arrosto (roast guinea hen) il coniglio alle prugne...

Tu.: Com'è la faraona arrosto?

Cam.: La prepariamo con l'aceto balsamico e...

Tu.: La prendo, la prendo, perchè so che Modena è famosa per l'aceto balsamico.

Cam.: È proprio vero. Buona scelta. E per contorno che cosa Le porto? patatine, insalata, pomodori, verdure miste alla griglia, verdura cotta...?

Tu.: Verdure alla griglia e patatine.

Cam.: Benissimo. Per il dolce ripasso più tardi (I'll be back later).

Più tardi:

Cam.: Ha mangiato bene?

Tu.: Non bene, benissimo! Mi piace moltissimo questa città . Non voglio più lasciarla.

Cam.: Sono proprio contento. Ma ora le devo portare il dolce... Le piacciono i dolci? O preferisce la frutta fresca?

Tu.: Che dolci avete?

Cam.: Dunque... abbiamo... la zuppa inglese, la torta di mandorle (almond cake) il tiramisù, varie crostate di frutta, la torta al cioccolato...

Note: * Among the best known dishes of Modena there is boiled meats, which includes the well known sausages called cotechino and zampone, usually served with beans, lentils and/or mashed potatoes.

Tu.: Lei che cosa mi consiglia?

Cam.: Le consiglio la zuppa inglese. È un dolce fatto con crema, cioccolata, liquore... è squisita!

Tu.: La prendo senza dubbio. E mi porti anche un caffè. E poi mi porti il conto, per favore.

Cam.: Subito signore... e... il caffè come lo vuole? Ristretto, normale, lungo, corretto?

Tu.: Lo voglio doppio. Dopo una cena così (like this one) non voglio addormentarmi in macchina!

⇨ ⇨ ⇨ ESERCIZI

A. Scrivere una frase per ognuna delle seguenti parole o espressioni:
il conto, non importa, più tardi, senza dubbio

B. Parliamo

1. Dov'è Modena? Quale antipasto ha ordinato il turista? E come primo piatto? E da bere?

2. Quanti e quali secondi piatti ha elencato il cameriere? Quale piatto ha scelto (chosen) il turista? Perchè lo ha scelto? Che contorni ha elencato il cameriere? Quale contorno ha scelto il turista?

3. Che dolce ha consigliato il cameriere al turista?

4. Il turista ha preso anche il caffè? Ha preso anche un liquore?

5. Che cosa pensa (thinks) il turista del pranzo? E della città di Modena? Quali sono alcuni piatti tipici di questo ristorante?

6. Le piace il menù di questo ristorante? Ha mai mangiato i piatti elencati dal cameriere? Quali? Quando? Quali sono i suoi piatti preferiti? (Antipasto-primo piatto-secondo piatto-dolce o frutta-caffè).

C. Scrivere un breve tema intitolato: "Una cena speciale".

D. Attività in classe: pretend you are in an Italian restaurant. You are very hungry and order a huge meal. One of your classmates will be the waiter.

FILASTROCCHE

A. Ti piacciono gli spaghetti e i maccheroni
dici: "Sono veramente buoni!".
Li mangi con il burro o con il ragù
li cuoci al dente e non di più.   **cuocere** (p. p. **cotto**) to cook   **di più** more

B. Gli piace molto la cotoletta:
la mangia con la forchetta,
la taglia con il coltello,
la offre anche a suo fratello.

Esercizio: leggere le filastrocche almeno due volte e poi mettere tutti i verbi al passato prossimo (eccetto quelli dei discorsi diretti).

L'ITALIA IN MINIATURA

Parole ed espressioni utili per la lettura

alimentare pertaining to food
oltre besides
il prodotto product

orgoglioso proud
ormai by now
servire to serve

La seguente lettura contiene molte "parole simili". Le riconoscete?

Prodotti alimentari

Tutti sanno che il prodotto alimentare tipico italiano è la pasta e che l'Italia la esporta in tutto il mondo. L'Italia infatti produce circa trecento tipi di pasta: pasta asciutta, come gli spaghetti, le tagliatelle, le penne, le orecchiette, i ravioli, le linguine, i maccheroni, i cannelloni, le lasagne, e pasta o pastina in brodo, come i capellini, i semini, i maltagliati, i quadretti e gli squisiti tortellini, che possiamo mangiare anche asciutti, alla panna.

Ci sono moltissimi tipi di pane in Italia e il nome del pane cambia a seconda del contenuto (content), della forma o della regione o città dove è prodotto. C'è il pane all'olio, il pane integrale, il pane toscano, il pane siciliano, il pane pugliese; ci sono le michette, i cornetti, i panini, gli sfilatini, il carasau e tanti altri.

Innumerevoli (innumerable) sono anche i vini, dolci o secchi, rossi o bianchi. Fra i vini rossi ricordiamo il Barbera del Piemonte, l'Amarone del Veneto, il Chianti della Toscana, il Corvo della Sicilia, il Cannonau della Sardegna; fra quelli bianchi ricordiamo il Trebbiano dell'Emilia Romagna, il Soave del Veneto, l'Asti spumante del Piemonte, l'Orvieto dell'Umbria, il Verdicchio delle Marche, il Lacrima Christi della Campania.

Infine troviamo in Italia moltissimi tipi di acqua minerale, come, per esempio, l'acqua San Pellegrino, di Boario, di Fiuggi*.

Ogni regione (e città) italiana è orgogliosa dei propri prodotti alimentari, che ora possiamo trovare non solo in tutta l'Italia, ma ormai anche in varie parti del mondo. Oltre al vino, alla pasta e alla pizza, ricordiamo vari salumi e formaggi, come il prosciutto di Parma e di San Daniele, la mozzarella, il pecorino, il provolone, la ricotta (tipici delle regioni centrali e meridionali) e il parmigiano, il gorgonzola, il taleggio (tipici delle regioni settentrionali).

E chi non conosce lo zabaglione, la cassata, la Nutella (chocolate - hazelnut spread), il panettone, il tiramisù?

▷ ▷ ▷ **ESERCIZI**

A. Dare il significato delle seguenti parole simili contenute nella lettura:
numerosi, specialità culinarie, regionale

B. Sottolineare tutte le altre parole simili contenute nella lettura.

C. Parliamo

1. Qual è il prodotto tipico italiano? Quanti tipi di pasta produce l'Italia?
Quali, per esempio?

2. Quanti tipi di pane ci sono in Italia? Quali, per esempio?

3. Quanti e quali tipi di vini bianchi o rossi ricorda? Da quali regioni vengono?
Che cos'è la "San Pellegrino"? Quali altre marche di acqua minerale conosce?

4. Ricorda le marche di alcuni salumi che si trovano in tutto il mondo?
Quali marche di formaggi ricorda? Quali sono alcuni tipici dolci italiani?

D. Attività a casa: Intervistare (interview) un parente o un amico (amica) e chiedergli:

1. quali sono i suoi piatti o prodotti alimentari preferiti

2. i suoi ristoranti preferiti

3. le sue ricette preferite

Poi scrivere una delle sue ricette specificando:

1. ingredienti

2. preparazione

3. tempo richiesto (required) per la preparazione

4. tempo di cottura (cooking time)

Note: * The names of the brands come from the places where the springs are found.

VOCABOLARIO

I verbi

cenare to have supper, to dine
ordinare to order
piacere (p.p. **piaciuto**) to like, to be pleasing to
pranzare to have lunch, to dine
servire to serve

I nomi: Il cibo, le bevande e altri

l'aceto vinegar
l'albicocca apricot
l'arancia orange
la bibita soft drink
il bollito boiled meat
il cameriere waiter
il cavolo cabbage
la cioccolata chocolate
il conto bill
la cotoletta cutlet
la crema custard
i fagiolini string beans
il gamberetto shrimp
il miele honey
il maiale pork
l'olio oil
la pasta asciutta pasta
il piatto dish, plate
il pollo chicken
la prugna plum
il ripieno stuffing
il salmone salmon
la sogliola sole
il tacchino turkey
il sale salt
l'uva grapes
la vongola clam
gli zucchini Italian squash

l'agnello lamb
l'aperitivo aperitif
l'arrosto roast
il biscotto cookie
il burro butter
la carota carrot
la ciliegia cherry
il cliente customer
il contorno side dish
la cozza mussel
la crostata pie
la fragola strawberry
il menù menu
il liquore liquor
il melone melon
la pastina pasta soup
il pepe pepper
i piselli peas
il prodotto product
il purè mash, puree
la salsiccia sausage
il sedano celery
gli spinaci spinach
la trota trout
l'uovo (pl. **le uova**) egg
il vitello veal
la zucca pumpkin
la zuppa soup

La carne o il pesce può essere:
arrosto roasted - **al forno** baked - **alla griglia** grilled - **ripieno** (a) stuffed - **fritto** (a) fried

Gli aggettivi

orgoglioso proud
salato salty
ubbidiente obedient

piccante spicy
squisito delicious
viziato spoiled

Parole opposte

apparecchiare to set the table   **sparecchiare** to clear the table
cotto cooked   **crudo** raw
ben cotto (a) well done (pasta, meat)   **al dente** firm (pasta)   **al sangue** rare (meat)
leggero light   **forte** strong
dolce sweet, mild   **amaro** bitter
gassata sparkling (water)   **liscia** plain

Parole ed espressioni varie

allora well, then
buon appetito! enjoy your meal! (lit.: good appetite!)
cin - cin! cheers!
mi dica tell me   **che cosa Le porto?** What can I bring you?
mi porti... bring me....   **mi dia...** give me...
vorrei... I would like...   **prendo...** I'll take...
qual è la specialità della casa? What's the specialty of the house?
vuole qualcosa da bere? Do you want something to drink?
che cosa mi consiglia? What do you advise me?
Le consiglio... I recommend...
non importa it doesn't matter
oltre besides
ormai by now
più tardi later
e poi che cosa succede? and then what happens?
salute! (to your) health!
senza dubbio without (any) doubt

Modena, *Il Duomo*

CAPITOLO 9

⟩ **Per cominciare: La casa nuova**

⟩ **L'imperfetto**
⟩ **L'imperfetto vs. il passato prossimo**
⟩ **Il trapassato prossimo**
⟩ **I verbi che finiscono in -durre**
⟩ **I numeri ordinali**

⟩ **Prima lettura: Come ho imparato a leggere**
⟩ **Seconda lettura: La casa nuova**
⟩ **Filastrocche**
⟩ **L'Italia in miniatura: L'antica Roma**

LA CASA NUOVA

PER COMINCIARE

La casa nuova

Luciano e Lucille sono a casa di due loro amici, Claudio e Loretta, che si sono appena sposati.

Luciano: Complimenti! Avete un appartamento stupendo!

Lucille: Davvero! È magnifico!

stupendo stupendous

Luciano: Mi piace moltissimo lo studio; c'è una scrivania bellissima e avete tantissimi scaffali per i libri; io ho davvero bisogno di alcuni scaffali in casa mia! Non so dove mettere tutti i miei libri!

lo scaffale bookshelf

Claudio: Eh sì, volevo molti scaffali proprio per questo. Nella mia vecchia casa avevo casse di libri in ogni stanza!

la cassa crate, box

Lucille: E il balcone è meraviglioso! Con tanti fiori e tante piante e il tavolo e le sedie per mangiare fuori!

Loretta: Lucille, hai visto il sofà di pelle? È proprio quello che desideravo da tanto tempo; ti ricordi?

il sofà sofa

Lucille: Oh, sì, è vero; l'hai proprio comprato! Brava!

Claudio: E voi quando vi fidanzate?

fidanzarsi to get engaged

Luciano: Presto, presto! Ma prima (first) io devo conoscere la famiglia di Lucille e lei deve conoscere la mia. E poi devo convincere Lucille a rimanere in Italia per sempre.

convincere to convince

Lucille: Ma io sono già convinta!

convinta convinced

Luciano: Davvero?

Lucille: Certo! Non lo sai?

Loretta: E quando siete sposati dovete comprare un appartamento vicino al nostro!

PARLIAMO

1. Dove sono Luciano e Lucille? Chi sono Claudio e Loretta?
2. Che cosa ammira Luciano nella casa nuova? E Lucille? Com'è il sofà?
3. Che cosa chiede Claudio a Luciano e a Lucille?
4. Luciano che cosa risponde? Lucille è convinta di volere rimanere in Italia per sempre? Luciano lo sa?
5. E poi che cosa dice Loretta?

Dialogo personalizzato. In gruppi di 4: personalizzate il dialogo cambiando le domande e le risposte a vostro piacimento. Siate pronti a leggere il nuovo dialogo ad alta voce.

A) L'IMPERFETTO

1. The imperfetto is a past tense. It is formed by adding the endings:
vo - vi - va - vamo - vate - vano to the infinitive of the verb minus the final "re".
Esempi:

Mangia**re**	Riceve**re**	Parti**re**
mangia**vo**	riceve**vo**	parti**vo**
mangia**vi**	riceve**vi**	parti**vi**
mangia**va**	riceve**va**	parti**va**
mangia**vamo**	riceve**vamo**	parti**vamo**
mangia**vate**	riceve**vate**	parti**vate**
mangi<u>a</u>**vano**	riceve**vano**	part<u>i</u>**vano**

Esercizio #1: Coniugare i seguenti verbi all'imperfetto:
Cantare, guardare, correre, prendere, venire, capire

2. The imperfetto translates three English past forms:

mangiavo= I ate, I used to eat, I was eating
ricevevo= I received, I used to receive, I was receiving
partivo= I left, I used to leave, I was leaving

The last form can be substituted with the past progressive tense, as follows:
Mangiavo (or **stavo mangiando**) quando sei arrivato. I was eating when you arrived.
Stavi ricevendo un pacco quando ti ho visto. You were receiving a package when I saw you.
Stavamo partendo quando è suonato il telefono. We were leaving when the phone rang.

Esercizio #2: Scrivere 3 frasi all'imperfetto usando i seguenti verbi: giocare, mettere, dormire

3. Some common verbs that you already know are irregular in the imperfetto:

essere	**fare** (from "facere")	**dire** (from "dicere")	**bere** (from "bevere")
ero	facevo	dicevo	bevevo
eri	facevi	dicevi	bevevi
era	faceva	diceva	beveva
eravamo	facevamo	dicevamo	bevevamo
eravate	facevate	dicevate	bevevate
erano	facevano	dicevano	bevevano

4. C'è and **ci sono** become **c'era** and **c'erano** in the imperfetto.
"**C'era una volta**" means "Once upon a time (there was)".

5. The imperfetto is used to express the following:

a. Emotional and physical states (including states of being).

Quel giorno **mi sentivo** molto triste. That day I felt very sad.
Avevo il raffreddore. I had a cold.
Erano giovani e forti. They were young and strong.

b. Descriptions of places, weather, time of the day, people's age and name.

Era mezzanotte. It was midnight.
Faceva freddo. It was cold.
Il cielo **era** scuro e senza stelle. The sky was dark and without stars.
La casa **era** grandissima. The house was very large.
Il ragazzo **si chiamava** Massimo. The boy's name was Massimo.
Aveva 18 anni. He was 18 years old.

c. Habitual, customary actions.

Da giovane **mangiavo** molto. When I was young I used to eat a lot.
La domenica **andavamo** sempre al cinema. On Sundays we always went to the movies.

d. Parallel actions in progress.

Mangiavo mentre lui **parlava**. I was eating while he was talking.
Io **leggevo** mentre tu **scrivevi**. I was reading while you were writing.

▷ ▷ ▷ ESERCIZI

A. Inserire la forma corretta dell'imperfetto

1. Mentre Luigi guardava la televisione io (dormire). . . . .
2. Ogni sabato noi (fare) . . . . una passeggiata nel parco.
3. Quando voi (essere) . . . . al mare è arrivato nostro cugino.
4. Abbiamo mangiato perchè (avere fame) . . . .
5. Mentre loro mangiavano noi (chiacchierare) . . . .
6. Piera non ha voluto vedere il film perchè (avere paura) . . . .
7. Il castello del principe (essere) . . . . bellissimo.
8. Da bambino (as a child) io (giocare). sempre nel bosco.

B. Mettere all'imperfetto

1. Paolo guarda la televisione tutte le sere.
2. È mezzogiorno e fa molto caldo.
3. La domenica andiamo spesso al cinema.
4. Io canto mentre Giovanni guida la macchina.
5. Ogni tanto loro vanno a teatro.
6. Quando mio padre parte io dormo sempre.
7. È notte e la strada è vuota.
8. Voi viaggiate sempre in treno.

C. Completare

1. Quando ero giovane io leggevo molto; anche loro . . . .
   tu, invece . . . .
2. Il signor Gatti vendeva i mobili; anche lei. . . . .
   noi, invece . . . .
3. Tu giocavi spesso a carte (cards); anch'io . . . .
   voi,invece . . . .
4. Le studentesse studiavano tutte le sere; anche Alberto. . . . .
   tu, invece. . . . .
5. I suoi bambini piangevano spessissimo; anche i miei. . . . .
   il tuo, invece. . . . .
6. Noi capivamo benissimo il francese; anche tu . . . .
   lei, invece. . . . .

7. Suo fratello comprava la pizza ogni venerdì; anche tua sorella . . . .

io, invece . . . .

8. Ludovica suonava il pianoforte due ore al giorno; anche Paolo . . . .

tu, invece . . . .

B) L' IMPERFETTO VS. IL PASSATO PROSSIMO

1. Both the imperfetto and the passato prossimo are past tenses. However they are used differently and they are not interchangeable:

a. The passato prossimo indicates that the past action occurred once or was repeated a specific number of times or it occurred within a definite time period. It expresses actions that were completed in the past.

b. The imperfetto indicates that the past action occurred often or was repeated an unspecified number of times or it occurred within an unspecified time period. It expresses actions in progress in the past. Esempi:

Mangiavo quando **è entrato.** I was eating when he entered.
Lei **dormiva** quando lui **ha telefonato.** She was sleeping when he called.

In both the above sentences the first action is in progress (I was eating - she was sleeping) while the second one is completed (he entered - he called).

Di solito **mangiavo** alle sette, ma quel giorno **è arrivato** Luigi e **ho mangiato** alle otto. I usually ate at seven sharp, but that day Luigi arrived and I ate at eight.

In the sentence above the first action is an habitual one, that used to happen every Sunday (I usually ate); the two following actions only happened on that particular day (he arrived - I ate).

c. The imperfetto (and not the passato prossimo) expresses emotional and physical states and various descriptions (places, time, people's age and name, weather, etc.. See previous section).

2. Just as some common adverbs or expressions tell us that the passato prossimo should be used (il mese scorso - due giorni fa, etc..) so for the imperfetto there are expressions (often indicating repetition or continuity) that tell us that the imperfetto (and not the passato pros simo) should be used. The most common ones are the following:

di solito usually
il sabato (o **di** sabato) - la domenica - la sera etc... on Saturdays - on Sundays - in the evening etc...
mentre while **ogni** giorno (o tutti i giorni) - sera - mese etc... every day - night - month etc...
sempre always

Di solito **compravate** il giornale la mattina. You usually bought the paper in the morning.
Due mesi fa **ho comprato** una macchina nuova. Two months ago I bought a new car.
Leggevo una rivista mentre lui **guidava**. I was reading a magazine while he was driving.
Aldo **ha conosciuto** Rossella la scorsa settimana. Aldo met Rossella last week.
Ogni venerdì sera **andavano** al cinema. Every Friday night they went to the movies.

▷ ▷ ▷ **ESERCIZI**

A. Inserire la forma corretta dell'imperfetto e del passato prossimo.

Esempio: mangiare in casa (io, tu) **Io mangiavo** in casa - **tu mangiavi** in casa; **io ho mangiato** in casa - **tu hai mangiato** in casa.

1. Comprare una macchina. (voi, Lei)
2. Telefonare alla mamma. (tu, noi)
3. Cantare un canzone. (loro, lui)
4. Ricevere una lettera. (io, noi)
5. Scrivere una cartolina (postcard). (tu, lei)
6. Bere una bibita. (lui, voi)
7. Dormire in albergo. (io, loro)
8. Dare un esame. (Lei, tu)

B. Completare con il verbo all'imperfetto o al passato prossimo

1. Mario (dire) . . . . sempre la verità.
2. Tuo figlio non (ascoltare) . . . . mai quando tuo marito (parlare). . . . .
3. Giorgio (bere). . . . . una bibita quando Carlo (arrivare) . . . .
4. Ieri Gianna (incontrare). . . . . Antonio.
5. Domenica scorsa, al ristorante, il cameriere (servire) . . . . il pranzo molto tardi.
6. La bambina (piangere) . . . . ogni volta che la sua mamma (partire) . . . .
7. Quando io (essere) . . . . piccolo (giocare) . . . . spesso a palla.
8. Il mese scorso i suoi amici americani (tornare) . . . . in America.

C. Scrivere 8 frasi usando l'imperfetto

D. A voi la parola

1. Quando eri piccolo (a) che cosa mangiavi di solito a colazione? A pranzo? A cena? Che cosa bevevi? A che ora ti alzavi la mattina? A che ora andavi a letto la sera? Dormivi in una camera da solo o con altri? Avevi paura di notte? Ubbidivi ai tuoi genitori? Avevi fratelli o sorelle? Eri amico (a) con i tuoi fratelli o le tue sorelle?
2. Avevi molti amici da piccolo (a)? Quanti? Quali? Ricordi alcuni amici particolari? Com'erano? Erano belli o brutti, buoni o cattivi, grassi o magri, alti o bassi, simpatici o antipatici?
3. Ti piaceva andare a scuola? Qual era la tua materia (subject) preferita? E il tuo insegnante preferito? Ricordi un insegnante che ti piaceva molto? E uno che ti piaceva poco? Com'era? Quanti studenti c'erano nella tua classe? C'erano più bambini o più bambine?
4. Conoscevi molti vicini di casa (neighbors)? Ricordi un vicino o una vicina di casa che ti piaceva molto? E uno che ti piaceva poco?

C. IL TRAPASSATO PROSSIMO

1. The trapassato prossimo is formed with the imperfetto of essere or avere followed by the past participle:

La ragazza **era arrivata** in ritardo. The girl **had arrived late**.
Noi avevamo già **bevuto** tre birre. We **had** already **drunk** three beers.

2. As always, with verbs requiring the auxiliary **essere**, the past participle must agree in gender and number with the subject (la ragazz**a** era arrivat**a** - ci eravamo divertit**i**) while with verbs requiring the auxiliary **avere** the past participle is invariable:

mangiare	partire	divertirsi
Avevo mangiato - I had eaten	Ero partito (a) - I had left	Mi ero divertito (a) - I had fun
avevi mangiato	eri partito (a)	ti eri divertito (a)
aveva mangiato	era partito (a)	si era divertito (a)
avevamo mangiato	eravamo partiti (e)	ci eravamo divertiti (e)
avevate mangiato	eravate partiti (e)	vi eravate divertiti (e)
avevano mangiato	erano partiti (e)	si erano divertiti (e)

Esercizio #1: Tradurre

1. Last night there was a beautiful movie on TV; unfortunately I had already seen it.
2. He was tired, because he had been working all day.
3. She was very happy, because she had already passed (superare) her exam.
4. The students were in class. It was nine thirty and the teacher had not come yet (ancora).
5. When the hunter arrived the wolf had already eaten Little Red Riding Hood and her grandmother.
6. Snow White's stepmother was very angry, because the mirror had told her the truth.
7. Pinocchio was sad, because his father had disappeared.
8. It was five past midnight and Cinderella had already left.

Parole ed espressioni utili per la lettura: "Come ho imparato a leggere"

ammalato sick	**gridare** to shout	**pieno** full
piangere* (p. p. **pianto**) to cry	**saltare** to jump	

PRIMA LETTURA - Come ho imparato a leggere

di Matilde Serao** (adapted)

Ero una bimba grassa, grossa e robusta...
Avevo otto anni. Non sapevo scrivere, non sapevo leggere... Non volevo fare niente.
E dicevo apertamente che non volevo.
"Perchè non vuoi?" mi chiedeva la mamma.

Note: * The present tense forms of the verb "piangere" are the following: Piango, piangi, piange, piangiamo, piangete, piangono. ** Matilde Serao was born in Patrasso (Greece) in 1856 and died in Naples in 1927.

"Perchè lo studio è inutile".

"Chi l'ha detto"?

"Lo dico io" rispondevo, ostinata (stubborn)...

Ho imparato a leggere a nove anni: mia madre era stata ammalata gravemente ed era in pericolo di vita (in a life threatening situation); per molti giorni la casa era stata immersa* nella desolazione; io non osavo (I didn't dare) saltare più (any more), non uscivo quasi mai, non gridavo, non cantavo, andavo e venivo in punta di piedi (on tiptoe); appena appena (barely) mi davano da mangiare; non mi lasciavano entrare in camera della mamma che (who) moriva.

Io stavo dietro (behind) alla porta con gli occhi spalancati (wide open) e con la bocca gonfia (swollen), come le creature che vogliono piangere. Ma non piangevo, no, perchè ero dominata da una grande paura.

Poi mia madre ha cominciato a stare meglio; ora io potevo entrare in camera e guardare quel suo bel viso scarno (emaciated face), quei grandi occhi grigi pieni di amore, quella bocca sottile (thin) che era tanto bella e buona per me: il sorriso (smile), la voce, le parole, i baci.

Durante quella lunga convalescenza, in quella camera chiusa, vicino alla mia mamma ammalata, ho imparato a leggere, velocemente e benissimo.

▷ ▷ ▷ ESERCIZI

A. Sottolineare tutti i verbi all'imperfetto e al passato prossimo. Poi dare l'infinito di ogni verbo.

B.1. Dare il significato delle seguenti parole simili contenute nella lettura:
gravemente, la creatura, la convalescenza

B.2. Sottolineare tutte le altre parole simili contenute nella lettura.

C. Parliamo

1. Com'era fisicamente la bambina? Quanti anni aveva?
2. Sapeva leggere e scrivere? Le piaceva leggere e scrivere? Perchè? Sua madre era preoccupata? Che cosa le chiedeva? E poi che cosa è successo?
3. È cambiata la bambina? Che cosa faceva? Piangeva o no? E poi che cosa è successo?
4. Le è piaciuta questa storia? Secondo Lei questa bimba è simpatica o antipatica? È buona o cattiva? È intelligente o no? Ama la sua mamma o no?
5. Lei ha mai avuto una grossa paura? Quando? Che cosa è successo?
6. Quando era piccolo (a) preferiva studiare o giocare? Ubbidiva ai Suoi genitori o no? Amava molto i Suoi genitori? Con che cosa le piaceva giocare? Che cosa le piaceva fare durante il fine-settimana? Andava spesso al cinema? Guardava spesso la televisione? Quando aveva otto anni sapeva leggere bene? Leggeva molto o poco? Sapeva scrivere bene? Scriveva molto o poco?

Note: * "Immerso is the past participle of the verb immergere (to immerse).

PAROLE, PAROLE!

Leggete le parole sotto elencate. Quante ne conoscete già?

1. La casa

In cucina

l'aspirapolvere vacuum cleaner
gli elettrodomestici appliances
il forno oven
la lavapiatti dishwasher
la pattumiera garbage can
la stufa stove
il tostapane toaster
cucinare to cook (to prepare food)

gli armadietti kitchen cabinets
il forno a microonde microwave oven
il frigorifero refrigerator
la lavatrice washing-machine
la pentola pot
il tegame pan

cuocere (p.p. **cotto**)* to cook (on the stove)

In salotto, in sala da pranzo e nello studio

il computer computer
la poltrona armchair
la scrivania desk
il soprammobile knick-knack
la vetrina china cabinet
guardare la televisione to watch TV

la lampada lamp
lo scaffale shelf
il sofà o il divano sofa
il tavolino coffee - table

Esercizio #1: Scrivere 3 frasi usando alcune delle parole elencate sopra.

In camera da letto

l'armadio (a muro) wardrobe - closet
il comodino nightstand
il cuscino pillow
il letto bed
lo specchio mirror
fare il letto to make the bed

il cassettone (o **il comò**) chest of drawers
la coperta blanket
il lenzuolo (pl. **le lenzuola**) sheet
il mobile piece of furniture

In bagno

l'asciugacapelli hair dryer
il gabinetto toilet
il pettine comb
la vasca bathtub
fare il bagno to take a bath

l'asciugamano towel
il lavandino sink
la saponetta soap bar

fare la doccia to take a shower

Esercizio #2: Scrivere 3 frasi usando alcune delle parole elencate sopra.

Note: * The present tense forms of cuocere are the following: cuocio, cuoci, cuoce, cuociamo, cuocete, cuociono

2. Edifici e costruzioni

la banca bank
la cattedrale (o **il duomo**) cathedral
il grattacielo skyscraper
la piazza plaza, square
il teatro theatre

la chiesa church
la fontana fountain
il palazzo palace (or condominium)
il ponte bridge
la torre tower

3. Parole opposte

antico ancient
pieno full
primo first

moderno modern
vuoto empty
ultimo last

Esercizio #3: Scrivere 3 frasi usando alcune delle parole elencate sopra.

▷ ▷ ▷ ESERCIZI

A. Completare con le seguenti parole o espressioni: *sugli scaffali - faceva la doccia - la tavola - dell'asciugacapelli - nella spazzatura - nella lavapiatti - queste pentole - lo specchio*

1. Quando il marito era a casa apparecchiava e sparecchiava sempre ....
2. .... e questi tegami sono troppo vecchi: erano della mia nonna!
3. Hai trovato i piatti? Sì, li ho trovati. Erano .... Eccoli!
4. Dove posso gettare questi fogli di carta? ....: è lì, sotto il lavandino.
5. Paolo, per favore prendi le lenzuola: sono nel mobile con ....
6. Quanti soprammobili antichi avete ....! Beh, non sono proprio antichi: sono solo vecchi!
7. Giuseppe, puoi uscire dal bagno per favore? Ho bisogno .... e del pettine!
8. Quando mia sorella aveva diciotto anni .... tre volte al giorno!

B. Completare. Follow the model: Dov'era la saponetta? **Era nel bagno.**

1. Dov'era il lavandino? ....
2. Dov'era la pattumiera? ....
3. Dov'erano gli scaffali? ....
4. Dov'era il pettine? ....
5. Dov'era il gabinetto? ....
6. Dov'erano le pentole? ....
7. Dov'erano i tegami? ....
8. Dov'era l'aspirapolvere? ....
9. Dov'era il letto? ....
10. Dov'erano le sedie? ....
11. Dov'erano le coperte? ....
12. Dov'era l'armadio? ....
13. Dov'erano i cuscini? ....
14. Dov'era l'asciugamano? ....
15. Dov'erano la stufa e il forno? ....
16. Dov'era la poltrona? ....

C. **Gioco. Chi vince?**

Students should close their books. Then the teacher will ask each student to name a word related to one of the subjects listed below: one word per one student at a time.
As the students answer the words should be written on the blackboard.
The winner is the student who has the last word. As the subjects are four the game can be played four times.

The subjects are the following:
1. Cucina
2. Sala da pranzo, salotto e studio
3. Bagno e camera da letto
4. Edifici e costruzioni

D. **Parliamo**

1. Dove abitava quando era piccolo (a)? Com'era la Sua casa? Dove si trovava? Quante stanze c'erano? Qual era la Sua stanza preferita? Abitava in una casa antica o moderna?

2. Che mobili c'erano nelle varie stanze della casa dei Suoi genitori? Che cosa c'era in cucina? E nel bagno? E nelle camere da letto?

3. Aveva un garage, una soffitta, una cantina? Com'erano? Aveva un giardino? Com'era?

4. Mangiava spesso al ristorante? Conosceva persone simpatiche o antipatiche? Quali?

5. Com'era la Sua città? Che costruzioni c'erano? Le piaceva la Sua città? Perchè?

6. Preferiva fare il bagno o la doccia quando era piccolo? Le piaceva lavarsi?
Si lavava spesso i capelli (hair)?

7. Aiutava sua madre in cucina? Che cosa faceva per aiutarla?

8. Dove andava in vacanza quando era piccolo? Al mare, in montagna, al lago?
In campeggio (camping), in albergo, in una casa? Nel Suo stato o in un altro? Negli Stati Uniti o all'estero (abroad)? Le piacevano le vacanze? Si divertiva?
Che cosa faceva? Ha mai abitato o è mai stato all'ultimo piano di un grattacielo?

ROMA, PIAZZA NAVONA

D) I VERBI CHE FINISCONO IN -DURRE

1. Verbs that end in **-durre**, such as tradurre (to translate) or produrre (to produce) come from Latin infinitive forms (traducere and producere). Therefore their endings are the same as the endings of regular **-ere** verbs:

tradurre (traducere)   **produrre (producere)**

Present tense	Imperfect	Present tense	Imperfect
traduco	traducevo	produco	producevo
traduci	traducevi	produci	producevi
traduce	traduceva	produce	produceva
traduciamo	traducevamo	produciamo	producevamo
traducete	traducevate	producete	producevate
traducono	traducevano	producono	producevano

2. The past participle of verbs ending in -durre always ends in **-otto**: tradotto - prodotto.

Esercizio: coniugare i seguenti verbi al presente e all'imperfetto e poi dare il participio passato:

1. condurre to lead, to drive   **2. indurre** to induce
3. ridurre to reduce   **4. introdurre** to introduce (not persons)

E) I NUMERI ORDINALI

1. You already know the ordinal numbers from one to ten (primo, secondo, terzo etc...). You also know that they work as adjectives and that therefore they must agree in gender and number with the nouns they modify:

al **primo** piano on the first floor
la **seconda** coniugazione the second conjugation

Starting with "eleventh" ordinal numbers are formed by eliminating the final vowel of the cardinal number and adding the suffix **-esimo** (or **esima**, **-esimi**, **-esime**). Note that numbers ending in -trè **and in -sei** keep the final vowel (ventitrè - ventitreesimo - **ventisei** - **ventiseiesimo**).

11 undici	11º undicesimo	12 dodici	12º dodicesimo
20 venti	20º ventesimo	23 ventitrè	23º ventitreesimo
100 cento	100º centesimo	1000 mille	1000º millesimo

È il capitolo **ventitreesimo** questo? Is this the twenty - third chapter ?
Paolo abita al **diciottesimo** piano. Paolo lives on the eighteenth floor.
Questa è la **dodicesima** opera che ho visto. This is the twelfth opera that I have seen.

2. Ordinal numbers are used when referring to centuries. When talking about Literature, Art or History, cardinal numbers are also used, but only starting with the 13th century. In these cases the cardinal numbers are capitalized and they are preceded by the appropriate definite article. Notice that "mille" is not expressed but understood (il Duecento and not il Milleduecento). Esempi:

The 13th century   Il secolo tredicesimo or il Duecento (from 1200 to 1300).
The 14th century   Il secolo quattordicesimo or il Trecento (from 1300 to 1400).
The 15th century   Il secolo quindicesimo or il Quattrocento (from 1400 to 1500)
The 16th century   Il secolo sedicesimo or il Cinquecento (from 1500 to 1600) etc...

▷ ▷ ▷ ESERCIZI

A. Completare le risposte inserendo il numero ordinale giusto.
Esempio: Scusi, a che piano va? 13º Vado al tredicesimo piano.

1. Scusi, a che piano va? (10º) . . . .
2. Scusa, a che piano vai? (18º) . . . .
3. Scusate, a che piano andate? (35º) . . . .
4. Scusi, a che piano va? (15º) . . . .
5. Scusa, a che piano vai? (46º) . . . .
6. Scusate, a che piano andate? (67º) . . . .
7. Scusi, a che piano va? (51º) . . . .
8. Scusa, a che piano vai? (14º) . . . .

B. Inserire il numero ordinale giusto.
Remember that in Italian calendars the week starts on Monday.

1. Dicembre è il . . . . mese dell'anno.
2. Domenica è il. . . . . giorno della settimana.
3. Dormire è un verbo della . . . . coniugazione.
4. Venerdì è il . . . . giorno della settimana.
5. Giugno è il . . . . mese dell'anno.
6. Cantare è un verbo della . . . . coniugazione.
7. Agosto è l'. . . . . mese dell'anno.
8. Ricevere è un verbo della . . . . coniugazione.

C. Dire e scrivere il numero ordinale

1. Il Duecento o il secolo . . . .
2. Il re (king) Luigi XIV . . . .
3. Il papa (pope) Pio XII . . . .
4. Il Quattrocento o il secolo . . . .
5. L'imperatore (emperor) Carlo V. . . . .
6. Il Novecento o il secolo. . . . .
7. La regina (queen) Elisabetta II . . . .
8. Il Seicento o il secolo . . . .

Parole ed espressioni utili per la lettura: "La casa nuova"

arredare to furnish
la tenda curtain
pericoloso dangerous

la decina about ten
neppure not even
un sacco (di) a lot (of)

la dozzina dozen
perfino even
senza contare without counting

SECONDA LETTURA - La casa nuova

Era inverno e faceva un po' freddo ad Ancona. Elisabetta e Giovanni erano seduti a un tavolo di una pizzeria. Stavano chiacchierando animatamente (vivaciously).
Parlavano della loro casa nuova. Si erano sposati da pochi mesi e dovevano ancora finire di arredarla. Io li ascoltavo, mentre mangiavo seduta a un tavolo vicino:

Elisabetta: Domani dobbiamo andare a comprare alcune cose per la cucina.

Giovanni: Che cosa? Per la cucina abbiamo già comprato tutto: la stufa con il forno, il frigorifero, il tostapane... perfino il forno a microonde che (which), secondo me, è pericoloso per la salute (health). E poi abbiamo decine di tegami e di pentole... senza contare le dozzine di piatti, tazze, bicchieri, posate...

Elisabetta: Già (sure); ma non abbiamo la lavapiatti!

Giovanni: La lavapiatti? Siamo solo in due! Ma lo sai quanto costa una lavapiatti?

Elisabetta: Lo so, lo so, ma è necessaria! È vero che siamo solo in due ma sai quante volte invitiamo gli amici a cena? E la tua famiglia? E la mia?

Giovanni: Va bene, va bene, compriamo la lavapiatti. E poi... che altro? (what else?)

Elisabetta: Beh, il salotto è un po' vuoto.

Giovanni: È un po' vuoto? Ma che dici? È pienissimo: c'è un sofà enorme, ci sono due poltrone, gli scaffali pieni di libri, un tavolino, la televisione... senza contare le lampade, le dozzine di soprammobili, le decine di quadri... Come puoi dire che è vuoto?

Elisabetta: E le tende ci sono? E il tappeto persiano c'è?

Giovanni: Ma lo sai quanto costano i tappeti persiani? E poi c'è una cosa più importante da comprare per il salotto: il video - registratore (V.C.R)!

Elisabetta: È più importante delle tende?

Giovanni: No, ma certamente più del tappeto persiano.

Elisabetta: D'accordo: allora questo mese compriamo la lavapiatti, il video - registratore e le tende. Il prossimo mese poi...

Giovanni: Il prossimo mese dobbiamo comprare un computer.

Elisabetta: Ma che dici! il computer è costosissimo! Se tu compri il computer io non posso comprare il tappeto persiano e neppure un armadio antico!

Giovanni: Che? Un armadio antico? Ma scherzi? I mobili antichi costano un sacco! Puoi benissimo comprare un armadio moderno!

E io rinuncio (I give up) al computer, d'accordo?

Elisabetta: D'accordo; però possiamo comprare almeno un tappetino a buon mercato!

Giovanni: E va bene, compriamo il tappetino! Ma... ehi, ora finiamo la pizza... almeno questa costa poco!

"Che coppia (couple) simpatica!" Pensavo io. E intanto guardavo la strada, dalla finestra. Come mai il mio ragazzo non era ancora arrivato?

▷ ▷ ▷ **ESERCIZI**

A. Sottolineare tutti i verbi all'imperfetto e per ognuno dare l'infinito.

B. Scrivere una frase per ognuna delle seguenti parole o espressioni: la dozzina, neppure, perfino, un sacco di, senza contare

C. Parliamo

1. In quale città eravamo? Dove si trova questa città?

2. Chi erano Elisabetta e Giovanni? Dov'erano? Da quanto tempo erano sposati? Di che cosa parlavano?

3. Che cosa voleva comprare Elisabetta? E Giovanni? Che cosa hanno deciso di comprare alla fine?

4. Chi ascoltava la conversazione? Era una donna o un uomo? Quali commenti (comments) faceva questa persona? Chi stava aspettando? Com'era il tempo?

5. Le è piaciuto questo raccontino (short story)? Secondo Lei chi è più simpatico, Elisabetta, Giovanni, o la persona che ascoltava?

6. Ha mai arredato una casa? Dove? Come? Quando?

7. Ha un computer? Ha un tappeto persiano? Ha dei mobili antichi? Ha una lavapiatti?

D. Scrivere un breve tema intitolato: "La mia casa"

FILASTROCCHE

A. Guglielmo ha una casa in periferia
ma lavora in centro, in una farmacia,
Giovanna, invece, lavora in ufficio,
vicino al duomo, in questo edificio.

B. Gertrude Giovanelli arriva a casa alle otto
si toglie i guanti, la sciarpa e il cappotto.
Poi si siede sul sofà, nel grande salotto elegante
e guarda alla televisione un documentario interessante.

Esercizio: Leggere le filastrocche ad alta voce; poi mettere tutti i verbi all'imperfetto e dare l'infinito di ogni verbo.

L'ITALIA IN MINIATURA
Parole ed espressioni utili per la lettura

all'aperto outdoors
esistere to exist
imponente imposing

costruire to build
essere in funzione to be working

La seguente lettura contiene molte "parole simili". Le riconoscete?

L'antica Roma

Già sappiamo che Roma è una grande città, capoluogo del Lazio e capitale d'Italia.
Ma venti secoli fa Roma era la capitale di un grande impero (empire), che comprendeva tutti i paesi che confinavano con (bordered on) il Mare Mediterraneo, oltre a vari altri.
In tutti questi paesi ancora oggi possiamo trovare costruzioni che ci mostrano la grandezza (greatness) dell'antica civiltà (civilization) romana. Che cosa costruivano dunque gli antichi romani? Costruivano meravigliosi anfiteatri all'aperto, come il Colosseo a Roma o l'Arena di Verona, per godere (to enjoy) vari spettacoli; costruivano magnifiche ville con varie stanze che si aprivano su bellissimi giardini interni, come possiamo vedere dagli scavi (excavations) archeologici di Pompei ed Ercolano (vicino a Napoli); costruivano templi* imponenti in onore dei loro dei**, come il Pantheon a Roma; acquedotti così efficienti che ancora oggi non solo esistono ma alcuni sono ancora in funzione; costruivano archi di trionfo (triumphal), come quello di Costantino a Roma, per celebrare le loro vittorie (victories); e non dimentichiamo le terme (baths), come quelle famose di Caracalla, sempre (still) a Roma. Nelle terme, che erano eleganti edifici con piscine (swimming pools) e saloni ricchi di statue e fontane, si facevano bagni o saune. Infine ricordiamo che i Romani sono stati i primi a costruire le strade lastricate (paved), per facilitare i trasporti e le comunicazioni. Tutte queste strade partivano da Roma e arrivavano in tante altre città, non solo d'Italia, ma anche del resto dell'Impero (per esempio,

Note: * il tempio (pl. i templi) temple   ** il Dio (pl. gli dei) God

Spagna, Francia, Germania). Molte di queste strade antiche esistono ancora e anzi sono state usate come base per la moderna rete autostradale (highway network). Tra le principali ricordiamo la via Appia, la via Emilia, la via Aurelia, la via Flaminia, la via Salaria.

▷ ▷ ▷ ESERCIZI

A. Sottolineare tutti i verbi all'imperfetto e al presente. Poi dare l'infinito di ogni verbo.

B. Sottolineare tutte le parole simili contenute nella lettura.

C. Parliamo

1. Di che cosa era la capitale Roma venti secoli fa?
2. Che cosa costruivano gli antichi Romani? Ricorda i nomi di due famosi anfiteatri? In quali città si trovano? Come erano le case romane? Come erano gli acquedotti? Ricorda il nome di un famoso tempio romano?
3. Che cos'erano le terme? Che cosa facevano i romani nelle terme?
4. Che cosa hanno fatto i romani per facilitare i trasporti e le comunicazioni? In che modo sono state usate le antiche strade romane? Ricorda i nomi di alcune strade antiche che esistono ancora oggi?

VOCABOLARIO

I verbi

arredare to furnish
cuocere (p.p. **cotto**) to cook (on the stove)
costruire to build
essere in funzione to be working
fidanzarsi to get engaged
piangere (p. p. **pianto**) to cry
saltare to jump

cucinare to cook (to prepare food)
convincere (p. p. **convinto**) to convince
esistere to exist
fare il letto to make the bed
gridare to shout
produrre (p. p. **prodotto**) to produce
tradurre (p.p. **tradotto**) to translate

I nomi: La casa

l'**armadio** (**a muro**) wardrobe, closet
l'**asciugacapelli** hair dryer
l'**aspirapolvere** vacuum cleaner
il **comodino** night stand
la **coperta** blanket
gli **elettrodomestici** appliances
il **forno** oven
il **gabinetto** toilet
il **lavandino** sink
la **lavatrice** washing-machine
il **letto** bed
la **pattumiera** garbage can
il **pettine** comb
la **saponetta** soap bar
il **sofà** (o il **divano**) sofa
lo **specchio** (pl. **gli specchi**) mirror
il **tavolino** coffee - table
la **tenda** curtain
la **vasca** bathtub

gli **armadietti** kitchen cabinets
l'**asciugamano** towel
il **cassettone** (o il **comò**) chest of drawers
il **computer** computer
il **cuscino** pillow
il **forno a microonde** microwave oven
il **frigorifero** refrigerator
la **lampada** lamp
la **lavapiatti** dishwasher
il **lenzuolo** (pl. **le lenzuola**) sheet
il **mobile** piece of furniture
la **pentola** pot
la **poltrona** armchair
lo **scaffale** shelf
il **soprammobile** knick- knack
la **stufa** stove
il **tegame** pan
il **tostapane** toaster
la **vetrina** china cabinet

Altri nomi

la **cassa** crate, box
la **chiesa** church
la **dozzina** dozen
il **grattacielo** skyscraper
la **piazza** plaza, square
il **secolo** century
la **torre** tower

la **cattedrale** (o il **duomo**) cathedral
la **decina** about ten
la **fontana** fountain
il **palazzo** palace, condominium
il **ponte** bridge
il **teatro** theatre

Gli aggettivi: opposti e vari

antico ancient
pieno full
primo first

ammalato sick
pericoloso dangerous

moderno modern
vuoto empty
ultimo last

imponente imposing

Parole ed espressioni varie

all'aperto outdoors
mentre while
perfino even
senza contare without counting

c'era una volta once upon a time (there was)
neppure not even
un sacco di a lot of

RICAPITOLIAMO

Cominciamo: I numeri romani

Capitolo 7
Capitolo 8
Capitolo 9

Lettura: Uno spettacolo in piazza
Filastrocche

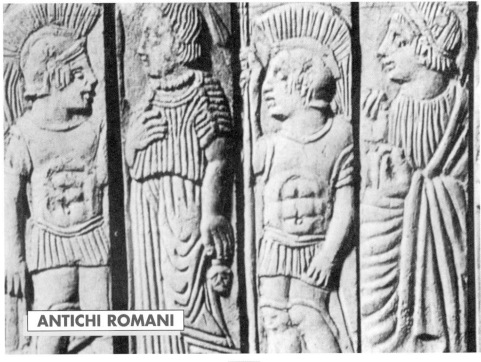

ANTICHI ROMANI

COMINCIAMO

I Numeri romani

Gli antichi romani scrivevano i numeri così:

I	II	III	IV	V	VI	VII	VIII	IX	
1	2	3	4	5	6	7	8	9	

X	XX	XXX	XL	L	LX	LXX	LXXX	XC	
10	20	30	40	50	60	70	80	90	

C	CC	CCC	CD	D	DC	DCC	DCCC	CM	M
100	200	300	400	500	600	700	800	900	1000

Esempi:
136 = CXXXVI; 428 = CDXXVIII; 852 = DCCCLII; 1999 = MCMXCIX; 2002 = MMII

Che numeri sono?

DCLIII	. . . .	VI	. . . .
LXXVII	. . . .	MDCCCXLII	. . . .
MMIX	. . . .	MDV	. . . .
XXXIX	. . . .	CLXXV	. . . .
CLXXV	. . . .	XXXIX	. . . .

Attività a casa: Scrivere in numeri romani la vostra data di nascita (birth) e quelle di alcuni dei vostri parenti e amici.

CAPITOLO 7

1. I verbi riflessivi

a. In the present tense:

Alz**arsi**: **mi** alzo - **ti** alzi - **si** alza - **ci** alziamo - **vi** alzate - **si** alzano
Mett**ersi**: mi metto - ti metti - si mette - ci mettiamo - vi mettete - si mettono
Divert**irsi**: mi diverto - ti diverti - si diverte - ci divertiamo - vi divertite - si divertono

b. With potere, dovere and volere:

Posso alzar**mi** presto o **mi** posso alzare presto.
Devi metter**ti** le scarpe pesanti o **ti** devi mettere le scarpe pesanti.
Vuole divertir**si** spesso o **si** vuole divertire spesso.

c. In compound tenses (i.e. the passato prossimo)

Mi sono alzat**o** (alzat**a) presto** (m. & f.) - **ti sei** alzato (alzat**a) presto** (m. & f.).
Si è mess**o** (mess**a)** le scarpe pesanti - **ci siamo** messi (messe) le scarpe pesanti.
Vi siete divertiti (divertit**e)** spesso - **si sono** divertiti (divertit**e)** spesso.

d. With potere, dovere and volere in the passato prossimo:

Mi sono potuto (dovuto - voluto) alzare o **Ho** potuto (dovuto - voluto) alzar**mi**.
Ti sei potuto (dovuto - voluto) mettere o **Hai** potuto (dovuto - voluto) metter**ti**.
Si è potuto (dovuto - voluto) divertire o **Ha** potuto (dovuto - voluto) divertir**si**.

▷ ▷ ▷ ESERCIZI

A. Mettere i seguenti verbi al presente e al passato prossimo

	Presente	Passato prossimo
1. Riposarsi (tu, poco)	ti riposi poco	ti sei riposato poco
2. Vedersi (noi, spesso)		
3. Annoiarsi (io, qualche volta)		
4. Pettinarsi (lei, in fretta)		
5. Prepararsi (loro, per la lezione)		
6. Svegliarsi (lui, alle otto)		
7. Divertirsi (voi, alla festa)		
8. Sedersi (tu, a tavola)		
9. Addormentarsi (io, tardi)		
10. Lavarsi (lei, il viso)		
11. Mettersi (noi, il cappotto)		
12. Incontrarsi (loro, alla stazione)		

B.1. Leggere il brano (passage) ad alta voce; poi rileggerlo varie volte usando le seguenti persone: io, tu, noi, voi, loro. Esempio: io mi sveglio... tu ti svegli... noi ci svegliamo...

Piero si sveglia verso le sette e si alza verso le sette e quaranta.
Va in bagno: si lava, si pettina e si veste.
Poi va in cucina: fa colazione con un bicchiere di succo d'arancia, un caffè macchiato con molto zucchero, pane e marmellata.
Torna in bagno e si lava i denti. Poi si mette il cappotto, la sciarpa e i guanti di pelle.
Infine va in garage. Prende la macchina e va al lavoro.
Al lavoro si annoia e si arrabbia.
Verso mezzogiorno e mezzo va a pranzo in un ristorante cinese. Mangia una zuppa, la carne, il pesce, le verdure e beve il tè. Poi paga il conto e lascia una buona mancia (tip) al cameriere. Infine torna al lavoro, fino alle (until) cinque.
La sera mangia in casa, con la sua famiglia. Dopo cena va a teatro e si diverte molto.
Verso le undici e mezzo torna a casa. Mette il cappotto, la sciarpa e i guanti nell'armadio.
Va in camera; si toglie i vestiti; mette un bicchiere d'acqua sul comodino e va a letto.
Si addormenta subito.

B.2. Rileggere il brano mettendo tutti i verbi al passato prossimo

C. Che cosa vuol dire...?

1. ormai	meglio . . . .
2. secondo me	buon appetito! . . . .
3. non importa	più tardi . . . .
4. senza dubbio	c'era una volta . . . .

D. A voi la parola

1. A che ora ti svegli di solito la mattina? A che ora ti alzi? E poi che cosa fai?

2. Tu e tuo padre (o madre) vi assomigliate? Che cosa avete in comune (in common)?

3. Quante volte al giorno ti lavi? Quante volte al giorno ti pettini?

4. Ti diverti al cinema o ti annoi? Ti diverti a teatro o ti annoi? Ti diverti a casa o ti annoi?

5. A che ora ti sei alzato ieri? E poi che cosa hai fatto? Che cosa hai mangiato? Che cosa hai bevuto? Dove sei andato? A che ora ti sei addormentato ieri sera?

6. Cenerentola si è divertita al ballo? E il principe? Pinocchio si diverte o si annoia a scuola?

7. Che cosa si è messa Cappuccetto Rosso quando è uscita di casa per andare a trovare la nonna? Si è fermata nel bosco? Chi ha visto?

8. Cenerentola e il principe si incontrano alla fine della favola o prima? E Biancaneve e il principe quando si incontrano?

2. Conoscere vs. sapere

Conosco il signor Rossi. I know Mr. Rossi.
Ieri **ho conosciuto** il signor Rossi. Yesterday I met Mr. Rossi (for the first time).
Conosco l'Italia. I know Italy.

Sai guidare? Do you know how to drive?
Sapete quando parte il treno? Do you know when the train is leaving?

Esercizio #1: Inserire "sai" o "conosci"

1. ....chi è Cenerentola?

2. ....la favola di Cappuccetto Rosso?

3. ....quando arriva suo cugino?

4. ....a che ora comincia il film?

5. ....Biancaneve?

6. ....che cosa è successo a Pinocchio?

7. ....San Francisco?

8. ....l'insegnante di francese?

3. L'avverbio di luogo "ci"

Vai in Italia presto? Sì, **ci** vado domani.
Andate a casa subito? Sì, **ci** andiamo adesso.

Esercizio #2: Rispondere con l'avverbio di luogo "ci"

1. Le sorellastre di Cenerentola vanno al ballo? . . . .

2. Pinocchio va a scuola spesso? . . . .

3. Cappuccetto Rosso va a trovare la nonna? . . . .

4. I sette nani vanno a lavorare ogni giorno? . . . .

5. Biancaneve sta sempre in casa? . . . .

6. Cenerentola rimane al ballo nel castello tutta la notte? . . . .

7. La nonna di Cappuccetto Rosso abita nel bosco? . . . .

8. Geppetto rimane nella balena per molto tempo? . . . .

3. I suffissi per i nomi e gli aggettivi

-ina - ino (small) **-etta -etto** (small - cute) **-ona -one** (big) **-accia -accio** (bad)

Esercizio #3: Sostituire l'aggettivo inserendo il nome con il suffisso.
Esempio: la casa è **piccola**; è una **casina**.

1. Le scarpe sono piccole; sono . . . .
2. Il libro è brutto; è un. . . . .
3. L'albero è enorme; è un. . . . .
4. I ragazzi sono giovani; sono . . . .
5. La stanza è molto piccola; è una. . . . .
6. Le bistecche sono grosse; sono . . . .
7. Il vino è cattivo; è un . . . .
8. Questa è una brutta parola; è una . . . .

5. Gli avverbi che finiscono in -mente

nervosa (adj. f.)   nervos**amente** (adv.)   generosa (adj. f.)   generos**amente** (adv.)
faci**le**   facil**mente**   genti**le**   gentil**mente**

Esercizio #4: Formare l'avverbio con i seguenti aggettivi

1. immediato . . . . improvviso . . . .
2. povero . . . . inutile
3. intelligente . . . . .difficile
4. fortunato . . . . .veloce . . . .

LETTURA - Uno spettacolo in piazza

Eccoci a Bari, nelle Puglie. Antonio sta telefonando a Carlo.

Antonio: Ciao Carlo, sono Antonio.
Carlo: Ciao, come va?
Antonio: Benissimo; ti telefono per chiederti se ci vediamo questa sera.
Carlo: Certo! Che cosa facciamo? Hai dei piani (plans) interessanti?
Antonio: Andiamo a mangiare una pizza al solito posto (place) e poi ci fermiamo in piazza.
Carlo: Perchè vuoi che ci fermiamo in piazza?
Antonio: Perchè c'è uno spettacolo in piazza questa sera. Secondo me Luisa e Gianna ci vanno!
Carlo: Ah! senza dubbio! Non perdono (miss) mai neppure una parte di questi spettacoli. Fantastico! Allora ti lascio subito, così faccio la doccia e mi preparo.
Antonio: D'accordo. Ci incontriamo a casa mia?
Carlo: Sì, perfetto. A che ora?
Antonio: Appena (as soon as) sei pronto.
Carlo: Fra (in) un'ora sono a casa tua. Ciao.

PARLIAMO

1. Chi sono Carlo e Antonio? Che cosa vogliono fare questa sera?
2. Secondo Lei sono contenti? Perchè? Chi sono Luisa e Gianna?
3. Che cosa vuole fare Carlo prima di uscire?
4. Dove hanno deciso di incontrarsi gli amici? Quando si incontrano?

CAPITOLO 8

1. I pronomi diretti e indiretti

Pronomi diretti al presente:

Questa mela è buona, perciò **la** mangio. This apple is good, therefore I eat **it.**
Quei piatti sono belli perciò **li** compro. Those plates are pretty, therefore I buy **them.**

Pronomi diretti al passato

(note the agreement of the past participle with the direct object of the third person singular and plural):
La mela era buona, perciò **l'ho** mangia**ta**. The apple was good, therefore I ate **it.**
I piatti erano belli, perciò **li** ho comprat**i**. The plates were pretty, so I bought **them.**

Pronomi indiretti al presente:

Incontro un'amica e **le** parlo. I meet a friend and I talk **to her.**
Paolo è in Italia. **Gli** scrivo sempre. Paul is in Italy. I always write **to him.**

Pronomi indiretti al passato (no agreement of the past participle):

Ho incontrato un'amica e **le** ho parlato. I met a friend and I talked **to her.**
Paolo è in Italia. **Gli ho** scritto ieri. Paul is in Italy. I wrote **to him** yesterday.

▷ ▷ ▷ ESERCIZI

A. Rispondere con i pronomi diretti. Esempio: vuoi i broccoli? sì, **li** voglio.

1. Vuoi gli spaghetti? La carne alla griglia - I fagiolini - Il salmone al forno - I piselli?
2. Puoi ordinare una pizza? Il coniglio arrosto - La frutta - Il pollo - Le bistecche?
3. Mangi la trota alla griglia? Le verdure cotte? - Il dolce - Il pane - La focaccia -
   Gli antipasti?
4. Bevi un aperitivo con me? Una birra? - Un bicchiere di vino rosso?
5. Compri il vestito? Le scarpe da ginnastica - I guanti - L'impermeabile - La cravatta?
6. Puoi comprare la poltrona? Il sofà - La tavola - La lavatrice - Le pentole - Il letto -
   Lo specchio?
7. Prendi un tè? Un caffè - Un succo d'arancia - Un bicchierino di liquore?
8. Vuoi mangiare gli zucchini? Le melanzane - I pomodori - Le ciliege - I biscotti?

B. Rispondere con i pronomi diretti. Esempio: hai mangiato i broccoli? Sì, **li** ho mangiat**i**.

1. Hai cotto gli spaghetti? La carne alla griglia - I fagiolini - Il salmone al forno?
2. Hai ordinato una pizza? Il coniglio arrosto - La frutta - Il pollo - Le bistecche?
3. Hai preso la trota arrosto? Le verdure cotte? Il dolce - Il pane - Gli antipasti?
4. Hai bevuto un aperitivo? Una birra? Un bicchiere di vino rosso?
5. Hai trovato il vestito? Le scarpe da ginnastica - I guanti - L'impermeabile - La cravatta?

6. Hai comprato la poltrona? Il sofà - La tavola - La lavatrice - Le pentole - Il letto - Lo specchio?

7. Hai bevuto un tè? Un caffè - Un succo d'arancia - Un bicchierino di liquore?

8. Hai mangiato gli zucchini? Le melanzane - I pomodori - Le ciliege - I biscotti?

C. Rispondere con i pronomi indiretti. Esempio: porti la macchina a Riccardo?
Sì, **gli** porto la macchina.

1. Parli spesso al professore? . . . .

2. Scrivi spesso a tua madre? . . . .

3. Prepari sempre la cena per tuo marito? . . . .

4. Tuo fratello offre l'aperitivo agli ospiti (guests)?. . . . .

5. I tuoi genitori danno molti soldi a tua sorella? . . . .

6. Telefoni alla tua amica stasera? . . . .

7. Mandi il libro a Roberto?. . . . .

8. Che cosa regali a tuo padre per il suo compleanno? . . . .

D. Rispondere con i pronomi indiretti. Esempio: hai portato la macchina a Riccardo?
Sì, **gli** ho portato la macchina.

1. Hai parlato al professore? . . . .

2. Hai scritto a tua madre? . . . .

3. Hai preparato la cena per tuo marito?. . . . .

4. Tuo fratello ha offerto l'aperitivo agli ospiti? . . . .

5. I tuoi genitori hanno dato molti soldi a tua sorella? . . . .

6. Hai telefonato alla tua amica ieri sera? . . . .

7. Hai mandato il libro a Roberto?. . . . .

8. Che cosa hai regalato a tuo padre per il suo compleanno?. . . . .

2. Il verbo piacere: it is mostly used with the third persons singular and plural:

in the present tense: **piace** and **piacciono**
in the past tense: **piaciuto**, **piaciuta**, **piaciuti**, **piaciute**

Le piace la camicetta rossa. She likes the red blouse.
Le è piaciuta la camicetta rossa. She liked the red blouse.

Vi piacciono questi vestiti. You like these dresses.
Vi sono piaciuti questi vestiti. You liked these dresses.

▷ ▷ ▷ ESERCIZI

A. Inserire la forma verbale corretta di "piacere" (al presente).
Esempio: (tu)... le bistecche al sangue. Ti piacciono le bistecche al sangue.
(Gianni)... a Gianni piacciono...

1. (io) . . . . gli spaghetti alle vongole.

2. (Carla) . . . . .la pasta al pomodoro.

3. (noi) . . . . le sogliole con le patatine.

4. (voi) . . . . i tortellini in brodo.

5. (tu) . . . . il tiramisù.

6. (Luigi) . . . . il gelato al cioccolato.

7. (loro) . . . . gli antipasti misti.

8. (Lei) . . . . la crostata di albicocche.

B. Inserire la forma verbale corretta di "piacere" (al passato).

Esempio: (tu)... le bistecche al sangue. Ti sono piaciute le bistecche al sangue.

1. (io) . . . . gli spaghetti alle vongole.

2. (Rosa) . . . . la pasta al pomodoro.

3. (noi) . . . . le sogliole con le patatine.

4. (voi) . . . . i tortellini in brodo.

5. (tu) . . . . il tiramisù.

6. (Roberto) . . . . il gelato al cioccolato.

7. (loro) . . . . gli antipasti misti.

8. (Lei) . . . . la crostata di albicocche.

C. Inserire le parole opposte

1. pesante . . . . dolce . . . .

2. lungo . . . . cotto . . . .

3. largo . . . . antico . . . .

4. amaro . . . . primo . . . .

5. gassata . . . . vuoto . . . .

D. Parliamo

1. Le piace andare al cinema? Ci va spesso? Quante volte ci va in una settimana (o in un mese o in un anno)?

2. Le piacciono gli animali? Quali animali preferisce? Ha un animale? Quale?

3. Le piace viaggiare (to travel)? Le piace di più (more) viaggiare in treno, in macchina o in aereo? Le piace andare in bicicletta?

4. Le piacciono gli abiti eleganti o preferisce quelli casual? Le piacciono i maglioni o preferisce le camicie? Di quali colori li (le) preferisce?

5. Quante paia di scarpe ha? Sono di pelle o no? Hanno i tacchi alti o bassi? D'inverno si mette spesso gli stivali? D'estate si mette spesso i sandali? Secondo Lei le scarpe da ginnastica sono comode (comfortable) o no?

6. Quante camicie ha? Sono di cotone, di lana, di seta o di flanella? Quante paia di pantaloni ha? Sono di cotone, di lana, di pelle, di seta o di flanella? Le piacciono di più le camicie strette o larghe? I pantaloni stretti o larghi?

7. Le piace di più (more): la verdura cotta o cruda? La pasta al dente o ben cotta? Il caffè leggero o forte? Il pane bianco o integrale? La carne o il pesce? L'acqua minerale o le bibite?

1. L'imperfetto e il trapassato prossimo

parlare: parla**vo**, parla**vi**, parla**va**, parla**vamo**, parla**vate**, parla**vano**

Quando **ero** piccolo **giocavo** spesso. When I was little I played often.
I miei genitori **guardavano** la televisione tutte le sere. My parents watched television every night.

La ragazza **era arrivata** in ritardo.	The girl **had arrived** late.
Noi **avevamo** già **bevuto** tre birre.	We **had** already **drunk** three beers.

2. I numeri ordinali da dieci a mille

11° undicesimo - 12° dodicesimo... 30° trentesimo... 100° centesimo... 1000° millesimo

Giovanni abita **al ventisettesimo** piano di questo grattacielo.

▷ ▷ ▷ ESERCIZI

A. Mettere all'imperfetto

Piero si sveglia verso le sette e si alza verso le sette e quaranta. Va in bagno: si lava, si pettina e si veste. Poi va in cucina: fa colazione con un bicchiere di succo d'arancia, un caffè macchiato con molto zucchero, pane e marmellata. Torna in bagno e si lava i denti. Poi si mette il cappotto, la sciarpa e i guanti di pelle. Infine va in garage. Prende la macchina e va al lavoro. Al lavoro ogni tanto si annoia; qualche volta si arrabbia; raramente si diverte. Verso mezzogiorno e mezzo va a pranzo in un ristorante cinese. Mangia una zuppa, la carne, il pesce, le verdure e beve il tè. Poi paga il conto e lascia una buona mancia (tip) al cameriere. Infine torna al lavoro, fino alle (until) cinque. La sera mangia in casa, con la sua famiglia. Dopo cena va spesso a teatro e si diverte molto. Verso le undici e mezza torna a casa. Mette il cappotto, la sciarpa e i guanti nell'armadio. Va in camera; si toglie i vestiti; mette un bicchiere d'acqua sul comodino e va a letto. Si addormenta subito perchè è molto stanco.

B. Inserire l'imperfetto o il passato prossimo

1. Di solito io (cenare) . . . . alle sette e mezzo.

2. Due giorni fa lei (vedere) . . . . tuo fratello al cinema.

3. Lo scorso mese tu (parlare) . . . . al professore di italiano.

4. Spesso mio padre (essere) . . . . ammalato.

5. Tutte le sere Alberto (guardare) . . . . la televisione.

6. Sabato sera i ragazzi (andare) . . . . al cinema.

7. Mentre io (dormire) . . . . mia sorella (arrivare).. . . . .

8. Gianni (scherzare) . . . . sempre quando (essere). . . . . con gli amici.

C. Coniugare i seguenti verbi all'imperfetto:

1. essere   dire
2. fare   bere
3. avere   tradurre

D. Cosa vuol dire...?

1. accidenti . . . .   come al solito . . . .
2. mi dica . . . .   neppure . . . .
3. perfino . . . .   un sacco . . . .
4. senza contare . . . .   certo . . . .
5. salute! . . . .   squisito . . . .

E. Mettere i seguenti verbi al presente, al passato prossimo e all'imperfetto

	Presente	Passato prossimo	Imperfetto
1. Prepararsi (io)	mi preparo	mi sono preparato	mi preparavo
2. Cenare (loro)			
3. Fermarsi (lei)			
4. Tradurre (noi)			
5. Pranzare (voi)			
6. Farsi la barba (lui)			
7. Addormentarsi (tu)			
8. Cucinare (lei)			
9. Baciarsi (loro)			
10. Riposarsi (io)			
11. Produrre (tu)			
12. Sparecchiare (loro)			
13. Incontrarsi (noi)			
14. Indossare (lei)			
15. Conoscere (tu)			
16. Cantare (io)			

F. A voi la parola

1. Quando eri piccolo/a avevi molti amici? Ricordi un amico (o amica) che ti piaceva molto? Come si chiamava? Com'era? Lo (la) vedi ancora adesso? Siete ancora amici (amiche)?
2. Quando eri piccolo/a guardavi spesso la televisione? Quali erano i tuoi programmi preferiti? Andavi spesso al cinema? Ricordi un attore (actor) o un'attrice (actress) che ti piaceva molto? Come si chiamava? Com'era?
3. Quando eri piccolo/a eri ubbidiente o viziato/a? Facevi il tuo letto la mattina? Aiutavi i tuoi genitori in casa? Che cosa facevi?

4. Quando eri piccolo/a avevi un animale? Quale? Com'era? Avevi paura dei cani? E dei ragni (spiders)?
5. Quando eri piccolo/a mangiavi sempre in casa o andavi spesso fuori? Mangiavi più o meno di adesso? Quali cibi ti piacevano di più? Quali cibi ti piacevano di meno (less)?
6. Quando eri piccolo/a dormivi molto? Quante ore dormivi, di solito? Dormivi in una camera da solo o con altre persone? Avevi paura di notte?
7. Quando eri piccolo/a che cosa ti piaceva fare? Ti piaceva la scuola? Eri bravo a scuola? Studiavi molto? Leggevi molto? Qual era la tua favola preferita?

FILASTROCCHE

A. Quando tu vai in montagna
preferisci mangiare le verdure fresche.
Quando lei viene in campagna
preferisce mangiare prosciutto e pesche.

B. I signori Graniglia si preparano molto in fretta   **in fretta** in a hurry
quando devono ricevere ospiti nella loro casetta.   **l'ospite** guest
Lui si mette spesso la camicia azzurra e i pantaloni blu di cotone,
lei, di solito, si mette la gonna bianca di lana e un bellissimo maglione.

Esercizio: leggere le filastrocche ad alta voce; poi mettere tutti i verbi all'imperfetto.

CAPITOLO 10

◊ **Per cominciare:** **Un viaggio a Firenze**

◊ **Il futuro semplice**
◊ **Il futuro anteriore**
◊ **La negazione doppia**
◊ **Gli aggettivi indefiniti**

◊ **Prima lettura:** **La promessa**
◊ **Seconda lettura:** **Un viaggio a Firenze**
◊ **Filastrocche**
◊ **L'Italia in miniatura:** **Un itinerario turistico**

PONTE VECCHIO, FIRENZE

PER COMINCIARE
Un viaggio a Firenze

Luciano e Lucille stanno chiacchierando in un bar.

Luciano: Allora... andiamo a Firenze domani?

Lucille: Sono già pronta!

Luciano: Partiremo* domani mattina verso le sei, così non arriveremo troppo tardi.

Lucille: Andremo subito a vedere la galleria degli Uffizi**: **non vedo l'ora** I can't wait
non vedo l'ora di vedere i quadri di Botticelli!
Quante volte li ho studiati all'università!

Luciano: Sono veramente bellissimi; io li ho visti già due volte, ma   **stancarsi** to get tired
non mi stanco mai di rivederli; e poi sarà bello guardarli insieme a te;   **sarà** it will be
con i tuoi studi in storia dell'arte potrai insegnarmi molte cose! **storia dell'arte** history of art

Lucille: Potremo vedere anche Palazzo Pitti?

Luciano: Certo, però dovremo rimanere a Firenze almeno una notte,
se vogliamo vedere tutto con calma.

Lucille: Per me va benissimo.

Luciano: D'accordo allora. Vengo a prenderti domani mattina alle sei in punto!

PARLIAMO

1. Dove vogliono andare Luciano e Lucille? Quando?

2. Sono eccitati? Quanto tempo vogliono rimanere a Firenze?

3. Che cosa vogliono vedere a Firenze?

4. Che cosa ha studiato Lucille all'università?

5. A che ora vogliono partire?

Dialogo personalizzato. In coppia: personalizzate il dialogo cambiando le domande e le risposte a vostro piacimento. Siate pronti a leggere il nuovo dialogo ad alta voce.

A) IL FUTURO SEMPLICE

1. The future tense (simple future) is formed by eliminating the final **e** of the infinitive and adding the following endings: **ò, ai, à, emo, ete, anno**. Verbs ending in **-are** change the **"a"** of the infinitive (parl**a**r) to **"e"** (parl**e**r):

parlare	**ricevere**	**dormire**
parler**ò** I will speak	ricever**ò** I will receive	dormir**ò** I will sleep
parler**ai**	ricever**ai**	dormir**ai**
parler**à**	ricever**à**	dormir**à**
parler**emo**	ricever**emo**	dormir**emo**
parler**ete**	ricever**ete**	dormir**ete**
parler**anno**	ricever**anno**	dormir**anno**

Note: * "Partiremo" and all the following verbs ending in - emo are conjugated in the future tense.
** Both la galleria degli Uffizi and Palazzo Pitti (mentioned later on) are famous museums.

Domani **telefonerò** a mio fratello. Tomorrow I will call my brother.
Lunedì prossimo Massimo **partirà** per l'Italia. Next Monday Massimo will leave for Italy.
La prossima settimana **incontrerete** i nostri amici. Next week you will meet our friends.

2. Verbs ending in -**care** and -**gare** add an **h** in order to retain the hard sound:

Giocare: gio**cherò** - giocherai - giocherà - giocheremo - giocherete - giocheranno
Spiegare: spie**gherò** - spiegherai - spiegherà - spiegheremo - spiegherete - spiegheranno

3. Verbs ending in -**ciare** and -**giare** drop the **i** before forming the future:

Cominciare: comin**cerò** - comincerai - comincerà - cominceremo - comincerete
cominceranno
Mangiare: man**gerò** - mangerai - mangerà - mangeremo - mangerete - mangeranno

4. Many verbs have irregular endings in the future. In the list below note that many of them have common irregularities:

a. The verb "**essere**": sarò, sarai, sarà, saremo, sarete, saranno

b. dare - fare - stare

dare: d**arò,** darai, darà, daremo, darete, daranno
fare: f**arò,** farai, farà, faremo, farete, faranno
stare: st**arò**, starai, starà, staremo, starete, staranno

Esercizio #1: Scrivere 3 frasi al futuro usando alcuni dei verbi elencati sopra.

c. andare - avere - dovere - potere - sapere - vedere - vivere

andare: an**drò**, andrai, andrà, andremo, andrete, andranno
avere: a**vrò**, avrai, avrà, avremo, avrete, avranno
dovere: do**vrò**, dovrai, dovrà, dovremo, dovrete, dovranno
potere: po**trò**, potrai, potrà, potremo, potrete, potranno
sapere: sa**prò**, saprai, saprà, sapremo, saprete, sapranno
vedere: ve**drò**, vedrai, vedrà, vedremo, vedrete, vedranno
vivere: vi**vrò**, vivrai, vivrà, vivremo, vivrete, vivranno

Esercizio #2: Scrivere 3 frasi al futuro usando alcuni dei verbi elencati sopra.

d. bere-rimanere-volere-venire

bere: berrò, berrai, berrà, berremo, berrete, berranno
rimanere: rimarrò, rimarrai, rimarrà, rimarremo, rimarrete, rimarranno
volere: vorrò, vorrai, vorrà, vorremo, vorrete, vorranno
venire: verrò, verrai, verrà, verremo, verrete, verranno

Esercizio #3: Scrivere 3 frasi al futuro con i verbi elencati sopra.

5. In Italian the future tense is used after words like **quando** (when), **se** (if) and **appena** (as soon as) when in English the present tense is used.

Mangeremo **quando arriverà** Paolo. We will eat when Paolo arrives.
Se verrai sarò molto felice. If you come I'll be very happy.
Lo farò **appena potrò**. I will do it as soon as I can.

6. With reflexive verbs no changes occur when forming the future:

Domani **mi alzerò** presto. Tomorrow I will get up early.
Durante l'estate gli studenti **si riposeranno**.
During the Summer the students will get some rest.

7. The future tense is often used whenever we want to express probability
(a guess, a conjecture, an estimate) in the present :

Sarà vero, ma non lo credo. It may be true but I don't believe it.

Quanto costerà quella giacca? How much do you think that jacket costs?
Costerà almeno trecento dollari. It probably costs at least three hundred dollars.

Quanti anni avrà quell'attore? How old do you think that actor is?
Avrà circa trentacinque anni. He must be about thirty five years old.

Parole ed espressioni utili da ricordare

dappertutto everywhere
fra (or **tra**) due giorni in two days
mai più never again

da nessuna parte nowhere
fra (or **tra**) **poco** in a little while
non ancora not yet

▷ ▷ ▷ ESERCIZI

A. Coniugare i seguenti verbi al futuro:
dimenticare - ridere - lavarsi - decidere - ringraziare - andare - scherzare

B. Per ognuno (each) **dei seguenti verbi formare una frase:**
aspettare - potere - mettersi - perdere - bere - promettere - svegliarsi

C. Inserire la forma verbale al futuro

1. Appena arriverà Umberto noi (cominciare). a mangiare.
2. Il principe (cercare). . . . . Cenerentola dappertutto.
3. Mai più io (lavorare) . . . . in questo negozio.
4. Quanto (costare). . . . . queste scarpe? Chissà!
5. Da nessuna parte Luisa (trovare) . . . . dei prezzi (prices) così bassi (low).
6. Se tu (uscire) . . . . con me ci divertiremo.
7. Quando (cominciare) . . . . il film? Fra un'ora.
8. Fra poco loro (andare) . . . . a casa di Alberto.

D. Cambiare la forma verbale dal presente al futuro

1. Pinocchio lascia suo padre . . . .
2. Cappuccetto Rosso parla con il lupo . . . .
3. Cenerentola va al ballo . . . .
4. I sette nani aiutano Biancaneve . . . .
5. Pinocchio diventa un vero bambino. . . . .

6. Il cacciatore salva Cappuccetto Rosso . . . .

7. Il principe bacia Cenerentola . . . .

8. Cenerentola e il principe si sposano . . . .

E. Inserire la forma verbale al futuro

1. Fra due settimane io (tornare) . . . . .al lavoro.

2. Domani lei (mangiare) . . . . al ristorante Oreste.

3. Questa sera noi (uscire) . . . . .verso le sette.

4. La prossima settimana Teresa e Giuseppe (sposarsi) . . . .

5. Fra un mese tu (partire) . . . . per l'Italia.

6. Domenica Carlo (stare) . . . . in casa.

7. L'anno prossimo i vostri genitori (andare) . . . . in Francia.

8. Questa sera io (guardare) . . . . la televisione.

9. Gli ospiti (arrivare) . . . . fra due ore.

10. Lunedì noi (dare) . . . . l'esame di italiano.

11. Fra poco Gina (andare) . . . . al cinema.

12. Giovedì sera la commedia (cominciare) . . . . .alle otto in punto.

13. Se farà bel tempo noi (giocare) . . . . .a tennis.

14. Non so se Roberto (volere) . . . . venire con noi.

15. Chissà quando i ragazzi (potere) . . . . partire!

16. Gianni, che cosa (fare) . . . . domani sera?

F. Rispondere come indicato nell'esempio. Esempio: hai comprato la lavapiatti?
Non ancora; la comprerò domani.

1. Hai dato l'esame? . . . .

2. Avete visto il film? . . . .

3. Hanno parlato a Carlo? . . . .

4. Ha letto il libro? . . . .

5. Avete studiato la lezione? . . . .

6. Hai preso i biglietti (tickets) per il teatro? . . . .

7. Hanno venduto la macchina? . . . .

8. Hai telefonato a Gianna? . . . .

G. Scrivere 8 frasi al futuro usando le seguenti parole o espressioni:
quando - fra un anno - appena - se - fra poco

H. A voi la parola

1. Che cosa farai domenica prossima? Dove andrai durante le vacanze?

2. Andrai a ballare venerdì sera?

3. Quante ore studierai per il prossimo esame?

4. Farai un viaggio presto? Quando? Dove andrai? Con chi?

5. Che cosa farai questa sera? Chi vedrai? Con chi parlerai?

6. Che cosa mangerai questa sera?
Quante ore pensi che dormirai durante il fine - settimana? Quante telefonate (telephone calls) pensi che farai la prossima settimana? A chi telefonerai?

Studio italiano

B) IL FUTURO ANTERIORE

1. The future perfect is formed with the future tense of the auxiliary verb (essere or avere) and the past participle of the main verb.

Domani **avrai** già **ricevuto** il mio pacco.
By tomorrow you **will** already **have received** my package.
Fra due giorni **saranno arrivati** a Roma.
In two days they **will have arrived** in Rome.

2. The future perfect is also used to express probability
(a guess, a conjecture or an estimate) in the past.

A che ora **saranno arrivati**? At what time do you think they arrived?
Che cosa **sarà successo**? What do you think might have happened?

▷ ▷ ▷ ESERCIZI

A. Rispondere usando il futuro anteriore

1. A che ora sarà partito Paolo? Secondo me. . . . .
2. La prossima settimana sarete già arrivati a Firenze? Sì, ...
3. Domani sera avrai già dato l'esame? Sì, ...
4. Mamma, dove avrò messo il libro? Secondo me. . . . .
5. Quanti bicchieri di vino avrà bevuto Alberto ieri sera? Secondo me. . . . .
6. Fra due mesi avrete finito l'università? No, ...
7. Fra un mese la campagna elettorale (electoral campaign) sarà già cominciata? Sì, . . .
. . . .
8. Dove sarà andato Marcello? Secondo me . . . .

C) LA NEGAZIONE DOPPIA

1. Unlike English, the double negation is very common in Italian, as you can see in the examples below:

Non mangio **niente**. I don't eat anything (lit: I don't eat nothing).
Non vediamo **nessuno**. We don't see anybody (lit: We don't see nobody).
I bambini **non** cambieranno **mai!** Children will never change!
Non avete **neppure** (**nemmeno/neanche**) un libro! You don't even have a book.
Non credo **nè** a lui **nè** a lei! I believe neither him nor her!

2. Note that the first negative word is always "**non**" and it always precedes the conjugated verb, while the second negative word (niente, mai etc...) always follows the conjugated verb.

3. The most common words or expressions used in forming double negation sentences are the following:

mai never	**niente** (or **nulla**) nothing
nessuno nobody, no one	**neppure** (or **nemmeno** or **neanche**) not even
nè... nè... neither... nor...	

4. Event hough double negation sentences are very common, most negative words or expressions can also be used alone in forming a negative sentence. In this case they precede the conjugated verb.

Nessuno potrà aiutarlo. Nobody will be able to help him.
Nè Paolo nè Luigi sono venuti alla festa. Neither Paolo nor Luigi came to the party.
Mai ho visto un film così bello! Never did I see such a beautiful movie!
Niente è più importante della salute. Nothing is more important than health.
Neppure Roberto ha capito la lezione. Not even Roberto understood the lesson.

LA FONTANA DI NETTUNO, FIRENZE

▷ ▷ ▷ ESERCIZI

A. Completare inserendo una delle seguenti parole: niente, neppure, nessuno, mai, nè... nè (la stessa parola si può usare più volte).

1. . . . . vuole essere triste.

2. Non ho. . . . . un libro.

3. Questi ragazzi non hanno . . . . sonno.

4. Non possiamo comprare . . . . questo, . . . quello.

5. Tu non lavori . . . .

6. Oggi Carla non vuole mangiare . . . .

7. Non avete. . . . . il passaporto!

8. . . . . è perfetto.

B. Tradurre

1. They didn't do anything yesterday. . . . .

2. She doesn't even speak English . . . .

3. I didn't listen to anybody . . . .

4. You (s. inform.) will never understand. . . . .

5. We couldn't eat anything last night . . . .

6. There is nothing in this refrigerator . . . .

7. You (pl. inform.) never study your lesson . . . .

8. He loves neither him nor her . . . .

C. Scrivere una frase per ognuna delle seguenti parole o espressioni:

mai, nessuno, niente (o nulla), neppure (o neanche o nemmeno), nè... nè...

Parole ed espressioni utili per la lettura: "La promessa"

allegro cheerful	**l'asino** donkey	**la bugia** (pl. **le bugie**) lie
cercare to look for	**la galera** jail	**meritare** to deserve
perbene proper, good	**stanco** tired	**la storia** story, history
la verità truth	**volentieri** gladly	

PRIMA LETTURA - La promessa

da: Le avventure di Pinocchio (Capitolo XXV) di Carlo Collodi* (adapted)

Pinocchio: Fatina, io voglio crescere (to grow) un po'. Non vedi come sono piccolo?

Fata: Ma tu non puoi crescere.

Pinocchio: Perchè?

Fata: Perchè i burattini non crescono mai. Nascono burattini, vivono burattini e muoiono burattini.

Pinocchio: Oh! sono stanco di essere sempre un burattino! Voglio diventare un bambino vero...

Fata: E lo diventerai, se saprai meritarlo...

Pinocchio: Davvero? E che posso fare per meritarlo?

Fata: Una cosa facilissima: devi diventare un ragazzino perbene. I ragazzi perbene sono ubbidienti, studiano, lavorano, dicono sempre la verità, e tu invece...

Pinocchio: E io invece non ubbidisco mai, non studio, non lavoro e dico sempre le bugie. Ma da oggi in poi voglio cambiare vita.

Fata: Me lo prometti?

Pinocchio: Lo prometto. Voglio diventare un ragazzino perbene, e voglio essere la consolazione del mio povero babbo...

Fata: Lo so che hai un cuore buono; e quando i ragazzi hanno un cuore buono, anche se sono un po' monelli (rascals) possono sempre cambiare... Ecco perchè ti ho cercato. Io sarò la tua mamma...

Pinocchio: Oh! che bella cosa!

Pinocchio salta dalla gioia (from joy).

Fata: Tu mi ubbidirai e farai sempre quello che (whatever) ti dirò io.

Pinocchio: Volentieri, volentieri, volentieri!

Fata: Comincerai domani: domani andrai a scuola.

Pinocchio diventa subito un po' meno (less) allegro.

Note: * Carlo Collodi (pen name of Carlo Lorenzini) is the author of "Le avventure di Pinocchio" (The adventures of Pinocchio), first published in 1883. Carlo Lorenzini was born in Florence in 1826 and died in Florence in 1890. Collodi is the name of a small town in the province of Pistoia (in Tuscany), where the author's mother was born. In Collodi, in the park named after Pinocchio, there is a beautiful bronze monument by Emilio Greco.

Fata: Poi cercherai un lavoro.
Pinocchio diventa serio (serious).
Pinocchio: Ma io non ho voglia di cercare un lavoro... lavorare è faticoso (fatiguing)...
Fata: Ragazzo mio, quelli che (those who) dicono così finiscono (end up) quasi sempre o in galera o all'ospedale (hospital). Tutte le persone devono fare qualcosa (something) in questo mondo. L'ozio (idleness) è una bruttissima malattia (disease) e dobbiamo curarla (cure it) subito, da bambini; altrimenti (otherwise), quando siamo grandi, è troppo tardi.
Queste parole toccano (touch) l'animo (soul) di Pinocchio.
Pinocchio: Io studierò, io lavorerò, io farò tutto quello che (all that) mi dirai....
Voglio diventare un ragazzo a tutti i costi. Tu me l'hai promesso, non è vero?
Fata: Te l'ho promesso, e ora dipende da te (it depends on you).
In seguito (later on) Pinocchio incontrerà un amico cattivo, Lucignolo e con lui andrà nel paese dei balocchi (Toyland). Poi diventerà addirittura un asino. Alla fine della storia, però, Pinocchio troverà il suo papà dentro la balena e lo salverà. Così potrà diventare un ragazzo vero, in carne e ossa (in flesh and bones).

▷ ▷ ▷ ESERCIZI

A. Contare tutti i verbi presenti nella lettura: quanti verbi sono al presente? Al passato? Al futuro? Poi dare l'infinito di ogni verbo.

B. Scrivere una frase per ognuna delle seguenti parole o espressioni:
la bugia, la verità, cercare, la galera, volentieri

C. Parliamo

1. Perchè Pinocchio dice che vuole crescere? E la fata che cosa gli risponde?
2. È un ragazzo perbene Pinocchio? Perchè? Ha un cuore buono Pinocchio secondo la fata?
3. Che cosa deve fare Pinocchio per diventare un ragazzo perbene?
4. Secondo la fata che cosa succede ai ragazzi che non vogliono nè studiare nè lavorare? Lei conosce persone che sono finite (ended up) in galera o all'ospedale? Che tipo di vita conducevano?
5. Che cosa promette Pinocchio alla fata? E la fata che cosa gli promette?
6. Che cosa succederà in seguito (later on) a Pinocchio? Quando diventerà finalmente un ragazzo vero, in carne e ossa?
7. Lei ricorda altri particolari di questa storia? Ha visto il film su Pinocchio?
8. Lei ha mai fatto una promessa a qualcuno o qualcuno ha mai fatto una promessa a Lei? Quando? Che tipo di promessa?

D) GLI AGGETTIVI INDEFINITI

1. The most common indefinite adjectives are listed below. You already know many of them.

Ogni (inv.) every, each

tutto (a - i - e) every, all

Ogni giorn**o** (o **tutti i** giorn**i**) mangio la pasta.
Ogni sera (o **tutte le** ser**e**) Roberto beve il vino.

Every day I eat pasta.
Every night Roberto drinks wine.

Avete lavorato **tutto il** giorn**o**. You worked all day.
Hanno dormito **tutta la** ser**a**. They slept all evening.

Qualche (inv.) some, few   **alcuni - alcune** some, few   **di+definite article** some, few

Qualche volt**a** (o **alcune** volt**e** o **delle** volt**e**) mangio la carne. Sometimes I eat meat.
Abbiamo solo **qualche** libro (o **alcuni** libri o **dei** libri) di italiano.
We only have a few Italian books.

Qualsiasi (inv.) any   **qualunque** (inv.) any

Qualsiasi (o **qualunque**) ristorante italiano serve la pasta. Any Italian restaurant serves pasta.
Nessun - nessuno - nessuna no (+noun)

Nessun ristorante italiano deve rimanere senza pane. No Italian restaurant should remain
without bread.
Nessuno studente è assente oggi. No student is absent today.
Nessuna persona può vivere senza mangiare. No person can live without eating.

2. Note that **ogni, qualche** and **qualsiasi** (o **qualunque**) are invariable and require
singular nouns:

ogni giorn**o** - **qualche** volt**a** - **qualsiasi** ristorant**e**.

Note also that **nessun - nessuno - nessuna** follow the same rules as the indefinite article.

▷ ▷ ▷ ESERCIZI

A. Sostituire "**ogni**" con "**tutti**" o "**tutte**". Esempio: ogni uomo è mortale...
tutti gli uomini sono mortali.

1. Ogni mattina mi alzo alle sette. . . . .
2. In ogni ristorante ci sono i camerieri . . . .
3. In ogni casa moderna ci sono molti elettrodomestici. . . . .
4. Ogni sera Laura si addormenta molto presto. . . . .
5. Ogni volta che devo dare un esame sono molto nervosa . . . .
6. Ogni anno John va in Italia . . . .
7. Di solito in ogni stanza c'è una finestra . . . .
8. Ogni settimana telefoni ai tuoi genitori . . . .

B. Sostituire "**qualche**" con "**alcuni - alcune**"

1. Qualche volta bevo lo spumante. . . . .
2. Fra qualche giorno arriverà il tuo amico Carlo . . . .
3. In qualche casa ci sono tre bagni . . . .
4. Fra qualche mese partiremo per il Messico. . . . .
5. Puoi prestarmi qualche libro di Italiano?. . . . .
6. Avete visto qualche film bello recentemente?. . . . .
7. Fra qualche settimana comincerò a lavorare . . . .
8. Qualche studente studia continuamente. . . . .

C. Completare ogni frase con una delle seguenti parole: *niente - alcuni - ogni - qualsiasi - qualunque - nessuno - nessuna - ogni*

1. Ieri non ho visto . . . .

2. Roberto non ha mangiato . . . .

3. . . . . persona è immortale.

4. . . . . giornali sono molto interessanti.

5. . . . . giorno incontro la mia amica Francesca.

6. . . . . studente può rispondere alle domande facili.

7. . . . . volta che devo parlare in pubblico divento molto nervoso.

8. A lui piace . . . . tipo di carne.

D. Scrivere 8 frasi usando gli aggettivi indefiniti.

PAROLE, PAROLE!

Leggete le parole sotto elencate. Quante ne conoscete già?

1. In viaggio

l'aeroporto airport
l'autobus bus
il bagaglio baggage, luggage
il biglietto ticket
la cabina telefonica telephone booth
il gettone token
il passaporto passport
il tassì (or **il taxi**) taxi cab

l'aeroplano (l'aereo) airplane
l'autostrada highway
la benzina gas
il binario platform
la dogana customs
la patente driver's license
il treno train
la valigia suitcase

fare un viaggio - viaggiare to take a trip - to travel
noleggiare una macchina to rent a car
mi fa il pieno? can you fill it up?
andata e ritorno round trip

Esercizio #1: Scrivere 3 frasi usando alcune delle parole elencate sopra.

I soldi money
l'assegno check
i contanti (in contanti) cash
la moneta coin
lo sconto discount

la carta di credito credit card
il cambio exchange
il prezzo price

quanto costa or **quant'è?** How much does it cost - how much is it?

2. In albergo

l'armadio a muro closet
l'asciugamano towel
il comodino night stand
il cuscino pillow

l'ascensore elevator
la carta d'identità identification card
la coperta blanket
il gabinetto (o **il bagno**) restroom

la **lampada** lamp   il **letto** bed
la **camera singola**, **doppia** single - bedroom, double - bedroom

Esercizio #2: Scrivere 3 frasi usando alcune delle parole elencate sopra.

3. Parole opposte

aperto open   **chiuso** closed
entrata entrance   **uscita** exit
la partenza departure   **l'arrivo** arrival

⇨ ⇨ ⇨ ESERCIZI

A. Completare con le seguenti parole o espressioni: *alcuni gettoni - che binario - centro - valigia - in contanti - andata e ritorno - l'entrata - il passaporto - doppia - il bagno*

1. Domani prenderò l'autobus per andare in . . . .

2. Ci può dare . . . . per telefonare, per favore?

3. Scusi, ... è questo?

4. Un biglietto . . . . per Milano, per piacere.

5. Devi portare . . . .

6. Scusa, dov'è . . . . del ristorante?

7. Signora, qui non può pagare con la carta di credito: solo . . . .

8. C'è uno sconto per questa . . . . ?

9. Avete una camera . . . . per stasera?

10. Scusi, dov'è . . . . ?

B. Parliamo

1. Quando fa un viaggio di solito Lei è in anticipo, in ritardo o puntuale per la partenza?
2. Ha mai noleggiato una macchina? Quando? Dove? Ha mai preso un treno? Quando? Dove? Ha mai preso un aereo? Quando? Dove?
3. Quando viaggia quante valigie prende, di solito? Di solito viaggia da solo o con altri?
4. Ricorda un albergo o una pensione o un ristorante particolare dove è stato? Com'era?
5. Quando viaggia come paga, di solito? (in contanti, con la carta di credito, con assegni)
6. Farà un viaggio presto? Quando partirà? Dove andrà?

Parole ed espressioni utili per la lettura: "Un viaggio a Firenze"

l'arte art   **credere** to believe
l'elenco list   **grazie di tutto** thanks for everything
la mancia tip   **piacere mio** the pleasure is mine
seguire to follow

SECONDA LETTURA - Un viaggio a Firenze

Da tanto tempo i signori Smith volevano fare un viaggio a Firenze e ora finalmente eccoli davanti a un bellissimo albergo, sulle colline (hills) della città. Il signor Smith entra.

Signor Smith: Buon giorno!

Albergatore: Buon giorno, desidera?

Signor Smith: Ha una camera libera?

Albergatore: Dunque, vediamo...come la vuole... singola, doppia, matrimoniale?

Signor Smith: Matrimoniale. Sono con mia moglie.

Albergatore: Benissimo, ecco una camera matrimoniale con doccia, aria condizionata e televisione; c'è anche una bella vista di Firenze. E... quanto tempo starete a Firenze?

Signor Smith: Ci staremo una settimana.

Albergatore: Bene. La camera è vostra per tutta la settimana.

Signor Smith: E... quanto costa? Ah, ecco il prezzo. E la colazione...?

Albergatore: La colazione è inclusa (included) nel prezzo.

Signor Smith: Perfetto; la prendo.

Albergatore: Benissimo; Giuseppe verrà fuori con Lei e prenderà le valige... ma scusi, prima mi deve dare un documento... carta d'identità o passaporto.

Signor Smith: Ecco il passaporto.

Albergatore: Grazie, dunque Lei è il signor Smith. Molto piacere. Benvenuto a Firenze!

Il signor Smith esce; parcheggia la macchina e poi ritorna in albergo, con la moglie. Giuseppe lo segue con le valige.

Giuseppe: Prendiamo l'ascensore, qui a destra. La camera è al quinto piano.
Ah, buongiorno signora. Lei è la signora Smith?

Signora Smith Sì, sono la moglie. Tanto piacere.

Giuseppe: Piacere mio. Dunque anche sua moglie parla benissimo l'italiano. Dove l'avete imparato, in America?

Signora Smith Sì, abbiamo studiato con un bravissimo insegnante italiano.

Giuseppe: Ah, bene, bene! Uno di questi giorni anch'io comincerò a studiare l'inglese! Ecco... quinto piano... Siamo arrivati! La vostra camera è questa!

I signori Smith entrano in camera.

Signora Smith: Che bella stanza! Guarda che veduta! E' magnifica! Scusi... quello laggiù (down there) è il campanile di Giotto?

Giuseppe: Sì, è proprio quello. E là potete vedere il famoso Ponte Vecchio.

Signora Smith: Che bello!

Giuseppe: Ah, se deciderete di andare al ristorante vi darò un elenco di ristoranti molto buoni!

Signora Smith: Grazie; credo che prima ci riposeremo un po', perchè siamo molto stanchi. Fra qualche ora, però, verremo a trovarla e le chiederemo un sacco di informazioni sulla città. Ci sarà Lei?

Giuseppe: Sì, sì, rimarrò fino a mezzanotte. Ci vedremo dopo, allora!

Signor Smith: Ecco la mancia per Lei: grazie di tutto e a presto.

▷ ▷ ▷ **ESERCIZI**

A. Scrivere una frase per ognuna delle seguenti parole o espressioni:
credere, l'elenco, la mancia, seguire.

B. Parliamo

1. Chi sono i signori Smith? Da dove vengono? Dove sono arrivati? Chi entra nell'albergo? Dove si trova l'albergo?

2. Che cosa chiede l'albergatore? Che cosa risponde il signor Smith?

3. Chi ha preso le valige? Che cosa fa Giuseppe? Che cosa dice alla moglie del signor Smith?

4. Parla inglese Giuseppe? Parlano bene l'italiano i signori Smith?

5. A che piano si trova la camera? Com'è la camera? Ha una bella veduta?

6. Sono contenti i signori Smith? Sono stanchi? Che cosa vogliono fare?

7. Che cosa dà il signor Smith a Giuseppe? Che cosa faranno i signori Smith più tardi?

8. Lei è mai andato in Italia o in un paese straniero? Conosceva la lingua di questo paese o no? Quali sono state le sue esperienze (experiences) di viaggio più interessanti?

C. Scrivere un breve tema intitolato: "Un viaggio speciale"

D. Attività in classe: pretend you are looking for a room in a hotel. You are very fussy No room is ever right for you. One of your classmates will be the hotel owner and will try to convince you to get a room.

FILASTROCCHE

A. Ogni anno parto dall'aeroporto
con qualche valigia e il passaporto.
Arrivo in Italia, a Roma o a Milano,
noleggio una macchina e guido piano piano.

piano piano slowly

B. L'albergatore ha dato subito la chiave al turista
che gli ha chiesto una camera con una bella vista.
Poi l'ha accompagnato davanti all'ascensore
e gli ha detto: "Benvenuto a Firenze, signore!"

accompagnare to accompany

Esercizio: Dare l'infinito dei verbi; poi mettere tutti i verbi al futuro.

L'ITALIA IN MINIATURA

Parole ed espressioni utili per la lettura

prenotare to book
proporre * (p. p. **proposto**) to propose
rimanere (p. p. **rimasto**) to remain

La seguente lettura contiene molte "parole simili". Le riconoscete?

Un itinerario turistico

Molti turisti stranieri, quando vanno in Italia, vorrebbero (would like) visitarla tutta e in poco tempo e dunque sono sempre indecisi (undecided) sull'itinerario da seguire.

Proponiamo allora un itinerario interessante, anche se non completo.

Partiamo da Milano, la capitale industriale e finanziaria d'Italia e in centro visitiamo almeno il duomo e il teatro "Alla Scala". Che cosa mangiamo? Risotto e cotolette alla milanese.

Poi andiamo a Venezia dove dobbiamo certamente fare un giro in gondola, oltre ad ammirare i palazzi, i ponti e le chiese.

Ci fermiamo (we stop) ora a Ravenna perchè vogliamo vedere i suoi famosi mosaici bizantini (possiamo visitare, per esempio, la basilica di San Vitale).

A Bologna, sede dell'università più antica del mondo, facciamo una passeggiata sotto i portici (arcades) e ci fermiamo a guardare le famose torri medioevali (Garisenda e degli Asinelli); poi ci godiamo (we enjoy) un buon piatto di tortellini o di lasagne.

Non per niente Bologna è chiamata la dotta (the learned one), la turrita (the towered one) e la grassa (the fat one).

La prossima fermata (stop) è Firenze, grande città d'arte e seconda capitale d'Italia (dal 1865 al 1871), dove dobbiamo rimanere almeno alcuni giorni e cercare di visitare, oltre alle chiese e ai palazzi (per esempio la cattedrale di Santa Maria del Fiore con la cupola (dome) del Brunelleschi e il Palazzo Vecchio), anche i musei. E naturalmente dobbiamo assaggiare la bistecca alla fiorentina, oltre ai famosi crostini toscani.

Ed eccoci a Roma, capitale d'Italia dal 1871. Qui dobbiamo prenotare una stanza in albergo per almeno una settimana per visitare anche la Città del Vaticano, sede (seat) del Papa (pope). Il menù? proviamo gli spaghetti all'amatriciana * *, i saltimbocca o l'abbacchio (baby lamb).

A Napoli, grande porto della Campania, visitiamo non solo la magnifica città ma possibilmente anche le bellissime isole vicine (Ischia e Capri), Pompei, Amalfi e Positano. Che cosa ordiniamo al ristorante? Certamente gli spaghetti o la pizza Margherita (chiamata così in onore della prima regina d'Italia), la mozzarella in carrozza * * * e tanto pesce.

Ora ci rimane poco tempo. Dunque prendiamo un traghetto che ci porta a Cagliari, in Sardegna, dove assaggiamo la famosa zuppa di pesce (fish soup) e poi a Genova, dove ordiniamo naturalmente la pasta al pesto.

Note: * The present tense forms of the verb proporre are the following: propongo, proponi, propone, proponiamo, proponete, propongono. * * The sauce for spaghetti all'amatriciana is prepared with lean bacon, Pecorino cheese, onions and tomatoes. * * * Mozzarella in carrozza: mozzarella sandwiches dusted with flour, dipped in beaten eggs and fried.

E infine eccoci a Torino, grande città industriale e prima capitale d'Italia (dal 1861 al 1865). Se abbiamo ancora un po' di tempo ammiriamo i vari monumenti (per esempio la Mole Antonelliana) e visitiamo il salone dell'automobile! Non per niente Torino è la sede (headquarters) della FIAT. Che cosa mangiamo? Dobbiamo assolutamente assaggiare la fonduta con i famosi tartufi (truffles)!

E poi torniamo all'aeroporto di Milano dove l'aereo ci aspetta.

▷ ▷ ▷ ESERCIZI

A. Sottolineare tutte le parole simili contenute nella lettura.

B. Parliamo

1. Che cosa vorrebbero (would like) vedere molti turisti quando vanno in Italia?
2. Quale città rappresenta il punto di partenza nell'itinerario proposto? Quale città rappresenta il punto di arrivo?
3. Che cosa dobbiamo visitare a Milano? E a Venezia? E a Ravenna? E a Bologna? Quali sono alcune specialità culinarie di Milano? E di Bologna? Perchè Bologna è chiamata la dotta, la turrita e la grassa?
4. Che cosa dobbiamo cercare di visitare a Firenze? E a Roma? E a Napoli? Quali sono alcune specialità culinarie di Firenze? E di Roma? E di Napoli? Quali isole e quali paesi, oltre a Napoli, dobbiamo vedere in Campania? Perchè la pizza Margherita si chiama così?
5. Quali prodotti o piatti dobbiamo assaggiare a Cagliari? E a Genova?
6. È una città industriale Torino? Che cos'è la FIAT? Qual è un tipico piatto piemontese?
7. Quali città, oltre a Roma, sono state capitali d'Italia nel passato? Quando e per quanto tempo?

FIRENZE, Santa Maria Novella

VOCABOLARIO

I verbi

cercare to look for
fare un viaggio to take a trip
noleggiare (una macchina) to rent (a car)
proporre (p. p. **proposto**) to propose
seguire to follow
viaggiare to travel

credere to believe
meritare to deserve
prenotare to book
rimanere (p. p. **rimasto**) to remain
stancarsi to get tired

I nomi: In viaggio e altri

l'aeroporto airport
l'arte art
l'asino donkey
il bagaglio baggage, luggage
il binario platform
il cambio exchange
la carta d'identità identification card
la dogana customs
la galera jail
la mancia tip
la patente driver's license
il prezzo price
la storia story, history
la valigia (pl. **le valige**) suitcase

l'aeroplano (**l'aereo**) airplane
l'ascensore elevator
l'autostrada highway
il biglietto ticket
la bugia (pl. **le bugie**) lie
la carta di credito credit card
i contanti cash
l'elenco list
il gettone token
la moneta coin
il passaporto passport
la promessa promise
il tassì (o **il taxi**) taxi - cab
la verità truth

Gli aggettivi

allegro cheerful
perbene proper, good
stanco tired

nessun - nessuno no (+noun)
qualunque (o **qualsiasi**) any

Parole opposte

aperto open
doppia double
l'entrata entrance
la partenza departure
dappertutto everywhere

chiuso closed
singola single
l'uscita exit
l'arrivo arrival
da nessuna parte nowhere

Parole ed espressioni varie

andata e ritorno round trip
fra (or **tra**) **poco** in a little while
mai più never again
nè... nè... neither... nor...

non ancora not yet
piacere mio the pleasure is mine

appena as soon as, barely
grazie di tutto thanks for everything
mi fa il pieno? can you fill it up?
neppure (**nemmeno/neanche**)
not even
non vedo l'ora... I can't wait
volentieri gladly

CAPITOLO 11

IN UFFICIO

PER COMINCIARE

Un buon lavoro

**Luciano e Lucille stanno bevendo una bibita
in un caffè vicino all'università "La Sapienza"***.

Lucille: Mi piacerebbe tanto visitare la Liguria**: Genova, le Cinque terre, Portofino. Ci andiamo durante il fine - settimana?

Luciano: Questo fine - settimana? È impossibile. Lunedì prossimo devo dare un esame molto difficile. E poi devo finire di scrivere la tesi. Alla fine della settimana sarò nervosissimo e stanchissimo.

la tesi thesis

Lucille: E quando avrai la laurea potrai trovare un buon lavoro?

Luciano: Spero proprio di sì. Io vorrei insegnare letteratura italiana all'università: è sempre stato il mio sogno; oppure potrei insegnare lettere in un liceo.

vorrei I would like
potrei I could
liceo high school

Lucille: È facile trovare un posto come professore?

Luciano: Beh, no, non è facile. Ma se proprio non potrò insegnare entrerò nella ditta di mio padre. Lui sarebbe felicissimo!

ditta firm **sarebbe** he would be

Lucille: E io che lavoro potrei fare in Italia? Sai bene che non ho ancora finito l'università.

Luciano: Beh... forse potresti insegnare l'inglese.

potresti you could

Lucille: Davvero? Mi piacerebbe moltissimo! Ma è possibile?

mi piacerebbe I would like

Luciano: Penso di sì ma... dovremo informarci.
Comunque per la Liguria potremmo andarci il prossimo fine - settimana! **comunque** anyway
potremmo we could

Lucille: Fra una settimana? Benissimo. E quando torneremo cercherò un lavoro come insegnante.

PARLIAMO

1. Dove vuole andare Lucille? Che cosa risponde Luciano?
2. Che lavoro vorrebbe fare Luciano? È facile trovare un posto come professore? Che cos'altro potrebbe fare Luciano?
3. Lucille ha finito l'università? Che lavoro potrebbe fare Lucille secondo Luciano? A Lucille piacerebbe insegnare l'inglese?
4. Quando andranno in Liguria i ragazzi? E quando torneranno Lucille che cosa farà?

Dialogo personalizzato. In coppia: personalizzate il dialogo cambiando le domande e le risposte a vostro piacimento. Siate pronti a leggere il nuovo dialogo ad alta voce.

Note: * "La Sapienza" is a famous university located in Rome. The word "sapienza" means "knowledge".
** Liguria is a region in northern Italy: Genova is its capital; Portofino and the "Cinque terre" are very famous resorts, not too far from Genova.

A) IL CONDIZIONALE SEMPLICE

1. The present conditional translates the English **would + verb.**

Mangerebbe volentieri, ma non le piace questo cibo.
She **would** gladly **eat,** but she doesn't like this food.

Ti **offrirei** una birra, ma mio zio le ha bevute tutte. I **would offer** you a beer, but my uncle drank all of them.

2. The present conditional is formed by adding to the future stem of the verb (both regular and irregular) the following endings: **ei - esti - ebbe - emmo - este - ebbero**:

parlare	**rispondere**	**dormire**	**finire**
parler**ei**	risponder**ei**	dormir**ei**	finir**ei**
parler**esti**	risponder**esti**	dormir**esti**	finir**esti**
parler**ebbe**	risponder**ebbe**	dormir**ebbe**	finir**ebbe**
parler**emmo**	risponder**emmo**	dormir**emmo**	finir**emmo**
parler**este**	risponder**este**	dormir**este**	finir**este**
parler**ebbero**	risponder**ebbero**	dormir**ebbero**	finir**ebbero**

andare	**essere**	**venire**
andr**ei**	sar**ei**	verr**ei**
andr**esti**	sar**esti**	verr**esti**
andr**ebbe**	sar**ebbe**	verr**ebbe**
andr**emmo**	sar**emmo**	verr**emmo**
andr**este**	sar**este**	verr**este**
andr**ebbero**	sar**ebbero**	verr**ebbero**

Esercizio #1: Coniugare al futuro tutti i verbi elencati sopra (parlare - rispondere - dormire - finire - andare - essere - venire). Esempio: parlare: parlerò - parlerai...

3. With modal verbs (volere - potere - dovere) the corresponding English meaning is the following:

Dovrei mangiare. I should (or I ought to) eat.
Potresti telefonare. You could (or you might) call.
Vorrebbe parlare. He would like to (or want to) speak.

Esercizio #2: Coniugare al condizionale i seguenti verbi: potere - volere - dovere - avere - vedere - bere - vivere - sapere. Esempio: potere: potrei - potresti...

PAROLE, PAROLE!

Leggete le parole sotto elencate. Quante ne conoscete già?

1. I mestieri e le professioni (jobs and professions)

l'artista artist	**l'attore** actor
l'autore author	**l'avvocato** lawyer
il cameriere waiter	**il cantante** singer

il commesso salesperson	**il cuoco** cook
il datore di lavoro employer	**il direttore** director
il dottore doctor	**il farmacista** pharmacist
il giornalista journalist	**l'impiegato** employee, clerk
l'imprenditore entrepreneur	**l'infermiere** nurse
l'insegnante teacher	**il meccanico** mechanic
il negoziante shopkeeper	**l'operaio** worker
il poeta poet	**il postino** mailman
il professore professor	**lo scrittore** writer

Esercizio #1: Scrivere 3 frasi usando alcune delle parole elencate sopra.

2. I negozi e i luoghi di lavoro (shops and work places)

l'agenzia agency	**la banca** bank
la ditta firm, company	**la fabbrica** factory
la farmacia pharmacy	**la gioielleria** jewelry shop
i grandi magazzini department stores	**la lavanderia** laundromat, laundry
la macelleria butcher's shop	**la pasticceria** pastry shop
l'ospedale hospital	**il supermercato** supermarket
l'ufficio office	

Esercizio #2: Scrivere 3 frasi usando alcune delle parole elencate sopra.

3. Parole opposte

assumere (p.p. **assunto**) to hire	**licenziare** to fire
lavorare to work	**essere disoccupato** to be unemployed
dire di sì to say yes	**dire di no** to say no

Esercizio #3: Scrivere 3 frasi usando alcune delle parole opposte elencate sopra.

4. Parole ed espressioni utili da ricordare

Che mestiere fai? Che lavoro fai? What do you do for a living? What kind of job do you have?

Faccio... il professore, il cameriere, il postino. I am a professor, a waiter, a mailman.

Sono... farmacista, avvocato, operaio. I am a pharmacist, a lawyer, a worker.

Lavoro... in banca, in una ditta, in una fabbrica. I work in a bank, in a firm, in a factory.

Andare... in banca, in lavanderia, in fabbrica, in ufficio, in pasticceria, a casa, a scuola, al supermercato, all'università.

Andare a fare la spesa to go shopping (in a grocery store).

Andare a fare delle spese to go shopping (anywhere).

▷ ▷ ▷ **ESERCIZI**

A. Dove lavora? Rispondere come indicato nell'esempio.

Esempio: il farmacista... **il farmacista lavora in una farmacia.**

1. Il dottore. . . . .

2. Lo scrittore . . . .

3. L'operaio . . . .
4. L'avvocato. . . . .
5. Il professore . . . .
6. Il cameriere. . . . .
7. Il cuoco . . . .
8. Il commesso . . . .

B. Parliamo

1. Che lavoro fa? Che lavoro Le piacerebbe fare? Dove vorrebbe lavorare? Quanto vorrebbe guadagnare (to earn)?
2. Andrebbe volentieri (gladly) in vacanza in Italia? Quali città le piacerebbe visitare?
3. Quali attori o attrici (actors or actresses) le piacerebbe conoscere? Le piacerebbe conoscere il presidente degli Stati Uniti? Che cosa gli direbbe? Quali personaggi famosi Le piacerebbe conoscere?
4. Abiterebbe volentieri (gladly) in un castello? E al trentesimo piano di un grattacielo?
5. Andrebbe volentieri sulla luna o su un altro pianeta (planet)? Perchè?
6. Mangerebbe volentieri al ristorante tutte le sere? Quale ristorante preferirebbe?
7. Quale macchina Le piacerebbe comprare? Le piacerebbe avere una Ferrari?

B) I NOMI DI MESTIERI E PROFESSIONI

1. Most nouns referring to jobs and professions have special endings.
Nouns ending in **-ista** have the same singular ending, whether they refer to a man or to a woman. In the plural the endings change according to gender.
The gender of the noun is indicated by the preceding article.

Masculine	Feminine
l' art**ista** - gli art**isti**	l'art**ista** - le art**iste**
il farmac**ista** - i farmac**isti**	la farmac**ista** - le farmac**iste**
il giornal**ista** - i giornal**isti**	la giornal**ista** - le giornal**iste**
il pian**ista** - i pian**isti**	la pian**ista** - le pian**iste**
il tur**ista** - i tur**isti**	la tur**ista** - le tur**iste**

2. Many nouns ending in **-ante** or **-ente** have the same endings for both genders, in the singular as well as in the plural forms. As with nouns ending in "ista" the gender of the noun is indicated by its article:

il cant**ante** - i cant**anti**	la cant**ante** - le cant**anti**
l'insegnante - gli insegnanti	l'insegnante - le insegnanti
il negoziante - i negozianti	la negoziante - le negozianti
il cli**ente** - i cli**enti** (client)	la cli**ente** - le cli**enti**
il dirigente - i dirigenti (manager)	la dirigente - le dirigenti

Esercizio #1: Rispondere con un verbo appropriato, come indicato nell'esempio.
Esempio: Che cosa fa il cantante? **Il cantante canta.**

1. Che cosa fa il pianista?. . . . .

2. Che cosa fa l'insegnante? . . . .

3. Che cosa fa il giornalista?. . . . .

4. Che cosa fa il cliente?. . . . .

5. Che cosa fa il turista? . . . .

6. Che cosa fa il negoziante? . . . .

3. You know that singular nouns ending in **-a** are usually feminine. But there are also some masculine nouns that end in **-a**. They usually come from Greek. In the plural these nouns keep the regular masculine ending (**i**). Again the article will indicate the gender of the noun.

il pap**a** - **i** pap**i**   pope
il poet**a** - **i** poet**i**   poet

Other common nouns that do not refer to jobs are the following:

il problem**a** - **i** problem**i** (problem)
il programm**a** - **i** programm**i** (program)
il tem**a** - **i** tem**i** (composition)

Esercizio #2: Mettere al plurale:

1. Quel papa . . . .

2. Questo tema . . . .

3. Quel programma . . . .

4. Questo problema . . . .

5. Quel poeta . . . .

4. You already know that many masculine nouns referring to people become feminine simply by changing the final vowel. Esempi:
il bambino - la bambina - il ragazzo - la ragazza - il signore - la signora - il figlio - la figlia.
Here are some more examples with nouns regarding jobs and professions:

il cuoc**o** - la cuoc**a**
il camerier**e** - la camerier**a**
l'infermier**e** - l'infermier**a**
l'operai**o** - l'operai**a**
il postin**o** - la postin**a**

5. Nouns ending in **-tore** are always masculine.
l'at**tore**, l'imprendi**tore,** l'au**tore**
Most nouns ending in **-tore** become feminine by changing **-tore** to **-trice.**

l'at**tore** - l'at**trice**
l'au**tore** - l'au**trice**
l'imprendi**tore** - l'imprendi**trice**

Esercizio #3: Rispondere con un verbo appropriato, come indicato nell'esempio.
Esempio: Che cosa fa il cantante? **Il cantante canta.**

1. Che cosa fa la cuoca? . . . .

2. Che cosa fa l'imprenditore? . . . .

3. Che cosa fa il postino? . . . .

4. Che cosa fa l'attore? . . . .

5. Che cosa fa l'infermiera? . . . .

6. Che cosa fa l'autrice? . . . .

6. Finally some masculine nouns become feminine by changing their ending to **-essa**.

il dottore - la dottor**essa**
il poeta - la poet**essa**
il principe - la princip**essa**
il professore - la professor**essa**
lo studente - la student**essa**

▷ ▷ ▷ ESERCIZI

A. Sostituire il futuro con il condizionale.
Esempio: **mangerò** presto - **mangerei** presto.

1. I clienti chiederanno sempre degli sconti.
2. Lo studente mangerà le lasagne con molto piacere.
3. Il datore di lavoro ti ascolterà certamente.
4. L'imprenditore sarà contento di vedervi.
5. Dovremo incontrare l'avvocato nel suo ufficio.
6. Andrete in banca domani?
7. Potrò conoscere quell'attrice questa sera?
8. Dovrai lavorare nell'agenzia di viaggi.

B. Sostituire il presente con il condizionale.
Esempio: il ragazzo vuole viaggiare... il ragazzo **vorrebbe** viaggiare

1. I commessi vogliono mangiare presto oggi.
2. Voglio uscire da questo ufficio molto presto.
3. I miei genitori visitano l'Italia.
4. Parli con il mio amico?
5. Potete vendere questo quadro?
6. Lei vuole comprare il maglione rosso.
7. Vi divertite in vacanza.
8. Roberto deve lavorare di più.

C. Mettere il nome al plurale. Esempio: **Il direttore** è qui - **i direttori** sono qui.

1. Il meccanico sta lavorando da tre ore.
2. Il giornalista parla con il direttore della ditta.
3. La negoziante sta scrivendo i prezzi della frutta.

4. Il farmacista ha venduto molte medicine (medicines) oggi.
5. L'insegnante era molto stanca dopo la lezione.
6. Il cameriere ha portato il conto.
7. L'attrice sta studiando la sua parte.
8. Lo scrittore si sta preparando per la conferenza (lecture) all'università.

D. Mettere il nome al femminile.

Esempio: **il direttore** è partito per un lungo viaggio - **la direttrice** è partita per un lungo viaggio.

1. L'operaio è stato assunto subito nella fabbrica.
2. L'infermiere ha aiutato l'ammalato nell'ospedale.
3. Il pianista deve suonare nel teatro fra poche ore.
4. Il professore non ha risposto alla domanda.
5. L'autore di quel libro diventerà molto famoso.
6. Il principe era molto elegante per il ballo nel suo castello.
7. Il cuoco stava cercando un lavoro, perchè era disoccupato.
8. Il poeta aveva appena finito di leggere le sue poesie.

E. Scrivere 8 frasi usando i nomi di mestieri e professioni.

Ⓒ I PRONOMI TONICI

1. Stressed pronouns are used:
   a. after prepositions.
   b. when there is emphasis on the pronoun.
   c. when pronouns are placed in contrast after the verb form.

You may remember most stressed pronouns from the following expression:
secondo **me** - secondo **te** - secondo **lei**... **lui - noi - voi - loro.**

The chart below shows the stressed pronouns compared to the subject pronouns.
Note that "**sè**" is the only pronoun you haven't encountered so far.

Subject pronouns	Stressed pronouns	
io	**me** me	
tu	**te** you	
Lei	**Lei** you (s. form.)	**sè** yourself
lei - lui	**lei - lui** her - him	**sè** herself, himself, oneself
noi	**noi** us	
voi	**voi** you	
Loro	**Loro** you (pl. form.)	**sè** yourselves
loro	**loro** them	**sè** themselves

Vuole vedere **me.** He wants to see me.
Questo libro è per **te.** This book is for you.
Perchè hai invitato **lui** e non **lei**? Why did you invite him and not her?

Gianna ha comprato la macchina per **sè**. Gianna bought the car for herself.

Verreste a teatro con **noi**? Would you come to the theatre with us?
Hanno lavorato con **voi** o con **loro**? Did they work with you or with them?

Lo capiranno da **sè**. They will understand it by themselves.

2. Note the contrast between stressed and unstressed pronouns in emphatic and unemphatic sentences:

Unstressed pronouns Unemphatic sentences	Stressed pronouns Emphatic sentences
Mi conosce. Vuole conoscer**mi**.	Conosce **me**. Vuole conoscere **me**.
Ti parla. Vuole parlar**ti**.	Parla a **te**. Vuole parlare a **te**.
La incontro. Devo incontrar**la**.	Incontro **lei**. Devo incontrare **lei**.
Lo saluto. Devo salutar**lo**.	Saluto **lui**. Devo salutare **lui**.
Ci avete invitati. **Ci** volete invitare.	Avete invitato **noi**. Volete invitare **noi**.
Vi ha ringraziato. **Vi** deve ringraziare.	Ha ringraziato **voi**. Deve ringraziare **voi**.
Li hanno visti. **Li** vogliono vedere.	Hanno visto **loro**.Vogliono vedere **loro**.

3. With the verb "piacere" stressed pronouns may be placed before or after the conjugated verb.

A chi piace la birra? **a me piace** o **piace a me - a te piace** o **piace a te**...
A chi piacciono i dolci? **a lei piacciono** o **piacciono a lei - a noi piacciono** o **piacciono a noi**...

▷ ▷ ▷ ESERCIZI

A. Sostituire il pronome diretto con il pronome tonico.
Esempio: **li** ho conosciuti - ho conosciuto **loro**.

1. Ti abbiamo visto.
2. Lo avete licenziato.
3. Ho dovuto salutarli.
4. Mi ha abbracciato.
5. Non ha potuto aiutarci.
6. Abbiamo voluto assumerla.
7. Hanno dovuto ringraziarvi.
8. Le avete invitate.

B. Sostituire il pronome indiretto con il pronome tonico.
Esempio: **gli** ho detto una bugia - ho detto una bugia **a lui**.

1. Le offrono un aperitivo.
2. Gli mandi un regalo.
3. Vi insegno la lezione.
4. Deve scriverti una lettera.

5. Mi chiedete un favore.
6. Vogliono regalarvi una scatola di cioccolatini.
7. Devo rispondergli gentilmente.
8. Non può farci una domanda difficile.

C. Scrivere 8 frasi usando i pronomi tonici

D. A voi la parola

1. Lavoreresti volentieri con me? Perché? E con lui? E con lei? E con loro?
2. Studieresti volentieri con me? E con lui? E con lei? E con loro? Perché?
3. Per chi compreresti con piacere un regalo: per lui, per lei, per me, per loro, per nessuno?
4. Secondo te il mestiere dell'attore o dell'attrice è interessante? Lo faresti tu? Perchè?
5. Chi sto guardando io? Te, lei, lui, loro... Con chi sto parlando? Con te, con lei, con lui...
6. Mangeresti volentieri una pizza adesso? Ti piacerebbe ballare tutte le sere? Perché?
7. Vorresti conoscere meglio qualcuno? Chi?
8. Andresti volentieri a fare spese tutti i giorni? Ti piacerebbe parlare molte lingue straniere? Quali?

Parole ed espressioni utili per la lettura: "L'impiegato"

il canto singing
cercare di to try to
la disoccupazione unemployment
pure also
scoprire (p. p. **scoperto**) to discover

celebre famous
la cura cure
la meta destination
recitare to act

LIGURIA, LE CINQUE TERRE

PRIMA LETTURA - L'impiegato

Mi piacerebbe essere un famoso cantante:
il canto per me è molto importante.

Vorrei essere un celebre dottore:
potrei scoprire una cura per il tumore.

Mi piacerebbe anche essere un giovane poeta:
viaggerei per il mondo senza meta.

Farei volentieri pure l'attore:
so che reciterei con molto amore.

Vorrei essere il presidente di una grande nazione:
cercherei di eliminare la disoccupazione.

Sarei molto bravo come giornalista;
sarei quasi perfetto come artista.

Invece sono vecchio e ammalato:
non posso più fare nemmeno l'impiegato.

▷ ▷ ▷ ESERCIZI

A. 1. Rileggere la lettura sostituendo il pronome soggetto al maschile con quello al femminile: l'impiega**ta** invece dell'impiega**to**.

A. 2. Rileggere la lettura sostituendo il pronome soggetto "io" con "noi".

B. Scrivere una frase per ognuna delle seguenti parole o espressioni:
celebre, la cura, la disoccupazione, recitare

C. Parliamo

1. Perchè il protagonista vorrebbe essere un cantante? Perchè un dottore, un poeta, un attore, il presidente di una grande nazione?

2. Che cosa saprebbe fare bene il protagonista? Perchè non può fare niente?

3. Secondo Lei qual è la malattia (disease) dell'impiegato?

4. Quale professione tra quelle elencate in questa lettura Le piacerebbe fare? Perchè? Pensa che farà una di queste professioni? Quali mestieri ha fatto Lei?

5. Conosce persone vecchie e ammalate? Conosce persone che sono state licenziate o persone che sono disoccupate?

6. Secondo Lei sarebbe giusto eliminare la disoccupazione? Come la eliminerebbe Lei?

Ⓓ IL CONDIZIONALE COMPOSTO

1. The past conditional is made up of the present conditional of the auxiliary verb "essere" or "avere" and the past participle of the verb. It corresponds to the English "would have + past participle".

Avrei studiato, ma ero troppo stanca. **I would have studied**, but I was too tired.
Sarebbe partito, ma era troppo tardi. **He would have left**, but it was too late.

2. With modal verbs* (volere - potere - dovere) the construction changes as follows:

Avrei dovuto mangiare. I should have eaten.
Avresti potuto telefonare. You could have called.
Avrebbe voluto parlare. He would have liked to speak.

Note that in Italian the infinitive (mangiare - telefonare - parlare) is used after each modal verb, while in English the infinitive (to speak) is used only after "volere".

3. The past conditional is also used to express a future action as viewed from the past. Note that in these cases English uses the present conditional.

Hanno detto che **avrebbero telefonato** oggi. They said they would call today.

Esercizio #1: Trasformare le frasi come indicato nell'esempio.
Esempio: **Ho bevuto** questa birra volentieri - **avrei bevuto** questa birra volentieri.

1. Ieri mi sono divertito molto.
2. I miei amici vi hanno visto volentieri.
3. Luigi si è arrabbiato troppo.
4. Ho mangiato gli spaghetti con piacere.
5. Ti è piaciuto molto il film.
6. Domenica abbiamo guardato la televisione volentieri.
7. Ieri hai ascoltato la musica con piacere.
8. Giulia ha potuto studiare tutta la sera.

E) I PRONOMI INDEFINITI

The most common indefinite pronouns are the following:

1. Ognuno everyone, everybody. **Tutti (tutte)** all, everyone.

Ognuno mangia il proprio panino or **tutti** mangiano il proprio panino. Everybody eats his own sandwich or they all eat their own sandwich.

2. Qualcuno someone, somebody. **Nessuno** nobody.

Qualcuno ha bevuto il mio vino. Somebody drank my wine.
Nessuno ha capito la lezione oggi. Nobody understood the lesson today.

3. Alcuni - alcune some, a few. **Altri - altre** others.

Alcuni mangiano troppo; **altri** mangiano troppo poco. Some (people) eat too much; others eat too little.

Note: * When modal verbs are followed by verbs requiring the auxiliary "essere" two forms are possible: Sarei potuto partire prima or avrei potuto partire prima. I could have left earlier. Sarebbe dovuta andare a casa or avrebbe dovuto andare a casa. She should have gone home. Since both forms are possible it is advisable to use always the form with "avere". As for reflexive verbs "essere" is required whenever the reflexive pronoun comes first in the sentence; otherwise "avere" should be used.
Esempi: "mi sarei dovuto mettere il cappotto" or "avrei dovuto mettermi il cappotto".

4. Qualcosa something, anything. **Niente** nothing. **Tutto** everything.

Hai **qualcosa** da mangiare nel frigorifero? Mi dispiace, non ho **niente**.
Do you have anything to eat in the refrigerator? I am sorry; I don't have anything.
Hai mangiato? Sì, ho mangiato **tutto**. Did you eat ? Yes, I ate everything.

⇩ ⇩ ⇩ **ESERCIZI**

A. Completare con le seguenti parole: *alcuni - ognuno - qualcosa - nessuno - qualcuno - niente - tutti - tutto - altri* (la stessa parola si può usare più volte)

1. " . . . . ha mangiato nel mio piattino" dice uno dei sette nani.

2. . . . . poteva capire quella frase.

3. C'è . . . . da bere? No, non c'è . . . .

4. . . . . hanno letto le favole di Pinocchio e di Cappuccetto Rosso.

5. . . . . si diverte in modi diversi (in different ways).

6. Avete studiato? Sì, abbiamo studiato . . . .

7. . . . . parlano molto; . . . . parlano poco.

8. . . . . ha aiutato Cenerentola ad andare al ballo.

B. Completare

1. Avrei voluto invitare tutti, ma . . . .

2. Saresti venuto alla festa volentieri, invece . . . .

3. Tuo cugino avrebbe voluto andare in Italia, ma . . . .

4. Avreste potuto divertirvi, invece . . . .

5. Avremmo dovuto studiare, invece . . . .

6. Le sarebbe piaciuto comprare quell'impermeabile, ma . . . .

7. I vostri amici sarebbero venuti volentieri al cinema, ma . . . .

8. Nessuno avrebbe dovuto partecipare alla riunione (meeting), invece . . . .

C. Scrivere 8 frasi usando il condizionale semplice o composto

Parole ed espressioni utili per la lettura: "Un buon lavoro"

attirare to attract	**cambiare** to change	**dài** come on
com'è andata? how did it go?	**la data** date	**l'itinerario** itinerary
migliorare to improve	**provare** to try	**usare** to use
andare in vacanza to go on vacation		

SECONDA LETTURA - Un buon lavoro

Siamo a Genova. Carla, una ragazza di ventidue anni, riceve una telefonata dall'amica Loretta.

Loretta: Pronto Carla, sono Loretta.
Carla: Oh, ciao Loretta! Come va?
Loretta: Benissimo, grazie... Sai che cosa vorrei fare? Vorrei fare un viaggio in America. Non ci sono mai andata e tutti mi dicono che è meravigliosa. Verresti con me?
Carla: In America? Ma che bell'idea! Anch'io ho sempre desiderato andarci.
E poi potrei usare il mio inglese fuori dalla ditta, finalmente! Sarebbe molto utile per me.
Loretta: Esattamente; e io sto studiando già da molti mesi con un'insegnante che viene da Londra. Non parlo bene naturalmente, ma proprio per questo vorrei fare questo viaggio. E se tu verrai con me potremmo parlare e ascoltare l'inglese tutti i giorni. Allora, vieni? Dài, ci divertiremmo un sacco!
Carla: L'idea mi attira moltissimo; ma quando vorresti partire?
Loretta: Fra tre settimane.
Carla: Fra tre settimane? Ma è troppo presto! Il mio datore di lavoro non mi lascierà andare in vacanza fino ad agosto. Dovresti cambiare la data di partenza!
Loretta: La cambierei volentieri, ma purtroppo non posso, perchè in agosto si sposa mio fratello!... Tu, piuttosto, dovresti telefonare al tuo datore di lavoro! Gli dovresti dire che questo viaggio sarebbe molto utile per te, perchè potresti migliorare il tuo inglese.
Carla: Beh, proverò... ma so già che dirà di no. Ciao; ti telefono più tardi.
Più tardi.
Carla: Pronto, Loretta?
Loretta: Ah, ciao; com'è andata?
Carla: Non lo crederai: posso partire quando voglio! Il mio datore di lavoro ha detto che un viaggio così sarà molto utile per migliorare il mio inglese, proprio come pensavi tu! Devo dire che ho proprio un buon lavoro! Allora: qual è l'itinerario?

⇨ ⇨ ⇨ ESERCIZI

A. Trovare tutti i verbi al condizionale e per ognuno dare l'infinito.

B. Scrivere una frase per ognuna delle seguenti parole o espressioni:
cambiare, dài, migliorare, andare in vacanza

C. Parliamo

1. In quale città siamo? In quale regione si trova questa città?
2. Chi riceve la telefonata? Di che cosa parlano le due amiche?
3. Chi conosce meglio l'inglese, Carla o Loretta? Perchè? Secondo Lei che lavoro fa Carla?
4. Perchè la data di partenza non va bene per Carla? E poi che cosa succede?
5. Le piacerebbe andare in Liguria? Ci è mai andato (a)?
6. Le piacerebbe lavorare in una ditta come traduttore o traduttrice (translator)?
7. Vorrebbe imparare l'italiano perfettamente? Vorrebbe lavorare in Italia?

D. Attività a casa: intervistare un parente o un amico e chiedergli tutto sul suo mestiere. Poi scrivere un breve tema intitolato: "Un'intervista".

FILASTROCCHE

A. Nessuno deve dimenticare la carta d'itentità;
è necessaria in qualunque paese
e in qualsiasi società.
I soldi, però, sono pure importanti,
le carte di credito, gli assegni o anche
solo i contanti.

B. La zia ha comprato un biglietto andata e ritorno
è salita sul treno ed è andata a Livorno.
Ha preso un tassì in città,
poi è andata all'università.

Esercizio: Rileggere la filastrocca mettendo tutti
i verbi al futuro.

Genova

▷ ▷ ▷ **ESERCIZI**

A.1. Leggere le filastrocche ad alta voce. Poi mettere tutti i verbi al condizionale.

A.2. Cambiare il nome o il pronome soggetto di ogni filastrocca a vostro piacimento.

L'ITALIA IN MINIATURA

Parole ed espressioni utili per la lettura

il campo field
noto well known
il (la) regista movie director

imporsi (p. p. **imposto**) to assert oneself
il premio prize

La seguente lettura contiene molte "parole simili". Le riconoscete?

Personaggi illustri

Negli ultimi due secoli vari personaggi illustri, in diversi campi, si sono imposti all'attenzione di tutto il mondo.

Quando pensiamo alla storia dello stato italiano (nato nel 1861, come monarchia) non possiamo dimenticare la figura di **Giuseppe Garibaldi**, uno dei fautori (supporters) dell'unità d'Italia, sempre pronto a lottare (to fight) per la causa della libertà, non solo in Italia ma anche all'estero (abroad).

Nel campo della musica il secolo diciannovesimo ci offre un grande compositore:

Giuseppe Verdi. Tra le sue opere più conosciute ricordiamo "Rigoletto", "La Traviata", "Aida" e soprattutto il "Nabucco" con la famosa aria "Va' pensiero sull'ali dorate" ("Go, my thoughts, on gilded wings").

Fra gli scrittori più importanti di questo secolo ricordiamo **Alessandro Manzoni**, l'autore del noto romanzo storico "I Promessi Sposi" (The Betrothed) e **Giacomo Leopardi**, il grande poeta di Recanati (nelle Marche).

Nel secolo ventesimo l'Italia vanta (is proud of) numerosi premi Nobel.

Eccone alcuni (here are some of them):

1. per la fisica **Guglielmo Marconi**, l'inventore della radio, ed **Enrico Fermi**, emigrato negli Stati Uniti, che ha inventato la pila o reattore nucleare.
2. per la medicina **Rita Levi Montalcini**, (anche lei, per un certo periodo, emigrata negli Stati Uniti), che ha scoperto il fattore di crescita (growth) del sistema nervoso.
3. per il teatro e la letteratura **Luigi Pirandello**, autore di "Sei personaggi in cerca d'autore" (Six characters in search of an author) e il famoso poeta ligure (from Liguria) **Eugenio Montale**.

Per quanto riguarda il cinema dobbiamo nominare almeno **Federico Fellini** (regista di "La Dolce vita" e "8 e 1/2") e due attori che hanno spesso recitato nei suoi film e che ormai sono famosi in tutto il mondo: **Marcello Mastroianni** e **Sofia Loren**.

▷ ▷ ▷ ESERCIZI

A. Sottolineare tutte le parole simili contenute nella lettura.

B. Parliamo

1. Quando è nato lo stato italiano? Chi era Giuseppe Garibaldi? Perchè è importante per la storia d'Italia?
2. Chi era Giuseppe Verdi? Quali sono alcune sue opere molto note?
3. Ricorda i nomi di due importanti scrittori del secolo diciannovesimo? Quale famoso romanzo storico ha scritto Manzoni? Chi era Leopardi? Di dove era?
4. Che cosa ha inventato Guglielmo Marconi? E Enrico Fermi? E Rita Levi Montalcini?
5. Per il secolo ventesimo ricorda i nomi di due personaggi che hanno vinto il premio Nobel nel campo del teatro e della letteratura?
6. Chi era Federico Fellini? Ricorda il titolo di due suoi famosi film? Chi era Mastroianni? Chi è Sofia Loren? Quali film italiani ha visto Lei?

Sofia Loren

Marcello Mastroianni

VOCABOLARIO

I verbi: opposti e altri

assumere (p. p. **assunto**) to hire
dire di sì to say yes
lavorare to work
andare in vacanza to go on vacation
cambiare to change
imporsi (p. p. **imposto**) to assert oneself
provare to try
scoprire (p. p. **scoperto**) to discover

licenziare to fire
dire di no to say no
essere disoccupato to be unemployed
attirare to attract
cercare di to try to
migliorare to improve
recitare to act, to recite
usare to use

I nomi: i mestieri, le professioni

l'artista (m. & f.) artist
l'autore - l'autrice author
il (la) cantante singer
il cuoco - la cuoca cook
il direttore - la direttrice director
il (la) farmacista pharmacist
l'impiegato (a) employee, clerk
l'infermiere - l'infermiera nurse
il (la) negoziante shopkeeper
il papa pope
il poeta - la poetessa poet
il principe - la principessa prince, princess
lo scrittore - la scrittrice writer

l'attore - l'attrice actor
l'avvocato lawyer
il commesso - la commessa salesperson
il datore di lavoro employer
il dottore - la dottoressa doctor
il (la) giornalista journalist
l'imprenditore entrepreneur
il meccanico mechanic
l'operaio (a) worker
il (la) pianista piano player
il postino - la postina mailperson
il (la) regista movie director

I negozi e i luoghi di lavoro

l'agenzia agency
la ditta firm, company
la farmacia pharmacy
la lavanderia laundromat, laundry
i grandi magazzini department stores
il supermercato supermarket

la banca bank
la fabbrica factory
la gioielleria jewelry shop
la macelleria butcher's shop
la pasticceria pastry shop

Altri nomi

il campo field
la cura cure
la disoccupazione unemployment
la meta destination
il problema (pl. **i problemi**) problem
il tema (pl. **i temi**) composition, theme

il canto singing
la data date
l'itinerario itinerary
il premio prize, award
il programma (pl. **i programmi**) program
la tesi (pl. **le tesi**) thesis, dissertation

Gli aggettivi

celebre famous **noto** well known

Parole ed espressioni varie

andare in vacanza to go on vacation
comunque anyway
dài come on
ognuno everybody
qualcosa something, anything
che mestiere fai/che lavoro fai? what do you do for a living?

com'è andata? how did it go?
con piacere with pleasure
nessuno nobody, no one
pure also
qualcuno somebody

SIENA, Piazza del Campo

CAPITOLO 12

◊ **Per cominciare: Vai al mercato?**

◊ **Funzioni di "ne"**
◊ **"Ci" e "ne"**
◊ **Funzioni di "si" impersonale**
◊ **I pronomi doppi**

◊ **Prima lettura: Un affare**
◊ **Seconda lettura: Vai al mercato?**
◊ **Filastrocche**
◊ **L'Italia in miniatura: Fare spese in Italia**

AL MERCATO

PER COMINCIARE
Vai al mercato?

Luciano e Lucille si incontrano per strada.
per strada in the street

Luciano: Ciao Lucille, vai al mercato?
Lucille: Sì, ti ricordi che questa sera ci sarà una cena speciale?
Luciano: Lo so, lo so. Volevo parlarne, infatti. Quando
arrivano i tuoi genitori? **parlarne** to talk about it

Lucille: Verso le sette; ma i tuoi genitori vengono alle otto. Sono così nervosa!
Luciano: Non dirlo a me!
Lucille: Però credo che sarà molto bello; e poi finalmente i miei genitori
potranno conoscere i tuoi e soprattutto conosceranno te.
Luciano: È vero; sono sicuro che sarà una cena bellissima e... buonissima! Ma...
senti, io vorrei aiutarti a preparare la cena. **senti** listen
Lucille: Certo, certo: tu potresti preparare il sugo per la pasta, quello con la
salsiccia, ti ricordi? Lo fai benissimo!
Luciano: Ah, sì, perfetto. Allora vengo al mercato con te.

PARLIAMO

1. Dove si incontrano Luciano e Lucille?
2. Dove sta andando Lucille? Perchè?
3. È nervosa Lucille? E Luciano? Perchè?
4. Chi preparerà la cena? Chi preparerà il sugo per la pasta? Che tipo di sugo è?
5. Alla fine del dialogo chi va al mercato?

Dialogo personalizzato. In coppia: personalizzate il dialogo cambiando le domande e le
risposte a vostro piacimento. Siate pronti a leggere il nuovo dialogo ad alta voce.

A) FUNZIONI DI "NE"

1. As a partitive pronoun **ne** means "some, some of it, some of them" or "any, any of it,
any of them" (also many/few of them, etc...).
While in English these words can be omitted in Italian the partitive **ne** is always required.
In the sentences below note that "ne" precedes the conjugated verb:

Quanti libri leggi? **Ne** leggo molti. How many books do you read? I read many (of them).
Quanti anni ha Elena? **Ne** ha diciotto. How old is Elena? She is eighteen.
Quanti fratelli hai? **Ne** ho tre. How many brothers do you have? I have three (of them).
Mangiate molto pane? Sì, **ne** mangiamo molto. Do you eat a lot of bread? Yes, we eat a lot (of it).
Hanno del vino? No, non **ne** hanno. Do they have any wine?
No, they don't have any (of it).

⇨ ⇨ ⇨ **ESERCIZI**

A. Quanti?/Quante? Rispondere come indicato nell'esempio.
Esempio: libri, quaderni. Quanti libri hai? **Ne ho** molti, pochi, alcuni, due, tre etc...
Quanti quaderni hai? **Ne ho** molti, pochi, etc...

1. Penne, matite.
2. Macchine, biciclette.
3. Soldi, carte di credito.
4. Camicie, magliette.
5. Giacche, maglioni.
6. Zaini, borse.
7. Amici, nemici.
8. Dizionari, libri di italiano.

B. Parliamo. Rispondere alle domande usando **ne** ogni volta che è possibile
(answer the questions using **ne** whenever possible).

1. Quanti panini mangia di solito in un giorno? Quanti bicchieri d'acqua beve di solito durante i pasti? Quanti succhi di frutta beve in un giorno? Quando li beve (a colazione, a pranzo o a cena)? Quanti cucchiaini di zucchero mette nel caffè? Quante fette di pane mangia di solito a colazione/pranzo/cena? Quante fette di torta mangia di solito in un giorno (o in una settimana o in un mese)?

2. Quante telefonate (telephone calls) fa di solito in un giorno?
Quante persone saluta di solito in un giorno?

3. Quanti anni ha Lei? Quanti anni ha suo padre? E sua madre?

4. Quanti fratelli o sorelle ha? Quanti anni hanno? Quanti cugini ha?
Quanti anni hanno? Quanti zii e/o zie ha? Quanti anni hanno?

2. Ne also means "about /of something or somebody" when it is used after verbs like:
parlare di, pensare di, sapere di, avere bisogno di, avere paura di, avere voglia di etc...
Note that "ne" replaces "di + noun/pronoun/infinitive" of these verbs.

Parlano di politica? Sì, **ne** parlano spesso. Are they talking about politics? Yes, they often talk about it.

Pensavo di andare al cinema. E tu che cosa **ne** pensi? I was thinking of going to the movies. What do you think about it?

Sapete qualcosa di quegli studenti? No, non **ne** sappiamo proprio niente. Do you know anything about those students? No, we really don't know anything about them.

Hai bisogno di questi libri? No, non **ne** ho bisogno. Do you need these books?
No, I don't need them.

Avete voglia di mangiare? No, non **ne** abbiamo voglia. Do you feel like eating?
No, we don't feel like it.

3. With modal verbs (volere, potere and dovere) **ne** either precedes the conjugated verb or is attached to its infinitive.

Quanti giornali vuoi comprare? **Ne** voglio comprare (or voglio comprar**ne**) quattro.
How many newspapers do you want to buy? I want to buy four (of them).

Dovete studiare molte regole? Sì, **ne** dobbiamo studiare (or dobbiamo studiar**ne**) moltissime. Do you have to study many rules? Yes, we have to study many (of them).

4. With compound tenses the past participle always agrees in gender and number with the noun or the expression substituted by the partitive "ne", while there is no agreement with the non - partitive "ne".

Quante **ragazze** hai invitat**o**? **Ne** ho invitat**e** due. How many girls did you invite? I invited two (of them).

Quanti **cucchiaini** di zucchero ha mess**o** nel caffè? **Ne** ha mess**i** tre.
How many teaspoons of sugar did she put in her coffee? She put three (of them).

Hanno parlat**o** di politica? Sì, **ne** hanno parlat**o**.

5. **Ne** as adverb of place means "from this or that place".

Ieri Carla è andata a teatro. **Ne** è uscita entusiasta. Yesterday Carla went to the theatre. She was enthusiastic when she came out (of it).

▷ ▷ ▷ **ESERCIZI**

A. Completare le frasi come indicato nell'esempio: Voglio ballare, perchè... **ne ho voglia.** Non voglio ballare, perchè... **non ne ho voglia.**

1. Lei non vuole la carne, perchè . . . .

2. Noi vogliamo bere, perchè . . . .

3. Tu non vuoi studiare, perchè . . . .

4. Voi volete una pizza, perchè . . . .

5. Lui vuole divertirsi, perchè . . . .

6. Io non voglio dormire, perchè . . . .

7. Loro vogliono andare a teatro, perchè . . . .

8. Luigi vuole un gelato, perchè . . . .

B. Completare le frasi come indicato nell'esempio: Devo comprare una camicia, perchè... **ne ho bisogno.**

1. Paola deve comprare un ombrello, perchè . . . .

2. I tuoi amici devono comprare i nuovi libri di matematica, perchè . . . .

3. Io devo comprare una macchina, perchè . . . .

4. Noi dobbiamo comprare una casa, perchè . . . .

5. Voi dovete comprare una lavatrice, perchè . . . .

6. Tu devi comprare un computer, perchè. . . . .

7. Suo fratello deve comprare un letto, perchè . . . .

8. Roberto e Luisa devono comprare un appartamento, perchè. . . . .

C. Parliamo. Rispondere alle domande usando "**ne**" ogni volta che è possibile (answer the questions using "**ne**" whenever possible).

1. Ha voglia di mangiare adesso? Ha voglia di dormire adesso? Ha voglia di divertirsi?
2. Parla spesso di politica Lei (o di sport o di letteratura)? Se sì, con chi?
3. Ha bisogno di dormire molto Lei? Quante ore al giorno?
4. Quante sorellastre aveva Cenerentola? Quante scarpette ha perso Cenerentola sulle scale del castello?
5. Secondo Lei quante bugie ha detto Pinocchio? Lei diceva o non diceva delle bugie quando era piccolo/a? Ricorda amici o amiche che dicevano spesso bugie?
6. Quanti nani ha incontrato Biancaneve? Quanti nemici aveva Biancaneve? Chi erano (o chi era)?
7. Quante domande ha fatto Cappuccetto Rosso al lupo travestito da (disguised as) nonna? Quante persone ha salvato il cacciatore? Quante volte Lei ha aiutato degli amici?
8. Quanti libri ha letto lo scorso mese? Quali ricorda? Quante favole ha letto quando era piccolo/a? Quali ricorda? Quanti giornali compra di solito in una settimana?
9. Quanti esami ha dato lo scorso anno? E quest'anno?

B) "CI" E "NE"

1. By now you are familiar with most uses of the particles **ci** and **ne.** However there are also many other expressions that require the use of "ne" or "ci":

Non poterne più. Not being able to stand it anymore.

Questo tempo è orribile. Non **ne posso più**. This weather is awful; I can't stand it anymore. Anche noi non **ne possiamo più**. We can't stand it anymore either.

Valerne la pena. To be worth it.

Vale la pena spendere tanto per un vestito? Is it worth spending so much for a dress? Secondo me **non ne vale la pena**. I don't think it's worth it.

Volerci. To take, to need, to be necessary.

Ci vuole pazienza! It takes patience!
Ci vogliono due ore per finire questo compito. It takes two hours to finish this homework.

2. The verbs "pensare" and "credere" are often used with "ci" and/or with "ne":

Pensare a... (**pensarci**). To think of... (to have someone or something in mind).
Pensare di... (**pensarne**). To have an opinion about... (used mostly in interrogative sentences).

Pensi ancora alla festa di ieri sera? Sì, **ci penso** sempre. Are you still thinking about yesterday's party? Yes, I think about it all the time.

Che cosa pensi dei suoi amici? O Che cosa **ne pensi**? What do you think about his friends or what do you think about them?

Credere a/in... (**crederci**). To believe it or in it (in something or somebody).

Carla ha vinto alla lotteria. **Ci credi**? Carla won the lottery. Do you believe it?

Io **credo nella** giustizia; e voi **ci credete**? Sì, **ci crediamo** anche noi. I believe in justice. Do you believe in it? Yes, we believe in it too.

I tuoi genitori **credono a** questa chiacchiera? No, non **ci credono**. Do your parents believe this rumor? No, they don't believe it.

3. "Ci"+"ne" can be used together. For phonetic reasons whenever "ci" is followed by "ne" it changes to "ce":

C'è una farmacia qui vicino? Sì, **ce n'è** una là. Is there a pharmacy nearby? Yes, there is one of them over there.

Ci sono dei ristoranti buoni in questa città? Sì, **ce ne sono** molti. Are there any good restaurants in this city? Yes, there are many (of them).

▷ ▷ ▷ **ESERCIZI**

A. Completare con le seguenti espressioni: *ci stiamo ancora pensando - non ci ho ancora pensato - non ne valeva la pena - no, non ci credo - non ne può più - ci vogliono - ci vuole - che cosa ne pensi?*

1. "Siete andati all'opera ieri sera?" "Sì, ci siamo andati, ma . . . . ".

2. Carlo ha lavorato troppo in questi ultimi mesi: . . . .

3. Credi alle streghe (witches)?. . . . .

4. . . . . almeno quattro ore per preparare questa cena.

5. "State ancora pensando al film di sabato scorso?" "Sì." . . . .

6. "Non imparerò mai la matematica!" "Sì, la imparerai: . . . . solo pazienza!"

7. "Potremmo preparare la pasta al sugo per questa sera. . . . . ".

8. "Hai pensato alla festa di domani?" "No, ... ".

B. Rispondere usando "ce n'è" o "ce ne sono"

1. Quanti banchi ci sono in quella classe?
2. Quanti studenti ci sono in pizzeria?
3. Quante studentesse ci sono nell'edificio?
4. Quanti professori ci sono in questa università?
5. C'è un ristorante davanti a questa scuola?
6. C'è un museo qui vicino?
7. Ci sono dei bar in questa strada?
8. Ci sono dei grattacieli in questa città?

C. Scrivere una frase per ognuna delle seguenti espressioni:

valerne la pena, non poterne più, pensarci, pensarne, crederci

Ⓒ FUNZIONI DI "SI" IMPERSONALE

1. "Si" is often used as an undefined, impersonal subject, meaning people, one, we, you, they.

Si dice questo, ma so che non è vero. People (they) say this, but I know it's not true.

Si può fumare in questo albergo? Can you smoke in this hotel?

A che ora **si parte?** At what time are we leaving?

2. Note that "si" can be followed by a verb in the singular or in the plural form, according to the object's form.

Si mangia molta pasta in casa tua? Do you eat a lot of pasta at your house?

Si mangiano molti dolci in casa tua? Do you eat many desserts at your house?

3. "Si" is often used to express the passive form. Esempi:

Si insegna filosofia in questa università? **Is** philosophy **taught** in this university?

Si dicono molte bugie in questo ufficio. Many lies **are said** in this office.

4. When reflexive verbs are used impersonally "ci si" should be used:

In vacanza **ci si diverte**. On vacation one enjoys oneself.

5. For phonetic reasons whenever "si" is combined with "ne" it changes to "se":

Si parla di politica nel vostro club? **Se ne parla** sempre. Do you talk about politics at your club? We always talk about it.

Si mangiano molti dolci in casa tua? **Se ne mangiano** troppi. Do you eat many desserts at your house? We eat too many (of them).

▷ ▷ ▷ ESERCIZI

A. Che cosa si può comprare in...? Esempio: in un supermercato. In un supermercato si possono comprare cibi, bevande e molti altri prodotti (products).

1. In una pasticceria.

2. In un negozio di calzature.

3. In un negozio di abbigliamento.

4. In una farmacia.

5. In un grande magazzino.

6. In un negozio di alimentari.

7. In una macelleria.

8. In un bar.

B. Che lingua si parla in...? Esempio: Stati Uniti. Che lingua si parla negli Stati Uniti? Si parla l'inglese.

1. Francia (France).

2. Inghilterra (England).

3. Spagna (Spain).

4. Cina (China).

5. Italia.

6. Sud - Africa.

7. Germania (Germany).

8. Australia.

PAROLE, PAROLE!

Leggete le varie parole ad alta voce.
Quante ne conoscete già?

1. Al mercato (at the market place)

la bancarella stand	**la biancheria** linen	**la borsa** bag
il chilo kilo (gram)	**l'etto** hecto (gram)	**il giocattolo** toy
la merce merchandise	**il litro** liter	**l'oggetto** object
l'utensile (m.) utensil	**la piazza** plaza, square	**il sacchetto** small bag
il venditore vendor	**fare uno sconto** to give a discount	**andare a piedi** to walk

2. I materiali (materials)

l'acciaio steel	**l'alluminio** aluminum	**l'argento** silver
la carta paper	**la ceramica** ceramic	**il cotone** cotton
il cuoio (o **la pelle**) leather	**la flanella** flannel	**la lana** wool
il legno wood	**il mattone** brick	**la piastrella** tile
l'oro gold	**la pietra** stone	**la plastica** plastic
la seta silk	**il tessuto** fabric	**il vetro** glass

Esercizio #1: Scrivere 3 frasi usando alcune delle parole elencate sopra.

3. Parole ed espressioni varie

Di che cosa è fatto/a? Di che materiale è fatto?
What is it made of? What kind of material is it made of?
È di legno, **di plastica, di vetro, di seta**...
It's made of wood, of plastic, of glass, of silk...

▷ ▷ ▷ ESERCIZI

A. Di che cosa è fatto/a? Esempio: un vestito - è di lana o di cotone o di seta.

1. una casa
2. un bicchiere
3. un tegame
4. un pavimento
5. un paio di scarpe
6. una camicetta
7. una borsa per la spesa
8. un piatto

B. Completare con le seguenti parole o espressioni: *oggetti d'argento - le case di pietra - cucchiai di legno - pentole d'acciaio - chili - delle lenzuola - una borsa di plastica - uno sconto*

1. Alla bancarella della biancheria ho comprato . . . .
2. Queste . . . . sono utilissime.
3. Il venditore mi ha dato . . . .

4. Paola ha comprato sei . . . .

5. Al mercato il venditore mi ha fatto . . . .

6. Mio fratello ama molto . . . .

7. Abbiamo comprato due . . . . di frutta fresca.

8. Questi . . . . sono bellissimi.

Parole ed espressioni utili per la lettura: " Un affare"

affettuoso affectionate **la costa adriatica** Adriatic coast **come mai?** how come?
da noi at our place **eccitato** excited **la nuotata** swim
ovvio obvious **serio** serious **il sole** sun
lo spettacolo show

PRIMA LETTURA - Un affare

Enzo è appena tornato dal lavoro. Sua moglie Marta lo saluta affettuosamente.
Lui è ovviamente molto eccitato.

Enzo: Sai che cosa ho saputo oggi in ufficio? Ho saputo che sulla costa adriatica si
vendono delle case a prezzi bassissimi, dei veri affari. Potremmo comprarne una.
Che cosa ne pensi?

Marta: Una casa al mare? Sarebbe fantastico. Ma dove si trovano esattamente queste case?

Enzo: A dire la verità non lo so. Devo parlarne con Marco. Lui sa sempre tutto di queste
cose.

Marta: Marco viene a cena da noi questa sera! Ne parleremo subito con lui.

Durante la cena:

Enzo: Sai Marco, ho sentito che vendono molte case a prezzi speciali al mare.
Ne sai qualcosa?

Marco: Oh, sì; veramente sono appartamenti; ce ne sono soprattutto a Cervia*,
in centro: sono davvero grossi affari!

Marta: Non posso crederci! Ho sempre desiderato un appartamento a Cervia.
Ma...come mai i prezzi sono così bassi?

Marco: Beh, sai, in centro c'è la piazza con il mercato di giorno e i vari spettacoli di
sera. Parlo dell'estate, naturalmente.

Enzo: Ah, ... allora dobbiamo pensarci bene prima di decidere. Se non si può dormire
tranquillamente non ne vale la pena.

Marta: Ma sicuramente ne vale la pena. Non ne posso più di affittare appartamenti
ogni estate. E poi si sa che al mare si dorme sempre benissimo, perchè ci si stanca
molto, fra il sole e le nuotate... chi sente più il rumore (noise) del mercato?

Enzo: Anche questo è vero; e poi Cervia è molto vicino a casa nostra. Ci vuole solo
un'ora per arrivarci!

Marco: Se volete saperne di più domani ne parlerò con un mio amico che abita a
Cervia e poi vi telefonerò.

Marta: Grazie, Marco; intanto noi ci penseremo seriamente.

Note: * Cervia is a small town on the Adriatic coast, in the region Emila - Romagna, well known as a
summer resort.

⟩ ⟩ ⟩ **ESERCIZI**

A. Sottolineare tutte le espressioni con **ne**, **ci** e **si** e dire il loro significato. (Underline all expressions with **ne**, **ci** and **si** and say their meaning).

B. Sottolineare gli avverbi che finiscono in **-mente** e dire da quali aggettivi derivano (Underline all adverbs ending in "mente" and say which adjectives they come from).

C. **Parliamo**

1. Chi sono Enzo e Marta? Secondo Lei in quale regione abitano Enzo e Marta?
2. Perchè Enzo è eccitato? E Marta che cosa ne pensa della notizia (news) che Enzo le dà?
3. Chi è Marco? Che cosa gli chiede Enzo? E lui che cosa risponde?
4. Dove si trova Cervia? Si trova al mare, in montagna o al lago?
5. Perchè Enzo dice che non vale la pena comprare un appartamento a Cervia? Perchè invece Marta dice che ne vale la pena? Secondo Lei ne vale la pena? Lei comprerebbe un appartamento che si trova davanti a un mercato?
6. Le piacerebbe un appartamento al mare o lo preferirebbe in montagna o vicino a un lago o in campagna?
7. Ha mai fatto degli affari? Quali? Quando? Come? Dove? Che affari le piacerebbe fare? Che cosa comprerebbe volentieri?

Ⓓ **I PRONOMI DOPPI**

1. Whenever direct and indirect object pronouns are used together all indirect pronouns (except "loro"*), change their endings, mainly for phonetic reasons:
mi - ti - ci - vi become respectively **me - te - ce - ve**, while both **gli** and **le** become **glie**. Note that "**glie**" is always attached to the direct object while all the other pronouns are not.

Subject	Indirect object	lo	la	li	le	ne
Io	mi - me	me lo	me la	me li	me le	me ne
Tu	ti - te	te lo	te la	te li	te le	te ne
Lui, lei	gli - le - glie	glielo	gliela	glieli	gliele	gliene
Noi	ci - ce	ce lo	ce la	ce li	ce le	ce ne
Voi	vi - ve	ve lo	ve la	ve li	ve le	ve ne
Loro	gli - glie	glielo	gliela	glieli	gliele	gliene

2. As you can see from the above chart when two pronouns (direct and indirect) are used together the indirect one precedes the direct one (me lo - te la...).
In the following sentences note how direct and indirect object pronouns work when used alone or together. Note also that whenever they are used together both pronouns precede the verb:

Note: * As was explained previously "loro" is the correct form, while "glie" is the colloquial form. Remember that "loro" always follows the verbs. Esempio: daremo un regalo alle bambine - lo daremo alle bambine - lo daremo loro. However, in this book we will follow the colloquial form and always use "glie".

Mi presta il libro. He lends **me** the book.
Lo presta **a me**. He lends **it to me**.
Me lo presta. He lends **it to me.**

Ti regalo la penna. I give **you** the pen.
La regalo **a te**. I give **it to you**.
Te la regalo. I give **it to you.**

Le porterai una scatola. You will bring **her** a box. **La** porterai **a lei**. You will bring **it to her.**
Gliela porterai. You will bring **it to her**.

Ci insegna l'inglese. He teaches English to us. **Lo** insegna **a noi**. He teaches **it to us.**

Ce lo insegna. He teaches **it to us.**

Ne daremo una parte **a voi**. We will give a part of it to you. **Ve ne** daremo una parte.

Ne compreremo una **per loro**. **Gliene** compreremo una.

3. The same sentence construction used with regular verbs is also used with reflexive verbs. Note that reflexive pronouns, as indirect object pronouns, are subject to orthographical changes:

Il vestito? **me lo** metto - **te lo** metti - **se lo** mette - **ce lo** mettiamo - **ve lo** mettete - **se lo** mettono.
La gonna? **me la** metto...
I pantaloni? **me li** metto...
Le scarpe? **me le** metto...
Quale vestito mi metto (ti metti-si mette)? **Me ne** metto (**te ne** metti-**se ne** mette) uno di lana.
Quale gonna ci mettiamo (vi mettete-si mettono)? **Ce ne** mettiamo (**ve ne** mettete-**se ne** mettono) una di seta.

4. With the passato prossimo (and other compound tenses) the past participle must agree in gender and number with the direct object pronoun, both with regular verbs and with reflexive verbs. Esempi:

Avete comprato **le scarpe** per me? **Me le** avete **comprate**? Did you buy the shoes for me? Did you buy them for me?
Gli hai dato **il libro**? **Glielo** hai **dato**? Did you give him the book? Did you give it to him?
Il vestito: te lo sei messo? Sì, **me lo** sono **messo**. The dress: did you put it on? Yes, I put it on.
La gonna: se l'è (la è) messa Carla? Sì, **se l'è** (**la è**) **messa**.
I pantaloni: ve li siete messi, ragazzi? Sì, **ce li** siamo **messi**.
Le scarpe: se le sono messe le bambine? Sì, **se le** sono **messe**.

5. With "potere", "volere" and "dovere" the pronouns may either precede the modal verb or be attached to the infinitive:

Il giornale: **me lo** puoi dare? O puoi dar**melo**?
I libri: **glieli** devi vendere o devi vender**glieli**.
La borsa: **ce la** vuoi regalare? O vuoi regalar**cela**?
La camicia: **gliela** hai potuta comprare? O hai potuto comprar**gliela**?
I soldi: **ve li** ha voluti dare o ha voluto dar**veli**.

▷ ▷ ▷ **ESERCIZI**

A. Cambiare le frasi come indicato nell'esempio: ti darà il libro - **te lo** darà.

1. Ti porterà la birra.
2. Gli comprerai il cappello.
3. Le regalate le pentole.
4. Mi danno il quaderno.
5. Ci presteranno gli zaini.
6. Vi spiegherà la lezione.
7. Gli offrirò una birra.
8. Le mando le camicie.

B. Cambiare le frasi come indicato nell'esempio: non posso offrirti una birra -
non **te la** posso offrire o non posso offrir**tela**.

1. Non potete dirle la verità.
2. Vogliamo comprarvi i cuscini.
3. Devi offrirgli un caffè.
4. Voglio scriverle una lettera.
5. Dobbiamo portargli le lampade.
6. Volete comprarci la televisione.
7. Non posso darti il cappotto.
8. Devono darmi i soldi.

C. Sostituire le parole sottolineate con i pronomi, come indicato nell'esempio:
Mandano il pacco a lui - **glielo** mandano

1. Regaliamo il soprammobile a Lucia.
2. Dice la verità a me.
3. Vendono i bicchieri a voi.
4. Dai le calze al bambino.
5. Offriamo il caffè agli ospiti.
6. Scrivi la lettera a lei.
7. Chiedo un favore a voi.
8. Compro le cravatte per Paolo.

D. Scrivere 8 frasi usando i pronomi doppi

E. A voi la parola

1. Vorrei il tuo indirizzo (address): me lo daresti, per favore?
2. Vorrei offrirti una cena al ristorante; te la posso offrire? Potrei offrirtela sabato sera?
3. Vorrei il numero di telefono del tuo amico (della tua amica); puoi chiederglielo?
   Se glielo chiedi per me credi che te lo darà?
4. Vorrei conoscere il tuo amico (amica): potresti presentarmelo?
   (Presentare = to introduce) Secondo te lui (lei) sarebbe contento (a) di conoscermi?
5. Avrei bisogno dei tuoi appunti (notes): potresti prestarmeli? Ho bisogno di una penna:
   puoi darmene una? Ho bisogno di un foglio di carta: me lo puoi dare?

6. Non ho capito bene questi pronomi: puoi spiegarmeli?

7. Ho voglia di un caffè: potresti portarmelo? Te lo pago, naturalmente. Ho voglia di una pizza: potresti comprarmela? Te la pago, naturalmente.

8. Ho dei cioccolatini squisiti: posso offrirtene uno? Ho dei libri molto interessanti: ne vuoi alcuni? Posso darteli anche tutti, se li vuoi.

Parole ed espressioni utili per la lettura: "Vai al mercato?"

controllare to check, to control **ti dispiace?** do you mind? **disturbare** to bother
grave grave, serious **per caso** by chance **la merce** merchandise
senz'altro certainly

SECONDA LETTURA - Vai al mercato?

Elisabetta è sposata da un anno. Abita a Pescara, nella regione Abruzzo.
Oggi si sta preparando per andare al mercato. Prima di partire riceve alcune telefonate.

La mamma: Ciao, Elisabetta, vai al mercato oggi?

Elisabetta: Sì, ci vado fra poco.

La mamma: Avrei bisogno di cipolle, sai... quelle rosse che compro sempre io. Potresti comprarmele?

Elisabetta: Certamente. Quante ne vuoi?

La mamma: Ne vorrei un chilo, se non ti dispiace.

Elisabetta: Te le compro volentieri. Te le porto nel pomeriggio, dopo le cinque.

Sua sorella: Elisabetta, ti disturbo? Sono Teresa. Volevo chiederti un grosso favore. Per caso vai al mercato questa mattina?

Elisabetta: Sì, mi sto preparando per uscire proprio adesso.

Sua sorella: Avrei bisogno di fazzoletti. Potresti comprarmene una dozzina per piacere? Sto cucinando per la cena di stasera e non posso assolutamente uscire.

Elisabetta: Senz'altro; come li vuoi?

Sua sorella: Li vorrei molto semplici: bianchi e, naturalmente, di cotone buono.

Elisabetta: D'accordo. Posso portarteli nel pomeriggio.

Sua sorella: Oh, no; vengo io a prenderli. Passerò da casa tua verso le quattro. Ci sarai?

Elisabetta: Sì, sì; andrò a casa della mamma dopo le cinque, perchè devo portarle delle cipolle. Ma fino alle cinque ci sarò.

Sua sorella: Grazie; ci vediamo dopo. E poi ti racconterò chi ho invitato a cena.

L'amica Gianna: Pronto, Elisabetta, sono Gianna.

Elisabetta: Ah, ciao Gianna. Per caso hai bisogno di qualcosa al mercato?

L'amica Gianna: Esattamente; so che ci vai sempre il martedì! Avrei bisogno di un po' di prosciutto.

Elisabetta: Te lo compro senz'altro. Quanto ne vuoi?

L'amica Gianna: Due etti: quello dolce, di Parma. Sai, mia figlia è ammalata. Non è niente di grave, però non posso portarla fuori. Grazie mille, Elisabetta.

Elisabetta: Prego, prego. Ti compro il prosciutto e te lo porto prima di mezzogiorno. A dopo.

Verso le undici e mezza, a casa, Elisabetta controlla la merce che ha comprato.

Elisabetta: Le cipolle per la mamma? Gliele ho comprate. I fazzoletti per Teresa? Glieli ho comprati. Il prosciutto per Gianna? Gliel'ho comprato... La frutta? Eccola... Il pane?... Eccolo... la pentola di acciaio? Eccola... Ma la mia borsa di cuoio dov'è? E il mio vaso di vetro? E la mia camicetta di seta?...

⇨ ⇨ ⇨ ESERCIZI

A. Scrivere una frase per ognuna delle seguenti parole o espressioni:
ti dispiace?, grave, per caso, senz'altro

B. Parliamo

1. Chi è Elisabetta? Da quanto tempo è sposata? Dove abita?

2. Quante telefonate riceve oggi Elisabetta? Da chi le riceve?

3. Che cosa le chiede la mamma? E la sorella? E l'amica? Come si chiama sua sorella? E la sua amica?

4. Perchè la sorella non può andare al mercato questa mattina? Perchè l'amica non può andare al mercato?

5. Che cosa fa Elisabetta quando torna dal mercato? Che cosa ha comprato? Che cosa ha dimenticato di comprare? Secondo Lei perchè ha dimenticato di comprare alcune cose?

6. C'è il mercato nella Sua città? Lei va spesso al mercato, qualche volta o non c'è mai andato (a)? Preferisce andare al mercato o al supermercato?

7. Che cosa si compra al mercato? Quali bancarelle ci sono? Si può arrivare alle bancarelle con la macchina? Come si chiama la persona che vende i prodotti al mercato?

C. Scrivere un breve tema intitolato: "Al mercato".

FILASTROCCHE

A. L'abito blu? Te lo presterei volentieri
ma l'ho comprato solo ieri
e devo mettermelo questa sera
per la festa in casa di Vera.

Esercizio: sostituire "abito" con: scarpe, camicia, stivali, cravatta.

B. Ecco i fiori: glieli voglio regalare.

Ecco le verdure: gliele dobbiamo portare.

Qui c'è il vino: ve lo vogliono dare.

Qui c'è la pasta: ce la puoi cucinare?

Esercizio: cambiare l'ordine dei pronomi: metterli dopo l'infinito.

L'ITALIA IN MINIATURA

Parole ed espressioni utili per la lettura

a conduzione familiare family run
sopravvivere (p. p. **sopravvissuto**) to survive

sempre più more and more
specializzarsi to specialize

La seguente lettura contiene molte "parole simili". Le riconoscete?

Fare spese in Italia

Dove vanno gli italiani a fare spese? In tutta Italia troviamo oggi piccoli negozi a conduzione familiare, accanto (close to) a grandi supermercati, ipermercati ed enormi centri commerciali.

Naturalmente la tendenza (tendency) più recente è quella di fare la spesa (o le spese) nei grandi centri commerciali, perchè si spende meno e la varietà (e quantità) dei prodotti è superiore.

I negozi a conduzione familiare, perciò, per poter sopravvivere, si specializzano sempre più in determinati (certain) prodotti, curando soprattutto la qualità di tali prodotti.

Nel negozio di frutta e verdura i prodotti sono sempre freschissimi; in quello di pasta troviamo pasta non solo fresca, ma anche fatta in casa; dal macellaio (butcher) possiamo chiedere qualsiasi taglio (cut) di carne; il fornaio (baker) ogni giorno ci offre pane fresco e di tantissimi tipi; nel negozio di gastronomia troviamo piatti già preparati o fatti su ordinazione; in pasticceria la varietà e la freschezza (freshness) di paste, torte e pasticcini (small pastries) sono insuperabili (unbeatable); nei negozi di abbigliamento e calzature, in quelli di tessuti, in quelli di mobili, nelle gioiellerie tutto è di alta qualità.

E i mercati? I mercati all'aperto, che si possono vedere nelle piazze di ogni città e paese d'Italia e che sono sempre affollatissimi (very crowded) rappresentano una via di mezzo (a middle way) tra i piccoli negozi e i grandi supermercati.

Come il supermercato, infatti, il mercato offre una grande quantità di merce (raramente, però, di qualità) a prezzi generalmente bassi. Come i piccoli negozi ogni bancarella è gestita (run) da una singola persona o famiglia.

Studio italiano

A differenza degli altri due, però, il mercato è all'aperto e dura, di solito, mezza giornata due volte la settimana.

Quando facciamo spese, comunque (in any case), ovunque (anywhere) le facciamo, dobbiamo conoscere i pesi (weights) e le misure (measures). Se vogliamo comprare frutta o verdura parliamo di chili (un chilo = lbs. 2.2); per i salumi o i formaggi parliamo di etti (un etto = oz. 3.5); il latte, l'olio, l'acqua minerale si vendono a litri (un litro = 33.8 fl.oz. or a little less than two pints); i tessuti si comprano a metri (un metro = 3'3") o a centimetri (un centimetro = 0.4 inches). Infine se chiediamo a quale distanza si trova il più vicino centro commerciale, ci risponderanno che è vicino se si tratta di (it's a matter of) metri, lontano se si tratta di chilometri (un chilometro = 0.621 miles).

◊ ◊ ◊ ESERCIZI

A. Sottolineare tutte le "parole simili" contenute nella lettura e dire il loro significato.

B. Parliamo

1. Dove vanno gli italiani a fare spese?
2. Che differenza c'è tra i piccoli negozi a conduzione familiare e i grandi supermercati?
3. Che cosa vende il fruttivendolo? Che cosa si compra in una macelleria? E in una pasticceria? Che cosa vendono i fornai? Che cosa si vende in una gioielleria?
4. Perchè il mercato si può considerare una via di mezzo tra i piccoli negozi e i grandi supermercati? Quali sono le differenze tra il mercato e gli altri negozi?
Quante volte la settimana possiamo andare al mercato? Per quanto tempo, di solito?
5. Se compriamo due chili di arance quante lbs. di arance compriamo (circa)?
Se compriamo tre metri di seta quanti pollici (inches) di seta compriamo (circa)?
Se una persona è alta 1 metro e settanta centimetri quanto è alta in piedi e pollici (circa)? Se da un luogo (place) ad un altro ci sono trenta chilometri quante miglia ci sono (circa)?

VOCABOLARIO

I verbi

controllare to check, to control
crederci to believe (it or in something/somebody)
disturbare to disturb, to bother
parlarne to talk about it
pensare a o **pensarci** to think of/about (to have someone or something in mind)
pensare di o **pensarne** to think of/about (to have an opinion about)
non poterne più not being able to stand it anymore
sopravvivere (p. p. **sopravvissuto**) to survive
specializzarsi to specialize in
valerne la pena (p. p. **valso**) to be worth it
volerci to take, to need, to be necessary

I nomi: Al mercato, i materiali e altri

l'acciaio steel
l'alluminio aluminum
la bancarella stand
la ceramica ceramic
l'etto hectogram
il litro liter
il mattone brick
la merce merchandise
l'oggetto object
la pietra stone
il sacchetto small bag
lo spettacolo show
l'utensile (m.) utensil

l'affare (m.) bargain
l'argento silver
la biancheria linen
il chilo kilogram
il giocattolo toy
il materiale material
il mercato market
la nuotata swim
la piastrella tile
la plastica plastic
il sole sun
il tessuto fabric
il venditore vendor

Gli aggettivi

affettuoso affectionate
grave grave, serious
serio serious

eccitato excited
ovvio obvious
esatto exact

Parole ed espressioni varie

per caso by chance
come mai? how come?
a conduzione familiare family run
da noi, da voi... at our place, at your place
di che cosa è fatto/a? what is it made of?
ti dispiace? do you mind?
è d'oro, di legno it's made of gold, of wood
sempre più more and more
senti listen
senz'altro certainly
per strada in the street

Riviera adriatica

RICAPITOLIAMO

Cominciamo: **Proverbi, detti, modi di dire**

Lettura: **La macchina**
Filastrocche

TUTTE LE STRADE PORTANO A ROMA

COMINCIAMO
Proverbi, detti, modi di dire

1. Paese che vai usanza (custom) che trovi. So many countries, so many customs.
2. Chi ben comincia è a metà dell'opera. Well begun is half done.
3. Le bugie hanno le gambe corte. Lies have short legs.
4. La gentilezza non costa niente e compra tutto. Kindness doesn't cost anything and buys everything.
5. Rosso di sera bel tempo si spera. Red sky at night shepherd's delight.
6. Tosse e amore non si nascondono. A cough and love can't be hidden.
7. Meglio un asino vivo che un dottore morto. A living dog is better than a dead lion.
8. Tutte le strade portano a Roma. All roads lead to Rome.

Attività in classe: in gruppi di tre o quattro analizzate (analyze) i vari detti rispondendo alle domande elencate sotto. L'insegnante poi vi farà le stesse domande per paragonare le risposte dei vari gruppi.

1. Qual è il significato letterale e metaforico di questi detti?
2. Quali detti, secondo voi, corrispondono alla realtà? Quali, invece, secondo la vostra esperienza, non corrispondono? Perchè?
3. Quali detti sono uguali in italiano e in inglese e quali sono diversi? Quali preferite?

CAPITOLO 10

1. Il futuro semplice e il futuro anteriore

Domani **partirò** per l'Italia. Tomorrow I will leave for Italy.
Mangeremo **quando arriverà** Paolo. We will eat when Paolo arrives.

Quanto costerà quel cappotto? How much do you think that coat costs?
Costerà almeno duecento dollari. It probably costs at least two hundred dollars.

Fra qualche giorno **avrete** già **finito** la scuola. In a few days you will already have finished school.
Ti telefonerò dopo che gli **avrò parlato**. I will call you after I have talked to him.

▷ ▷ ▷ ESERCIZI

A. Coniugare al futuro semplice i seguenti verbi:

cantare, fare, ringraziare, lavarsi, rimanere, promettere, ridere, volere, mettersi, sapere, partire, finire, capire, divertirsi.

B. Mettere i verbi al presente, al futuro semplice e al futuro anteriore.

	Presente	Futuro semplice	Futuro anteriore
1. Mangiare (io)	mangio	mangerò	avrò mangiato
2. Andare (lei)	va	andrà	sarà andata
3. Bere (noi)	. . . .	. . . .	. . . .
4. Vivere (loro)	. . . .	. . . .	. . . .
5. Svegliarsi (tu)	. . . .	. . . .	. . . .
6. Ballare (voi)	. . . .	. . . .	. . . .
7. Venire (io)	. . . .	. . . .	. . . .
8. Alzarsi (noi)	. . . .	. . . .	. . . .
9. Decidere (voi)	. . . .	. . . .	. . . .
10. Riposarsi (lui)	. . . .	. . . .	. . . .
11. Dormire (loro)	. . . .	. . . .	. . . .
12. Dovere (tu)	. . . .	. . . .	. . . .
13. Partire (lei)	. . . .	. . . .	. . . .
14. Parlare (lui)	. . . .	. . . .	. . . .
15. Vedere (io)	. . . .	. . . .	. . . .
16. Avere (voi)	. . . .	. . . .	. . . .
17. Ridere (noi)	. . . .	. . . .	. . . .
18. Arrivare (lei)	. . . .	. . . .	. . . .
19. Pensare (loro)	. . . .	. . . .	. . . .
20. Lavorare (tu)	. . . .	. . . .	. . . .

C. Inserire la forma verbale al futuro

1. Domani lei (andare) . . . . a teatro.

2. Lunedì prossimo noi (partire) . . . . per l'Italia.

3. Fra una settimana tu (dovere) . . . . dare l'esame di tedesco.

4. Luigi (incontrare) . . . . .Giorgio a Parigi.

5. Fra poco mia madre (telefonare) . . . . a Pietro.

6. I tuoi fratelli (vedersi) . . . . il mese prossimo.

7. Mio zio non (potere) . . . . mangiare con noi questa sera.

8. Nel pomeriggio voi (uscire) . . . . verso le quattro.

D. Scrivere 5 frasi con il futuro semplice e 5 con il futuro anteriore

E. A voi la parola

1. A che ora finirà la lezione di Italiano oggi? Che cosa farai dopo la lezione? E più tardi? Dove andrai a mangiare? Con chi? Che cosa vorrai mangiare? E bere? Guarderai la televisione questa sera? Starai in casa domani sera o uscirai?

2. Secondo te quanto costerà un biglietto aereo per l'Italia? Quanto costerà noleggiare una macchina per due giorni a Los Angeles? Quanto costerà una stanza in un buon albergo a New York? Quanto costerà un vestito di Armani?/una giacca di Versace?/Un paio di scarpe italiane?/Una Ferrari nuova?

3. Che cosa regalerai a tua madre per il suo compleanno? E a tuo padre? E a tuo fratello? E a tua sorella? E a tuo cugino/a? E al tuo fidanzato/a? E al tuo amico/a? Che cosa mangerai il giorno del Ringraziamento (Thanksgiving day)? Che cosa farai quando sarà finita la scuola? Dove andrai? Con chi? Per quanto tempo?

2. La negazione doppia (double negation)

Non sento niente. I don't hear anything (lit: I don't hear nothing)
Non ha visto nessuno. He didn't see anybody (lit: he didn't see nobody).

3. Gli aggettivi indefiniti

Ogni giorno o **tutti i giorni** every day
Qualche volta (o **alcune volte** o **delle volte**) sometimes
Qualsiasi (o **qualunque**) **libro** any book
Nessuna persona no person

▷ ▷ ▷ ESERCIZI

A. Cosa vuol dire...?

1. mai più . . . . nè . . . . nè. . . . .
2. appena . . . . fra (o tra) poco . . . .
3. non ancora . . . . neppure (o nemmeno o neanche) . . . .
4. un sacco di. . . . . da un lato . . . . dall'altro lato . . . . . .
5. mi fa il pieno? . . . . grazie di tutto . . . .

B. Completare con le seguenti parole: *nessuno - niente - ancora - mai - qualsiasi - neppure - neanche - né lui né lei - ogni giorno - qualche volta - alcuni - nessuno*

1. Non ho visto . . . .
2. Non hanno . . . . mangiato!
3. Secondo me i tuoi amici non cambieranno . . . .
4. Perchè non avete parlato con . . . . ?
5. Se ci porteranno in quel ristorante non mangerò . . . .
6. Non mi hai . . . . detto perchè non sei venuta da Paolo ieri!
7. Gianni non paga perchè non ha . . . . un soldo!
8. Credo che . . . . potrà capire questo film.
9. In quell'albergo mangerai benissimo . . . .
10. . . . . gli aerei sono in ritardo.
11. Per Luigi . . . . bevanda va bene.
12. Ieri, al museo, ho visto . . . . quadri meravigliosi.

C. Rispondere come indicato nell'esempio: hai visto l'opera? **Non ancora, la vedrò domani.**

1. Hai già mangiato in questo ristorante?
2. Avete visto la commedia?
3. Siete andati a teatro?
4. Hai scritto a Luigi?
5. Paola ha comprato il regalo?
6. Hanno deciso che cosa offrire agli ospiti?
7. Vi siete messi gli scarponi?
8. Paolo e Anna si sono già sposati?

D. Inserire la parola opposta

1. aperto. . . . .   doppia. . . . .
2. entrata. . . . .   la partenza . . . .
3. dappertutto.   andata. . . . .

CAPITOLO 11

1. Il condizionale semplice e composto

A. Il condizionale semplice:

a. With regular verbs:

parlare: parlerei, parleresti, parlerebbe, parleremmo, parlereste, parlerebbero
ricevere: riceverei, riceveresti, riceverebbe, riceveremmo, ricevereste, riceverebbero
dormire: dormirei, dormiresti, dormirebbe, dormiremmo, dormireste, dormirebbero

Dormirei volentieri ma devo lavorare. I would gladly sleep, but I have to study.

b. With volere, potere and dovere:

dovrei I should (or I ought to).
potresti You could (or you might).
vorrebbe He (or she) would like to (or would want to).

Umberto **vorrebbe** partire subito. Umberto would like to leave right away.

c. With some irregular verbs:

essere: sarei, saresti, sarebbe, saremmo, sareste, sarebbero
andare: andrei, andreste, andrebbe, andremmo, andreste, andrebbero
venire: verrei, verresti, verrebbe, verremmo, verreste, verrebbero

I miei amici **andrebbero** in Italia con molto piacere, ma non hanno i soldi.
My friends would go to Italy with great pleasure, but they don't have the money.

B. Il condizionale composto:

Avrei ballato tutta la notte.   I would have danced all night.
Sarebbe partito presto.   He would have left early.

With volere, potere and dovere:
avrei dovuto (**potuto** or **voluto**) +infinitive.

Avrebbe dovuto mangiare.   He should have eaten.
Avresti potuto telefonare.   You could have called.
Avrebbero voluto parlare.   They would have liked to speak.

▷ ▷ ▷ ESERCIZI

A. Mettere i seguenti verbi al condizionale semplice e composto:

	Condiz. semplice	Condiz. composto
1. Finire (io)	Finirei	Avrei finito
2. Andare (lui)	Andrebbe	Sarebbe andato
3. Rispondere (lei)	. . . .	. . . .
4. Sapere (noi)	. . . .	. . . .
5. Parcheggiare (voi)	. . . .	. . . .
6. Vivere (tu)	. . . .	. . . .
7. Convincere (loro)	. . . .	. . . .
8. Fare (io)	. . . .	. . . .
9. Pensare (lei)	. . . .	. . . .
10. Cominciare (lui)	. . . .	. . . .
11. Rimanere (voi)	. . . .	. . . .
12. Bere (noi)	. . . .	. . . .
13. Aggiungere (tu)	. . . .	. . . .
14. Dormire (io)	. . . .	. . . .
15. Cercare (loro)	. . . .	. . . .
16. Lavorare (lei)	. . . .	. . . .

2. I nomi di mestieri e professioni

A. Nouns ending in **-ista** and in **-a**.

masculine	feminine
l'artista - gli artisti	l'artista - gli artisti
il pianista - i pianisti	la pianista - le pianiste
lo psichiatra - gli psichiatri	la psichiatra - le psichiatre
il poeta - i poeti	la poetessa - le poetesse

B. Nouns ending in **-ante, -ente, -tore, -trice, -essa**.

masculine	feminine
il cantante - i cantanti	la cantante - le cantanti
il dirigente - i dirigenti	la dirigente - le dirigenti
l'attore - gli attori	l'attrice - le attrici
il professore - i professori	la professoressa - le professoresse
il principe - i principi	la principessa - le principesse

▷ ▷ ▷ **ESERCIZI**

A. Completare con le seguenti parole: *lavanderia - pasticceria - uno scrittore - l'avvocato - fabbrica - una gioielleria? - impiegato! - farmacia*

1. Nella . . . . vorrebbero licenziare molti operai
2. Luisa vorrebbe lavorare in una . . . .
3. Oggi dovrei proprio andare in . . . .
4. Paolo vorrebbe diventare . . . .
5. Avrebbero potuto assumere quel povero . . . .
6. Vorreste lavorare in . . . .
7. Gli piacerebbe comprare questa. . . . .
8. Vorrei fare . . . .

B. Tradurre

1. What do you do for a living? . . . .
2. Where do you usually go shopping? . . . .
3. They work for this company . . . .
4. That salesperson is not very kind. . . . .
5. I would like to speak with your employer . . . .
6. The doctor would like to see you today . . . .
7. Could you speak to the mechanic? . . . .
8. The singer should have sung a few more songs . . . .

C. Mettere il nome al femminile

1. Il negoziante . . . .
2. Il dirigente. . . . .
3. Il turista. . . . .
4. Il pianista . . . .
5. Il poeta . . . .
6. Lo studente . . . .
7. Lo psichiatra . . . .
8. L'attore. . . . .

D. Parliamo

1. Che cosa mangerebbe volentieri questa sera? Dove andrebbe volentieri ora? Che cosa vorrebbe fare durante il fine - settimana?
2. Quali città del mondo Le piacerebbe visitare? Perchè? Quale personaggio delle favole vorrebbe incontrare? Perchè? Quali ragazzi (e) Le piacerebbe conoscere?
3. Che cosa non potrebbe mai mangiare? Vorrebbe fare il (la) cuoco(cuoca)? Perchè? Andrebbe volentieri all'opera? Vorrebbe diventare il Presidente della Repubblica? Qual è la prima cosa che farebbe come Presidente?
4. Quali mestieri le piacerebbe fare e quali non vorrebbe mai fare?

LETTURA - La macchina

È giovedì mattina. Siamo a Catanzaro, in Calabria. Gemma telefona alla sua amica Paola. Ascoltiamo:

Gemma: Ciao Paola, che cosa fai oggi?

Paola: Oggi devo fare molte spese. Devo andare al mercato, in lavanderia, in macelleria e, se avrò tempo, andrò anche in banca. E tu?

Gemma: Io dovrei andare all'ospedale a trovare mia zia, che è ammalata. Prima, però, dovrei andare in gioielleria, perchè vorrei comprare un bel regalo per mia sorella. Sai, oggi è il suo compleanno! Ho un problema, però: la mia macchina è dal meccanico. Per caso potresti prestarmi la tua?

Paola: Ma certo; posso prestartela senz'altro. Sai, io posso andare in tutti i negozi a piedi o in bicicletta, perchè sono tutti in centro, vicino a casa mia.

Gemma: Oh, sei proprio gentilissima; grazie mille.

Paola: Prego, prego; prendo la macchina e te la porto subito. A presto!

PARLIAMO

1. Che giorno è? In quale città siamo? In quale regione? Chi sono Gemma e Paola?
2. Che cosa deve fare Paola oggi? E Gemma?
3. Che problema ha Gemma? E poi che cosa succede?
4. Lei ha la macchina? Che macchina è? Le piace? La lava spesso? La guida spesso? Quante volte al giorno (o alla settimana) la guida? L'ha mai prestata a qualcuno? A chi? Quando? Perchè?

3. I pronomi tonici

Subject pronouns	Stressed pronouns	
io	**me** me	
tu	**te** you	
Lei	**Lei** you (s. form.)	**sè** yourself
lei - lui	**lei - lui** her-him	**sè** herself, himself, oneself
noi	**noi** us	
voi	**voi** you	
Loro	**Loro** you (pl. form.)	**sè** yourselves
loro	**loro** them	**sè** themselves

Stressed pronouns are used:

a. after prepositions: compro i fiori **per lei**.

b. when there is emphasis on the pronoun: lo dici **a me**? Sì, lo dico proprio **a te**.

c. when pronouns are placed in contrast after the verb form: perchè hai invitato **lui** e non **lei**?

4. I pronomi indefiniti

Ognuno everyone, everybody.
Qualcuno someone, somebody.
Alcuni some, a few.
Niente nothing.
Qualcosa something, anything.

Tutti (tutte) all, everyone.
Nessuno nobody.
Altri others.
Tutto everything.

⇨ ⇨ ⇨ **ESERCIZI**

A. Trasformare le frasi come indicato nell'esempio: mi vedrebbe volentieri - vedrebbe volentieri **me**.

1. Ti conoscerebbe volentieri . . . .
2. Ci vorrebbero invitare . . . .
3. Gli dovreste fare un regalo . . . .
4. Li vorrei incontrare . . . .
5. Vi potrebbero parlare . . . .
6. Lo dovrei conoscere . . . .
7. Le potresti ringraziare . . . .
8. La vorrebbe salutare . . . .

B. Completare con le seguenti parole o espressioni: qualcosa - ognuno - c'è qualcosa - qualcuno - tutti

1. . . . . da mangiare?
2. . . . . ha scritto nel mio libro.
3. . . . . deve decidere da solo.
4. . . . . mangiano come vogliono.
5. Vuoi . . . . da bere?

C. Trasformare le frasi come indicato nell'esempio:
Mi piace il vino - **a me** piace il vino.

1. Mi piacciono le cotolette . . . .
2. Gli (to him) piace la birra fredda . . . .
3. Le piace guidare di notte . . . .
4. Vi piacciono i tortelli con gli spinaci . . . .
5. Ci piace studiare l'italiano . . . .
6. Ti piacciono gli spaghetti con le vongole . . . .
7. Gli (to them) piace viaggiare spesso . . . .
8. Le piacciono gli abiti eleganti. . . . .

Capitolo 12

1. Funzioni di "ne"

Quanti libri leggi? **Ne** leggo molti.
Hanno del vino? No, non **ne** hanno.

Parlano di sport? Sì, **ne** parlano spesso.
Che cosa **ne** pensi di questo libro? È molto interessante.

Hai bisogno di questi quaderni? No, non **ne** ho bisogno.
Avete voglia di ballare? No, non **ne** abbiamo voglia.

Quante bottiglie vuoi comprare? **Ne** voglio comprare (o voglio comprar**ne**) quattro.

Quanti **ragazzi** ha invitat**o** Roberto? **Ne** ha invitat**i** due.

C'è un ufficio postale qui vicino? Sì, **ce n'è** uno là.
Ci sono dei bei musei in questa città? Sì, **ce ne sono** due.

▷ ▷ ▷ ESERCIZI

A. Cosa vuol dire...?

1. Non poterne più . . . . Valerne la pena . . . .
2. Volerci . . . . Crederci . . . .
3. Pensarci . . . . Pensarne . . . .

B. Rispondere usando "ne"

1. Quanti anni hai? (19).
2. Quante case hanno quei tuoi amici? (3).
3. Quanti figli avete? (1).
4. Quante bottiglie di vino devi comprare? (5).
5. Quanti cani ha Paolo? (4).
6. Quanti ristoranti hai provato? (12).
7. Quante ragazze volete conoscere? (2).
8. Quanti studenti ci sono in quest'aula? (23).

C. Parliamo (quando è possibile usare **ci** e **ne** nelle risposte)

1. Quante bibite beve in una settimana? Quanti caffè beve in un giorno?
2. Quanti piatti di pasta mangia in un giorno (o in una settimana o in un mese)? Quante bistecche mangia in una settimana? Quanta verdura mangia di solito durante i pasti? Quale? Quanta frutta mangia di solito in un giorno? Quale? Quanti dolci mangia in un giorno (o in una settimana)? Quali?
3. Quanti giornali legge in un giorno o in una settimana? Quanti libri legge in un mese? Quali? Quante riviste (magazines) compra in una settimana? Quali?
4. Quante donne ci sono in quest'aula? Quanti uomini ci sono? Quanti insegnanti ci sono? Quanti banchi? Quante scrivanie? Quante sedie, porte, finestre, muri, carte geografiche, quadri ci sono in quest'aula?

2. Funzioni di "si" impersonale

Si può telefonare qui? Can we (can one) make a phone call here?
A che ora **si comincia** a mangiare? At what time are we starting to eat?

Si mangia molto pane in casa Sua? Do you eat a lot of bread at your house?
Si mangiano molte verdure in casa tua? Do you eat many vegetables at your house?

Si insegna letteratura russa in questa università? Is Russian literature taught in this university?

Si vendono molti libri in questa libreria. Many books are sold in this bookstore.

Quando si lavora troppo **ci si stanca**. When one works too much one gets tired.

▷ ▷ ▷ **ESERCIZI**

A. Rispondere. Che cosa si mangia e che cosa si beve di solito...?

1. In un ristorante italiano? . . . .
2. In un ristorante cinese? . . . .
3. In un ristorante messicano? . . . .
4. Il giorno del Ringraziamento? . . . .
5. Durante l'inverno, quando fa molto freddo? . . . .
6. Durante l'estate, quando fa molto caldo? . . . .
7. Quando si ha fretta? . . . .
8. Al mattino, in Italia? . . . .

B. Cosa vuol dire...?

1. dài . . . . volentieri . . . .
2. per caso . . . . senz'altro . . . .
3. come mai? . . . . ti dispiace? . . . .

C. Trasformare usando il "si impersonale" come indicato nell'esempio:
Insegnano l'inglese in questa scuola? - **Si insegna** l'inglese in questa scuola?

1. Possiamo fumare a teatro?
2. Vendete molte scarpe in questo negozio?
3. Mangiano molta carne in America?
4. Bevono molto vino in Italia?
5. Guardiamo spesso la televisione in casa nostra.
6. Studiate la grammatica in questa classe?
7. Usiamo spesso l'ombrello a Londra (London).
8. In Messico parlano spagnolo.

3. I pronomi doppi

Mi presta il libro. **Me lo** presta. He lends **me** the book. He lends **it to me.**

Le porterai una scatola. **Gliela** porterai. You will bring **her** a box. You will bring **it to her**.

La torta? **Ne** daremo alcune fette **a voi**. **Ve ne** daremo alcune fette. The cake?
We will give some slices **of it to you**. We will give **you** some slices **of it.**

Avete comprato **le scarpe** per me? **Me le** avete **comprate**? Did you buy the shoes for me? Did you buy them for me?
Gli hai dato **il libro**? **Glielo** hai **dato**? Did you give the book to him? Did you give it to him?

Me lo puoi dare (il libro)? O puoi dar**melo**? Can you give it (the book) to me?

Glieli devi vendere (i libri)! O devi vender**glieli**! You have to sell them (the books) to him!

▷ ▷ ▷ **ESERCIZI**

A. **Trasformare come indicato nell'esempio:** mi presta il libro... **me lo presta.**

1. Ti compra gli utensili. . . . .

2. Gli dà un bacio. . . . .

3. Le vende la giacca. . . . .

4. Mi porta le borse. . . . .

5. Vi insegna le regole . . . .

6. Ci danno i sacchetti . . . .

7. Gli vendono i giocattoli. . . . .

8. Le comprano la frutta . . . .

B. **Rispondere come indicato nell'esempio:** Il vestito - la giacca - ti sei messo il vestito? - **Sì me lo sono messo** or **No, non me lo sono messo**. **Ti sei messo la giacca? Sì me la sono messa** or **No, non me la sono messa**.

1. Gli stivali - il maglione . . . .

2. I guanti - i pantaloni . . . .

3. Le calze - le scarpe. . . . .

4. Il pigiama - i sandali . . . .

5. La gonna - la sciarpa . . . .

6. L'impermeabile - la cravatta . . . .

C. **Trasformare come indicato nell'esempio:** puoi darmelo?... **Me lo puoi dare?**

1. Dovete vendermeli (**i quaderni**) . . . .

2. Puoi comprarceli? (**i panini**) . . . .

3. Vogliono darmela (**la torta**) . . . .

4. Deve insegnarteli (**i verbi**). . . . .

5. Vuoi venderglielo? (**il cappotto**) . . . .

6. Devo prestargliela (**la macchina**) . . . .

7. Vogliamo regalartelo (**il cappello**) . . . .

8. Posso comprarvele (**le scarpe**) . . . .

D. **Parliamo** (quando è possibile usare i pronomi doppi nelle risposte)

1. Si mette spesso i pantaloni di lana? E quelli di cotone? E i jeans? Quando se li mette? Si mette spesso la camicia - la cravatta - la maglietta - il maglione - il cappello - le calze velate? Quando si mette questi indumenti (garments)?

2. Quando fa freddo si mette spesso il cappotto? E la sciarpa? E gli stivali? Quando fa caldo si mette la maglietta? I pantaloni corti? I sandali? Di solito quando va ad una festa elegante si mette la cravatta? L'abito da sera? Di solito quando sta in casa indossa i jeans? Le scarpe comode?

3. Mangia la pasta tutti i giorni? Quante volte alla settimana (o al mese) mangia la pizza? E le bistecche? E il pollo? E il tacchino? Quante volte al giorno (o alla settimana) mangia la verdura? E la frutta? E i dolci?
Quante volte al giorno (o alla settimana) beve il succo di arancia? E l'acqua minerale? Quanti bicchieri ne beve di solito? Quante tazze di caffè o di tè beve in un giorno? Quanti cucchiaini di zucchero mette nel caffè o nel tè? Mette anche il latte nel caffè o nel tè?

4. Compra spesso il giornale? Quante volte alla settimana lo compra?
Va spesso al cinema? Quante volte al mese ci va?

FILASTROCCHE

A. In primavera osservo le aiuole con tanti bei fiori
e in autunno ammiro le foglie di tanti bei colori.
Durante l'estate gli amici vanno al mare
e durante l'inverno vanno a sciare.

Esercizio: Mettere tutti i verbi al futuro.

B. Ogni anno parto dall'aeroporto
con qualche valigia e il passaporto.
Arrivo in Italia, a Roma o a Milano,
noleggio una macchina e guido piano piano.

Esercizio: Mettere tutti i verbi al condizionale.

CAPITOLO 13

◊ **Per cominciare: Dal dottore**

◊ **L'imperativo informale (con "tu, noi e voi")**
◊ **I pronomi con l'imperativo informale**
◊ **L'imperativo formale (con "Lei e Loro")**
◊ **I pronomi con l'imperativo formale**
◊ **Verbi che richiedono "di" o "a"**
  prima dell'infinito

◊ **Prima lettura: La mela avvelenata**
◊ **Seconda lettura: Dal dottore**
◊ **Filastrocche**
◊ **L'Italia in miniatura: Il Natale e la Pasqua**

DAL DOTTORE

PER COMINCIARE
Dal dottore

Luciano e Lucille sono dal dottore.

Dottore: Buon giorno Luciano, non ti senti bene?   **sentirsi bene** o **male** to feel well or bad
Luciano: Sì, dottore; ho cominciato a sentirmi male due giorni fa:
mal di gola, la febbre e un po' di tosse.   **mal di gola** sore throat **la febbre** fever
la tosse cough
Dottore: Vediamo, vediamo... e la signorina è la tua fidanzata? **la fidanzata** fiancee
Luciano: Beh, è la mia ragazza; si chiama Lucille: è americana. **la ragazza** girl - friend
Dottore: Oh, piacere di conoscerLa signorina!
Lucille: Tanto piacere!
Dottore: Hai proprio scelto una bella ragazza, Luciano!

scegliere (p.p. **scelto**) to choose

Dunque... ora apri la bocca... vediamo... Sì, sì, è proprio l'influenza;   **apri** open
ce l'hanno tutti adesso... Ora ti ordino una medicina per la tosse:
fra qualche giorno starai benissimo! Ma...stai attento: l'influenza   **stai attento** be careful
è contagiosa, perciò non dare nessun bacio alla tua ragazza   **non dare** don't give
per alcuni giorni!
Luciano: Certo, certo; non sarà facile, ma lo farò! Grazie dottore e arrivederLa.
Lucille: ArrivederLa.
Dottore: Arrivederci ragazzi e... congratulazioni:
siete una bellissima coppia!   **coppia** couple

PARLIAMO

1. Perchè Luciano e Lucille sono dal dottore?
2. Che cosa dice il dottore quando vede Lucille?
3. Qual è la diagnosi (diagnosis) del dottore?
4. Che cosa ordina il dottore per la tosse? Perchè Luciano non deve dare nessun bacio alla sua ragazza per alcuni giorni?
5. Che cosa commenta (comments) il dottore quando i ragazzi stanno uscendo?
6. Qual è il significato delle seguenti parole simili: ordinare, medicina, influenza, contagiosa?

Dialogo personalizzato. In gruppi di 3: personalizzate il dialogo cambiando le domande e le risposte a vostro piacimento. Siate pronti a leggere il nuovo dialogo ad alta voce.

A) L'IMPERATIVO INFORMALE (CON "TU, NOI E VOI")

1. The imperative is a mood, just like the indicative and the conditional. It is used to express direct commands, exhortations or advice.
In affirmative sentences the imperative forms for **tu**, **noi** and **voi** always correspond to the present tense forms of the indicative, with the only exception of the **tu** forms of **first conjugation** verbs (the ending changes from **i** to **a**):

Tu	**Noi**	**Voi**
Parl**a!** Speak!	Parl**iamo!** Let's speak!	Parl**ate!** Speak!
Scriv**i!** Write!	Scriv**iamo!** Let's write!	Scriv**ete!** Write!
Part**i!** Leave!	Part**iamo!** Let's leave!	Part**ite!** Leave!
Finisc**i!** Finish!	Fin**iamo!** Let's finish!	Fin**ite!** Finish!

2. In negative sentences the imperative is formed by placing "**non**" in front of the conjugated verb. Again the only exception is the **tu** form, which is expressed by **non + infinitive**:

Tu	**Noi**	**Voi**	
Non **parlare!** Don't speak!	Non parliamo! Let's not speak!	Non parlate!	Don't speak!
Non **scrivere!** Don't write!	Non scriviamo! Let's not write!	Non scrivete!	Don't write!
Non **partire!** Dont leave!	Non partiamo! Let's not leave!	Non partite!	Don't leave!
Non **finire!** Don't finish!	Non finiamo! Let's not finish!	Non finite!	Don't finish!

3. Some very common verbs have irregular imperative forms:

	Tu	**Noi**	**Voi**
Essere	sii	siamo	siate
Avere	abbi	abbiamo	abbiate
Andare	va' (o vai)	andiamo	andate
Fare	fa' (o fai)	facciamo	fate
Stare	sta' (o stai)	stiamo	state
Dare	da' (o dai)	diamo	date
Dire	di'	diciamo	dite

Sii gentile!	Be kind!
Stiamo attenti!	Let's pay attention!
Dite la verità!	Tell the truth!
Non avere paura!	Don't be afraid!
Non facciamo niente!	Let's not do anything!
Non date dei soldi a Roberto!	Don't give any money to Roberto!

4. The imperative can be expressed by the infinitive when giving impersonal directions or instructions. You have already encountered this form of imperative in many instructions for your exercises: scrivere, completare, sostituire, tradurre, etc...
This form of imperative can also be found:

on doors: **spingere** (push) - **tirare** (pull)
on cans or boxes: **aprire o chiudere come indicato**... (open or close as indicated...)
on the highway: **rallentare** (slow down) - **accendere i fari** (turn lights on)
on labels: **lavare a secco** (dry clean)
on recipes: **rosolare le cipolle** (sautee the onions).

Note that with negative sentences this kind of imperative corresponds to the negative "tu" form:
Non scrivere su questo lato do not write on this side.
Non gettare nessun oggetto dal finestrino do not throw any object from the window (of trains or cars).
Non toccare la merce do not touch the merchandise.

▷ ▷ ▷ **ESERCIZI**

A. Per i seguenti verbi dare la forma all'imperativo di "tu, noi e voi":

1. Mangiare, guardare, giocare, insegnare, telefonare.
tu. . . . . noi. . . . . voi . . . .
2. Rispondere, bere, prendere, mettere, chiedere.
tu. . . . . noi. . . . . voi . . . .
3. Dormire, offrire, aprire, pulire, unire.
tu. . . . . noi. . . . . voi . . . .

B. Inserire la forma dell'imperativo, come indicato nell'esempio:
se dobbiamo parlare, **parliamo!**

1. Se dobbiamo leggere, ...
2. Se desideri ascoltare, ...
3. Se preferite ripetere,. . . . .
4. Se vogliamo uscire, ...
5. Se volete ordinare, ...
6. Se devi pulire, ...
7. Se dovete telefonare,. . . . .
8. Se vuoi mangiare, ...

**C. Cambiare la forma negativa con quella affermativa, come indicato
nell'esempio:** non mangiare la mela! **Mangia** la mela!

1. Non dire la verità! . . . .
2. Non lavorare! . . . .
3. Non avere pietà (pity)! . . . .
4. Non stare a casa! . . . .
5. Non dare la mancia! . . . .
6. Non fare i compiti!. . . . .
7. Non andare a scuola!. . . . .
8. Non scrivere la lettera!. . . . .

D. Dare l'equivalente in inglese

1. Cuocere i fagiolini per venti minuti . . . .
2. Pulire bene le verdure e poi tagliarle. . . . .
3. Consumare (consume) entro (within) la data indicata . . . .
4. Non calpestare (step on) le aiuole. . . . .
5. Non dare cibo agli animali . . . .
6. Lavare in acqua fredda . . . .
7. Non stirare (iron) . . . .
8. Chiedere informazioni al banco (counter). . . . .

B) I PRONOMI CON L'IMPERATIVO INFORMALE

1. Direct and indirect object pronouns, reflexive pronouns as well as "ne" and "ci" are attached to the imperative forms.

Bevi la bibita! Bevi**la**!	Drink the soft drink! Drink it!
Mangiamo del pane! Mangiamo**ne**!	Let's eat some bread! Let's eat some!
Comprate i libri! Comprate**li**!	Buy the books! Buy them!
Pulisci le scarpe! Pulisci**le**!	Clean the shoes! Clean them!
Parliamo a Paola! Parliamo**le**!	Let's speak to Paola! Let's speak to her!
Andate a scuola! Andate**ci**!	Go to school! Go there!

Mett**iti** il vestito!	Put the dress on!
Vestiamo**ci**!	Let's get dressed!
Divertite**vi**!	Have fun!

2. With negative sentences two forms are possible:

non ber**la**! (la bibita) o: non **la** bere!	Don't drink it!
non mangiamo**ne**! (del pane) o: non **ne** mangiamo!	Let's not eat any!
non comprate**li**! (i libri) o: non **li comprate**!	Don't buy them!

non lavar**ti** qui! o: non **ti** lavare qui!	Don't wash yourself here!
non mettiamo**ci** il cappello o: non **ci** mettiamo il cappello!	Let's not wear the hat!
non vestite**vi**! o: non **vi** vestite!	Don't get dressed!

3. When pronouns are attached to the "tu" form of a few irregular verbs (andare, fare, stare, dare, dire) the beginning consonant of the pronoun (except gli) is doubled and the apostrophe is eliminated:

Fa**mmi** un favore!	Do me a favor!
Fagli un favore!	Do him a favor!
Di**lle** la verità!	Tell her the truth!
Digli la verità!	Tell them the truth!
Da**cci** una penna!	Give us a pen!
Dagli una penna!	Give him a pen!

4. Double pronouns are attached to the end of the imperative form; as always the indirect object pronouns precede the direct ones; also note that with negative sentences the pronouns may precede the verb:

Scrivi la lettera a lui - scrivi**gliela**!	non scriver**gliela**! (o non **gliela** scrivere!)
Compriamo i fiori per lei - compriamo**glieli**!	non compriamo**glieli** (o non **glieli** compriamo!)
Mandate il pacco a me - mandate**melo**!	non mandate**melo**! (o non **me lo** mandate!)

⟳ ⟳ ⟳ **ESERCIZI**

A. Rispondere come indicato nell'esempio. Esempio: passami il burro! No, non **te lo** passo. Mi passi il burro, per favore? Sì, **te lo** passo senz'altro.

1. Dammi il giornale!
2. Prestami la penna!
3. Vendimi l'orologio!
4. Comprami le bistecche!
5. Regalami l'impermeabile!
6. Spiegami i verbi!
7. Scrivimi la ricetta!
8. Portami le calze!

B. Inserire il pronome al posto del nome. Esempio: Mangiare la verdura (tu): **mangiala!**

1. Mangiare il panino (noi). . . . .
2. Bere la bibita (tu). . . . .
3. Aprire la finestra (voi). . . . .
4. Chiudere la porta (tu). . . . .
5. Curare (to cure) gli ammalati (voi). . . . .
6. Invitare gli amici (noi). . . . .
7. Salutare l'insegnante (tu). . . . .
8. Offrire i biscotti (voi). . . . .

C. Inserire il pronome corretto. Esempio: comprami il libro - **compramelo!**

1. Portaci le ciliege! . . . .
2. Vendetemi il mobile! . . . .
3. Comprategli la giacca! . . . .
4. Regalatele i fiori! . . . .
5. Dammi i soldi! . . . .
6. Offriamole il caffè! . . . .
7. Datemi una birra! . . . .
8. Spieghiamogli le regole (rules)! . . . .

D. Inserire i pronomi doppi. Esempio: compra un libro per lui - **compraglielo!**

1. Insegnate i pronomi ai ragazzi! . . . .
2. Diamo un regalo a lei! . . . .
3. Offri una bibita agli ospiti! . . . .
4. Spieghiamo l'imperativo ai bambini! . . . .
5. Comprate la torta per la nonna! . . . .
6. Scrivi una lettera a noi! . . . .
7. Vendiamo la motocicletta per Pietro! . . . .
8. Mandate un biglietto di auguri a Sandro. . . . .

PAROLE, PAROLE!

Leggete le varie parole ad alta voce. Quante ne conoscete già?

1. I nomi: il corpo umano e altri (Nouns: the human body and others)

la bocca mouth	**il braccio (le braccia)** arm
i capelli hair	**il collo** neck
il dente tooth	**il dito (le dita)** finger
la febbre fever	**la gamba** leg
il ginocchio (le ginocchia) knee	**la gola** throat
l'indigestione indigestion	**l'influenza** flu
la lingua tongue	**la medicina** medicine
la malattia disease	**la mano (le mani)** hand
il naso nose	**l'occhio (gli occhi)** eye
l'orecchio (le orecchie) ear	**la pancia** belly, stomach
il piede foot	**la ricetta** prescription
la schiena back	**la spalla** shoulder
lo stomaco stomach	**la testa** head
la tosse cough	**il viso (o la faccia)** face

Esercizio #1: Scrivere 3 frasi usando alcune delle parole elencate sopra.

2. Espressioni utili da ricordare

Avere mal di testa - stomaco - schiena - denti, etc...
To have a headache - stomachache - backache - toothache... etc..
avere la febbre - la tosse - una malattia. To have a fever - a cough - a disease.
fare indigestione to get indigestion.
ordinare - prendere le medicine to order - to take the medicines.

Note the same preposition:
andare dal dottore. To go to the doctor's (office).
essere dal dottore. To be at the doctor's (office).

Esercizio #2: Scrivere 3 frasi usando alcune delle espressioni elencate sopra.

3. Parole o espressioni opposte

ammalarsi to get sick	**guarire** to get well
ammalato sick	**sano** healthy
forte strong	**debole** weak
stare (o **sentirsi**) **bene** to be (feel) well	**stare** (o **sentirsi**) **male** to be (feel) bad

◁ ◁ ◁ ESERCIZI

A. Completare con le seguenti parole o espressioni: *spalle - i capelli - ho mal di denti - orecchie - ho mal di gola - il naso - mal di stomaco - gambe - mal di schiena - piede - ho mal di testa - sono ammalato*

1. Mamma, ... Prendi un'aspirina!

2. Papà, ... Riposati!

3. Cara, ... Va' subito dal dentista!

4. Dottore, ... Apri la bocca!

5. . . . . di Biancaneve sono neri come l'ebano (ebony).

6. Cappuccetto Rosso dice: "Nonna, che . . . . grandi hai!"

7. La scarpetta di vetro va bene solo per il . . . . di Cenerentola.

8. . . . . di Pinocchio diventa più lungo ogni volta che lui dice una bugia.

9. Gertrude è ammalata: ha . . . .

10. Le sue . . . . sono bellissime.

11. Le sue . . . . sono molto larghe.

12. Stai bene? No, ...

B. **Leggere i seguenti consigli sostituendo il verbo "dovere" con le forme dell'imperativo**. Esempio: oggi devi lavorare:... **lavora!**

1. Oggi devi studiare tutto il pomeriggio.

2. Non devi telefonare al tuo amico.

3. Questa sera devi andare a letto presto.

4. Non devi uscire con gli amici.

5. Domani devi svegliarti alle otto.

6. Devi alzarti subito.

7. Poi devi fare colazione, lavarti i denti e prepararti per andare a scuola.

8. Alle otto e mezzo devi uscire di casa.

9. Devi essere a scuola prima delle nove, per l'esame.

10. Non devi avere paura.

11. Devi essere tranquillo perchè hai studiato moltissimo.

C. **Scrivere 10 frasi usando le forme dell'imperativo**

D. **A voi la parola**

1. Dimmi: di che colore sono i tuoi occhi? E i miei? E i tuoi capelli? E i miei?
Chiedi a lui se è ammalato o se sta bene! Chiedi a lei se ha la febbre!
Di' a lei che è molto bella!! Dimmi se hai il fidanzato (la fidanzata)!

2. Alzati in piedi! Siediti! Apri la finestra! Chiudi la porta! Dammi la penna, per favore!
Va' alla lavagna! Ora scrivi il mio nome! Ora scrivi il tuo numero di telefono!

3. Mostrami le mani! Mostrami la lingua! Chiudi un occhio! Chiudili tutti e due!
Apri le braccia! Ora chiudile! Apri la bocca! Ora chiudila! Apri una mano! Ora chiudila!

4. Copriti (cover) un orecchio! Copri tutte e due le orecchie! Toccati (touch) il collo!
Toccati i piedi! Toccati la testa! Toccati le ginocchia! Va' fuori dalla porta! Ora torna
dentro! Metti un libro sulla testa e cammina (walk)!

5. Che cosa indossa sempre Cappuccetto Rosso in testa? Chi taglia la pancia del lupo?
Quando diventa più lungo il naso di Pinocchio? Di che cosa è fatto il corpo di
Pinocchio? Com'è il viso di Cenerentola? Di che colore sono i capelli di Biancaneve?

Parole ed espressioni utili per la lettura: "La mela avvelenata"

affezionarsi to grow fond of **avvicinarsi** to get closer **camminare** to walk
chiudere a chiave to lock **il (la) contadino(a)** peasant **furbo** sly
fare del male to hurt **in qualche modo** somehow **invidioso** envious
mai più never again **la neve** snow **la pelle** skin
il pezzo piece **la rabbia** anger **scappare** to run away
senza di without **su** (o **dài**) come on **stare attento** to be careful
uccidere to kill

PRIMA LETTURA - La mela avvelenata

C'era una volta, in un regno lontano lontano, una bellissima principessa che si chiamava Biancaneve* . Biancaneve aveva la pelle bianca come la neve e i capelli neri come l'e-bano (ebony). Viveva in un grande castello con la sua matrigna, la regina del regno.
La regina era molto invidiosa di Biancaneve, perchè Biancaneve era bellissima.
Un giorno chiama un cacciatore e gli dice: "Prendi Biancaneve, portala nel bosco e uccidila!"
Ma il cacciatore è buono e, invece di uccidere Biancaneve, le consiglia di scappare e di non tornare mai più.
Biancaneve ringrazia moltissimo il cacciatore e fugge immediatamente dal castello. Per ore e ore cammina nel bosco, sola, triste e spaventata (scared).
Finalmente vede una casetta con la porta aperta e decide di entrare.
Era la casa dei sette nani.
I sette nani la accolgono (welcome) con enorme piacere, e presto le si affezionano tanto che (so much that) non possono più vivere senza di lei. Ma spesso, la sera, quando tornano dal lavoro, trovano Biancaneve ammalata: o ha mal di testa o ha mal di pancia o ha mal di schiena e non si capisce perchè.
"Forse durante il giorno Biancaneve si stanca troppo!" suggerisce (suggests) un nano.
"O forse mentre noi lavoriamo la regina in qualche modo le fa del male!" Dice un altro.
I nani sono davvero preoccupati; perciò ogni mattina, prima di andare al lavoro, ognuno le dà almeno un consiglio:
"Riguardati! (take care of yourself!) Non lavorare troppo! Gioca con gli animali!
Fa' un pisolino quando sei stanca! Ricordati di chiudere la porta a chiave!
E soprattutto di non aprirla a nessuno! Se vuoi prendere un po' d'aria va' alla finestra, ma se qualcuno si avvicina chiudila subito!"
Biancaneve promette di stare molto attenta, ma la regina è molto furba. Un giorno la matrigna travestita da (disguised as) contadina, si avvicina alla finestra della casetta, dove Biancaneve sta prendendo un po' d'aria.
"Cara e bella ragazza" le dice "guarda che belle mele! Comprane una, per favore!
Prendi questa, su, dai, prendila, non vedi com'è bella? Mangiane un po'; è buonissima; guarda: ne mangio un pezzo anch'io!"
La regina taglia la mela e dà a Biancaneve la metà avvelenata; poi mangia un pezzo dell'altra metà.

Note: * The fairy tale of Snow White and the seven dwarfs was first written down by the Grimm Brothers, both born at Hanau, in Germany, in the eighteenth century.

E Biancaneve le risponde: "Cara e bella contadina, ne mangio un po' volentieri, ne mangio anche metà volentieri, ma per favore dammi la tua metà e questa metà mangiala tu!" Così la regina muore di rabbia.

▷ ▷ ▷ **ESERCIZI**

A. Sottolineare tutti i verbi all'imperativo e dare l'infinito di ogni verbo.

B. Scrivere una frase per ognuna delle seguenti parole o espressioni:
chiudere a chiave, in qualche modo, uccidere, mai più, su (or dài)

C. **Parliamo**

1. Chi era Biancaneve? Di che colore era la sua pelle? E i suoi capelli?

2. Dove viveva Biancaneve? Con chi? La matrigna amava Biancaneve? Che cosa ordina un giorno la matrigna? Il cacciatore ubbidisce alla matrigna? E poi che cosa succede?

3. Perchè Biancaneve non si sente mai bene? Che cosa le consigliano sempre i sette nani? Chi è la contadina? Che cosa dice a Biancaneve? E Biancaneve che cosa risponde?

4. Com'è la favola di Biancaneve? Corrisponde alla favola che ha letto ora? Perchè è diversa?

5. Lei ha mai incontrato delle persone cattive e furbe? Quando? Chi erano? Racconti (relate) una Sua esperienza sull'argomento (topic).

6. Ha mai avuto mal di schiena? Mal di testa? Mal di stomaco? Mal di gola? La tosse? La febbre? L'influenza? Quando? Dove? Racconti una Sua esperienza.

© **L'IMPERATIVO FORMALE (CON "LEI E LORO")**

1. The imperative forms of "Lei" and "loro" are the following*:

	Lei	**Loro**	
Parlare:	Parl**i**! Non parli!	Parl**ino**! Non parlino!	Speak! Don't speak!
Scrivere:	Scriv**a**! Non scriva!	Scriv**ano**! Non scrivano!	Write! Don't write!
Partire:	Part**a**! Non parta!	Part**ano**! Non partano!	Leave! Don't leave!
Finire:	Finisc**a**! Non finisca!	Finisc**ano**! Non finiscano!	Finish! Don't finish!

Note that the "Loro form" corresponds to the "Lei" form + "**no**":
parli - parli**no** - scriva - scriva**no** - parta - parta**no** - finisca - finisca**no**.
Remember that "loro" is used only in very formal situations.
In colloquial Italian "voi" is often used in place of "loro".

Note: * These forms correspond to the forms of the present subjunctive, both in affirmative and in negative sentences, as you will study later on.

2. The imperative forms of the following verbs are irregular:

	Lei	**Loro**
Essere	sia	siano
Avere	abbia	abbiano
Andare	vada	vadano
Bere	beva	bevano
Fare	faccia	facciano
Stare	stia	stiano
Dare	dia	diano
Dire	dica	dicano
Sapere	sappia	sappiano
Volere	voglia	vogliano
Venire	venga	vengano
Potere	possa	possano
Dovere	debba	debbano
Uscire	esca	escano

Sia gentile!	Be kind!
Dica la verità!	Tell the truth!
Non abbia paura!	Don't be afraid!
Non diano dei soldi a Roberto!	Don't give any money to Roberto!

▷ ▷ ▷ **ESERCIZI**

A. Per i seguenti verbi dare la forma all'imperativo di "Lei" e "Loro":

1. Fare, mangiare, guardare, giocare, insegnare, stare. Lei.......... Loro..........

2. rispondere, bere, prendere, mettere, chiedere, volere. Lei......... Loro.........

3. dire, dormire, offrire, aprire, uscire, pulire, unire. Lei.......... Loro.........

B. Inserire la forma dell'imperativo, come indicato nell'esempio:
se deve parlare, **parli**!

1. Se vuole entrare, ...

2. Se desidera mangiare, ...

3. Se deve telefonare, ...

4. Se può venire, ...

5. Se deve partire, ...

6. Se vuole andare, ...

7. Se desidera ballare, ...

8. Se preferisce lavorare, ...

C. **Inserire la forma dell'imperativo, come indicato nell'esempio:**
Non deve parlare - **non parli!**

1. Non devono dire sempre la verità! . . . .
2. Non deve fumare qui! . . . .
3. Non deve essere nervoso! . . . .
4. Non deve avere paura! . . . .
5. Non devono andare a casa! . . . .
6. Non devono rispondere! . . . .
7. Non deve mettersi la cravatta! . . . .
8. Non deve lavorare troppo! . . . .

D) I PRONOMI CON L'IMPERATIVO FORMALE

1. Direct and indirect object pronouns, reflexive pronouns as well as "ne" and "ci" are always placed before the "Lei" and "Loro" imperative forms, both in affirmative and in negative sentences:

Me lo dia per favore!	Please, give it to me!
Non lo beva! Non è un buon caffè!	Don't drink it! It's not good coffee!
Non **glielo** dicano!	Don't tell him!
Se lo metta! È un vestito elegantissimo!	Put it on! It's a very elegant dress!
Si riposino! Devono essere stanchi!	Get some rest! You must be tired!
Ecco la torta: **ne prenda** una fetta!	Here is the cake: take a slice of it!
È un brutto posto: **non ci vada**!	It's a bad place: don't go there!

▷ ▷ ▷ ESERCIZI

A. **Sostituire il nome con il pronome, come indicato nell'esempio:**
Esempio: Mi dia il libretto! **Me lo** dia!

1. Le faccia un favore! . . . .
2. Gli chieda i soldi! . . . .
3. Ci vendano la macchina! . . . .
4. Gli comperino il giocattolo! . . . .
5. Mi dia la patente! . . . .
6. Le dica la verità! . . . .
7. Ci regali le cartoline (postcards)! . . . .
8. Mi diano i biglietti! . . . .

B. **Mettere le seguenti frasi all'imperativo (Lei e Loro) e inserire il pronome al posto del nome.** Esempio: Mangiare la carne: **la mangi! - la mangino!** (Eat it!)

1. Mangiare il vitello . . . .
2. Bere il vino . . . .

3. Aprire la porta. . . . .

4. Chiudere la finestra. . . . .

5. Curare (to cure) gli ammalati. . . . .

6. Invitare gli amici . . . .

7. Salutare l'insegnante. . . . .

8. Offrire i biscotti . . . .

C. Inserire il pronome al posto del nome. Esempio: mi compri il libro! - me **lo** compri!

1. Ci porti le ciliegie! . . . .

2. Le vendano il mobile!. . . . .

3. Mi compri la giacca! . . . .

4. Gli regalino i fiori! . . . .

5. Mi diano i soldi! . . . .

6. Le offra il caffè!. . . . .

7. Mi dia una birra! . . . .

8. Ci spieghino le regole (rules)!. . . . .

E) VERBI CHE RICHIEDONO "DI" O "A" PRIMA DELL'INFINITO

1. Some very common verbs require the prepositions "di" or "a", whenever they are followed by the infinitive. They are the following:

Verb + di + infinitive:

avere bisogno di to need to
avere paura di to be afraid to
cercare di to try to
chiedere di to ask to
credere di to believe to
decidere di to decide to
dire di to say to
finire di to finish to
proibire di to forbid to
smettere di (p. p. **smesso**) to quit (doing something)
sperare di to hope to

Hanno **deciso di** studiare l'inglese.   They decided to study English.
Mio padre **ha smesso di** fumare.   My father quit smoking.
Spero di vederti oggi.   I hope to see you today.

Esercizio #1: Scrivere 3 frasi usando alcuni dei verbi elencati sopra

Verb + a + infinitive:

aiutare a to help to
andare a to go to
cominciare a to start
continuare a to continue to
imparare a to learn to
insegnare a to teach to
riuscire a to succeed in
venire a to come to

Un dolmen in Sardegna

Hai cominciato a leggere per l'esame?   Did you start reading for the exam?
Andate a mangiare fuori?   Are you going to eat out?
Hanno imparato a nuotare?   Did they learn to swim?

Esercizio #2: Scrivere 3 frasi usando alcuni dei verbi elencati sopra

2. The following verbs do not require any preposition when followed by the infinitive:
desiderare, dovere, volere, piacere, potere, preferire, sapere. Esempi:

Vogliamo partire.   We want to leave.
Non puoi prendere questo treno.   You cannot take this train.
Sai guidare?   Do you know how to drive?

▷ ▷ ▷ ESERCIZI

A. Quando è necessario inserire la preposizione corretta

   1. Ci hanno proibito . . . . venire.
   2. Avete deciso. . . . . partire?
   3. Hanno cominciato . . . . studiare?
   4. Cerca . . . . non stancarti troppo.
   5. *Spero* . . . . *arrivare in orario.*
   6. Andiamo . . . . bere una bibita con loro?
   7. Non ha ancora imparato . . . . suonare il piano.
   8. Desiderate . . . . incontrare quell'attore?
   9. Ho deciso . . . . andare a casa ora.
   10. I tuoi fratelli hanno cominciato . . . . lavorare?
   11. Rosa ha imparato . . . . scrivere in inglese in Inghilterra.
   12. Ti proibisco . . . . parlare in questo modo!
   13. A Mariella non piace . . . . guidare.
   14. Potete venire . . . . mangiare da noi?
   15. Hai smesso . . . . lavorare in banca?
   16. Loro vogliono . . . . andare a teatro.

Parole ed espressioni utili per la lettura: "Dal dottore"

assaggiare to taste
la luna di miele honeymoon
mi raccomando I beg you
sciocco silly, stupid
stia tranquilla! don't worry!

il fegato liver
il matrimonio wedding
di nuovo again
sembrare to seem

da parte mia - tua - sua - nostra - vostra - loro on my - your - his - her - our - your - their behalf

SECONDA LETTURA - Dal dottore

Caterina Ledda è una giovane signora di ventinove anni. Abita a Cagliari. Da qualche giorno non si sente bene, perciò oggi decide di andare dal dottore. Seguiamola:

Signora: Buongiorno, dottore.
Dottore: Buongiorno signora Ledda. Come va?
Signora: Da due giorni ho un terribile mal di stomaco e oggi ho anche un gran mal di testa.
Dottore: Ha la febbre?
Signora: No, non ho la febbre.
Dottore: Si sieda, per favore. Apra la bocca...così...ora vediamo la lingua....
ma... per caso non ha fatto indigestione?
Signora: Beh, a dire la verità due giorni fa sono andata al matrimonio di mio fratello e ho mangiato veramente troppo. Sa, ora che ci penso ho cominciato a stare male proprio quella sera.
Dottore: Che cosa ha mangiato ieri?
Signora: Ieri? Pochissimo, non avevo molta fame.
Dottore: E oggi?
Signora: Questa mattina a colazione ho preso un cappuccino con alcuni biscotti e a mezzogiorno ho mangiato la pasta asciutta e una bistecca. Volevo prendere anche il dolce, ma ho cominciato ad avere un gran mal di testa e allora ho smesso di mangiare.
Dottore: Vada sul lettino... voglio controllare il fegato... ecco... eh, sì: ha proprio fatto indigestione. Ha bevuto molto vino al matrimonio?
Signora: Oh, sì, c'erano almeno cinque o sei tipi di vino e ho voluto assaggiarli tutti. Che sciocca sono stata! Avrei dovuto stare più attenta!
Dottore: Beh, su, si sa che quando si va ai matrimoni si mangia troppo! Ma stia tranquilla: le ordino una medicina che la aiuterà moltissimo. Ecco la ricetta.
Mi raccomando, però: questa sera non mangi niente e soprattutto non beva vino; prenda solo un po' di brodo e cerchi di dormire molto. Vedrà che domani starà già benissimo.
Signora: Grazie, dottore. ArrivederLa.
Dottore: ArrivederLa signora e...per favore dia un caro saluto ai suoi genitori da parte mia e faccia le congratulazioni a suo fratello, quando tornerà dalla luna di miele! Mi sembra incredibile: ho visto suo fratello per la prima volta quando aveva solo due anni e ora è già sposato! Il tempo vola! (flies)
Signora: È proprio vero! Io mi sono sposata cinque anni fa e mi sembra ieri! Beh, arrivederLa di nuovo, dottore!
Dottore: Di nuovo arrivederLa.

▷ ▷ ▷ **ESERCIZI**

A. Sottolineare tutti i verbi e per ognuno dare l'infinito

B. Per ogni modo o tempo scrivere le corrispondenti forme verbali presenti nella lettura:

Presente: . . . .

Passato prossimo: . . . .

Futuro: . . . .

Imperfetto: . . . .

Imperativo: . . . .

Condizionale: . . . .

C. Scrivere una frase per ognuna delle seguenti parole o espressioni: di nuovo, il matrimonio, mi raccomando, da parte mia (tua, sua, etc...)

D. Parliamo

1. Di dove è la signora Ledda? Quanti anni ha?
2. Perchè va dal dottore oggi? Che cosa le chiede il dottore? Dov'è andata la signora alcuni giorni fa? Ha mangiato molto? Ha bevuto molto? Ieri che cosa ha mangiato? E oggi?
3. Qual è la diagnosi del dottore? Guarirà presto la signora? Secondo il dottore quando starà bene la signora? Che cosa le ordina il dottore? Che cosa deve mangiare e bere questa sera la signora?
4. Il dottore conosce la famiglia della signora?
   Che cosa dice il dottore alla fine del dialogo? E la signora che cosa risponde?
5. Lei ha mai fatto indigestione? Quando? Dove? Come si sentiva? Ha mai bevuto troppo vino? Quando? Dove? Come si sentiva? Racconti una Sua esperienza sull'argomento.

E. Scrivere un breve tema intitolato: "Dal dottore".

FILASTROCCHE

Le dita della mano: **il pollice, l'indice, il medio, l'anulare, il mignolo** (the hand's fingers: the thumb, the index finger, the middle finger, the ring finger, the little finger).

A. Dico al pollice: non cadere nel pozzo nero!   **il pozzo** well
 e all'indice: tiralo su, è caduto davvero!   **tirare su** to pull up **cadere** to fall
 Poi dico al medio: asciugalo, è tutto bagnato!   **asciugare** to dry **bagnato** wet
 e all'anulare: preparagli la zuppa, è affamato!   **affamato** very hungry
 Infine dico al mignolo: non mangiarla tutta, maleducato!   **maleducato** bad mannered

Esercizio: Rileggere usando l'imperativo formale al posto di quello informale.

B. Ho due occhi per guardare
e due orecchie per ascoltare
una bocca per mangiare
e una lingua per parlare;
sono proprio fortunato, non vi pare?

non vi pare? don't you think so?

Esercizio: Continuare la filastrocca aggiungendo: gambe, braccia, mani, piedi, naso, ginocchia, testa etc...

L'ITALIA IN MINIATURA

Parole ed espressioni utili per la lettura

la colomba dove
festeggiare to celebrate
la nascita birth
il presepio nativity scene
scambiarsi to exchange

il dono gift
Gesù Jesus
la parrocchia parish
il quartiere neighborhood

La seguente lettura contiene molte "parole simili". Le riconoscete?

Il Natale e la Pasqua

Il Natale e la Pasqua sono le più importanti feste religiose italiane.
Durante il periodo natalizio in moltissime case italiane si preparano regolarmente l'albero di Natale e il presepio. Il presepio rappresenta la nascita di Gesù.
In alcune parrocchie si offre un premio per il più bel presepio del quartiere e molti bambini si divertono a prepararlo.
Quando ci si scambiano i doni in Italia? Questo dipende dalla città in cui (in which) si abita e dalle tradizioni delle singole famiglie. In molte famiglie ci si scambiano i doni il giorno di Natale, ma in altre il giorno prima, cioè la vigilia (eve) di Natale.
Molti bambini ricevono i loro regali il giorno della Befana o dell'Epifania, cioè il 6 gennaio*, ma molti altri li ricevono per Natale e i più fortunati li ricevono due volte.
Chi è la Befana? è una vecchietta (si può forse definirla un "Santa Claus" femminile) che

Note: * The sixth of January is the day when the three Kings reached Jesus' hut and brought Him their gifts.

scende (comes down) dal camino (chimney), la notte tra il cinque e il sei gennaio e porta doni ai bambini buoni e cenere e carbone (ashes and coal) a quelli cattivi.

Quali sono i piatti natalizi tradizionali?

Di solito la cena della vigilia di Natale è a base di pesce e verdure: pasta con frutti di mare, anguilla (eel), vari altri pesci, patate, legumi (vegetables).

Il giorno di Natale invece, non possono mancare i tortellini in brodo, due o tre tipi di carne, molte verdure e dolci in abbondanza (il panettone, il panforte, il torrone, i tortelli dolci etc..)*.

Per Pasqua si celebra la resurrezione di Gesù e dunque si festeggia ovunque (everywhere). Il piatto tipico pasquale è l'agnello, sempre servito dopo i classici tortellini in brodo o speciali paste asciutte; come dolci non possono mancare la colomba pasquale (simile al panettone, ma con la forma tipica della colomba) e, naturalmente, l'uovo di Pasqua, spesso molto grosso e con dentro una bella sorpresa (un piccolo giocattolo, un articolo di bigiotteria e, nelle uova più costose, anche un vero gioiello).

▷ ▷ ▷ ESERCIZI

A. Sottolineare tutte le "parole simili" contenute nella lettura e dire il loro significato.

B. Parliamo

1. Quali sono le principali feste religiose italiane?
2. Che cosa si prepara in Italia durante il Natale? Che cosa rappresenta il presepio? Che cosa si offre in alcune parrocchie per il presepio più bello del quartiere?
3. Quando ci si scambiano i doni in Italia? Quando ricevono i regali i bambini italiani? Chi è la Befana? Che cosa fa? Che cosa si mangia di solito per la cena della vigilia di Natale? E il giorno di Natale? Quali dolci natalizi ricorda?
4. Che cosa si celebra per Pasqua? Qual è il piatto pasquale tipico? Quali sono alcuni tipici dolci pasquali?

VOCABOLARIO

I verbi

affezionarsi to grow fond of	**assaggiare** to taste
avvicinarsi to get closer	**camminare** to walk
chiudere a chiave to lock	**decidere** (p. p. **deciso**) to decide
fare del male to hurt	**fare indigestione** to get indigestion
festeggiare to celebrate	**riuscire a** to succeed in
scambiarsi to exchange	**scappare** to run away
scegliere (p. p. **scelto**) to choose	**sembrare** to seem
smettere (p. p. **smesso**) to quit	**stare attento** to be careful
uccidere (p. p. **ucciso**) to kill	

Note: * Il panforte is a flat, hard cake made with candied fruit and almonds, and dusted with powdered sugar. It is typical of the city of Siena; il torrone is a kind of hard nougat candy; i tortelli dolci are sweet ravioli stuffed with various ingredients (mainly marmelade), fried or baked and dusted with powdered sugar.

I nomi: il corpo umano e altri

la bocca mouth
la colomba dove
la coppia couple
il dono gift
il fegato liver
Gesù Jesus
la gola throat
la lingua tongue
la malattia disease
il matrimonio wedding
il naso nose
il Natale Christmas
la parrocchia parish
la pelle skin
il presepio nativity scene
la rabbia anger
la schiena back
lo stomaco stomach
la tosse cough

il braccio (pl. **le braccia**) arm
il (la) contadino (a) peasant
il dito (pl. **le dita**) finger
la febbre fever
la fidanzata fiancee
il ginocchio (pl. **le ginocchia**) knee
l'indigestione (f.) indigestion
la luna di miele honeymoon
la mano (pl. **le mani**) hand
la medicina medicine
la nascita birth
la neve snow
la Pasqua Easter
il pezzo piece
il quartiere neighborhood
la ricetta prescription
la spalla shoulder
la testa head
il viso (o **la faccia**) face

Gli aggettivi e altre espressioni opposte

essere ammalato to be sick
stare (o **sentirsi**) **bene** to be (feel) well
debole weak

essere sano to be healthy
stare (o **sentirsi**) **male** to be (feel) bad
forte strong

furbo sly
sciocco silly

invidioso envious

Parole ed espressioni varie

di nuovo again
mai più never again
senza (**di**) without
su (o **dài**) come on

in qualche modo somehow
mi raccomando I beg you
stia tranquilla! don't worry!

avere mal di testa - di denti, etc... to have a headache - a toothache, etc...
da parte mia - tua etc... on my - your etc... behalf

CAPITOLO 14

LUOGHI A CONFRONTO

Torino, *Mole Antonelliana*   Agrigento, *Tempio di Castore e Polluce*

Per cominciare
Luoghi a confronto

Luciano e Lucille stanno facendo una passeggiata in centro a Roma.

Lucille: Sai, questa mattina mi hanno telefonato i miei genitori.

Luciano: Ah, sì? E che hanno detto del loro viaggio in Italia?

Lucille: Oh, erano entusiasti! Hanno cominciato a fare tanti paragoni tra l'Italia e l'America e dicevano sempre che l'Italia è meravigliosa.

il paragone comparison

Luciano: Ma che paragoni hanno fatto?

Lucille: Beh, paragoni che riguardano la natura, le persone e il cibo. Mio padre ha detto che in America la natura è magnifica, ma molto più selvaggia di quella italiana; probabilmente perché noi americani abbiamo quasi paura di contaminarla con la presenza umana.

riguardare to concern

selvaggia wild

Luciano: E avete ragione; io amo tanto l'America proprio per questo.

Lucille: E invece mio padre ama l'Italia perché dice che gli italiani hanno un bellissimo rapporto con la natura. Mi ha detto che non dimenticherà mai una cena in un ristorante sul mare, vicino ad Amalfi*: "Non solo la veduta era spettacolare, ma la compagnia era simpaticissima e soprattutto abbiamo mangiato divinamente. Questa è l'Italia!" ha concluso.

il rapporto relation

la compagnia company

concludere (p.p. **concluso**) to conclude

Luciano: E di me che hanno detto i tuoi genitori?

Lucille: Ti amano già come un figlio! Li hai proprio conquistati!

conquistare to conquer

Luciano: Esattamente come hai fatto tu con i miei genitori! Eh, sì, siamo davvero una coppia eccezionale!

PARLIAMO

1. Di che cosa stanno parlando Luciano e Lucille?
2. Che cosa pensano i genitori di Lucille dell'Italia? Quali paragoni fanno? Che differenza (difference) c'è tra la natura in Italia e quella in America secondo il padre di Lucille? E Luciano è d'accordo?
3. Che cosa pensano i genitori di Lucille di Luciano? E i genitori di Luciano che cosa pensano di Lucille?
4. Qual è il significato delle seguenti parole simili: entusiasti, la natura, spettacolare, divinamente? Quali altre parole simili ci sono in questo dialogo?

Dialogo personalizzato. In coppia: personalizzate il dialogo cambiando le domande e le risposte a vostro piacimento. Siate pronti a leggere il nuovo dialogo ad alta voce.

Note: * Amalfi is a beautiful resort town in Campania, not far from Naples.

Ⓐ I PRONOMI RELATIVI

1. The most common relative pronouns are the following:

che that, which, who. whom
chi the one (s) who, he who, those who
cui whom, which
ciò che, quello che (tutto ciò che, tutto quello che) what, whatever, that which (all that, everything that)

Relative pronouns are mostly used to link two different clauses. Unlike English in Italian relative pronouns must always be used in relative clauses.

Mio fratello, **che** fa l'insegnante, legge spesso. My brother, **who** is a teacher, reads often.
Il libro **che** leggi è molto interessante. The book **(that)** you are reading is very interesting.

2. The relative pronoun **che**[*] (that, who, which, whom) is invariable. Unlike English it must always be expressed in Italian and should never be used after a preposition.

La donna **che** sta mangiando è mia madre. The woman **who** is eating is my mother.
La casa **che** hai visto ieri è molto vecchia. The house **(that)** you saw yesterday is very old.

Esercizio #1: Scrivere 3 frasi con il pronome relativo "che".

3. Cui (whom, which) takes the place of **che** after a preposition.

Il ragazzo **di cui** ti ho parlato è quello. The boy (of whom) I talked to you about is that one.
La ragione **per cui** ti ho chiamato è semplice. The reason (for which) I called you is simple.
La studentessa **a cui** hai telefonato è russa. The student (whom) you called is Russian.

Esercizio #2: Scrivere 3 frasi con il pronome relativo "cui".

4. You already know **chi**[**] as an interrogative pronoun (Chi è lui? Who is he?) but **chi** can also work as a relative pronoun. As such It translates the English forms he who, the one (s) who, those who. **Chi** is invariable and always requires a verb in the third person singular. It is often used in proverbs and sayings.

Chi trova un amico trova un tesoro. He who finds a friend finds a treasure.
Chi troppo vuole nulla stringe. Those who want too much get nothing.
Chi dice questo ha torto. Whoever says this is wrong.

Note: [*] The relative pronouns il quale, la quale, i quali and le quali may be used instead of che or cui either for emphasis or in order to specify the gender and number of the noun. Esempi: mio fratello, che (or il quale) è un insegnante, legge spesso. La ragione per cui (or per la quale) ti ho chiamato è semplice.
[**] The relative pronouns colui che (he who) colei che (she who) and coloro che (they-those who) may be used instead of chi in order to specify the gender and number of the noun. Esempi: Chi dice questo sbaglia or Colei che (colui che) dice questo sbaglia or Coloro che dicono questo sbagliano.

Esercizio #3: Scrivere 3 frasi con il pronome relativo "chi".

5. **Ciò che** or **quello che** or **quel che** (what, that which) is used when referring to things.

Ti ringrazio di **quello che** hai fatto per me. I thank you for **what** you did for me.
Ciò che dicono di lui è vero. **What** they say about him is true.

When **tutto** is added the meaning changes slightly:

Ti ringrazio di **tutto quello che** hai fatto per me. I thank you for **all that** you did for me.
Tutto ciò che dicono di lui è vero. **Everything** they say about him is true.

▷ ▷ ▷ ESERCIZI

A. Completare le frasi aggiungendo il pronome relativo corretto.
Scegliere tra i seguenti: **chi, a chi, a cui, di cui, in cui, su cui, che, tutto ciò che**
(lo stesso pronome si può usare più volte!)

1. Il bambino. . . . . ho regalato il giocattolo, è mio nipote.

2. Il banco . . . . .hai messo il tuo zaino è di Roberta.

3. Lo sport. . . . . Carlo preferisce è il calcio (soccer).

4. Non saprei proprio . . . . potresti chiedere questo favore.

5. Il politico . . . . parla il giornale è di Roma.

6. Non è oro. . . . . luccica (glitters).

7. Il ristorante . . . . lavoro si trova in centro.

8. L'argomento. . . . . stanno parlando è molto noioso (boring).

9. Il negozio . . . . vi abbiamo mostrato ieri è nuovissimo.

10.. . . . . vuole dare l'esame deve studiare molto.

B. Completare le frasi aggiungendo il pronome relativo corretto.
Scegliere tra i seguenti: **a cui, di cui, in cui, su cui, che, ciò che**
(lo stesso pronome si può usare più volte!)

1. Il vestito . . . . hai comprato è bellissimo.

2. La persona . . . . avete chiesto informazioni è mio padre.

3. La tavola. . . . . Paola ha messo la borsa è rotta (broken).

4. Lo spettacolo. . . . . abbiamo visto in piazza era molto interessante.

5. L'attore . . . . mi hai parlato si è sposato oggi.

6. Gli uffici. . . . . lavoriamo sono troppo piccoli.

7. L'uomo. . . . . ho prestato la macchina è partito.

8. Se . . . . dici è vero sono molto preoccupata (preoccupied).

9. Il professore . . . . hanno licenziato è francese.

10. Tutti gli alberi. . . . . vedete qui sono nostri.

PAROLE, PAROLE!

Leggete le varie parole ad alta voce.
Quante ne conoscete già?

1. La natura (nature)

l'**aiuola** flower-bed	l'**albero** tree	il **bosco** woods
la **campagna** countryside	il **campo** field	il **cielo** sky
la **fattoria** farm	il **fiore** flower	il **fiume** river
la **foglia** leaf	il **frutteto** orchard	il **giardino** garden
il **lago** lake	la **luna** moon	il **luogo** place
il **mare** sea	la **montagna** mountain	la **nebbia** fog
la **neve** snow	la **nuvola** cloud	l'**orto** vegetable garden
la **periferia** outskirts	la **pianura** plain	la **pianta** plant
la **pioggia** rain	il **prato** meadow	il **sole** sun
la **terra** land, earth	l'**uliveto** olive grove	il **vento** wind
il **vigneto** vineyard		

Esercizio #1: Scrivere 3 frasi usando alcune delle parole elencate sopra

2. Gli animali

l'**anitra** duck	l'**asino** donkey	la **balena** whale	il **cane** dog
il **cavallo** horse	il **coniglio** rabbit	l'**elefante** elephant	il **gatto** cat
il **grillo** cricket	il **leone** lion	il **lupo** wolf	il **maiale** pig, pork
la **mucca** cow	l'**oca** goose	il **pesce** fish	il **tacchino** turkey
il **topo** mouse	l'**uccello** bird	la **volpe** fox	la **zanzara** mosquito

Esercizio #2: Scrivere 3 frasi usando alcune delle parole elencate sopra

3. Che tempo fa?

Che tempo fa? How is the weather?	**Com'è il clima?** How is the climate?
Fa bello - brutto. It's nice, bad	**Fa freddo - caldo - fresco.** It's cold, hot, cool.
C'è il sole it's sunny	**C'è la nebbia** it's foggy
Piove it's raining	**Nevica** it's snowing
È nuvoloso it's cloudy	**È sereno** it's clear

Esercizio #3: Scrivere 3 frasi usando alcune delle espressioni elencate sopra

4. Alberi da frutto e frutti (fruit trees and fruits)

Di solito i nomi degli alberi da frutto sono maschili, mentre quelli dei frutti sono femminili* :

ALBERI	FRUTTI	
l'albicocco	l'albicocca	apricot
l'arancio	l'arancia	orange
il castagno	la castagna	chestnut
il ciliegio	la ciliegia	cherry
il mandorlo	la mandorla	almond

Note: * Ecco alcune eccezioni: il fico (fig), il limone, il mandarino (tangerine), il pompelmo (grapefruit): tutti maschili, sia alberi che frutti.

il melo	la mela	apple
l'ulivo (o l'olivo)	l'oliva	olive
il pero	la pera	pear
il pesco	la pesca	peach
il prugno (o il susino)	la prugna (o la susina)	plum

Esercizio #4: Scrivere 3 frasi usando i nomi di alcuni alberi da frutto o frutti.

⇨ ⇨ ⇨ ESERCIZI

A. Completare con le seguenti parole o espressioni: *nevica - frutteti - la pioggia - il lupo - l'albero - vigneti e uliveti - campagna - fiori - il luogo - fattoria - quell'uccellino - il prato*

1. Nella . . . . di mio fratello, che è in montagna, ci sono dei bellissimi . . . .

2. . . . . di cui ti hanno parlato si trova in Calabria.

3. . . . . in cui faremo il picnic è pieno di . . . .

4. . . . . su cui si è fermato . . . . è vecchissimo.

5. Scusi, potrebbe dirmi se . . . . spesso qui?

6. Se ami tanto . . . . va' a Londra!

7. Nostro cugino, che abita in . . . . , ha una casa con tanti . . . .

8. . . . . che mangia Cappuccetto Rosso è cattivo.

B. Che tempo fa? Che stagione è? Rispondere come indicato nell'esempio:
Gli alberi stanno mettendo nuove foglie - **Fa bel tempo; è primavera.**

1. Ci mettiamo il cappotto, la sciarpa, i guanti, gli stivali.
2. Dobbiamo accendere (to turn on) l'aria condizionata. Abbiamo spesso sete.
3. Gli alberi stanno perdendo tutte le foglie. La scuola è cominciata da circa un mese.
4. Il cielo è scuro e pieno di nuvole. Decidiamo di non usare la bicicletta.
5. Al mare ci sono moltissime persone che stanno facendo il bagno.
6. Indossiamo abiti con le maniche corte, pantaloni corti e sandali.
7. Nevica da due giorni: le montagne, i prati, i campi sono tutti bianchi.
8. Il cielo è azzurro, non ci sono nuvole e c'è il sole.

C. Scrivere il nome di almeno due animali che possiamo vedere nei seguenti luoghi:

1. In una fattoria . . . .
2. Nella giungla (jungle) . . . .
3. Al mare . . . .
4. In un bosco. . . . .
5. Nel cielo . . . .
6. Sulla tavola . . . .
7. Al supermercato . . . .
8. Allo zoo . . . .

D. Parliamo

1. Mi dica: in quali luoghi possiamo trovare dei fiori? Degli alberi? Dei funghi? Delle verdure? Della frutta? Dove vediamo il sole, la luna e le nuvole? In quale luogo si può sciare (to ski)? E nuotare? Come si chiamano i frutti del castagno? E quelli del mandorlo? E quelli del pesco? E quelli dell'ulivo? E quelli dell'arancio?

2. Se decidiamo di prendere l'ombrello che tempo fa? E se decidiamo di fare una passeggiata nel parco? E se ci mettiamo i guanti, la sciarpa e il cappotto? Che cosa indossa Lei quando fa molto caldo? E quando fa molto freddo? Le piace guidare quando c'è la nebbia? Perché? Che cosa preferisce mangiare o bere quando fa molto caldo? E quando fa molto freddo?

3. Com'è il clima nella Sua città? E al Polo Nord (North Pole)? E all'Equatore (Equator)?

4. Quali animali vediamo sempre nei film di cow - boys? Mi dica il nome di un animale che ci dà il latte. Quale animale si mangia di solito il giorno del Ringraziamento? Quali sono gli animali che preferisce mangiare? Ha mai mangiato il coniglio? E il capriolo (venison)? E i serpenti (snakes)?

5. Quale animale incontra Cappuccetto Rosso nel bosco? Dentro quale animale vive il papà di Pinocchio per tanto tempo? Da quale animale è rappresentata (represented) la coscienza di Pinocchio? Quali animali imbrogliano (swindle) Pinocchio? In quale animale si trasforma Pinocchio verso la fine della favola? Quali sono gli animali che Cenerentola e Biancaneve amano molto?

Parole ed espressioni utili per la lettura: "La roba"

l'anima soul	**il bastone** cane	**enorme** huge
fumare to smoke	**la gente** people	**l'invidia** envy
invidiare to envy	**il padrone** owner, master	**passare** to pass by
(il) pazzo crazy	**potente** powerful	**risparmiare** to save

riuscire a* (+ infinitive) requires the auxiliary to be: Io **sono riuscito** a fare questo. I succeeded in doing this.

la gente requires a verb in the singular form: La gente **parla** troppo. People talk too much.

PRIMA LETTURA

La roba di Giovanni Verga** (adapted)

Chi passa lungo (along) la pianura di Catania spesso domanda: "Di chi è questa terra?" E gli rispondono: "Di Mazzarò".

E se chiede, passando vicino a una fattoria grandissima: "E qui di chi è?" gli rispondono: "Di Mazzarò". E se domanda, passando vicino a un vigneto enorme e a un uliveto grande come un bosco: "E qui?" gli rispondono sempre: "Di Mazzarò".

La gente pensa: "Perfino il sole, le nuvole, il cielo e gli uccelli sono di Mazzarò? E chi è questo Mazzarò, tanto ricco? Deve essere un uomo grande e grosso, che mangia e beve molto e si diverte sempre".

Note: * The present tense forms of riuscire are the following: riesco, riesci, riesce, riusciamo, riuscite, riescono. ** Giovanni Verga was born in Catania, in Sicily, in 1840 and died in Catania in 1922.

Invece Mazzarò, che è un uomo piccolo e magro, mangia pochissimo, non beve e non fuma; non ha donne e non ne ha mai avute. Mazzarò non ha figli e neppure nipoti, ne' parenti. Come ha potuto questo uomo ottenere tutta questa roba? Ha lavorato moltissimo, ogni giorno, sotto il sole o sotto la pioggia, con il vento e con la nebbia, con il caldo o con il freddo, e ha sempre mangiato poco, perchè voleva risparmiare.

Questo uomo, a cui tutti domandano aiuto e consigli, risponde sempre: "Dovete risparmiare! Vedete quello che mangio io? Mangio pane e cipolla, anche se (even though) sono il padrone di tutta questa roba!". Mazzarò è molto orgoglioso di tutto quello che è riuscito ad ottenere. E tutti invidiano Mazzarò, che è tanto ricco e tanto potente.

Ma Mazzarò sta diventando vecchio. "Non è giusto" dice sempre "io che sono riuscito ad ottenere tanta roba lavorando tutta la vita, presto dovrò lasciarla".

E per ore rimane seduto a guardare i suoi vigneti, i suoi uliveti, i suoi campi, i suoi prati, i suoi animali, i suoi alberi, i suoi fiori.

E quando vede passare un ragazzo giovane e molto povero è pieno di invidia e gli dice: "Ecco chi ha i giorni lunghi! Questo ragazzo che non ha niente!"

Sicchè (so that) quando gli dicono che è tempo di lasciare la sua roba, perchè deve pensare all'anima, esce di casa come un pazzo, e con il bastone uccide le sue anitre, le sue oche, i suoi tacchini, e urla (shouts): "Roba mia, vieni con me!"

⇗ ⇗ ⇗ ESERCIZI

A. Sottolineare tutti i pronomi relativi.

B. Scrivere una frase per ognuna delle seguenti parole o espressioni:
riuscire a, la gente, la roba, il padrone, risparmiare, orgoglioso, invidiare

C. Parliamo

1. Dov'è Catania? Di chi sono le terre che si vedono nella pianura di Catania? Che cosa pensa la gente del padrone di queste terre?
2. Com'è in realtà questo padrone? È sposato? Ha figli? Ha parenti? Ha donne? Ha vizi (bad habits)? Si diverte molto? Mangia bene? Come mai è tanto ricco e potente?
3. Che cosa consiglia Mazzarò alla gente che gli chiede aiuto e consigli?
4. È giovane o vecchio Mazzarò? È felice o triste? Perchè? Che cosa dice e che cosa fa alla fine del racconto?
5. Le è piaciuto questo racconto? Perchè? Secondo Lei Mazzarò ha passato una bella vita? Secondo Lei è importante risparmiare? E lavorare? E divertirsi?

Ⓑ I COMPARATIVI

1. Comparisons of equality of adjectives are expressed with the following key-words:
   (così)... come   as... as   or   **(tanto)... quanto**   as... as

   Usually "così" and "tanto" are omitted.
   Carlo è (così) alto **come** Luigi o Carlo è (tanto) alto **quanto** Luigi. Carlo is as tall as Luigi.
   La tua casa è (così) grande **come** la mia o La tua casa è (tanto) grande **quanto** la mia.
   Your house is as big as mine.

2. Comparisons of equality of verbs are expressed with the following words:
(tanto)... **quanto**   as much... as.
Mangio (tanto) **quanto** Luigi. I eat as much as Luigi does.

The second part of the comparison may contain a stressed pronoun:
Carlo è alto come te. Carlo is as tall as you.
Mangio **quanto lui**. I eat as much as he does.

3. Comparisons of superiority and inferiority are expressed by the following key-words:

più... di (che) more than   **meno... di (che)** less than

4. The word **than*** " is translated as either **di** or **che** as follows:

a. Di (or **di + article**) is generally used with nouns or pronouns. It is used whenever two nouns or two pronouns are compared with respect to one quality and no prepositions are required.

Io sono più **alta di lei**. I am taller than she (is).
L'inverno è meno **caldo dell'estate**. Winter is less warm than Summer.

Di (or **di + article**) is also used before numerals.

Peso **più di settanta** chili. I weigh more than seventy kilos.
Giordano ha scritto **meno di due** pagine. Giordano wrote less than two pages.
Il quinto capitolo è **più facile del** quarto. Chapter 5 is easier than chapter 4.

b. Che is used in the following cases:

1. Whenever a noun or a pronoun is preceded by a preposition:
Ci sono più turisti **a** Roma **che a** Viterbo. There are more tourists in Rome than in Viterbo.
Compare the preceding sentence with the following:
Roma ha più turisti **di** Viterbo. Rome has more tourists than Viterbo.

2. When two adjectives or two qualities refer to a single subject:
Questo gatto è più bello **che** buono. This cat is more beautiful than (it is) good.
Compare the preceding sentence with the following:
Questo gatto è più bello **di** quello. This cat is more beautiful than that one.

3. When the comparison is between two nouns with respect to quantity:
Mangio più pasta **che** carne. I eat more pasta than meat.

4. When the comparison is between two verbs in the infinitive or two adverbs:
È meglio divertirsi **che** lavorare. It is better to have fun (rather) than to work.
Meglio poco **che** niente. Better little than nothing.

Note: * When placed before a conjugated verb than is translated as "di quello (quel) che". Esempio: "questo libro è più interessante di quel (quello) che credi". This book is more interesting than you think.

▷ ▷ ▷ ESERCIZI

A. Inserire "di" (o di+articolo) o "che"

1. L'elefante è più grosso . . . . gatto.

2. Abbiamo bevuto più acqua. . . . . vino.

3. Hanno letto meno . . . . tre capitoli.

4. Quell' attore è più famoso . . . . bravo.

5. La nostra casa è più bella . . . . vostra.

6. La zanzara è molto più piccola . . . . oca.

7. Voi mangiate sempre più carne . . . . pesce.

8. Ci sono più case in città . . . . .in campagna.

B. Leggere i seguenti modi di dire e dare l'equivalente in inglese

1. È lungo come la quaresima (Lent).

2. È cattivo come la peste (pest).

3. È buono come il pane.

4. È fortunato come un cane in chiesa.

5. È grasso come un maiale.

6. È brutto come la fame.

7. È furbo come una spia (spy).

8. È veloce come un fulmine (lightning).

C. A voi la parola

1. È vero che la volpe è più piccola del topo? Che l'oca è grossa come il maiale? Che il cavallo è più alto della giraffa? Che il tacchino è più grosso della zanzara?

2. Secondo te la città è più interessante della campagna? È vero che in montagna fa sempre più freddo che in pianura? Che fa sempre più caldo in estate che in inverno? Che gennaio è più corto di febbraio? Che New York è più piccola di Los Angeles?

3. Secondo te è vero che io ho letto più di mille libri? Che io studio più di quattro ore al giorno? Che io scrivo bene come John Steinbeck? Che lui è più gentile di lei? Che lei legge più di lui?

4. Secondo te è vero che io sono ricco come Bill Gates? Che lei è più bella di molte attrici? Che lui è più bello di molti attori? Che lei è famosa come Barbara Walters? Che lui è più celebre di Pavarotti ? Che io conosco più di dieci cantanti?

ⓒ I COMPARATIVI IRREGOLARI

1. Some adjectives (grande, piccolo, buono, cattivo) and some adverbs (bene, male, poco, molto) have irregular or both regular and irregular comparative forms, as indicated in the chart below.

aggettivo	comparativo	avverbio	comparativo
buono good	più buono or **migliore** better	**bene** well	**meglio** better
cattivo bad	più cattivo or **peggiore** worse	**male** badly	**peggio** worse
grande big, great	più grande or **maggiore** bigger, greater, major, older	**molto** very	**più, di più** more
piccolo small, little	più piccolo or **minore** smaller, lesser, minor, younger	**poco** little	**meno, di meno** less

2. Note that the words **migliore** and **peggiore** are adjectives only, while the words "meglio" and "peggio" are adverbs only. In English the same words are used for both adjectives and adverbs (better or worse).

Lei canta **meglio** di te. She sings better (meaning: in a better way) than you do.
Questo vestito è **migliore** di quello. This dress is better than that one.

3. The regular comparative forms of buono and cattivo (più buono, più cattivo) are used mainly when referring to moral or physical qualities (taste). In all other cases irregular forms (migliore-peggiore) are preferred.

Questa persona è **più buona** (o migliore) di quella.
This person is better (morally speaking) than that one.
Questo studente è **migliore** (o più bravo) dell'altro.
This student is better (referred to performance in class) than the other one.
Questo vino è **più cattivo** (o peggiore) di quello.
This wine is worse (in taste) than that one.
Questo film è **migliore** di quello. This movie is better than that one.

4. **Maggiore** (o più grande) and **minore** (o più piccolo) are used when talking about both size and age:

Mia sorella è **maggiore** (o più grande o più vecchia) di me.
My sister is older than I am.
I miei figli sono **minori** (o più piccoli o più giovani) dei tuoi.
My sons are younger than yours.
Questo lago è **più grande** (o maggiore) di quello. This lake is bigger than that one.

5. **Di più** and **di meno** are used when there is no second term of comparison.

Oggi ho mangiato **più di ieri.** Today I ate more than yesterday.
Ieri ho mangiato poco; oggi ho mangiato **di più.** Yesterday I ate little; today I ate more.

▷ ▷ ▷ ESERCIZI

A. Inserire l'aggettivo o l'avverbio corretto.
Scegliere tra i seguenti: **migliore (i)**, **peggiore (i)**, **meglio**, **peggio**.

1. Secondo me le albicocche sono . . . . delle mele.
2. Il clima del Polo Nord è . . . . di quello della California.

3. È . . . . studiare da soli o con altri?

4. Gli assassini (murderers) sono . . . . dei ladri (thieves).

5. Piero suona . . . . di Carlo.

6. È . . . . essere poveri o essere ammalati?

7. La vostra casa è certamente . . . . della nostra.

8. Tu scrivi . . . . di me.

9. Secondo loro questo albergo è. . . . . di quello.

10. Non ho mai visto un'opera. . . . . di questa.

B. Completare con i seguenti comparativi: *più giovane - meno - di più - di meno - maggiore - più vecchio - più vecchia - più*

1. L'anno scorso studiavo poco, ma quest'anno studio . . . .

2. Una persona sana ha . . . . preoccupazioni di una persona ammalata.

3. Una bambina che ha dieci anni è . . . . di una che ne ha sei.

4. Lui beve . . . . vino che acqua.

5. Un ragazzo che ha sedici anni è . . . . di uno che ne ha diciotto.

6. Il Texas è . . . . del Connecticut.

7. Tuo fratello è . . . . di te.

8. Voi comprate sempre molto pane; noi ne compriamo . . . .

D)) I SUPERLATIVI

1. Superlatives can be relative and absolute. Relative superlatives are formed by placing the definite article before the comparatives as follows:

il più... di   the most... of   **il meno... di**   the least... of (in) or - est of (in).

In the examples below note the different sentence constructions:

Paolo è il più intelligente di questa classe. Paolo is the most intelligent in this class.
Paolo è lo studente più intelligente di questa classe. Paolo is the most intelligent student in this class.

Il più buon ristorante della città è questo. The best restaurant in the city is this one.
Questo è il ristorante più buono della città. This is the best restaurant in the city.

2. To form the relative superlative of irregular comparatives just add the article to the irregular comparative form.

Secondo me **il miglior* tenore del mondo** è Luciano Pavarotti. In my opinion the best tenor in the world is Luciano Pavarotti.
Le maggiori isole d'Italia sono la Sicilia e la Sardegna. The major Italian islands are Sicily and Sardinia.

Note: * When migliore, peggiore, maggiore and minore are followed by a noun the final vowel may be dropped.

3. You are already familiar with the construction of the absolute superlative for both adjectives and adverbs: molto bello or bellissimo, molto gentile or gentilissimo - molto poco or pochissimo etc... Some very common adjectives and adverbs also have an irregular absolute superlative form. The most common ones are buono (good), cattivo (bad), bene (well) and male (bad):

molto buono, buonissimo o **ottimo**
very good

molto cattivo, cattivissimo o **pessimo**
very bad

molto bene, benissimo o **ottimamente**
very well

molto male, malissimo o **pessimamente**
very badly

Questa pasta è ottima (o buonissima o molto buona). This pasta is very good.
Come stai? Molto male (o malissimo o pessimamente). How are you (feeling)? Very bad.

▷ ▷ ▷ **ESERCIZI**

A. Rispondere come indicato nell'esempio: È un insetto piccolo la zanzara? (tutti).
Sì, la zanzara è l'insetto più piccolo di tutti or Sì, la zanzara è un insetto piccolo, ma non è l'insetto più piccolo di tutti.

1. È una stagione fredda l'inverno? (anno).
2. Sono animali grossi le balene? (tutti).
3. È un animale intelligente il delfino (dolphin)? (tutti).
4. È uno stato grande la Florida? (Stati Uniti).
5. Sono città grandi Chicago e Miami? (Stati Uniti).
6. È una montagna alta l'Everest? (mondo).
7. Sono montagne alte le Alpi? (Italia).
8. È un fiume lungo il Tevere? (Italia).
9. È un mese corto aprile? (anno).
10. È un fiume lungo il Mississipi? (Stati Uniti).
11. Sono città famose Bologna e Torino? (Italia).
12. È un luogo caldo l'Equatore? (mondo).

B. Completare con le seguenti parole: i migliori - la migliore - più lungo - pessima - più alte - la peggiore - ottimo - benissimo

1. La ricetta (recipe) che ti ho dato è . . . . che conosco.
2. Paolo e Luisa sono. . . . . studenti di questa classe.
3. Ieri sera ho visto un . . . . film.
4. Il fiume . . . . d'Italia è il Po.
5. Com'è andata con l'esame? . . . . grazie.
6. La carne che abbiamo mangiato ieri era . . . .
7. La sua casa è . . . . della città.
8. Le Alpi sono le montagne . . . . d'Italia.

C. A voi la parola

1. Secondo te qual è l'animale più simpatico di tutti? E il più fedele (faithful)?
E il più stupido? E il più cattivo? E il più buono? E il più pericoloso?

2. È minore un ragazzo di dodici anni o uno di otto? È minore una donna di
quarantadue anni o una di trentacinque? Secondo te chi è o chi è stato il maggiore
scrittore americano? E il maggior presidente degli Stati Uniti? E il migliore attore del
mondo? E la migliore attrice?

2. Secondo te qual è il luogo più bello di tutti: la campagna, la montagna, il mare,
la città, la pianura, la giungla (jungle)? Perchè? Per te qual è la stagione più bella di
tutte? Perchè?

3. Qual è la macchina più bella di tutte? Lo sport più interessante di tutti? Il passatempo
(hobby) più rilassante di tutti? Il più bel libro che hai letto? La migliore canzone che
hai ascoltato? Il migliore film - opera - musical che hai visto?

4. Chi è (o chi sono) la persona (o le persone) più importanti della tua vita (life)?
Chi è la persona più buona che hai conosciuto? E la più cattiva?
Qual è stata l'esperienza più difficile della tua vita? E la più bella? E la più paurosa
(scary)? E la più istruttiva? E la più triste? Racconta.

Parole ed espressioni utili per la lettura: "Luoghi a confronto"

andare a trovare to go visit	**l'aria** air	**del luogo** local
di sicuro for sure	**inquinare** to pollute	**la spiaggia** beach
pensa che imagine		

la polenta con il capriolo corn mush with venison
non vedere l'ora di (+ infinitive) to look forward to
da me, da te, da lei etc... at my, your, her, etc... place.

Selinunte (Trapani), Tempio greco

SECONDA LETTURA - Luoghi a confronto

*Marilena è una giovane ragazza di Trapani (in Sicilia). Da una settimana è a Bolzano
(nel Trentino) da una sua cara zia, che abita lì. Ha conosciuto da poco una ragazza del
luogo che si chiama Silvia. Sono diventate subito amiche. Oggi stanno facendo una
passeggiata insieme.*

Marilena: Come sono belle le Dolomiti! Non avevo mai visto delle montagne così alte!
Sai, io abito vicino a Trapani, sul mare.

Silvia: Lo so, lo so. Senti, parlami un po' della Sicilia. Io non ci sono mai stata. Tutto
quello che so l'ho imparato dalle opere di Verga. Com'è il clima? Com'è la natura?
Com'è la gente? Il sud deve essere così diverso dal nord!

Marilena: Beh, certamente ci sono molte differenze, specialmente se facciamo i paragoni tra Trapani e Bolzano, cioè tra l'estremo sud e l'estremo nord. Prima di tutto là fa molto
più caldo che qua; d'estate, in particolare, c'è sempre il sole; a volte ci si stanca del
cielo sempre azzurro.

Silvia: Oh, io non mi stancherei di sicuro. Vorrei tanto indossare dei bei vestitini con le
maniche corte e mettermi dei sandali, senza calze. Di notte, poi, a letto, mi piacerebbe
non dovere sempre usare tante coperte.

Marilena: Però qui si dorme molto meglio d'estate, proprio perchè non fa troppo caldo;
e poi l'aria è così leggera, così fresca: si possono fare tante passeggiate in mezzo a una
natura splendida!

Silvia: Ma da te c'è il mare! Dimmi, com'è il mare?

Marilena: Il mare? Ah, è meraviglioso; secondo me è il migliore di tutti i mari d'Italia:
non è inquinato, ci sono pesci magnifici, c'è molta meno gente sulla spiaggia e fare il
bagno là è un piacere enorme.

Silvia: Che bello! Sono sicura che mi divertirei molto in Sicilia: io adoro il mare.

Marilena: E allora perchè non vieni a trovarmi?

Silvia: Mi piacerebbe davvero. Ma...e il cibo com'è?

Marilena: Beh, non abbiamo la polenta con il capriolo, come avete voi, ma certamente
il pesce è molto più buono là che qua; la frutta poi è pure migliore; pensa che ieri mia
zia ha comprato delle albicocche e diceva che erano squisite; a dire la verità io non
avevo mai visto delle albicocche così piccole; da noi sono molto più grosse e anche
molto più dolci. Dovresti assaggiarle!

Silvia: Io ho assaggiato i cannoli una volta e mi sono piaciuti molto. Ma sai, erano stati
fatti qui; sono sicura che a Trapani sono molto più buoni che a Bolzano!

Marilena: Oh, sì; e la cassata l'hai mai mangiata? È buonissima. Le cassate che ho
mangiato qui sono molto meno buone. Allora...devi venire a trovarmi prestissimo.

Silvia: Mi piacerebbe molto ma sai, è così lontano! E poi io devo ancora dare un sacco
di esami. Forse fra due anni, quando avrò preso la laurea, potrò venire. Ma... dimmi... e
la gente com'è? Ci sono dei bei ragazzi a Trapani?

Marilena: Ragazzi? Sulla spiaggia, vicino a casa mia, ce ne sono moltissimi. Sono tutti
più o meno della nostra età (age) e sono proprio simpatici. Spesso la sera ci si incontra
in pizzeria o in un bar o si va a ballare tutti insieme.

Silvia: Ecco quello che volevo sentire! Ho deciso: dopo il prossimo esame verrò a trovar-
ti in Sicilia. Non vedo l'ora di partire!

▷ ▷ ▷ **ESERCIZI**

A. Sottolineare tutti i comparativi e i superlativi regolari e irregolari.

B. Scrivere una frase per ognuna delle seguenti parole o espressioni:
non vedere l'ora di, da me, da te, etc..., pensa che, del luogo, di sicuro

C. Parliamo

1. Chi è Marilena? Da dove viene? Come mai è a Bolzano? Dov'è Bolzano?
2. Chi è Silvia? Dove abita? Che cosa sono le Dolomiti? Che tempo fa di solito a Bolzano?
3. Secondo Marilena che differenza c'è tra il mare vicino a Trapani e gli altri mari d'Italia?
4. Qual è un piatto tipico di Bolzano? Quali sono alcuni dolci tipici della Sicilia? Come sono le albicocche a Trapani?
5. Silvia ama il mare? Vuole andare in Sicilia? Quando? Perchè decide di andarci presto? Quanti anni hanno più o meno i ragazzi di cui parla Marilena?
6. Lei preferisce il mare o la montagna? Quali sono le montagne più alte che ha mai visto? Va spesso a sciare? Dove? Con chi? Quando?
7. Che differenza c'è tra il cibo che mangiava quando era piccolo (a) e quello che mangia ora?
8. Che differenza c'è tra il luogo in cui viveva quando era piccolo (a) e il luogo in cui vive ora?

D. Scrivere un breve tema intitolato: "Il clima nella mia città"

FILASTROCCHE

A. Si ammira molto chi vuole imparare
si detesta davvero chi vuole imbrogliare
si ascolta volentieri chi sa parlare
si lascia presto chi non sa amare.

Bolzano, *Val Badia.*

Esercizio: Sostituire "chi" con "le persone che".

B. Perchè vuoi scegliere la fattoria in montagna?
è meno bella di quella in campagna;
è più piccola e molto più costosa
e in inverno, in quella fattoria, la vita è più noiosa.

Esercizio: Sostituire "la fattoria" con "le fattorie".

L'ITALIA IN MINIATURA

Parole ed espressioni utili per la lettura

accendere (p. p. **acceso**) to turn on   **il bollettino meteorologico** weather report
il clima (pl. **i climi**) climate   **il grado** degree
mite mild   **le previsioni del tempo** weather forecast
quindi therefore

La seguente lettura contiene molte "parole simili". Le riconoscete?

Il clima e la temperatura

Per conoscere il clima di un luogo dobbiamo considerare la sua posizione geografica.
Sappiamo che la temperatura dell'aria sulla Terra è molto alta all'Equatore e molto bassa ai Poli. Nelle zone equatoriali, dunque, fa sempre molto caldo, mentre in quelle polari fa sempre molto freddo.
L'Italia si trova circa a metà strada (half way) tra l'equatore e il Polo Nord e quindi ha un clima temperato, cioè ha una stagione calda (l'estate), una fredda (l'inverno) e due stagioni miti (l'autunno e la primavera).
Dato (since) però che l'Italia è una penisola circondata (surrounded) dal mare e con due grandi catene montuose (le Alpi e gli Appennini), il suo clima, anche se temperato, non è omogeneo: al sud ovviamente fa più caldo che al nord; nelle zone di montagna fa più freddo che in quelle di pianura o in quelle vicino al mare e ai laghi.
Se vogliamo dunque conoscere la temperatura di una determinata (certain) città in un determinato giorno accendiamo la televisione e ascoltiamo il bollettino metereologico (weather report). Dobbiamo però imparare a misurare la temperatura.
Il termometro italiano, che serve anche per misurare la febbre, si basa sui gradi centigradi (Celsius); quello americano, invece, sui gradi Fahrenheit. Che differenza c'è?
Zero gradi centigradi corrispondono a 32 gradi Fahrenheit.
Quando perciò le previsioni del tempo (weather forecast) annunciano una temperatura di 30 gradi vuol dire che farà molto caldo; 5 gradi vuol dire che farà abbastanza freddo, anche se non ci sarà pericolo di gelo (frost).
E per quanto riguarda il nostro corpo, se la temperatura supera (goes over) i 37 gradi (fino a 40 - 42) vuol dire che abbiamo la febbre.

⇨ ⇨ ⇨ **ESERCIZI**

A. Sottolineare tutte le "parole simili" e dire il loro significato.

B. Parliamo

1. Che cosa è importante considerare per conoscere il clima di un luogo?
2. Com'è la temperatura dell'aria all'Equatore? E ai Poli?
3. Dove si trova l'Italia rispetto all'Equatore? Che clima ha? Come sono le sue stagioni?
4. In che modo le montagne, il mare e i laghi influenzano la temperatura?
5. Che cosa vuol dire "il bollettino meteorologico"?
Che cosa vuol dire "le previsioni del tempo"?
6. Quali gradi usiamo per misurare la temperatura in Italia? Se la temperatura di un luogo è di 10 gradi centigradi fa caldo, fa freddo o fa fresco? E se è di 28 gradi? E di 0 gradi?
Se la temperatura del nostro corpo è di 37 gradi e mezzo abbiamo la febbre alta o bassa? E se è di 40 gradi? E se è di 36 gradi e mezzo?

Vocabolario

I verbi

accendere (p.p. **acceso**) to turn on
concludere (p.p. **concluso**) to conclude
fumare to smoke
invidiare to envy
passare to pass by
risparmiare to save

andare a trovare to go visit
conquistare to conquer
inquinare to pollute
non vedere l'ora di to be looking forward to
riguardare to concern

I nomi: La natura e altri

l'anima soul
il bastone cane
il capriolo venison
la compagnia company
l'elefante elephant
il frutteto orchard
il grado degree
il leone lion
il maiale pig, pork
la nebbia fog
la nuvola cloud
il paragone comparison
la pianura plain
la pioggia rain
il prato meadow
la roba property, stuff

l'aria air
il campo field
il castagno chestnut tree
il clima (pl. **i climi**) climate
la fattoria farm
la gente people
l'invidia envy
il luogo place
il mandorlo almond tree
la neve snow
il padrone master, owner
il pesco peach tree
la pianta plant
la polenta corn mush
il rapporto relation
il sole sun

la spiaggia beach
il topo mouse
l'uliveto olive grove
il vigneto vineyard
il bollettino meteorologico weather report
le previsioni del tempo weather forecast

la terra land, earth
l'ulivo olive tree
il vento wind

Gli aggettivi

enorme enormous
pazzo crazy
selvaggio wild

mite mild, meek
potente powerful

Parole ed espressioni varie

che that, which, who, whom
chi the one who, he who, those who
ciò che, quello che what, whatever, that which
tutto ciò che, tutto quello che all that, everything that
cui (a cui, di cui, per cui) whom, which (to whom, of whom, for whom)
da me, da te, da lei etc... at my, your, her etc... place
del luogo local
di sicuro for sure
pensa che imagine that
quindi therefore

ARTE E NATURA

CAPITOLO 15

◊ **Per cominciare: L'arte di raccontare**

◊ **Il passato remoto**
◊ **Il trapassato remoto**
◊ **Le date**
◊ **Altri nomi invariabili al plurale**
◊ **La corrispondenza**

◊ **Prima lettura: Chichibio e la gru**
◊ **Seconda lettura: L'arte di raccontare**
◊ **Filastrocche**
◊ **L'Italia in miniatura: La nascita della lingua**

I 10 NOVELLATORI, DAL "DECAMERON" DI BOCCACCIO

PER COMINCIARE
L'arte di raccontare

**Luciano e Lucille sono stati al cinema e ora stanno
facendo due passi**   **fare due passi** to take a short walk

Lucille: Ti è piaciuto il film?
Luciano: No: era piuttosto noioso, direi.   **noioso** boring
Lucille: Anche secondo me.
Luciano: Preferisco leggere le novelle del Boccaccio, anche se le   **la novella** short story
conosco a memoria.   **a memoria** by heart
Lucille: Chi è Boccaccio?
Luciano: Giovanni Boccaccio è un famoso scrittore del Trecento.
Scrisse il "Decameron": dovresti leggerlo. Sono sicuro che   **scrisse** wrote
ti piacerebbe molto.
Lucille: Di che cosa parla?
Luciano: Beh.. è una raccolta di novelle in cui si trattano vari temi:
l'amore, la religione, la società di quel tempo... Boccaccio conosceva
bene l'arte di raccontare! Dovrebbero fare dei film basati sulle sue novelle,   **basati** based
invece di presentarci dei film noiosi come quello di stasera!
Lucille: Puoi raccontarmi una novella del Boccaccio?
Luciano: Vuoi ascoltare una novella? Vediamo... ora ti racconto quella di Chichibio...

PARLIAMO

1. Dove sono stati Luciano e Lucille? E ora che cosa stanno facendo?
2. Com'era il film che hanno visto?
3. Chi è Boccaccio? In quale periodo visse (lived)? Di che cosa parla il "Decameron?"
4. Quale novella vuole raccontare Luciano?
5. Quante e quali "parole simili" ci sono in questo dialogo?

Dialogo personalizzato. In coppia: personalizzate il dialogo cambiando le domande
e le risposte a vostro piacimento. Siate pronti a leggere il nuovo dialogo ad alta voce.

A) IL PASSATO REMOTO

1. The passato remoto is a past tense. Unlike the passato prossimo, which expresses the recent
past, the passato remoto expresses the remote past.
It is used to relate past events unrelated to the present (historic events, fables, tales etc...).
It is often called the historical or the narrative past. Unlike the passato prossimo, which is a
compound tense, the passato remoto is a simple tense.

Dante **morì** a Ravenna nel 1321. Dante died in Ravenna in 1321.
Cenerentola **ballò** con il principe fino a mezzanotte. Cinderella danced with the prince
until midnight.

2. To form the passato remoto of regular verbs just add the appropriate endings to the root of the infinitive, as shown in the chart below.

Note that for second conjugation verbs (**-ere** verbs) there are two possible forms for the first person singular and the third person singular and plural.

parlare	**ricevere**	**dormire**
parl**ai**	ricev**ei** (ricev**etti**)	dorm**ii**
parl**asti**	ricev**esti**	dorm**isti**
parl**ò**	ricev**è** (ricev**ette**)	dorm**ì**
parl**ammo**	ricev**emmo**	dorm**immo**
parl**aste**	ricev**este**	dorm**iste**
parl**arono**	ricev**erono** (ricev**ettero**)	dorm**irono**

Esercizio #1: coniugare i seguenti verbi al passato remoto:
mangiare, ballare, cantare, guardare, potere, dovere

Esercizio #2: Scrivere una frase al passato remoto con ognuno dei seguenti verbi:
vendere, credere, partire, preferire, offrire, capire

3. Most irregular verbs in the passato remoto are included in the two groups below.
Note that verbs in group 2 have common irregularities (they are irregular **only** in the first person singular and the third person singular and plural). Note also that most irregular verbs belong to the second conjugation (**-ere** verbs).

Group 1
essere: fui, fosti, fu, fummo, foste, furono
bere: bevvi, bevesti, bevve, bevemmo, beveste, bevvero
dare: diedi, desti, diede, demmo, deste, diedero
dire: dissi, dicesti, disse, dicemmo, diceste, dissero
fare: feci, facesti, fece, facemmo, faceste, fecero
stare: stetti, stesti, stette, stemmo, steste, stettero

Esercizio #3: Scrivere 3 frasi al passato remoto usando alcuni dei verbi elencati sopra.

Group 2
avere: **ebbi**, avesti, **ebbe**, avemmo, aveste, **ebbero**
chiedere: **chiesi**, chiedesti, **chiese**, chiedemmo, chiedeste, **chiesero**

The following verbs have the same irregularities as avere and chiedere; given the first person singular can you conjugate them in all their forms?

chiudere: chiusi	**convincere**: convinsi
conoscere: conobbi	**decidere**: decisi
leggere: lessi	**mettere**: misi
nascere: nacqui	**perdere:** persi
piacere: piacqui	**piangere**: piansi
prendere: presi	**ridere**: risi
rimanere: rimasi	**rispondere**: risposi

sapere: seppi   **scrivere**: scrissi
sedersi: mi sedetti   **vedere**: vidi
venire: venni   **vincere**: vinsi
vivere: vissi   **volere**: volli

Esercizio #4: Scrivere 3 frasi al passato remoto usando alcuni dei verbi elencati sopra.

4. The passato remoto, the passato prossimo and the imperfetto are all past tenses and they are all different; but while the passato prossimo and the passato remoto in certain circum stances are interchangeable* the imperfetto cannot be replaced by another past tense (the passato prossimo or the passato remoto); instead, it is often combined with them.

Passato prossimo + Imperfetto: **Ho bevuto** una bibita, perchè **avevo** sete.
I drank a soft drink because I was thirsty.

Passato remoto + Imperfetto: **Bevvi** una bibita, perchè **avevo** sete.
I drank a soft drink because I was thirsty.

Imperfetto + Passato prossimo: Paola **dormiva** quando **è arrivato** suo padre.
Paola was sleeping when her father arrived.

Imperfetto + Passato remoto: Paola **dormiva** quando **arrivò** suo padre.
Paola was sleeping when her father arrived.

B) IL TRAPASSATO REMOTO

The **trapassato remoto** (past perfect absolute) is formed with the passato remoto of the auxiliary verb essere or avere followed by the past participle of the main verb.

Mi chiamò appena **fu arrivato**. He called me as soon as he had arrived.
Dopo che **ebbero mangiato** si addormentarono. After they had eaten they fell asleep.

▷ ▷ ▷ ESERCIZI

A. Inserire il passato remoto al posto del passato prossimo

Le sorellastre di Cenerentola sono andate . . . . al ballo nel castello del principe.
Cenerentola, purtroppo, è dovuta . . . . rimanere a casa.
Per fortuna, però, è arrivata. . . . . la fata e ha dato . . . .
a Cenerentola un bellissimo vestito e delle bellissime scarpette di vetro per il ballo.

Note: * Many central and southern Italians use the passato remoto even when they should use the passato prossimo and many northerners use the passato prossimo even when they should use the passato remoto. However, the contemporary tendency (on TV and in the newspapers) is to use the passato prossimo more frequently than the passato remoto.

La fata ha detto: . . . . "Prima di mezzanotte devi uscire dal palazzo, perchè a mezzanotte in punto l'incantesimo finisce e tu torni esattamente come prima".

Cenerentola ha ringraziato. . . . . moltissimo la fata e poi è andata . . . . al ballo.

Nel palazzo il principe ha ballato . . . . con Cenerentola tutta la sera.

Ma improvvisamente l'orologio ha cominciato . . . . a battere le ore...una, due, tre....

Cenerentola ha lasciato. . . . . il principe ed è uscita. . . . . immediatamente dal palazzo.

A mezzanotte in punto Cenerentola ha perso . . . . una scarpetta sulle scale del palazzo.

Che fortuna! Così il principe ha potuto . . . . usare la scarpetta per cercare Cenerentola.

Il principe ha detto . . . . ai suoi servitori: "Andate in tutte le case del regno e cercate la ragazza che può indossare questa scarpetta. Quella ragazza deve diventare mia moglie".

I servitori hanno visitato . . . . tutte le case del regno e, finalmente, sono arrivati . . . . anche a casa di Cenerentola.

Cenerentola ha mostrato . . . . ai servitori l'altra scarpetta, uguale alla loro. Così Cenerentola ha sposato. . . . . il principe e insieme hanno vissuto . . . . felici e contenti per tanto, tanto tempo.

B. Inserire la forma corretta del passato remoto

Quando Marcello (laurearsi) . . . . in matematica (ricevere) . . . . molti regali.

Un amico (regalare) . . . . a Marcello un bellissimo libro di geografia.

Nel biglietto l'amico (scrivere) . . . . "Caro Marcello, prima di aprire il regalo devi rispondere a questa domanda in meno di due secondi: quanto fa 197.381 x 456?"

Marcello (leggere) . . . . il biglietto ad alta voce e poi tutti (ridere) . . . . di gusto.

La zia Rosa e lo zio Paolo (dare) . . . . a Marcello un orologio d'oro.

Nel biglietto (scrivere) . . . . : "Per un ragazzo d'oro e poco puntuale, con tante congratulazioni!".

I nonni (regalare). . . . . al nipote un assegno in Euro del valore di L.1.000.000. Nel biglietto (scrivere). . . . . : "Per un nipote matematico un milione di congratulazioni dai tuoi vecchi nonni, con tanto affetto".

Paola e Carlo (dare). . . . . al fratello un C.D. nuovissimo, intitolato: "Numeri e numeri!"

Verso le dieci e mezza il papà e la mamma (chiamare) . . . . tutti nel garage e poi (mostrare) . . . . il loro regalo: una nuovissima Ferrari rossa.

Il papà (dire) . . . . a Marcello: "Ora che hai una laurea in matematica so che non puoi dimenticare i limiti di velocità!" Tutti (ridere) . . . . e poi (ammirare) . . . . la magnifica macchina.

Marcello (dire) . . . . : "Prometto di rispettare sempre i limiti di velocità!".

Poi (abbracciare) . . . . i suoi genitori.

Infine (ringraziare) . . . . tutti ed (andare)
. . . . subito a fare un giro sulla sua macchina nuova.

PAROLE, PAROLE!

Leggete le varie parole ad alta voce. Quante ne conoscete già?

1. Sport e passatempi (sports and hobbies)

Giocare a... to play	**Fare una partita a...** to play a game of	
calcio soccer	**carte** cards	**dama** checkers
football football	**golf** golf	**palla** ball
pallacanestro basketball	**nascondino** hide and seek	**scacchi** chess
tennis tennis		

Esercizio #1: Scrivere 3 frasi usando alcune delle parole o espressioni elencate sopra.

Fare... to take, to do, to go...
un'escursione an excursion
la corsa running
una gita a short trip
ginnastica gymnastics (to exercise)
un giro (to go for) a ride (**in bicicletta, in macchina**, etc...)
la lotta wrestling
un viaggio a trip

Esercizio #2: Scrivere 3 frasi usando alcune delle parole o espressioni elencate sopra.

Andare... to go
a caccia hunting	**a cavallo** horse riding	**al cinema** to the movies
al concerto to the concert	**a funghi** mushroom hunting	**all'opera** to the opera
a teatro to the theatre		

Ballare to dance	**cantare** to sing	**divertirsi** to have fun
leggere to read	**nuotare** to swim	**pattinare** to ice - skate
sciare to ski	**suonare** to play (an instrument)	**viaggiare** to travel

Esercizio #3: Scrivere 3 frasi usando alcune delle parole o espressioni elencate sopra.

2. Altri verbi

Perdere (p. p. **perso**) to lose   **vincere** (p. p. **vinto**) to win

▷ ▷ ▷ **ESERCIZI**

A. Completare con le seguenti parole o espressioni: *giocare a dama o a scacchi - pattinare - giocare a carte - andare a funghi - hanno giocato - a nascondino - andò a sciare - fecero un'escursione - la partita*

1. Due anni fa i ragazzi . . . . magnifica sulle Alpi.

2. Ieri le bambine . . . . tutto il pomeriggio.

3. L'anno scorso Piero . . . . con i suoi amici.

4. Luisa dovrebbe imparare a . . . .

5. Voglio . . . . Vieni con me?

6. Preferisci . . . . ?

7. A sua cugina piace molto . . . .

8. Dobbiamo guardare la televisione: fra poco comincia . . . .

B. Tradurre

1. They played cards all night and they lost a lot of money.

2. Luigi used to play basketball and he was very good: he always won.

3. Yesterday Carlo went mushroom - hunting, but he didn't find anything.

4. We danced and sang all night.

5. I play tennis very often but I always lose.

6. When her children watch television she always reads.

7. My husband loves to ski and I love to swim.

8. Do you prefer to play baseball or basketball? It doesn't matter.

C. A voi la parola

1. Sei sportivo (athletic) o no? Qual è il tuo sport preferito? E il tuo passatempo preferito? Di solito quando giochi al tuo sport preferito vinci o perdi? È molto importante per te vincere?

2. Sei mai andato a caccia? Dove? Quando? Con chi? Sei mai andato a cavallo? Dove? quando? Con chi? Sei mai andato a funghi? Conosci i funghi? Quali conosci?

3. Sai nuotare? Bene o male? Dove nuoti di solito? Sai giocare a carte? Bene o male? Con chi giochi a carte di solito? Secondo te è noioso giocare a carte o è divertente? Sai pattinare? Bene o male? Dove pattini di solito? Ti piace fare le corse o preferisci camminare adagio (slowly)?

4. Ti piace viaggiare? E andare a teatro/al cinema/all'opera/ai concerti? Preferisci ballare o cantare? Ti piace ascoltare la musica? Quando? dove? Hai molti CD? Quali? Guardi spesso la televisione? Chi sono i tuoi attori e cantanti preferiti?

5. Quando eri piccolo giocavi spesso a nascondino? E a palla? Con chi? Ti piaceva? Hai mai visto una partita di calcio? E una partita di football? E una di basketball o di baseball? Hai mai conosciuto qualche famoso atleta (athlete)? Chi sono i tuoi atleti preferiti?

Parole ed espressioni utili per la lettura: "Chichibio e la gru"

il banchetto banquet
essere innamorato (a - i - e) **di** to be in love with
in presenza di at the present of
perdonare to forgive
se no otherwise
la zampa leg (of an animal)

la coscia thigh
il fuoco fire
meravigliarsi di to be amazed at
il profumo pleasant smell, parfume
sissignore yes sir

PRIMA LETTURA
Chichibio e la gru di Giovanni Boccaccio (adapted)

Corrado Gianfigliazzi era un signore molto ricco e liberale. Si divertiva molto ad andare a caccia con il suo falcone (falcon) e ad invitare ai suoi banchetti molti amici.

Un giorno, andò a caccia come al solito e prese una bella gru. Poi tornò a casa, diede la gru al suo cuoco, e gli disse di cuocerla per il pranzo. Il cuoco di Corrado si chiamava Chichibio. Dunque Chichibio prese la gru e cominciò a prepararla per la cottura; poi la mise in una padella, e infine mise la padella sul fuoco. Dopo un po' di tempo la padella cominciò a mandare un appetitoso (appetizing) profumo per la cucina. Proprio in quel momento entrò nella cucina una giovane contadina, che si chiamava Brunetta. Brunetta sentì il buon profumo che veniva dalla padella e domandò a Chichibio un pezzo dell'arrosto. Chichibio, che era molto innamorato di Brunetta, prese dalla padella una coscia dell'animale e la diede alla bella contadina. All'ora del pranzo, Chichibio portò la gru, ben cotta e senza una coscia, alla tavola del padrone. Corrado e gli amici videro la gru con una coscia sola e si meravigliarono molto. Corrado chiamò il cuoco e in presenza di tutti domandò: "Questa gru ha dunque una coscia sola?" "Sissignore." disse Chichibio. "È impossibile!"- "Di solito," continuò Chichibio, "le gru hanno una coscia e una zampa sola". Corrado allora si arrabbiò e disse: "Bene, domani andremo a caccia insieme e vedremo quante zampe hanno le gru!" Il giorno dopo Chichibio dovette andare a caccia col padrone. Era ancora mattino presto e le gru dormivano ancora, e dormivano come dormono sempre le gru, cioè su una zampa sola. Allora Chichibio cominciò a dire: "Ecco, queste gru hanno una zampa sola". Ma Corrado gridò: "Ohi, ohi!" Allora le gru cominciarono a fuggire e anche Chichibio vide che tutte avevano due zampe. Allora Corrado disse: "Ecco, tutte le gru hanno due zampe". Ma Chichibio rispose: "Sì, ma il mio signore non gridò 'ohi, ohi!' ieri sera, quando misi la gru in tavola. Se no, certo l'animale avrebbe messo fuori (put out) l'altra zampa!" Corrado allora rise, e perdonò il cuoco.

▷ ▷ ▷ **ESERCIZI**

A. Trovare tutti i verbi al passato remoto e all'imperfetto e per ognuno dare l'infinito.

B. Rileggere la novella cambiando i verbi dal passato remoto al passato prossimo.

C. Scrivere una frase per ognuna delle seguenti parole o espressioni:
essere innamorato (a-i-e), il profumo, perdonare, se no

D. Parliamo

    1. Chi era Corrado Gianfigliazzi? Qual era uno dei suoi passatempi preferiti? Che cosa successe il giorno in cui prese una gru?

    2. Chi era Chichibio? Che cosa successe quando Brunetta entrò in cucina? E all'ora del pranzo che cosa successe? E il giorno dopo?

    3. Le è piaciuta questa novella? Perchè?

    4. Lei è mai andato a caccia? Quando? Dove? Lei è mai stato (a) innamorato (a)? Quando? Vuole raccontare una Sua esperienza?

    5. Conosce una storia simile a quella di Chichibio? Conosce qualche bella storia d'amore? Ricorda la storia di Giulietta e Romeo? Chi la scrisse? Quando? Può raccontarla?

ⓒ **LE DATE**

1. In Italian dates are expressed with cardinal numbers preceded by the definite article. The only exception is the first day of the month, which is expressed with the definite article plus the ordinal number (il primo).

Oggi è **il primo** dicembre. Today is December first.
La repubblica italiana fu fondata **il due giugno**,1946. The Italian republic was founded on June 2, 1946.
Il quattro luglio si celebra la festa dell'indipendenza americana. On July 4 we celebrate the feast of the American indipendence.

Carlo Collodi nacque a Firenze **nel 1826**. Carlo Collodi was born in Florence in1826.
John Kennedy morì a Dallas **nel 1963**. John Kennedy died in Dallas in 1963.

2. The prepositions **in** or **a** are used when referring to a future date regarding a month of the year, while either **a** or **per** are used when referring to a festivity time (Christmas, Easter...).

Quando andrai in Italia?   When are you going to Italy?
Ci andrò **in** (o **a**) luglio.   I will go there in July.
Ci andrò **a** (o **per**) Natale.   I will go there at Christmas.
A (o **per**) Pasqua mio zio verrà a trovarmi.   At Easter my uncle will come and see me.

With names of seasons **in** or **di** are used.
In primavera il clima è molto piacevole. In the Spring the climate is very pleasant.
In inverno (o **d**'inverno) fa sempre molto freddo. In the Winter it's always very cold.
In estate (o **d**'estate) vai sempre alla spiaggia. In the Summer you always go to the beach.

▷ ▷ ▷ **ESERCIZI**

A. Completare scrivendo la data indicata tra parentesi. Esempio: Il cantante nacque (3/8/1979), **il 3 agosto millenovecentosettantanove**

1. Paolo è nato (7/11/1933) . . . .
2. Lo scrittore morì (14/10/1867) . . . .
3. Mia zia si è sposata (11/5/1952) . . . .
4. Tuo padre si è laureato (1954). . . . .
5. I suoi amici sono arrivati (1/2/2002) . . . .
6. Abbiamo lasciato il Texas (1981) . . . .

B. A voi la parola

1. In che anno hai cominciato la scuola elementare? In che anno hai finito? In che anno hai preso la patente? Quando è cominciata la scuola quest'anno? Quando finirà?
2. In quale stagione piove spesso? In quale stagione fa caldo (o freddo)? In quale stagione vai in vacanza?
3. In che giorno si celebra la festa dell'indipendenza americana? In che giorno fu fondata la repubblica italiana?
4. Dimmi almeno due attività che si fanno, di solito, d'estate, d'inverno, in primavera e in autunno.

D)) ALTRI NOMI INVARIABILI AL PLURALE

As you learned in chapter one some nouns are invariable, that is they do not change their endings in the plural form (la città - le città; la foto - le foto; il re - i re; il film - i film)

Two more categories should be added:

1. Nouns ending in **-i**: la diagnosi - le diagnosi, la crisi (crisis) - le crisi, la tesi (thesis) - le tesi
2. Nouns ending in **-ie**: la serie (series) - le serie, la specie (species) - le specie.

Exceptions: la mogl**ie** - le mogl**i**, la superfic**ie** (surface) - le superfic**i**.

Esercizio #1: Scrivere 5 frasi usando alcuni nomi invariabili.

E)) LA CORRISPONDENZA

When writing or reading a letter remember that in Italian the day comes before the month.

Napoli, 7 luglio, 1992 - Milano, 14 dicembre, 1994 - Venezia, 3 gennaio, 1998

The heading of a letter often reads as follows:

Formal address

Gentile signorina (or signora) Sibani,
Gentilissimo signor Bardi,
Illustre Professor Beltrami,
Egregio dottor Pandolfi,

Informal address

Cara Anna,
Carissimo Paolo,
Carissima Carla,
Mia cara mamma,

Note that unlike English "dear" is only used in informal situations.
"Illustre" and "Egregio" (distinguished) are much more formal than "Gentilissimo".

The ending of a letter often reads as follows:

Formal address

Cordiali saluti.
Un cordiale saluto.
I più cordiali saluti.
Distinti saluti.
Le invio (send) distinti saluti.

Informal address

Tanti saluti.
Un caro saluto.
Tanti affettuosi saluti.
Con (tanto) affetto.
Vi mando tanti baci e un grosso abbraccio.

The above greetings are often used also on postcards.

Espressioni utili da ricordare

Gli auguri più sinceri di Buon Anno!	Most sincere wishes for a happy New Year!
Auguri carissimi di Buon Natale!	Best wishes for a merry Christmas!
Buona Pasqua a tutti!	Happy Easter to everybody!
Buone Feste!	Happy holidays!
Ti (Le) auguro un lieto Natale!	I wish you a merry Christmas!

▷ ▷ ▷ ESERCIZI

A. Scrivere una lettera indirizzata (addressed) **a:**
    1. La tua vecchia amica Paola.
    2. Il direttore di una ditta.

B. Parliamo

    1. In che giorno e in che mese si celebra il Natale? E Thanksgiving? E Labor Day?
       e Memorial Day? E la festa della mamma? E la festa del papà?
    2. Chi fu il primo presidente degli Stati Uniti? Chi era Lincoln? In che periodo
       visse? Perchè è importante? Chi era Roosevelt? In che periodo visse? Che cosa ricorda
       di Roosevelt?
    3. Che cosa successe durante il proibizionismo (prohibition)? E durante la seconda
       guerra mondiale (second World War)? Chi era Hitler? Chi era Mussolini?
    4. Chi era John Kennedy? Era sposato? Aveva figli? Quando morì? Come? Dove?
       E Robert Kennedy? Era sposato? Aveva figli? Che cosa gli successe?
       Chi era Martin Luther King? Era sposato? Aveva figli? Che cosa gli successe?
       In che mese si celebra la sua festa?
       Chi era Nixon? In che periodo visse? Che cosa gli successe? Quando morì?

5. Chi era Diana Spencer? Quando morì? In quale città? Morì giovane o vecchia?
Morì d'estate o d'inverno? Era sposata? Aveva figli? Che cosa le successe?
Quale famosa canzone cantò Elton John al suo funerale? Chi era Marylin Monroe?
Ebbe qualcosa in comune con Diana Spencer?

6. In che secolo visse Dante? Ricorda un'opera famosa che scrisse? In che secolo visse
Shakespeare? Quali opere famose scrisse? In che secolo visse Mark Twain?
E Hemingway? Ricorda qualche libro famoso che scrissero?

7. Chi scrisse Pinocchio? Chi erano i fratelli Grimm? E Perrault? Che cosa scrissero?

Parole ed espressioni utili per la lettura: " L'arte di raccontare"

l'ambiente environment	**l'analfabetismo** illiteracy	**appunto** exactly
in compenso to make up for it	**intrattenere** to entertain	**notare** to notice
la novella short story	**la poesia** poem, poetry	**prima di tutto** first of all
la raccolta collection	**il racconto** story	**riunirsi** to get together
il romanzo novel	**in seguito** later on	**significare** to mean

SECONDA LETTURA - L'arte di raccontare

Moltissimi sono gli sport e i passatempi moderni, dal calcio al ciclismo (bicycling) e al pattinaggio, dal gioco delle carte ai video - giochi, dalla televisione al cinema e al teatro, senza contare i viaggi e le innumerevoli letture.

Alcuni sport e passatempi di oggi esistevano anche nel Medioevo, come, per esempio,
la caccia, che a quel tempo era di solito praticata dai grandi signori feudali con l'uso (use)
del falcone; c'erano pure i giochi da tavolo (table games), come gli scacchi e le carte, che
allora (back then) si chiamavano i Tarocchi (Tarots). Nei castelli feudali molto spesso la sera
arrivavano i menestrelli (minstrels), che cantavano o recitavano poesie per intrattenere gli
abitanti del castello. La lettura, però, non era molto praticata, prima di tutto perchè il livello di analfabetismo era altissimo, ma anche perchè i romanzi o racconti come li intendiamo oggi non esistevano. In compenso esisteva l'arte di raccontare: spesso vari amici si
riunivano a casa di uno o dell'altro o anche in qualche luogo pubblico per ascoltare una
storia, raccontata da (by) uno di loro.

Giovanni Boccaccio conosceva forse meglio di tutti l'arte di raccontare, come si può notare nella sua famosa opera (work) chiamata "il Decamerone".

Il nome Decamerone (o Decameron) deriva dal greco (Greek) e significa "dieci giorni".
Boccaccio cominciò a scrivere quest'opera nel 1348, quando a Firenze, come nel resto
dell'Europa, c'era una terribile pestilenza. Il Decamerone è una raccolta di cento novelle
raccontate appunto in dieci giorni da dieci giovani (di cui sette ragazze) riuniti in una bella
villa alla periferia di Firenze, lontano dalla città appestata (plague-stricken).

Boccaccio fu un grande scrittore del Trecento. Nacque probabilmente* a Certaldo (in
Toscana) nel 1313. In seguito visse prima a Firenze e poi a Napoli.

A Napoli fu accolto (welcomed) alla corte (court) del re e in quell'ambiente aristocratico
scrisse le sue prime opere letterarie, sia in prosa che in poesia.

Nel 1341 Giovanni tornò a Firenze e lì cominciò a scrivere altre e migliori opere letterarie, fra cui il Decamerone. Morì a Certaldo nel 1375.

Note: * Il luogo di nascita (birth) non è certo.

▷ ▷ ▷ **ESERCIZI**

A. Sottolineare tutti i verbi al passato remoto e all'imperfetto. Poi dare l'infinito di ogni verbo.

B. Dare il significato delle seguenti parole simili contenute nella lettura:
il falcone, feudale, letterario, la pestilenza.

C. Scrivere una frase per ognuna delle seguenti parole o espressioni:
l'ambiente, appunto, in compenso, prima di tutto, in seguito.

D. Parliamo

1. Quali sono gli sport e i passatempi di oggi che esistevano anche nel Medioevo?
2. Che cosa sono i Tarocchi?
3. Chi erano i menestrelli? Che cos'è l'arte di raccontare?
4. Che cos'è il Decamerone? Di che cosa parla? Chi lo scrisse?
5. Chi era Boccaccio? Quando e dove nacque? In quali città visse? Quando e dove morì?

E. Scrivere un breve riassunto di un racconto o romanzo che vi è piaciuto molto.

FILASTROCCHE

A. Gli piace molto la cotoletta:
la mangia con la forchetta,
la taglia con il coltello,
la offre anche a suo fratello.

B. L'albergatore ha dato subito la chiave al turista
che gli ha chiesto una camera con una bella vista.
Poi l'ha accompagnato davanti all'ascensore
e gli ha detto: "Benvenuto a Firenze, signore!"

Esercizio: Mettere tutti i verbi al passato remoto.

Note: * The passato remoto forms of togliersi are the following: mi tolsi, ti togliesti, si tolse, ci togliemmo, vi toglieste, si tolsero.

L'ITALIA IN MINIATURA

Parole ed espressioni utili per la lettura

acc<u>o</u>rgersi to realize (p. p. **accorto**)
colto learned
la diffusione spreading
rivalutare to revalue

ciò this
diff<u>o</u>ndersi (p. p. **diffuso**) to spread
risalire a to date back to
stragrande very large

La seguente lettura contiene molte "parole simili". Le riconoscete?

La nascita della lingua

La lingua italiana è una lingua romanza (romanza = da Roma), come il francese, lo spagnolo, il rumeno e il portoghese, cioè una lingua che deriva dal latino. In Italia, infatti, fino al decimo secolo, il latino era l'unica lingua scritta, anche se il popolo (people), in realtà, già aveva cominciato a parlare diversi dialetti locali. Il primo documento scritto (almeno in parte) in lingua italiana è un documento legale che risale alla seconda metà del decimo secolo. Ma fu solo nel 1300, con le prestigiose opere letterarie dei grandi scrittori toscani Dante, Petrarca e Boccaccio* che il fiorentino (il dialetto in cui scrivevano) pian piano cominciò ad identificarsi con la lingua nazionale, perchè, essendo lingua di cultura, venne ben presto adottato dalle persone più colte e più potenti della penisola. La maggioranza (majority) degli abitanti del paese, però, continuava ad usare i vari dialetti locali. Con l'Unità d'Italia (1861) l'italiano, parlato solo in Toscana e dalle persone colte del resto del paese, cominciò a penetrare nei vari dialetti, diffondendosi così in tutta la penisola. Il processo di italianizzazione dei dialetti fu, inizialmente, molto lento; ma ora, grazie alla diffusione dei mezzi di comunicazione (radio, televisione, cinema, giornali) e a vari altri fattori (tra cui non possiamo dimenticare le emigrazioni interne), la lingua italiana è davvero usata regolarmente dalla stragrande maggioranza dei cittadini. Ciò, però, naturalmente a sc<u>a</u>pito (to the detriment) dei dialetti; ecco allora che si cerca oggi in ogni modo di rivalutare i dialetti, a volte addirittura (even) insegnandoli nelle scuole, proprio perchè ci si accorge che la loro scomparsa (disappearance) sarebbe una grave p<u>e</u>rdita (loss) per tutti.

⟩ ⟩ ⟩ ESERCIZI

A. Sottolineare tutte le "parole simili" e dire il loro significato.

B. Parliamo

1. Quali sono le lingue romanze? Perchè si chiamano così?
2. A quando risale il primo documento scritto, almeno in parte, in lingua italiana? Qual era la lingua scritta in Italia fino a quel momento?
3. Chi sono i tre famosi scrittori che cominciarono a scrivere in fiorentino? Perchè il fiorentino si identificò ben presto con la lingua italiana?
4. Quando cominciò a diffondersi in tutta Italia la lingua italiana? Il processo di italianizzazione dei dialetti fu veloce? Molte persone parlano il dialetto oggigiorno? Perchè si cerca in ogni modo di rivalutare i dialetti?

Note: * The best known works of these authors are: La Divina Commedia (Dante); Il Canzoniere (Petrarca) and Il Decamerone (Boccaccio).

I verbi

accorgersi (p. p. **accorto**) to realize
correre (p. p. **corso**) to run
essere innamorato di to be in love with
intrattenere to entertain
notare to notice
pattinare to skate
risalire a to date back to
rivalutare to revalue
significare to mean

basare (su) to base (on)
diffondersi (p. p. **diffuso**) to spread
fare due passi to take a short walk
meravigliarsi to be amazed
nuotare to swim
perdonare to forgive
riunirsi to get together
sciare to ski
vincere (p. p. **vinto**) to win

I nomi: Sport, passatempi e altri

l'ambiente environment
il banchetto banquet
il calcio soccer
la coscia thigh
la diffusione spreading
il football football
la ginnastica gymnastics
il golf golf
(il) nascondino hide and seek
la palla ball
la partita game
la poesia poem, poetry
la raccolta collection
il romanzo novel
il tennis tennis

l'analfabetismo illiteracy
la caccia hunting
le carte cards
la dama checkers
l'escursione excursion
il fuoco fire
la gita a short trip
la lotta wrestling
la novella short story
la pallacanestro basketball
il passatempo hobby
il profumo pleasant smell
il racconto story
gli scacchi chess
la zampa paw, leg (of an animal)

Gli aggettivi

colto learned   **noioso** boring   **stragrande** very large

Parole ed espressioni varie

appunto exactly
in compenso to make up for it
in presenza di in the presence of
in seguito later on
sissignore yes sir
Buone Feste! Happy holidays!
Buona Pasqua! Happy Easter!
Cordiali (o distinti) saluti (with) kindest regards

ciò this
a memoria by heart
prima di tutto first of all
se no otherwise
Buon Anno! Happy new Year!
Buon Natale! Merry Christmas!
Auguri carissimi! Best wishes!

RICAPITOLIAMO

Cominciamo: **Proverbi, detti, modi di dire**

Lettura: **L'esame di storia**
Filastrocche

DIMMI CON CHI VAI E TI DIRÒ CHI SEI

Cominciamo
Proverbi, detti, modi di dire

1. Chi lascia la strada vecchia per la nuova sa quello che perde ma non quello che trova. He who leaves the old road for the new one knows what he has lost, but not what he will find.
2. Contro la forza la ragione non vale. Might is right.
3. Chi dorme non piglia (catches) pesci. The early bird catches the worm.
4. Il tempo guarisce tutti i mali (sicknesses). Time is a great healer.
5. Dimmi con chi vai e ti dirò chi sei. Birds of a feather flock together.
6. Ogni bel gioco deve durare poco. Long jesting was never good.
7. Non mettere troppa carne al fuoco. Don't bite off more than you can chew.
8. Chi la fa l'aspetti. As they sow so let them reap.

Attività in classe: in gruppi di tre o quattro analizzate i vari detti rispondendo alle domande elencate sotto. L'insegnante poi vi farà le stesse domande per paragonare le risposte dei vari gruppi.

1. Qual è il significato letterale e metaforico di questi detti?
2. Quali detti, secondo voi, corrispondono alla realtà? Quali, invece, secondo la vostra esperienza, non corrispondono? Perchè?
3. Quali detti sono uguali in italiano e in inglese e quali sono diversi? Quali preferite?

CAPITOLO 13

1. L'imperativo

a. Verbs with regular forms:

Tu	Noi	Voi
Parla! Non parlare!*	Parliamo! Non parliamo!	Parlate! Non parlate!
Scrivi! Non scrivere!	Scriviamo! Non scriviamo!	Scrivete! Non scrivete!
Parti! Non partire!	Partiamo! Non partiamo!	Partite! Non partite!
Finisci! Non finire!	Finiamo! Non finiamo!	Finite! Non finite!

Lei	Loro
Parli! Non parli!	Parlino! Non parlino!
Scriva! Non scriva!	Scrivano! Non scrivano!
Parta! Non parta!	Partano! Non partano!
Finisca! Non finisca!	Finiscano! Non finiscano!

b. Some verbs with irregular imperative forms:

	Tu	Noi	Voi	Lei	Loro
Essere	sii	siamo	siate	sia	siano
Avere	abbi	abbiamo	abbiate	abbia	abbiano
Andare	va' (o vai)	andiamo	andate	vada	vadano
Fare	fa' (o fai)	facciamo	fate	faccia	facciano
Stare	sta' (o stai)	stiamo	state	stia	stiano
Dare	da' (o dai)	diamo	date	dia	diano
Dire	di'	diciamo	dite	dica	dicano

Note: * Note the use of the infinitive in the negative "tu" form of the imperative.

▷ ▷ ▷ **ESERCIZI**

A. **Leggere i seguenti avvertimenti** (warnings) **e sostituire il verbo "dovere" con le forme dell'imperativo di "tu" o "voi".**

Esempio: devi lavorare poco....: Lavora poco...

1. Non devi mangiare troppa pasta.

2. Devi eliminare i grassi.

3. Devi bere molta acqua e molti succhi di frutta.

4. Devi dormire almeno otto ore al giorno.

5. Devi smettere di bere il vino e i liquori.

6. Devi usare poco sale quando cucini.

7. Devi sempre seguire i consigli del dottore.

8. Devi sempre ricordare la tua dieta quando vai al ristorante.

9. Dovete seguire questa dieta per almeno sei mesi.

10. Dovete fare almeno due passeggiate al giorno.

11. Dovete comprare e mangiare frutta e verdure fresche ogni giorno.

12. Dovete pesarvi non più di due volte la settimana.

13. Dovete cercare di cucinare sempre la carne e il pesce alla griglia.

14. Dovete evitare i salumi troppo salati.

15. Dovete usare non più di un cucchiaino di zucchero nel caffè o nel tè.

16. Dovete essere convinti della necessità di volere dimagrire.

B. **Per ogni frase dare la forma negativa.** Esempio: Mangia! (tu)... **non mangiare!**

1. Abbi pietà di lui! (tu) . . . .

2. Date l'ombrello al ragazzo! (voi) . . . .

3. Andiamo a casa! (noi) . . . .

4. Bevi la bibita! (tu) . . . .

5. Dica quanto costa! (Lei) . . . .

6. Siate gentili con loro! (voi) . . . .

7. Leggano la lettera! (Loro) . . . .

8. Vada a casa, per favore! (Lei) . . . .

9. Fa' il letto! (tu) . . . .

10. Studiate la lezione! (voi) . . . .

11. Stiano in albergo domani! (Loro) . . . .

12. Compriamo la casa! (noi) . . . .

13. Da' i biglietti agli zii! (tu) . . . .

14. Andate via! (voi) . . . .

15. Torni domani! (Lei) . . . .

16. Vendi la macchina! (tu) . . . .

C. Scrivere 10 frasi con l'imperativo

2. I pronomi con l'imperativo

Bevi la bibita! Bevi**la**!   Non ber**la**! (la bibita) o non **la** bere!
Parliamo di politica! Parliamo**ne**!   Non parliamo**ne**! (di politica) o non **ne** parliamo!

Pulisci le scarpe! Pulisci**le**!
Andate a scuola! Andate**ci**!
Metti**ti** il vestito!

Ecco il caffè: **lo** beva!
Si metta il vestito! **Se lo** metta!

Fa**mmi** un favore! Fagli un favore!
Di**lle** la verità! Digli la verità!
Da**cci** una penna! Dagli una penna!

Scrivi la lettera a lui: scrivi**gliela**!   non scriver**gliela**! (o non **gliela** scrivere!)
Compriamo i fiori per lei: compriamo**glieli**!   non compriamo**glieli** ! (o non **glieli** compriamo!)
Mandate il pacco a me: mandate**melo**!   non mandate**melo**! (o non **me lo** mandate!)

▷ ▷ ▷ ESERCIZI

A. Completare come indicato nell'esempio: Guardate la partita... Guarda**tela**!

1. Bevi il vino!. . . . .
2. Mangia i maccheroni!. . . . .
3. Compriamo le melanzane!. . . . .
4. Pulite la stanza! . . . .
5. Leggi il libro!. . . . .
6. Chiudete la porta! . . . .
7. Apriamo la finestra! . . . .
8. Fate l'esercizio! . . . .

B. Cosa vuol dire...?

1. Avere mal di testa. . . . . avere la tosse . . . .
2. fare indigestione . . . . prendere le medicine . . . .
3. per caso. . . . . in qualche modo . . . .
4. mi raccomando. . . . . mai più. . . . .
5. stare attento. . . . . da parte mia . . . .

C. Inserire la parola o espressione opposta

1. ammalarsi . . . . sano. . . . .
2. debole . . . . stare (o sentirsi) bene . . . .

D. **Formare il plurale dei seguenti nomi:**

1. la bocca . . . . il braccio . . . .
2. il naso . . . . il corpo . . . .
3. il dito . . . . la testa . . . .
4. il ginocchio . . . . la gamba . . . .
5. la mano . . . . il piede . . . .
6. l'orecchio . . . . la malattia . . . .
7. l'occhio . . . . la lingua . . . .
8. il dente . . . . la ricetta . . . .

E. **Parliamo**

1. Guardate tutti la porta! Ora guardate tutti il vostro banco! Adesso guardate me e ascoltatemi bene!
2. Aprite i libri a pagina 8. Ora chiudeteli. Alzate le braccia. Mettete una mano sulla testa. Ora alzatevi in piedi! E ora sedetevi! Toccatevi la bocca! Toccatevi i denti! Toccatevi il naso!
3. Ora prendete una penna e mettetela sopra il libro di italiano! E adesso scrivete i giorni della settimana su un foglio e poi portatemi tutti i fogli!
4. Signorina, venga alla lavagna e scriva il suo nome. Ora scriva il mio nome! E poi scriva il nome del presidente degli Stati Uniti! Ora torni pure al suo posto.
5. Signore: apra la finestra velocemente e poi la chiuda lentamente. Ora apra la porta lentamente e poi la chiuda velocemente. Torni pure al suo posto.
6. Signorina, chieda al suo compagno che cosa fa questa sera e poi me lo dica. Signore, chieda al Suo compagno dov'è andato domenica scorsa e poi me lo dica.
7. Ora raccontatemi la favola di Biancaneve; uno di voi cominci; poi gli altri dovranno continuare, raccontando ognuno una parte della favola, fino alla fine.
8. Adesso raccontatemi quello che avete fatto ieri sera. Cominci Lei, signorina...

3. **Verbi che richiedono "di" o "a" prima dell'infinito**

a. Verb + di + infinitive:
avere paura di to be afraid to, **avere bisogno di** to need to, **cercare di** to try to, etc.

b. Verb + a + infinitive:
aiutare a to help to, **andare a** to go to, **cominciare a** to start, etc.

c. Verbs that do not require any preposition when followed by the infinitive: **desiderare**, **dovere**, **volere**, **potere**

▷ ▷ ▷ **ESERCIZI**

A. **Completare con la preposizione giusta**

1. Ho deciso . . . . cominciare una dieta.
2. I ragazzi hanno continuato . . . . parlare fino a mezzanotte.
3. Gli ho chiesto . . . . venire a casa presto questa sera.

4. Possiamo aiutarvi . . . . preparare la cena?

5. Piero è riuscito . . . . finire l'università in quattro anni.

6. Rosa, hai bisogno . . . . soldi?

7. Hanno paura . . . . non superare l'esame.

8. Ragazzi, questa sera venite . . . . ballare con noi?

9. Avete cominciato. lavorare nella gioielleria?

10. Roberta ha imparato. . . . . guidare?

11. I tuoi cugini vanno . . . . mangiare fuori stasera?

12. Vieni. . . . . correre con noi?

13 Luisa ha smesso . . . . fumare?

14. Speravo . . . . vederti presto.

15. Non potete continuare . . . . bere; volete ubriacarvi (to get drunk)?

16. Il nonno ha provato . . . . mangiare, ma non ha proprio fame.

B. Scrivere 8 frasi usando alcuni dei verbi appena studiati

C. A voi la parola

1. Scrivi! Leggi! Parla! Canta! Guardami! Guarda l'insegnante! Guarda la porta! Guarda la finestra! Conta fino a dieci! Dimmi i giorni della settimana! Dimmi quanti anni hai!

2. Toccati una gamba! Ora toccati l'altra gamba! Toccati un braccio! Ora toccati l'altro braccio! Apri le braccia! Chiudile! Tocca la mano destra del tuo compagno di classe!

3. Prendi il libro del tuo compagno di classe e portamelo! Prendi una penna e mettila sulla scrivania dell'insegnante! Prendi una matita e dammela! Prendi uno zaino e dammelo!

4. Dimmi quanto fa otto per quattro! E sei per nove? E sette per cinque?
E ventidue meno tre? E diciotto diviso sei? E quattordici più sedici?

5. Dimmi che ore sono! Dimmi a che ora è cominciata la lezione di italiano! Dimmi a che ora vai a cena questa sera! Dimmi con chi vai! Chiedimi se voglio uscire con te!

6. Dimmi chi era John Kennedy! Che cosa fece? Quando e come morì? Lo sai? Dimmelo!

7. Dimmi come si chiamava il papà di Pinocchio! Che cosa fece? Dimmelo!

8. Dimmi chi era Biancaneve! E Cappuccetto Rosso? Dimmelo!

CAPITOLO 14

1. I pronomi relativi

che that, which, who whom
chi the one (s) who, he who, those who
preposizione + cui preposition + whom, which
ciò che, quello che (tutto ciò che - tutto quello che) what, whatever, that which
(all that, everything that).

▷ ▷ ▷ **ESERCIZI**

A. Completare ogni frase con uno dei seguenti pronomi relativi: *che - a cui - di cui - in cui - per cui - su cui - tutto quello che - che*

1. Grazie per . . . . hai fatto per noi.

2. L'università . . . . lavoro è molto famosa.

3. Suo cugino . . . . vive a Roma ha scritto un bel romanzo.

4. I quadri . . . . Paolo ha parlato sono questi!

5. Il banco . . . . hai messo le penne è nuovo.

6. Il mare . . . . circonda l'Italia si chiama Mediterraneo.

7. La fattoria . . . . viviamo è vecchissima.

8. Le ragazze . . . . ho prestato la macchina sono molto belle.

B. Scrivere 8 frasi con i pronomi relativi

C. A voi la parola

1. Che tempo fa oggi? Che tempo fa di solito a Honolulu? E a Londra? E a Mosca? E a Roma? E a New york? E a Toronto? E a Sydney? E a Tokio? Ti piace la pioggia? E la nebbia? E il sole? E il vento? Qual è il tuo clima preferito?

2. Qual è la rivista (magazine) o il giornale che preferisci? E il cibo che vorresti sempre mangiare? E il colore che preferisci? E il luogo in cui vivresti più volentieri? E la macchina che ti piacerebbe comprare? E l'animale che preferisci?

3. Ti piacerebbe avere una grande fattoria con tanti frutteti? Ti piacerebbe vivere in un bel castello? Ti piace la casa in cui vivi? Ti piacerebbe abitare in un luogo completamente isolato (isolated)?

4. Quali sono i ragazzi o le ragazze che ti piacerebbe conoscere? Chi è la persona a cui vorresti fare un regalo? E quella che vorresti vedere più spesso? E quella di cui non vorresti mai sentire parlare?

D. Gioco. Chi vince? Per ogni argomento scrivere alcune parole o espressioni che ricordate (tempo massimo permesso: 5 minuti)

1. La natura . . . .

2. Il tempo . . . .

2. I comparativi regolari

Carlo è (così) alto **come** Luigi or Carlo è (tanto) alto **quanto** Luigi.
Mangio (tanto) **quanto** Luigi.

Di (o **di** + article)	**Che**
Io sono più **alta di lei**.	Ci sono più turisti **a** Roma **che a** Viterbo.
L'inverno è meno **caldo dell'estate**.	Questo gatto è più bello **che** buono.
Il capitolo quarto è **meno** facile **del** terzo.	Mangio più pasta **che** carne.

3. I comparativi irregolari

Questo studente è **migliore** (o più bravo) dell'altro.
Questo vino è **peggiore** (o più cattivo) di quello.
I miei figli sono **minori** (o più piccoli o più giovani) dei tuoi.
Questo lago è **maggiore** (o più grande) di quello.
Oggi ho mangiato **più di ieri**.
Ieri ho mangiato poco; oggi ho mangiato **di più**.

▷ ▷ ▷ ESERCIZI

A. Completare con le seguenti parole o espressioni: **più bello - più piccolo della - sta peggio - grande come - più grosso del - più forte del - peggiori dei - più alta di**

1. Il grillo è . . . . volpe.

2. Il leone è . . . . gatto.

3. Quel lago è bello, ma l'altro è . . . .

4. Sta meglio tuo padre? No, purtroppo . . . .

5. Questa fattoria è esattamente . . . . quella.

6. Il tuo cane è. . . . . mio.

7. Luisa è . . . . Gianna.

8. I vostri studenti sono . . . . nostri.

B. Scrivere 8 frasi con i comparativi

C. A voi la parola

1. Sei più alto tu di me? Secondo te io studio più o meno di lui (o di lei)? Secondo te io parlo l'italiano meglio di tutti gli studenti di questa classe?

2. È vero che ci sono più turisti a Sydney che a New York? Che le montagne sono più basse delle pianure? È vero che a Firenze piove più che a Londra? Che gli Appennini sono più alti delle Alpi? È vero che Roma è più piccola di Siena? Che il fiume Tevere è più lungo del Po? Che la Nuova Zelanda è più grande dell'Australia? Che il Canada è più piccolo del Sud - Africa?

3. È vero che il gatto è più ubbidiente del cane? Che negli orti ci sono più fiori che nei giardini? Che il tacchino è grosso come l'asino? Che l'oca è più piccola della zanzara? Che la luna è più calda del sole? Che la pioggia è più fredda della neve?

4. Secondo te studiare è più facile che lavorare? Perchè? Secondo te ascoltare è più facile che parlare? Perchè? Secondo te insegnare bene è più utile che dare il buon esempio? Perchè? Secondo te gli esseri umani sono più buoni degli animali? Perchè?

LETTURA - L'esame di storia

È il primo ottobre, verso le nove del mattino. Roberta e Catia si incontrano all'università, a Bologna. Tutte e due devono dare l'esame di storia americana e sono molto nervose. Ascoltiamole:

Roberta: Allora, sei prontissima come al solito?

Catia: Prontissima? Ma scherzi? Non so niente!

Roberta: Ma dai... dici sempre così e poi prendi regolarmente trenta o anche trenta e lode *.

Catia: No, no, questa volta non sono pronta. Davvero; non ho avuto molto tempo per studiare! Fammi una domanda, per favore!

Roberta: Beh... vediamo... dimmi quando nacquero e quando morirono John Kennedy e Martin Luther King.

Catia: Ma questo è facilissimo...fammi delle domande più difficili.

Roberta: Più difficili?...Sai quando cominciò la Depressione?

Catia: Ma certo...ma che domande fai...

Roberta: Come che domande faccio...vedi, sai tutto, come al solito. Ora fammi tu una domanda.

Catia: Che cos'è il "New Deal"?

Roberta: Beh... è... diciamo... dunque... veramente non mi ricordo bene.

Catia: Non sai dare una definizione del "New Deal"? Ma è importantissimo! Ora te lo spiego io...

Roberta: No, no, basta, basta. Adesso sì che mi sento male... Lasciami (let me) leggere e, per favore, non dirmi mai più che non sei pronta!"

PARLIAMO

1. Chi sono Roberta e Catia? Dove si trovano? Sono calme o nervose? Chi ha studiato di più? Quali domande fa Roberta? Qual è la domanda più difficile di tutte? Chi la fa? Chi conosce la risposta? Come si sente Roberta?
2. Secondo Lei Roberta è più sincera di Catia? Roberta ha studiato molto o poco?
3. Come si sente Lei quando deve dare un esame? Ha mai sostenuto un esame molto difficile? Racconti una Sua esperienza.

4. I superlativi

a. Superlativi relativi:

Paolo è **il più** intelligente **della** classe.
Tra i film che ho visto ultimamente (lately) questo è **il meno** interessante **di** tutti.
Secondo me **il miglior** tenore **del** mondo è Luciano Pavarotti.
Le maggiori isole **d'**Italia sono la Sicilia e la Sardegna.

b. Superlativi assoluti irregolari:

Questa pasta è **ottima** (or buonissima or molto buona).
Come stai? **pessimamente** (or molto male or malissimo).

Note: * Grades at the University level go from 18 to 30 (30+lode is the highest grade).

▷ ▷ ▷ ESERCIZI

A. Completare con le seguenti parole o espressioni: *più bella di - intelligentissimi - benissimo - più interessanti degli - più calda di - più potente del - ottima - malissimo - più alte d' - più ubbidiente di*

1. I tuoi figli sono . . . .
2. Secondo me la Ferrari è la macchina . . . . tutte.
3. Come stanno i tuoi genitori? . . . . grazie.
4. Il presidente degli Stati Uniti è la persona . . . . mondo.
5. Questa carne è davvero . . . .
6. Secondo lui San Francisco e New York sono le città . . . . Stati Uniti.
7. L'estate è la stagione . . . . tutte.
8. Come stai? . . . . , purtroppo.
9. Le Alpi sono le montagne . . . . Italia.
10. Il cane è l'animale . . . . tutti.

B. Scrivere 8 frasi con i superlativi

C. Parliamo

1. Qual è la persona più simpatica che ha mai conosciuto? Qual è il corso più interessante che ha mai seguito? E lo sport più bello di tutti?
   E il passatempo più piacevole?

2. Dove e quando ha mangiato la carne migliore? E la peggiore? E i dolci migliori o peggiori? E la frutta e la verdura migliori o peggiori?

3. Secondo Lei qual è la migliore stagione dell'anno? E la peggiore? Chi è il (la) migliore cantante vivente (living)? E il miglior poeta (o la migliore poetessa)?
   E l'attore o l'attrice migliore?

4. Come si chiamano le montagne più alte d'Italia? Qual è il fiume più lungo d'Italia? E come si chiama la montagna più alta degli Stati Uniti? E qual è il fiume più lungo degli Stati Uniti?

5. Qual è l'animale più piccolo di tutti? E il più grosso? E il più feroce (ferocious)? E il più mite (meek)? E il più veloce di tutti?

6. Secondo Lei come dovrebbe essere il migliore presidente del mondo? E il fidanzato (o la fidanzata) migliore del mondo? E il marito (o la moglie) migliore? E il padre (o la madre) migliore? E i nonni migliori? E i fratelli o le sorelle migliori?
   E gli amici o le amiche migliori?

Capitolo 15

1. Il passato remoto e il trapassato remoto

a. Il passato remoto con i verbi regolari :

parlare	ricevere	dormire
parl**ai**	ricev**ei** (ricev**etti**)	dorm**ii**
parl**asti**	ricev**esti**	dorm**isti**
parl**ò**	ricev**è** (ricev**ette**)	dorm**ì**
parl**ammo**	ricev**emmo**	dorm**immo**
parl**aste**	ricev**este**	dorm**iste**
parl**arono**	ricev**erono** (ricev**ettero**)	dorm**irono**

b. Con alcuni verbi irregolari:
avere: **ebbi**, avesti, **ebbe**, avemmo, aveste, **ebbero**
chiedere: **chiesi**, chiedesti, **chiese**, chiedemmo, chiedeste, **chiesero**

Ci **telefonò** appena **fu arrivato**. He called us as soon as he had arrived.
Dopo che **ebbe mangiato si addormentò**. After he had eaten he fell asleep.

▷ ▷ ▷ ESERCIZI

A. Coniugare i seguenti verbi regolari al passato remoto e scrivere una frase per ognuno.

1. guardare, dovere, vendere, cantare, preferire, potere
2. offrire, credere, capire, mangiare, partire, ballare

B. Coniugare i seguenti verbi irregolari al passato remoto e scrivere una frase per ognuno.

1. essere (fui), dare (diedi), fare (feci), dire (dissi)
2. bere (bevvi), scrivere (scrissi), vivere (vissi), prendere (presi)
3. rimanere (rimasi), chiudere (chiusi), leggere (lessi), mettere (misi)

C. Leggere il brano mettendo tutti i verbi al passato remoto

Piero si sveglia .... verso le sette e si alza .... verso le sette e quaranta. Va .... in bagno: si lava, ... si pettina, ... e si veste ....
Poi va .... in cucina: fa .... colazione con un bicchiere di succo d'arancia, un caffè macchiato con molto zucchero, pane e marmellata.
Torna .... in bagno e si lava .... i denti. Poi si mette .... il cappotto, la sciarpa e i guanti di pelle. Infine va .... in garage. Prende .... la macchina e va .... al lavoro. Al lavoro si annoia .... e si arrabbia ....
Verso mezzogiorno e mezzo va................a pranzo in un ristorante cinese. Mangia .... una zuppa, la carne, il pesce, le verdure e beve...............il tè. Poi paga .... il conto e lascia .... una buona mancia al cameriere. Infine torna...............al lavoro, fino alle cinque. La sera mangia .... in casa, con la sua famiglia. Dopo cena va .... a teatro e si diverte .... molto. Verso le undici e mezzo torna .... a casa. Mette .... il cappotto, la sciarpa e i guanti nell'armadio. Va .... in camera; si toglie .... i vestiti; mette .... un bicchiere d'acqua sul comodino e va .... a letto. Si addormenta .... subito.

D. Leggere la favola inserendo la forma corretta del passato remoto

La mamma mi (dire) .... : "Cappuccetto, questa mattina devi andare a trovare la nonna, perchè è ammalata. Devi portare alla nonna questa torta". "Va bene, ci vado subito," io (rispondere) .... Così io (prendere) .... la torta e (uscire) .... di casa. Io (attraversare) .... quasi tutto il bosco e poi (vedere) .... un lupo che mi (dire) ....: "Dove vai?" "Vado a trovare la mia nonna, che (who) è ammalata", (rispondere) ...."Sai dove abita la tua nonna?" (chiedere) .... il lupo. "Certamente: abita in una casetta rossa, alla fine del bosco. Conosco la strada benissimo". Il lupo allora (andare via) ....Verso le dieci io (arrivare) .... a casa della nonna. (bussare) .... alla porta e (sentire) .... la vociona della nonna ammalata che (dire) .... : "vieni dentro, la porta è aperta". Io (entrare) .... e (vedere) .... la nonna a letto, con una camicia da notte bianca. Io (Avvicinarsi) .... al letto e (dire) .... : "Nonna, che occhioni hai!" e lei (rispondere) .... : "Per vedere meglio la mia nipotina".

"Che orecchione hai!" "Per sentire meglio la mia bambina". "Che boccona e che dentoni aguzzi hai!" "Per mangiare meglio la mia ragazzina" (rispondere)..................... la nonna. È così mi (mangiare) .... Ma io non (morire) ...., perchè, per fortuna, (arrivare) .... un cacciatore. Il cacciatore (tagliare) .... la pancia della nonna cattiva e poi (tirare fuori) .... me e anche la nonna buona. Che bravo!

Così la nonna cattiva (morire) .... Io e la nonna buona ci (guardarsi) .... un po', poi ci (abbracciarsi) .... e ci (baciarsi) ....

Infine io (dire) ....: "Nonnina, come sono contenta! Tu sei proprio la nonna buona: non hai gli occhioni, le orecchione, la boccona e i dentoni aguzzi!" " "Certo, cara nipotina," (rispondere) .... la nonna "è il lupo che ha gli occhioni, le orecchione, la boccona e i dentoni aguzzi!". Allora io (capire) .... che le nonne cattive e i lupi si assomigliano moltissimo.

E. Gioco: Chi vince? Per ogni argomento scrivere alcune parole o espressioni che ricordate (tempo massimo permesso: 5 minuti)

1. Gli animali. . . . .

2. Gli sport e i passatempi . . . .

2. Le date

Oggi è **il primo** dicembre.
La repubblica italiana fu fondata **il due giugno**,1946.
Il quattro luglio si celebra la festa dell'indipendenza americana.

⇨ ⇨ ⇨ **ESERCIZI**

A. Completare in italiano

1. Ludovica è nata (1/6). . . . .
2. Siamo partiti per la montagna (2/8). . . . .
3. I signori Tosatti hanno comprato la casa (13/5). . . . .
4. Il tuo gatto è morto (6/12). . . . .
5. Luisa ha venduto la macchina (3/11). . . . .
6. I miei zii sono arrivati (7/1). . . . .
7. Il nonno è morto (1/9). . . . .
8. Il mio cane è nato (23/4). . . . .

B. **Formale o informale?** Read the following headings or endings of letters and postcards and say whether they are formal or informal.

1. Illustre Professor Beltrami,
2. Cordiali saluti
3. Gentilissimo signor Bardi,
4. I più cordiali saluti
5. Le invio (send) distinti saluti
6. Egregio dottor Pandolfi,
7. Con (tanto) affetto
8. Tanti affettuosi saluti
9. Un caro saluto
10. Distinti saluti
11. Vi mando tanti baci e un grosso abbraccio
12. Cara Anna,

C. **Come si dice...?**

1. Happy New Year!. . . . . Merry Christmas!. . . . .
2. Happy Easter! . . . . Happy Holidays!. . . . .
3. Exactly . . . . To make up for it.. . . . .
4. Later on. . . . . Yes sir!. . . . .

> *Buon Natale*
> *e felice Anno nuovo*

FILASTROCCHE

A. I ragazzi arrivano a casa alle otto;
si tolgono* i guanti, la sciarpa e il cappotto.
Poi si siedono sul sofà, nel grande salotto elegante,
e guardano alla televisione un documentario interessante.

B. La zia ha comprato un biglietto andata e ritorno;
è salita sul treno ed è andata a Livorno.
Ha preso un tassì in città,
poi è andata all'università.

Esercizio: Mettere tutti i verbi al passato remoto.

VECCHIE CASE IN TOSCANA

Note: * The passato remoto forms of togliersi are the following: mi tolsi, ti togliesti, si tolse, ci togliemmo, vi toglieste, si tolsero.

CAPITOLO 16

LEONARDO DA VINCI

PER COMINCIARE
Un artista nel Rinascimento

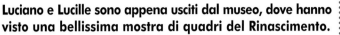

Luciano e Lucille sono appena usciti dal museo, dove hanno visto una bellissima mostra di quadri del Rinascimento.

Lucille: Che mostra magnifica! Peccato che abbiano* chiuso adesso; avrei voluto rimanere più a lungo!

la mostra exhibit
più a lungo longer

Luciano: Anch'io. Torneremo domani, che ne dici?... Senti, Lucille, come esperta in storia dell'arte e come straniera chi pensi sia il più grande artista del Rinascimento?

Lucille: Beh, ce ne sono tanti! E sono tutti bravi!... Il mio preferito è certamente Botticelli, ma se pensiamo al concetto di uomo rinascimentale, allora non ho dubbi: Leonardo da Vinci.

Luciano: Lo penso anch'io. Leonardo non era solo pittore ma anche astronomo, scienziato e addirittura scrittore. Era eccezionale.

Lucille: Davvero. L'anno scorso andai a Parigi, al Louvre e vidi la Monna Lisa; che capolavoro!

il capolavoro masterpiece

Luciano: Certo non possiamo dimenticare Michelangelo e Raffaello...

Lucille: A proposito di Michelangelo...
ho promesso a tua cugina di andare a vedere
la Cappella Sistina domani.

a proposito di speaking of

la Cappella Sistina Sistine chapel

Allora per questa mostra dovremo tornare un altro giorno.

Luciano: Potremmo venire giovedì.

Lucille: Sì, benissimo.

avere una fame da lupi to be as hungry as a bear (as wolves)

Luciano: Ora però andiamo a mangiare; ho una fame da lupi!

PARLIAMO

1. Dove sono stati Luciano e Lucille? Che cosa hanno visto? Sono soddisfatti della loro visita? Perchè?
2. Chi è esperto in storia dell'arte? Qual è l'artista preferito da Lucille?
3. Secondo Lucille che cosa rappresenta Leonardo da Vinci? Dove si trova la Monna Lisa?
4. Dove deve andare domani Lucille? Con chi?
5. Quante "parole simili" ci sono in questo dialogo? Le elenchi.

Dialogo personalizzato. In coppia: personalizzate il dialogo cambiando le domande e le risposte a vostro piacimento. Siate pronti a leggere il nuovo dialogo ad alta voce.

A) IL CONGIUNTIVO PRESENTE

1. The subjunctive is used to express possibility, uncertainty, request, necessity, emotions, opinions. The subjunctive is usually found in secondary clauses, preceded by a main clause and the conjunction **che.**

Note: * "Abbiano", meaning "have" and "sia", meaning "is" are subjunctive forms.

Credo che Paolo **lavori** troppo. I think that Paolo works too much.
Pensiamo che loro **arrivino** questa sera. We think that they (will) arrive tonight.

2. In the sentences below note the contrast between the indicative (which expresses objectivity) and the subjunctive (which expresses subjectivity):

Indic: **So** che Paolo **lavora troppo**. I know that Paolo works too much (I am sure).
Subj: **Credo** che Paolo **lavori** troppo. I think that Paolo works too much (I am not sure).

Indic: **Sappiamo** che loro **arrivano** stasera. We know that they (will) arrive tonight.
Subj: **Pensiamo che** loro **arrivino** stasera. We think they (will) arrive tonight.

3. Regular verbs in the present subjunctive are conjugated as follows*:

	mangiare	**ricevere**	**dormire**	**finire**
che io	mang**i**	ricev**a**	dorm**a**	finisc**a**
che tu	mang**i**	ricev**a**	dorm**a**	finisc**a**
che lei - lui - Lei	mang**i**	ricev**a**	dorm**a**	finisc**a**
che noi	mang**iamo**	ricev**iamo**	dorm**iamo**	fin**iamo**
che voi	mang**iate**	ricev**iate**	dorm**iate**	fin**iate**
che loro - Loro	mang**ino**	ricev**ano**	dorm**ano**	finisc**ano**

Note that the **Lei** and **Loro** forms are the same as those of the imperative.
Note also that the forms of **io**, **tu** and **lei** are identical; therefore, in order to avoid misunderstandings, the subject pronoun for these persons should always be expressed.

Carlo crede **che io mangi** continuamente. Carlo thinks that I eat all the time.
Penso **che tu non dorma** abbastanza. I think you don't sleep enough.
Speriamo **che arrivino** presto. Let's hope that they (will) arrive soon.

Esercizio #1: Scrivere 3 frasi al congiuntivo presente usando i seguenti verbi:
parlare, vedere, partire

4. The most common irregular verbs in the subjunctive are the following:

andare vada, andiamo, andate, vadano
avere abbia, abbiamo, abbiate, abbiano
bere beva, beviamo, beviate, bevano
dare dia, diamo, diate, diano

dire dica, diciamo, diciate, dicano
dovere debba, dobbiamo, dobbiate, debbano
essere sia, siamo, siate, siano
fare faccia, facciamo, facciate, facciano
piacere piaccia, piacciamo, piacciate, piacciano
potere possa, possiamo, possiate, possano

Note: * Verbs ending in -care and -gare add an h between the stem and the present subjunctive endings. Esempio: Giocare giochi, giochiamo, giochiate, giochino.
Verbs ending in -iare drop the i of the stem when forming the present subjunctive. Esempio: Mangiare: mangi, mangiamo, mangiate, mangino.

sapere sappia, sappiamo, sappiate, sappiano
stare stia, stiamo, stiate, stiano
uscire esca, usciamo, usciate, escano
venire venga, veniamo, veniate, vengano
volere voglia, vogliamo, vogliate, vogliano

Note that the verb form for **io**, is the same as those for **tu**, **lei** and **lui**, therefore it is not repeated: vada = che io vada, che tu vada, che lei o lui vada.

Spero che tu venga con noi oggi. I hope (that) you (will) come with us today.
Temono che la casa sia troppo piccola. They are afraid that the house is too small.
Pensi che i tuoi amici possano venire? Do you think your friends will be able to come?

Esercizio #2: Scrivere 3 frasi al congiuntivo presente usando i verbi elencati sopra.

B) VERBI ED ESPRESSIONI CON IL CONGIUNTIVO

1. The subjunctive is used after verbs that express:
   a. emotions or opinion: avere l'impressione, credere, pensare, sembrare (o parere)
   b. doubt, fear or suspicion: avere il dubbio, avere paura, dubitare, temere, sospettare
   c. pleasure, hope or desire: desiderare, piacere, preferire, sperare
   d. a command: comandare, ordinare, volere

Mia madre **vuole che** io **frequenti** l'università.
My mother wants me to attend the university.
Spero che tu **stia** bene. I hope you are (feeling) well.
Abbiamo l'impressione che Pietro **sia** un po' viziato.
We have the impression that Pietro is a little spoiled.

PRANZO A BERGAMO

Note that the subject of the verb in the main clause always differs from the one in the dependent clause (mia madre - io; io - tu; noi - Pietro). Whenever the subject in both clauses is the same the infinitive (and not the subjunctive) is required, as we will see later on.

2. The subjunctive is also used after impersonal expressions:

È bene (o male) che	**È necessario che**
Bisogna che	**È obbligatorio che**
È difficile (o facile) che	**Peccato che**
È possibile (o impossibile) che	**Può darsi che**
È giusto (o ingiusto) che	**Sembra (o pare) che**
È importante che	**Si dice (o dicono) che**
È incredibile che	**È utile (o inutile) che**
È meglio (o peggio) che	

Bisogna che tu **parta** presto, perchè il viaggio è lunghissimo. It is necessary that you leave early, because the trip is very long.

Pare che il museo **chiuda** alle cinque stasera. It seems that the museum will close at five tonight.

È importante che **veniate** alla riunione la prossima settimana. It's important that you come to the meeting next week.

Esercizio #1: Scrivere 3 frasi usando le espressioni elencate sopra.

Attenzione: Forse (perhaps) is always followed by the indicative.

Forse i ragazzi **arrivano** questa sera!   Maybe the boys (will) arrive tonight.

▷ ▷ ▷ **ESERCIZI**

A. Completare con la forma corretta del congiuntivo

1. Pensate che il professore (avere ragione) . . . . o che (avere torto) . . . . ?

2. È bene che noi (dare) . . . . una buona mancia a questo cameriere.

3. Preferisci che io ti (scrivere). . . . . o che ti (telefonare) . . . . ?

4. Può darsi che mio cugino (andare) . . . . al cinema stasera.

5. Ho l'impressione che suo figlio (parlare). . . . . molto e (lavorare). . . . . poco.

6. È inutile che tu (piangere). . . . . : ora è troppo tardi!

7. Luigi teme che la mostra (essere) . . . . già finita.

8. È giusto che i bambini (giocare) . . . . e (divertirsi) . . . .

9. Il meccanico vuole che voi (comperare) . . . . le gomme (tires) nuove.

10. Si dice che il tuo datore di lavoro (bere). . . . . troppo.

11. Mi pare che questo studente non (studiare) . . . . abbastanza.

12. Peccato che voi (dovere) . . . . partire così presto!

13. I miei genitori sperano che tu (venire) . . . . a trovarli domenica prossima.

14. È probabile che domani (piovere) . . . .

15. Ci dispiace che i musei (essere) . . . . già chiusi.

16. Bisogna che io (vendere) . . . . la mia casa.

B. Completare con la forma corretta del congiuntivo

Credo che Pinocchio (essere) . . . . un burattino. Mi pare che (abitare) . . . . con il papà, Geppetto. Credo che Pinocchio non (studiare) . . . . e non (lavorare) . . . . , ma che (giocare) . . . . sempre. Infatti, mi pare che Geppetto (comprare). . . . . un libro per Pinocchio, e che poi Pinocchio (vendere) . . . . il libro. Credo che Il grillo parlante (rappresentare) . . . . la coscienza di Pinocchio. Credo che il grillo (dare) . . . . dei buoni consigli e credo che (essere). . . . . un vero amico di Pinocchio. Invece il gatto e la volpe credo che (essere). . . . . falsi amici di Pinocchio. Credo che Geppetto (stare) . . . . nella balena per molto tempo. Mi pare che la balena (avere) . . . . . . una pancia molto grossa. Credo che poi (arrivare) . . . . Pinocchio e (salvare) . . . . il papà. Mi pare che alla fine il burattino (diventare) . . . . un bravo bambino.

C. Completare con la forma corretta del congiuntivo

Credo che tutti (conoscere) . . . . la favola di Cappuccetto Rosso. Credo che lei (vivere) . . . . con la sua mamma. Mi pare che lei (indossare) . . . . sempre un cappuccio rosso.

Credo che la casa della nonna di Cappuccetto Rosso (trovarsi) . . . . in un bosco. Mi pare che il lupo cattivo (avere) . . . . sempre fame. Infatti credo che il lupo (mangiare). . . . . la nonna e anche Cappuccetto Rosso. Mi pare che poi (arrivare) . . . . il cacciatore. Credo che il cacciatore (dimostrare) . . . . di essere un bravissimo uomo e un caro amico della nonna e di Cappuccetto Rosso.

Mi pare che alla fine lui (tagliare). . . . . . . la pancia del lupo e (salvare) . . . . la nonna e Cappuccetto Rosso.

D. Scrivere 10 frasi usando le forme del congiuntivo

E. A voi la parola

1. Credi che sia più facile studiare o lavorare? Perchè? Pensi che ci siano molti artisti bravi al mondo? Quali sono i tuoi preferiti?
2. Cosa pensi che debba fare un buon presidente? E un buon insegnante? E un bravo studente (studentessa)? E un bravo genitore? E un buon figlio (a)? E un buon amico (a)? E un buon fidanzato (a)? E un bravo marito (moglie)?
3. È giusto che ci siano tante persone povere al mondo? Che cosa credi che si potrebbe fare per eliminare la povertà?
4. È importante o no che i bambini studino la storia dell'arte alle scuole elementari? Che studino la grammatica? Perchè? È utile o no che i bambini guardino la televisione spesso? Che leggano molto? Che giochino e che si divertano spesso? Perche?
5. Pensi che la vita sia facile o difficile? Com'è la tua vita?

PAROLE, PAROLE!

Leggete le varie parole ad alta voce.
Quante ne conoscete già?

1. Arte

l'artista artist	**l'affresco** fresco
il capolavoro masterpiece	**il cavalletto** easel
i colori crayons	**il dipinto** painting
il disegno drawing	**l'incisione** etching
la mostra exhibit	**il museo** museum
la natura morta still life	**l'opera** art work
il paesaggio landscape	**il pennello** paint brush
la pinacoteca picture gallery	**il pittore** painter
la pittura painting (art form)	**il quadro** painting, picture
il ritratto portrait	**lo scultore** sculptor
la scultura sculpture	**la statua** statue
la tela canvas	

Esercizio #1: Scrivere 3 frasi usando alcune delle parole elencate sopra.

2. Verbi

affrescare to fresco	**dipingere** (p. p. dipinto) to paint
disegnare to draw	**scolpire** to sculpture

▷ ▷ ▷ ESERCIZI

A. Leggere aggiungendo "Si dice che..." all'inizio di ogni frase

1. Nella Cappella Sistina ci sono dei meravigliosi affreschi di Michelangelo.
2. La gente preferisce quadri con paesaggi piuttosto che (rather than) con nature morte.
3. La pittura è più interessante della scultura.
4. A tutti piace possedere qualche dipinto antico.
5. I pittori hanno molta pazienza.
6. Nessuno preferisce un'incisione a un dipinto.
7. Affrescare è più difficile che disegnare.
8. Un grande pittore deve saper disegnare bene le mani e i cavalli.
9. Poche persone visitano più di una mostra all'anno.
10. Tutti i pittori possiedono almeno un cavalletto, una tela e dei pennelli.
11. Non tutti amano visitare i musei.
12. Pochi conoscono bene la storia dell'arte.

B. Parliamo

1. Che cosa fanno i pittori? E gli scultori? Quali oggetti bisogna avere per dipingere? E per disegnare? Che differenza c'è tra affrescare e dipingere? Che cosa andiamo a vedere in una pinacoteca? Lei crede che sia importante studiare la storia dell'arte? Perchè?
2. Quali famosi pittori conosce? Chi è il suo pittore preferito? Chi era Norman Rockwell? Ha mai visto alcuni suoi disegni? Li descriva.

3. Le piace di più la pittura o la scultura? Pensa che abbia più valore un quadro antico o una statua antica?

4. Crede che sia più interessante una mostra di quadri antichi o una di quadri moderni? Le piacerebbe possedere dei dipinti antichi? E dei dipinti moderni?

5. Ha mai visto mostre di artisti italiani? Dove? Quando? Con chi?
Racconti di una Sua visita ad un museo.

6. Le piace disegnare? E dipingere? Sa disegnare bene? Disegnava spesso quando frequentava le scuole elementari? Ricorda un disegno speciale che disegnò quando era bambino(a)? Ha amici o amiche che sanno disegnare molto bene? Chi sono?

Parole ed espressioni utili per la lettura: "I frati e il mercante"

addosso on	**digiunare** to fast	**egoista** selfish
il frate friar	**gettare** to throw	**il mercante** merchant
l'osteria inn	**l'oste** innkeeper	**profondo** deep
proibire to forbid	**la regola** rule	**sicchè** so that
il viaggiatore traveller		

avere l'abitudine di (+ infinitive) to be accustomed to, to be in the habit of
guardarsi in faccia to look into each other's face

PRIMA LETTURA - I frati e il mercante

dal "Codice Atlantico" di Leonardo da Vinci (adapted)

È obbligatorio che i frati minori rispettino rigorosamente la Quaresima (Lent) quando stanno nei loro conventi; infatti è obbligatorio che digiunino secondo le regole del loro ordine. Però, quando sono in viaggio, hanno il permesso (permission) di mangiare quello che trovano negli alberghi, dove devono fermarsi. Una volta due frati arrivarono a un'osteria di campagna insieme a un mercante che, per caso, faceva lo stesso viaggio con loro.

Appena entrati nell'osteria si sedettero e chiamarono l'oste.

L'oste arrivò e il mercante gli domandò:

"Dunque che cosa c'è di buono da mangiare oggi? Siamo stanchissimi e abbiamo molta fame!"

"Non c'è molto - rispose l'oste - mi dispiace che siate tanto stanchi e abbiate tanta fame, ma noi qui, in questa campagna, siamo poveri e non abbiamo molto".

"Metti dunque in tavola quello che hai."

"Ho solo un piccolo pollo" disse l'oste.

"Va bene - rispose il mercante - porta dunque il pollo e tutto quello che trovi in cucina".

L'oste andò in cucina e poi tornò con il pollo e alcune verdure.

Il pollo, però era piccolissimo: non era abbastanza per tre persone.

Allora il mercante egoista disse:

"Se ricordo bene... mi pare che i frati debbano digiunare in questi giorni di Quaresima, vero?"

"Eh...sì... però..." risposero i due frati.

"Allora io mangio il pollo".

E mangiò tutto il pollo, lasciando ai due frati le verdure bollite.

Quando ebbero finito il pranzo, tutti e tre ripresero (resumed) il loro viaggio.

Dopo un pezzo di strada arrivarono a un fiume, che era abbastanza largo.

L'acqua, però, non era molto profonda, sicchè era facile attraversare il fiume a piedi.

Era facile per i due frati, che avevano l'abitudine di camminare sempre scalzi (barefoot) ma non per il mercante, che era molto viziato. Sicchè il mercante pregò uno dei frati di prenderlo sulle spalle. Ma, quando il frate fu arrivato a metà del fiume, domandò al mercante: "Senti, mi pare che i mercanti abbiano sempre del denaro in tasca; è vero?"

"Certo - rispose il mercante - ho tutto il mio denaro con me".

"Allora mi dispiace tanto - rispose il furbo frate - ma è necessario che io ubbidisca alla regola del nostro ordine: la regola dice che i frati non possono avere denaro addosso".

E poi lo gettò nell'acqua.

▷ ▷ ▷ **ESERCIZI**

A. Sottolineare tutti i verbi al congiuntivo e al passato remoto e per ognuno dare l'infinito.

B.1. Sottolineare tutte le "parole simili" contenute nella lettura e dire il loro significato.

B.2. Scrivere una frase per ognuna delle seguenti parole o espressioni:
gettare, profondo, sicchè, avere l'abitudine di, guardarsi in faccia

C. Parliamo

1. Che cosa è obbligatorio che facciano i frati minori durante la Quaresima?
2. Quante e quali persone arrivarono all'osteria? Che cosa successe dentro l'osteria?
3. Quando ripresero il viaggio i frati e il mercante?
   Che cosa successe durante il viaggio?
4. Per quanto riguarda il denaro qual è una delle regole a cui devono ubbidire i frati?
5. Che cosa successe dunque alla fine del racconto?
6. Le è piaciuto questo racconto? Perchè? Le pare che il mercante sia onesto?
   Che cosa pensa del frate che gettò in acqua il mercante?
7. Chi scrisse questo racconto? In quale secolo fu scritto questo racconto?

© **IL CONGIUNTIVO PASSATO**

1. The present perfect subjunctive is formed with the present subjunctive of **avere** or **essere** plus the past participle of the main verb.

mangiare		**arrivare**	
che io abbia		che io sia	
che tu abbia		che tu sia	ARRIVATO (A)
che lui/lei abbia	MANGIATO	che lei/lui sia	
che noi abbiamo		che noi siamo	
che voi abbiate		che voi siate	ARRIVATI (E)
che loro abbiano		che loro siano	

Pensi che loro **abbiano** già **mangiato?** Do you think that they have already eaten?
Speriamo che Luigi non **sia** già **partito**. Let's hope Luigi hasn't left yet.

2a. The present perfect subjunctive is used in secondary clauses whenever we want to express an action that happened **earlier** than the action of the main clause.

Credo che i nostri amici **siano arrivati** ieri. I believe (that) our friends arrived yesterday.
Dicono che il tenore **abbia cantato** molto male. They say that the tenor sang very badly.

2b. If the action of the secondary clause happened either **at the same time** or **later** than the action of the main clause, we should use the present subjunctive.

Penso che i bambini **siano** fuori. I think the children are outside.
Dubitano che suo zio **arrivi** domani. They doubt that his uncle will arrive tomorrow.

Note that the tense of the main clause is always the present.

▷ ▷ ▷ ESERCIZI

A. Rispondere alle domande come indicato nell'esempio:
Ha mangiato il bambino? **Sì, credo che abbia mangiato.**

1. È arrivato il postino?
2. Sono usciti i ragazzi?
3. Tua madre ha visto il film?
4. Hanno chiamato il dottore?
5. Sono tornate le tue sorelle?
6. Hanno mangiato i cani?
7. Ha finito i compiti Roberto?
8. Tuo cugino ha parlato al professore?

B. Trasformare le frasi come indicato nell'esempio:
Mi dispiace che **Rossano** sia partito.

1. Non hai lasciato la mancia al cameriere.
2. I tuoi compagni di classe non hanno studiato.
3. Il signor Baldelli non ha mangiato niente.
4. Non abbiamo spedito la lettera.
5. Mio figlio si è ammalato.
6. Paola non si è messa la gonna nuova.
7. I bambini non si sono lavati.
8. Non avete capito la conferenza.

D) USO DEL CONGIUNTIVO VS. L'INFINITO

1. You already know that special verbs and expressions require the use of the subjunctive in the secondary clause.
   However, when the subject of the verb is **the same** in both main and secondary clauses the infinitive* (or di + infinitive), and not the subjunctive, should be used.

Note: * See chapter 13 for verbs requiring "di + infinitive" or just the infinitive.

Ci dispiace **che tu parta** adesso. We are sorry you are leaving now. (different subjects)
Ci dispiace **partire** adesso. We are sorry to leave now. (same subject)

Ho paura **che siate** in ritardo per la conferenza. I am afraid you are late for the lecture.
Ho paura **di essere** in ritardo per la conferenza. I am afraid I am late for the lecture.

2. The infinitive alone should also be used after impersonal expressions, whenever the subject of the verb in the secondary clause is not expressed.

È importante **che tu legga** molto. It's important that you read a lot.
È importante **leggere** molto. It's important to read a lot.

È necessario **che tu mangi.** It's necessary that you eat.
È necessario **mangiare.** It's necessary to eat.

▷ ▷ ▷ **ESERCIZI**

A. **Leggere le frasi usando nella frase secondaria lo stesso soggetto della frase principale.** **Esempio:** Spero **che tu venga.** Spero **di venire**.

1. Spero che Alberto sia promosso.
2. Temiamo che Giulia non abbia capito la lezione.
3. Sei contento che tuo padre sia tornato a casa.
4. Francesco ha paura che tu ti ammali.
5. Credete che lui abbia sempre ragione.
6. La mamma vuole che la bambina si metta la gonna blu.
7. Pensano che voi siate molto intelligenti.
8. Preferisco che i ragazzi usino la macchina sportiva oggi.
9. Vogliamo che i bambini si lavino le mani.
10. Pensi che Luigi parta alle otto domani?
11. Volete che arrivi prima delle due?
12. Claudio teme che sua moglie abbia mangiato troppo.

B. **Tradurre**

1. It is very important to learn.
2. The teacher wants us to understand these rules.
3. I believe I am right.
4. I hope you slept well
5. We hope to arrive on time.
6. They hope to see you soon.
7. I am afraid I am not ready for this exam.
8. He is happy to be here.
9. She wants to buy a new sweater.
10. It is good to help other people.
11. We have the impression that they are sad.
12. Anna believes that Roberto drank too much last night.
13. It is useless to cry now.
14. Our friends are afraid that Franco is too old for this job.
15. I prefer to study history of art.
16. They think they are perfect.

Parole ed espressioni utili per la lettura: " Un artista nel Rinascimento"

l'allievo pupil	**dapprima** at first	**a differenza di** unlike
fiorentino Florentine	**il genio** genius	**la luce** light
l'ombra shadow, shade	**il pensiero** thought	**la sfumatura** shade (of colors)

SECONDA LETTURA
Un artista nel Rinascimento

Quando si parla del Rinascimento si pensa subito ad un periodo di grande splendore artistico. Molti turisti, infatti, vanno in Italia proprio per ammirare le opere di pittura, scultura e architettura create in questo periodo.

Per quanto riguarda la pittura esistevano nel Cinquecento due scuole principali: la scuola fiorentina o dell'Italia centrale, e la scuola veneta (from the Veneto region), la quale, a differenza della prima, si fondava più sul colore che sul disegno. Fra i più celebri artisti della scuola veneta ricordiamo Tiziano, Tintoretto e Veronese, mentre per la scuola fiorentina spiccano (stand out) i nomi di Raffaello Sanzio, Michelangelo Buonarroti e, soprattutto, Leonardo da Vinci, che è stato spesso definito un genio per l'universalità del suo pensiero. Egli (he) infatti non fu solo pittore ma anche scienziato, scultore, fisico, architetto, musico, matematico, inventore e prosatore (prose writer).

Leonardo Da Vinci nacque a Vinci (in Toscana) nel 1452. Allievo del Verrocchio (un celebre artista del tempo) lavorò dapprima a Firenze, poi in varie altre città, come Milano, Mantova, Venezia, Roma.

Nella pittura Leonardo fu un vero maestro delle sfumature, delle luci e delle ombre, del "chiaroscuro". Le sue opere sono note in tutto il mondo. Ricordiamo certamente il ritratto di Monna Lisa del Giocondo, detto poi "La Gioconda", che ora si trova al museo del Louvre a Parigi, "L'ultima Cena" (recentemente restaurata), che si può ammirare nel convento di Santa Maria delle Grazie a Milano e il ritratto di Ginevra dei Benci (un'attraente nobildonna del tempo), che si trova nella National Gallery of Art a Washington D.C. Leonardo morì in Francia nel 1519.

▷ ▷ ▷ ESERCIZI

A. Sottolineare tutte le "parole simili" contenute nella lettura e dire il loro significato.

B. Scrivere una frase per ognuna delle seguenti parole o espressioni:
la luce, l'ombra, a differenza di, dapprima

C. Parliamo

1. A che cosa pensiamo quando si parla del Rinascimento? Per quanto riguarda la pittura quali erano le principali scuole del Cinquecento? Chi furono i maggiori artisti della scuola fiorentina? E di quella veneta?

2. Chi era Leonardo da Vinci? Quando e dove nacque? Di chi fu allievo? In quali città lavorò? Dove e quando morì?

3. Perchè Leonardo è chiamato "l'uomo universale"? Quali sono alcune importanti caratteristiche dei suoi dipinti? Quali sono le sue opere più famose? Dove si trovano?

4. Conosce altre opere importanti di Leonardo o di altri artisti del Rinascimento? Quali? Dove si trovano?

5. Le piace visitare i musei? Quali ha visitato? Racconti di una Sua esperienza in un museo.

D. Attività a casa: con l'aiuto dell'enciclopedia fare una ricerca su uno dei seguenti artisti: Michelangelo, Raffaello, Tiziano, Tintoretto, Veronese.

FILASTROCCHE

A. So che Gianni studia all'università;
so anche che cambia spesso facoltà;
so pure che gli piace molto la letteratura
ma che ama anche la pittura e la scultura.

Esercizio: Sostituire "so" con "credo".

B. Questo quadro è molto antico:
rappresenta un amico.
È un ritratto molto famoso:
studiarlo è doveroso.   **doveroso** a must

Esercizio: Rileggere la filastrocca aggiungendo "penso che" all'inizio di ogni riga (line).

L'ITALIA IN MINIATURA
Parole ed espressioni utili per la lettura

attraverso through
la cupola dome
lo stadio (pl. **gli stadi**) stadium

la cosa thing
fino a up to
lo stile style

La seguente lettura contiene molte "parole simili". Le riconoscete?

Opere architettoniche

Quando visitiamo il centro di una città italiana la prima cosa che notiamo sono i suoi edifici, le sue costruzioni: i palazzi, le torri, le chiese, i teatri, le fontane.

Spesso queste costruzioni si trovano in grandi piazze, vicino a bar, caffè, alberghi e ristoranti. Qualche volta si trovano anche vicino a un fiume o a un canale e allora notiamo subito anche i ponti, come il Ponte Vecchio a Firenze o il Ponte dei Sospiri a Venezia.

Attraverso gli edifici e le costruzioni, con caratteristiche architettoniche particolari, impariamo a conoscere un po' di storia dell'Italia. Durante il Medioevo sorsero (were born) in Italia imponenti edifici religiosi, che ci mostrano l'importanza del Cristianesimo (Christianity): duomi, basiliche, cattedrali, monasteri, campanili, torri. Ricordiamo il duomo di Modena e la cattedrale di San Nicola a Bari, di stile romanico (romanesque); il duomo di Milano, costruito più tardi e di stile gotico (gothic), il campanile di Giotto a Firenze e la famosa torre di Pisa. I numerosi castelli medioevali, poi, testimoni (witnesses) del feudalesimo, sono noti in tutto il mondo. Tra i più belli in assoluto ricordiamo Castel del Monte, vicino a Bari. Durante il Rinascimento si costruivano, oltre a molte chiese imponenti (basti pensare alla basilica di San Pietro con la cupola di Michelangelo a Roma), anche grandiosi palazzi (come il Palazzo Pitti a Firenze e il Palazzo Farnese* a Roma) per le famiglie nobili più potenti della penisola**. Nel sedicesimo secolo lo stile neoclassico si riflette nelle opere architettoniche del famoso architetto Andrea Palladio (oltre ai celebri monumenti di Vicenza ricordiamo le tante e bellissime ville della campagna veneta).

Nel Seicento e nel Settecento si costruirono le più belle fontane di Roma (come quelle dell'architetto G. L. Bernini in Piazza Navona e la bellissima fontana di Trevi) e cominciarono a nascere i teatri pubblici, che poi si moltiplicarono nell'Ottocento, frequentati da un pubblico sempre più numeroso. Per quanto riguarda il Novecento ricordiamo alcune opere di due architetti molto conosciuti: Giovanni Michelucci (con la famosa chiesa-tenda, che si può vedere dall'autostrada del Sole*** , vicino a Firenze) e Pier Luigi Nervi (lo stadio di Firenze, il Grattacielo Pirelli di Milano). Negli Stati Uniti possiamo ammirare lo stile di Nervi nella cattedrale di "St. Mary of the Assumption", a San Francisco.

Note: * Palazzo Pitti è dell'architetto Filippo Brunelleschi e Palazzo Farnese di Antonio da Sangallo.
** I comuni, indipendenti e democratici, già da tempo avevano cominciato a trasformarsi in signorie, governate da un signore, il cui potere era assoluto. Tra le famiglie più potenti ricordiamo i Visconti a Milano e i Medici a Firenze.
*** L'Autostrada del Sole parte da Milano e arriva fino a Reggio Calabria, passando attraverso Bologna, Firenze, Roma e Napoli.

⇨ ⇨ ⇨ **ESERCIZI**

A. Sottolineare tutti i verbi all'imperfetto e al presente. Poi dare l'infinito di ogni verbo.

B1. Dare il significato delle seguenti parole simili contenute nella lettura:
l'architetto, grandioso, medioevale, l'importanza.

B2. Sottolineare tutte le altre parole simili contenute nella lettura.

C. **Parliamo**

1. Che cosa notiamo subito quando visitiamo una città italiana? Dove si trovano spesso gli edifici più importanti? Ricorda i nomi di due famosi ponti a Firenze e a Venezia?

2. Che cosa si costruiva durante il Medioevo? Ricorda il nome di alcuni famosi duomi? Dove si trovano? Ricorda il nome di un noto campanile a Firenze? E quello di una torre molto conosciuta? Dove si trova?

3. Quale architetto costruì la cupola della basilica di San Pietro a Roma? Che cosa si costruiva nel Rinascimento?

4. Qual era lo stile di Andrea Palladio? In che secolo visse Palladio?

5. Ricorda quando furono costruite tante belle fontane di Roma? E i teatri italiani quando cominciarono ad essere costruiti?

6. Ricorda i nomi di due architetti italiani moderni? Che cosa hanno costruito?

ROMA, IL PAPA DALLA FINESTRA

VOCABOLARIO

I verbi

affrescare to fresco
dipingere (p. p. **dipinto**) to paint
dubitare to doubt
proibire to forbid
sembrare (**parere**) to seem

digiunare to fast
disegnare to draw
gettare to throw
scolpire to sculpture
sospettare to suspect

avere l'abitudine di to be used to, to be in the habit of
avere una fame da lupi to be as hungry as a bear (literally: as wolves)
guardarsi in faccia to look into each other's face

I nomi: L'arte e altri

l'affresco fresco
il capolavoro masterpiece
i colori crayons
la cupola dome
il disegno drawing
la luce light
il museo museum
l'ombra shadow, shade
il paesaggio landscape
la pinacoteca picture gallery
la pittura painting (art form)
la scultura sculpture
la statua statue
il frate friar
il mercante merchant
l'osteria inn
il periodo period
la regola rule
lo stile style

l'allievo pupil
il cavalletto easel
la cosa thing
il dipinto painting
l'incisione etching
la mostra exhibit
la natura morta still life
l'opera art work
il pennello paint brush
il pittore painter
il ritratto portrait
la sfumatura shade (of colors)
la tela canvas
il genio genius
l'oste innkeeper
il pensiero thought
il permesso pemission
lo stadio (pl. **gli stadi**) stadium
il viaggiatore traveller

Gli aggettivi

egoista (m. & f.) selfish
profondo deep

fiorentino Florentine
veneto Venetian

Parole ed espressioni varie

addosso on
a proposito di speaking of
bisogna che it is necessary that
più a lungo longer
dapprima at first
sicchè so that

a differenza di unlike
attraverso through
fino a up to
può darsi che it may be possible that
sembra che/pare che it seems that

CAPITOLO 17

◊ **Per cominciare: Un'opera a Napoli**

◊ **Il congiuntivo imperfetto**
◊ **Il congiuntivo trapassato**
◊ **Congiunzioni con il congiuntivo**
◊ **Espressioni indefinite e frasi relative con il congiuntivo**

◊ **Prima lettura: Duetto d'amore**
◊ **Seconda lettura: Un'opera a Napoli**
◊ **Filastrocche**
◊ **L'Italia in miniatura: Feste tradizionali**

NAPOLI

PER COMINCIARE
Un'opera a Napoli

Luciano e Lucille sono a Napoli; stanno cenando in un famoso ristorante, nel quartiere "Santa Lucia".

Lucille: Che quartiere incantevole! E questo ristorante è davvero pittoresco... senti, senti, stanno suonando una canzone che mi pare di conoscere...

incantevole enchanting
pittoresco picturesque

Luciano: Certo che la conosci: è "Santa Lucia"!

Lucille: Ma... guarda... che sorpresa! Questo signore mi ha portato perfino una rosa rossa... grazie, grazie... mi sento un po' imbarazzata...

imbarazzata embarassed

Luciano: Non essere imbarazzata, Lucia: sono io che gli ho chiesto di portarti la rosa e di cantare Santa Lucia... non vedi che c'è un biglietto? Leggilo!

Lucille: Ma come? Mi chiami Lucia ora?.. Finalmente! Sono mesi che ti chiedo di chiamarmi Lucia. Ma... hai organizzato tutto tu?

Luciano: Beh, pensavo che ti * facesse piacere...

Lucille: Vediamo che cosa dice il biglietto... ecco: "Lucia, vuoi sposarmi?" Ma... certo che voglio sposarti... e presto!

Lucille è molto commossa (moved); si avvicina a Luciano e gli dà un bacio. La musica finisce e tutti cominciano a battere le mani (to clap).

Lucille: Oh, ma che fanno?

Luciano: Ci fanno le congratulazioni! Lucille, anzi, voglio dire, Lucia, lo sai dove andremo dopo questa cena? All'opera! Ho prenotato due posti a teatro. Danno la Lucia di Lammermoor, di Donizetti. Ti piacerà molto.

il posto seat

Lucille: E la soprano chi sarà? No, non me lo dire; lo immagino: ci sarà una soprano che si chiama Lucia, vero?

Luciano (sta ridendo di gusto): No, la soprano non si chiama Lucia però il tenore è Luciano Pavarotti!

Lucille ride ora. Luciano l'abbraccia, mentre la musica ricomincia.

PARLIAMO

1. Dove si trovano Luciano e Lucille? Che canzone stanno suonando nel ristorante?
2. Perchè è un po' imbarazzata Lucille? Che cosa c'è scritto nel biglietto? E poi che cosa succede?
3. Dove andranno i fidanzati dopo la cena? La soprano dell'opera che vedranno stasera si chiama Lucia? E il tenore come si chiama?
4. Quante e quali "parole simili" ci sono in questo dialogo? Le elenchi.

Dialogo personalizzato. In coppia: personalizzate il dialogo cambiando le domande e le risposte a vostro piacimento. Siate pronti a leggere il nuovo dialogo ad alta voce.

_____

Note: * "Facesse piacere", meaning "you would like it" is the imperfect subjunctive form.

Ⓐ IL CONGIUNTIVO IMPERFETTO

1. To form the imperfect subjunctive drop the -re of the infinitive and add the following endings: -ssi -ssi -sse -ssimo -ste -ssero.

parlare	vedere	dormire
che io parlassi	che io vedessi	che io dormissi
che tu parlassi	che tu vedessi	che tu dormissi
che lei, lui parlasse	che lei, lui vedesse	che lei, lui dormisse
che noi parlassimo	che noi vedessimo	che noi dormissimo
che voi parlaste	che voi vedeste	che voi dormiste
che loro parlassero	che loro vedessero	che loro dormissero

2. The imperfect subjunctive, just as the present subjunctive, is used in secondary clauses. The verb in the main clause is usually in a past tense (any past tense) or in the conditional while the verb in the secondary clause indicates an action (or state of being) occurring **simultaneosly** or **later*** than the action of the main clause.

Paolo **pensava che io dormissi**. Paolo thought that I was sleeping.
Vorrei che tu studiassi di più. I wish you studied more.

3. The following verbs are irregular in the imperfect subjunctive:

essere: fossi, fossi, fosse, fossimo, foste, fossero
dare: dessi, dessi, desse, dessimo, deste, dessero
stare: stessi, stessi, stesse, stessimo, steste, stessero
fare: facessi, facessi, facesse, facessimo, faceste, facessero
bere: bevessi, bevessi, bevesse, bevessimo, beveste, bevessero
dire: dicessi, dicessi, dicesse, dicessimo, diceste, dicessero

Mio fratello credeva che tu **fossi** russo. My brother thought that you were Russian.
Speravo che Rosa **dicesse** la verità. I was hoping that Rosa would say the truth.

▷ ▷ ▷ ESERCIZI

A. Formare nuove frasi sostituendo il soggetto della frase secondaria con quelli indicati tra parentesi.

1. Pensavo che tua sorella arrivasse domani. (i tuoi figli, tu, voi)
2. Avevano l'impressione che la signora fosse nervosa (tu, noi, voi)
3. Il dottore vorrebbe che tu mangiassi di meno. (io, lei, noi)
4. Speravi che stessi a casa con te stasera? (noi, loro, lui)
5. Desideravano che il figlio tornasse presto. (tu, noi, io)
6. Il professore voleva che parlassimo sempre in italiano. (tu, lei, voi)
7. Temevo che Gino non mi dicesse la verità. (voi, Roberta, loro)
8. Avevamo paura che i nonni lavorassero troppo. (la zia, tu, voi)

Note: * The imperfect subjunctive can also express an action that occurred before that of the main clause. In this case the present tense is used in the main clause.
Credo che Verdi fosse un compositore. I believe that Verdi was a composer.

B. Aggiungere "mi pareva che" all'inizio di ogni frase.

Esempio: Lui mangiava spesso al ristorante e dormiva spesso in albergo.
Mi pareva che lui mangiasse spesso al ristorante e dormisse spesso in albergo.

1. Loro invitavano gli amici a cena e poi bevevano e chiacchieravano fino a mezzanotte.
2. Il cameriere serviva sempre il caffè freddo e non si scusava (apologized) mai.
3. Voi scrivevate e leggevate spesso in inglese, vero?
4. Era mezzogiorno e faceva molto caldo.
5. Paolo capiva benissimo il francese ma non poteva parlarlo.
6. Tu avevi una magnifica Ferrari e la guidavi solo la domenica, vero?
7. Erano le quattro del mattino e tutti dormivano.
8. I suoi bambini non piangevano quasi mai e ubbidivano sempre.

B) IL CONGIUNTIVO TRAPASSATO

1. The past perfect subjunctive is formed with the imperfect subjunctive of **essere** or **avere** plus the past participle of the verb.

che io avessi		che io fossi	
che tu avessi		che tu fossi	ARRIVATO - A
che lei, lui avesse		che lei, lui fosse	
che noi avessimo	MANGIATO	che noi fossimo	
che voi aveste		che voi foste	ARRIVATI - E
che loro avessero		che loro fossero	

2. The past perfect subjunctive is used in secondary clauses. The verb in the main clause is usually in a past tense (any past tense)* and the action of the secondary clause occurred **before** the action of the main clause.

Credevo che Luigi **fosse già arrivato**. I thought that Luigi had already arrived.
Pensavamo che **aveste già mangiato**. We thought that you had already eaten.

▷ ▷ ▷ ESERCIZI

A. Rispondere alle domande come indicato nell'esempio:
Aveva mangiato il bambino? **Sì, credo che avesse già mangiato.**

1. Era arrivato il tenore?
2. Erano uscite le sue sorelle?
3. I tuoi zii avevano visto l'opera?
4. Avevano parlato al cantante?

Note: * The verb in the main clause can also be in the conditional or even in the present tense.
Esempi: Vorrei che Carlo mi avesse capito. I wish Carlo had understood me. Credo che mi avesse capito. I think he had understood me.

5. Erano tornati gli studenti?

6. Avevano mangiato le tue cugine?

7. Aveva ascoltato i dischi Roberto?

8. La tua amica aveva letto il libretto?

B. Aggiungere "mi dispiaceva che" all'inizio (beginning) **di ogni frase, come indicato nell'esempio**: Rossano era partito. **Mi dispiaceva che Rossano fosse partito.**

1. Non avevi lasciato la mancia al cameriere.

2. I tuoi compagni di classe non avevano capito la grammatica.

3. La signora Montorsi non aveva mangiato niente.

4. Non avevate invitato i nostri amici.

5. Tuo figlio si era ammalato.

6. Paola non si era messa la gonna nuova.

7. I bambini non si erano lavati.

8. Non avevi capito la conferenza.

C. Mettere al passato

1. Ci dispiace che non possiate venire con noi.

2. Peccato che Gianna sia già partita.

3. Non credo che Mario lo ammiri.

4. Stefano pensa che Loretta sia sposata.

5. È necessario che arriviate presto.

6. Mi pare impossibile che l'inverno sia già finito.

7. Temiamo che suo zio abbia fatto un errore.

8. Vogliono che tu partecipi alla riunione (meeting)

D. Scrivere 5 frasi con il congiuntivo imperfetto e 5 con il congiuntivo trapassato.

E. Sostituire il congiuntivo presente con il congiuntivo imperfetto, usando "speravo" al posto di "spero". Esempio: Spero che non **piova**.
Speravo che non **piovesse**.

1. Spero che faccia bel tempo per la festa e che quindi si possa mangiare all'aperto.

2. Spero che mia sorella mi presti il suo vestito nuovo.

3. Spero che tutti i miei amici possano venire e che Paola si ricordi di portare le sedie.

4. Spero che Loretta non dimentichi di comprare la carne e che Gianni e Roberto portino il vino.

5. Spero che nessuno beva troppo e che tutti vadano d'accordo.

6. Spero che i miei vicini di casa non si lamentino della musica troppo forte.

7. Spero che i miei genitori non mi telefonino proprio durante la festa.

8. Spero che il vestito nuovo di mia sorella mi stia bene.

9. Spero che Stefano mi dica che mi ama.

© CONGIUNZIONI CON IL CONGIUNTIVO

The subjunctive is required after the following conjunctions:

Benchè - malgrado - nonostante - sebbene although, even though
Purchè - a patto che - a condizione che provided that
Affinchè - perchè so that, in order that
A meno che... non unless
Nel caso che in case
Prima che before
Senza che without

Luigi è andato al lavoro **nonostante avesse** la febbre. Luigi went to work even though he had a fever.
Mi ha prestato la macchina **a patto che gliela restituisca** entro domani.
He lent me his car provided I give it back to him by tomorrow.
Sono partiti **senza che io li incontrassi**. They left without my meeting them.
Nel caso che piova la festa sarà posposta. In case it rains the party will be postponed.
Voglio mostrarti il mio libro **prima che tu parta**. I want to show you my book before you leave.

Esercizio #1: Scrivere 3 frasi usando alcune delle congiunzioni elencate sopra.

Attenzione: Prima di + infinitive - Senza + infinitive

Pensa **prima di parlare!** Think before talking!
Alberto è andato a letto **senza mangiare** niente stasera. Alberto went to bed without eating anything tonight.

▷ ▷ ▷ ESERCIZI

A. Completare ogni frase con una congiunzione adatta:

1. Paola gli ha telefonato . . . . tornasse a casa.
2. I miei cugini vogliono comprare la macchina . . . . sia costosissima.
3. Ti presto il libro . . . . tu me lo restituisca presto.
4. . . . . piova non potremo andare a fare il picnic.
5. Teresa vuole comprare i biglietti per il teatro . . . . voi siate d'accordo.
6. Alberto è partito all'improvviso . . . . noi potessimo salutarlo.
7. I vostri genitori risparmiano molto . . . . voi possiate frequentare l'università.
8. Chiedete aiuto al professore . . . . non capiate bene la lezione.
9. Vogliono andare a visitare la chiesa . . . . partire.
10. Prestiamo il denaro al ragazzo . . . . possa continuare gli studi.
11. I tuoi amici hanno cenato molto velocemente e . . . . parlare.
12. Devono assolutamente arrivare . . . . cominci lo spettacolo.
13. Le venderò la bicicletta volentieri . . . . mi paghi in contanti.

14. Piero ti aiuterà senz'altro . . . . tu non lo meriti (deserve).

15. Il bambino è molto ubbidiente: mangia la verdura . . . . non gli piaccia.

16. Desidero vedere Firenze . . . . lasciare l'Italia.

B. Scrivere 10 frasi con le congiunzioni che richiedono il congiuntivo

PAROLE, PAROLE!

Leggete le varie parole ad alta voce. Quante ne conoscete già?

1. Musica e teatro

l'aria aria	**l'atto** act
il cantante singer	**il canto** singing
la canzone song	**la chitarra** guitar
la commedia comedy, play	**il compositore** composer
il concerto concert	**il libretto** libretto
il (la) musicista musician	**l'orchestra** orchestra
l'organo organ	**il pianoforte** piano
la sinfonia simphony	**la soprano** soprano
lo strumento musicale musical instrument	**il tenore** tenor
la tragedia tragedy	**la tromba** trumpet
il violino violin	**la voce** voice

Esercizio #1: Scrivere 3 frasi usando alcune delle parole elencate sopra.

la musica classica o leggera classical or pop music
l'opera buffa o seria comic or serious opera

2. Verbi

applaudire to clap	**ascoltare** to listen to	**cantare** to sing
comporre (p. p. composto) compose	**suonare** to play	

▷ ▷ ▷ ESERCIZI

A. Completare con le seguenti parole o espressioni: *lo spettacolo - cantare - il concerto - i cantanti - le commedie - hanno suonato - ha applaudito - la musica classica o leggera? - la tromba - il tenore*

1. Pensavo che . . . . non finisse mai.

2. Hanno detto che . . . . era ammalato ieri sera.

3. Preferisci . . . .

4. Tutti . . . . benissimo la scorsa domenica.

5. La gente . . . . per 10 minuti.

6. I nostri amici speravano di incontrare . . . .

7. Ti è piaciuta l'opera la scorsa settimana? No, mi piacciono solo . . . .

. . . . , non le tragedie.

8. Suona il piano Armando? No, ma suona . . . .

9. Anche se non posso . . . . bene amo moltissimo la musica.

10. Rosa verrà con noi a vedere . . . .

B. Parliamo

1. Che cosa fa un tenore? E un compositore? E un musicista?

2. Quanti e quali strumenti musicali conosce? Qual è il suo preferito? Che musica Le piace di più, classica o leggera? Ha mai ascoltato un concerto? Quale? Quando? Dove? Con chi? Chi sono i Suoi cantanti preferiti?

3. Che opere preferisce, serie o buffe? Perchè? Ne conosce alcune? Quali? Quando era piccolo pensava che le opere fossero noiose? E adesso?

4. Ha mai letto una tragedia o una commedia di Shakespeare? Quale? Potrebbe raccontarla? È mai stato a teatro? Quando? Dove? Con chi? Che cosa ha visto?

5. Quando Lei era bambino o molto giovane pensava che i suoi genitori fossero severi (strict) o no con Lei? Perchè?

6. Quando era piccolo ci furono occasioni in cui pensò che i suoi compagni di scuola La odiassero (odiare - to hate)? Quando? Cosa successe? Racconti.

7. Quando era piccolo credeva che la vita fosse facile o difficile? Che la gente fosse buona o cattiva? Che il mondo fosse piccolo o grande? Che la sua città fosse bella o brutta? Che studiare fosse interessante o noioso? Che le favole di Pinocchio, Cappuccetto Rosso, Biancaneve e Cenerentola fossero belle o brutte? Qual era la Sua favola preferita? Perchè?

Parole ed espressioni utili per la lettura: "Duetto d'amore di Edgardo e Lucia"

accusare to accuse	**ammazzare** to kill	**assente** absent
eterno eternal	**la fedeltà (l'infedeltà)** fidelity (infidelity)	
giurarsi to swear to each other	**impazzire** to go crazy	**maledire** to curse
le nozze (f. pl.) wedding	**svolgersi** to take place	**il tradimento** treason
uccidersi to kill oneself		

PRIMA LETTURA
Duetto d'amore di Edgardo e Lucia

dall'opera "Lucia di Lammermoor" di Gaetano Donizetti*

Lucia ed Edgardo erano innamorati, nonostante le loro famiglie fossero rivali.
Mentre Edgardo era assente Enrico (il fratello di Lucia) cercò di convincere la sorella a sposare il suo amico, Lord Arturo. Enrico accusò Edgardo di tradimento, benchè sapesse perfettamente che Edgardo era innocente. Lucia gli credette e accettò di sposare Arturo. Ma mentre si svolgevano le nozze tra Lucia e Arturo improvvisamente arrivò Edgardo e maledisse Lucia per la sua presunta (supposed) infedeltà. Lucia impazzì dalla disperazione: ammazzò Arturo e poi morì di dolore. Disperato Edgardo si uccise**.

Note: * The libretto was written by Salvatore Cammarano.
** The passato remoto forms of uccidere (to kill) are the following: io uccisi, tu uccidesti, lei, lui uccise, noi uccidemmo, voi uccideste, loro uccisero.

Alla fine del primo atto, dopo che si sono giurati fedeltà eterna, e prima che Edgardo parta per la Francia per questioni (matters) politiche, i due innamorati intonano il seguente duetto:

Verranno a te sull'aure
i miei sospiri ardenti,
udrai nel mar che mormora
l'eco dei miei lamenti...
Pensando ch'io di gemiti
mi pasco e di dolor
spargi un'amara lacrima
su questo pegno allor!...

Through gentle breezes
my ardent sighs will come to you.
You will hear in the murmuring sea
the echo of my lamentations...
Think (then) that sighs and pain
are my nourishment.
Cry then a bitter tear
upon this pledge!...

Addio...
Rammentati!
Ne stringe il ciel!

Farewell...
Remember!
Heaven unites us!

⇨ ⇨ ⇨ **ESERCIZI**

A. Nella precedente introduzione all'opera sottolineare tutti i verbi al congiuntivo, al passato remoto e all'imperfetto e per ognuno dare l'infinito.

B. Per ognuna delle seguenti parole o espressioni scrivere una frase: ammazzare, fedeltà, impazzire, le nozze, il tradimento

C. Parliamo

1. Chi erano Edgardo e Lucia? Le loro famiglie erano in buoni rapporti (in good terms) tra loro?
2. Chi era Enrico? Che cosa disse a Lucia?
3. Chi era Arturo? Che cosa successe mentre si svolgevano le nozze?
4. Che cosa fece Lucia? Come finì l'opera?
5. Quando si giurarono fedeltà eterna i due innamorati? Spieghi con le Sue parole che cosa si dicono Edgardo e Lucia nel duetto.

Ⓓ **ESPRESSIONI INDEFINITE E FRASI RELATIVE CON IL CONGIUNTIVO**

1. The following indefinite expressions require the use of the subjunctive:

chiunque whoever
qualsiasi or **qualunque** whatever (adj.)
qualunque cosa whatever (pron.)
comunque however
dovunque or **ovunque** wherever

Chiunque visiti l'Italia vorrebbe tornare. Whoever visits Italy would like to come back.
Qualunque cosa tu dica è inutile. Whatever you say is useless.
Comunque vadano le cose ci vedremo martedì. No matter how things (will) go we will see each other on Tuesday.
Cenerentola seguirà sempre il suo principe, **ovunque egli vada**. Cinderella will always follow her prince, wherever he goes.

Esercizio #1: Scrivere 3 frasi usando le espressioni indefinite

2. The subjunctive is also required in relative clauses that are preceded by:
   a. a negative expression:
   Mi dispiace, ma **non c'è nessuno che** vi **possa** aiutare. I am sorry, but there is nobody who can help you.
   In questo negozio **non c'è niente che mi interessi**. In this shop there is nothing that interests me.
   b. a relative superlative:
   È la commedia **più bella che abbia mai visto**! It's the best comedy I have ever seen.
   Sono le scarpe **più brutte che tu abbia mai comprato**! They are the worst shoes you have ever bought!
   c. a request or a desire for something or somebody with particular qualities:
   Devo comprare un computer **che non costi troppo**. I must buy a computer that doesn't cost too much.
   Hai bisogno di un amico **che ti capisca**. You need a friend who understands you.
   Ordinate dei vini **che non siano troppo forti**! Order wines that are not too strong!
   Cercano **qualcuno che suoni** bene il pianoforte. They are looking for somebody who plays the piano well.

▷ ▷ ▷ ESERCIZI

A. Completare con la forma corretta del congiuntivo

Anna vorrebbe trovare le seguenti cose:

1. Una macchina che (essere) . . . . veloce e sicura e che non (costare) . . . . troppo.
2. Un tostapane che (potere) . . . . tostare (to toast) 6 fette di pane allo stesso tempo e che (funzionare) . . . . bene.
3. Una lavatrice che (lavare) . . . . perfettamente gli indumenti (garments) e che non (fare) . . . . troppo rumore (noise).
4. Una stufa che non (sporcarsi) . . . . mai e che non (rompersi) . . . . mai.
5. Dei coltelli d'argento che (tagliare) . . . . bene e che (piacere) . . . . a sua madre.
6. Degli stivali che (essere) . . . . di moda e che (durare) . . . . . . per tutto l'inverno.
7. Professori che la (apprezzare) . . . . e che le (dare) . . . . sempre dei bei voti.
8. Un bravo marito che la (amare) . . . . moltissimo e che non la (lasciare) . . . . mai.

B. Tradurre

1. I am looking for someone who can translate this book.
2. It was the most difficult exercise I had ever done.
3. There is nobody who sings as well as he does.
4. Whatever you ask I am ready to help you.
5. Whoever wants to come must be here at eight o'clock.
6. We must buy chairs that are not too high.
7. I am sorry, but there is nothing I can do for you now.
8. Wherever they go they always find cheap hotels.

C. A voi la parola

1. Vorrei organizzare una festa da ballo per questa classe. Sto cercando qualcuno che mi aiuti. Tu, per esempio, potresti aiutarmi? E tu? Chi può aiutarmi?
2. Ho bisogno di persone che sappiano ballare bene.
Tu, per esempio, sai ballare bene? E tu? Chi sa ballare in questa classe?
3. Vorrei anche trovare qualcuno che sappia suonare.
Chi tra voi sa suonare uno strumento musicale? Quale?
4. Per questa festa devo anche trovare qualcuno che sappia cantare bene.
C'è qualcuno in questa classe che sa cantare? Che canzoni possiamo scegliere?
5. Infine vorrei che ognuno di voi portasse qualcosa da mangiare o da bere. Si potrebbe cenare prima di ballare. Siete d'accordo? Allora ditemi che cosa potete portare e quando volete che organizzi questa festa.

IL CONGIUNTIVO: SCHEMA RIASSUNTIVO

Main clause	Secondary clause
Present - Future*	**Present subjunctive** (action occurs simultaneosly or later)
Present - Future	**Present perfect subjunctive** (action occurs earlier)

Spero che tu capisca I hope you understand (simultaneosly) Present + present subj.
Spero che tu abbia capito I hope you understood (earlier) Present + present perfect subj.

Any past tense**	**Imperfect subjunctive** (action occurs simultaneosly or later)
Any past tense	**Past perfect subjunctive** (action occurs earlier)

Speravo che tu capissi I hoped you understood (simultaneosly) Past + Imperfect subj.
Speravo che tu avessi capito I hoped you had understood (earlier) Past + past perfect subj.

The chart above shows the four subjunctive tenses: present, present perfect, imperfect and past perfect.

Note: * The imperative can also be used in the main clause with both the present and the present perfect subjunctive tenses. Esempio: Controllate che la porta sia chiusa! Check that the door is closed!
** The conditional or even the present tense can also be used in the main clause with both the imperfect and the past perfect subjunctive tenses. Esempi: Sarebbe meglio che tu arrivassi presto. It would be better that you arrived early. Penso che lo sapesse già. I think he already knew it.

Note the time relationship between the different tenses used in the main clauses and the subjunctive tenses used in the secondary clauses.
Note also that the action (or state of being) of the secondary clause occurs:

a. simultaneosly or later than the one of the main clause for both present and imperfect subjunctive.

b. earlier than the one of the main clause for both present perfect and past perfect subjunctive.

▷ ▷ ▷ ESERCIZI

A. Completare con la forma corretta del congiuntivo

1. Paola vuole telefonare a Luigi prima che lui (tornare) . . . . a casa.

2. Mio fratello deve comprare la macchina malgrado (essere) . . . . molto costosa.

3. Ti presto la moto a patto che tu me la (restituire) . . . . domani.

4. Nel caso che (nevicare) . . . . non potremo andare a sciare.

5. Fiorella vorrebbe comprare i biglietti per il concerto purchè voi (essere) . . . . d'accordo.

6. Farò una passeggiata con il cane a meno che non (fare) . . . . troppo freddo.

7. Il papà vuole darci questa somma (sum) affinchè noi (comprare) . . . . la casa.

8. Chiedi consiglio al professore nel caso che gli esercizi (essere) . . . . troppo difficili.

9. Prestiamo il denaro a nostro figlio perchè (fare) . . . . un viaggio istruttivo all'estero.

10. Devi spedire la lettera prima che il tuo datore di lavoro (arrivare) . . . .

11. Gli venderemo lo stereo volentieri a condizione che (pagare) . . . . in contanti.

12. Roberto verrà alla festa stasera nonostante (sentirsi) . . . . molto stanco.

B. Inserire il congiuntivo trapassato
Esempio: Speravo che non (piovere). Speravo che non **fosse piovuto**.

1. Speravo che (fare) . . . . bel tempo per la festa e che quindi si (potere) . . . . mangiare all'aperto.

2. Speravo che mia sorella mi (prestare) . . . . il suo vestito nuovo.

3. Speravo che tutti i miei amici (potere) . . . . venire e che Paola (ricordarsi) . . . . di portare le sedie.

4. Speravo che Loretta non (dimenticare) . . . . di comprare la carne e che Gianni e Roberto (portare) . . . . il vino.

5. Speravo che nessuno (bere) . . . . troppo e che tutti (andare d'accordo)

. . . .

6. Speravo che i miei vicini di casa non (lamentarsi) . . . . della musica troppo forte.

7. Speravo che i miei genitori non (telefonare) . . . . proprio durante la festa.

8. Speravo che il vestito nuovo di mia sorella mi (stare bene) . . . .

9. Speravo che Stefano mi (dire) . . . . che mi ama.

Parole ed espressioni utili per la lettura: "Un'opera a Napoli"

acquistare to buy, to gain
ben presto soon enough
a partire da starting from
pian piano little by littile
sempre più more and more
su invito upon invitation

ambientare to set
la fama fame
oggigiorno nowadays
scozzese Scottish
la trama plot

SECONDA LETTURA - Un'opera a Napoli

L'importanza dell'opera in Italia è ormai risaputa (well known).

L'opera nacque a Firenze verso la fine del Cinquecento. Di questo periodo, infatti, non dobbiamo dimenticare la figura di Claudio Monteverdi con le sue famose opere "Orfeo" e "Arianna".

Che cos'è un'opera? L'opera (o il melodramma) è una rappresentazione teatrale con accompagnamento orchestrale, in cui gli attori cantano la loro parte, invece di recitarla.

Dapprima le opere si potevano vedere solo in palazzi privati o nelle varie Corti (courts).

A partire dal Seicento e ancor più (even more) nel Settecento e nell'Ottocento l'opera cominciò a diventare di dominio pubblico.

Il primo teatro pubblico, infatti, fu inaugurato* a Venezia nel 1637. Ben presto altri teatri furono costruiti in varie città d'Italia e sempre più gente (more and more people) li frequentava.

Pian piano poi l'opera si diffuse anche nel resto dell'Europa e infine in tutto il mondo.

Oggigiorno i teatri italiani più importanti sono: "La Scala" a Milano, "La Fenice" a Venezia, il "Carlo Felice" a Genova, il "Regio" a Parma, il "San Carlo" a Napoli e il "Massimo" a Palermo.

Molti compositori d'opera italiani hanno acquistato fama internazionale.

Ricordiamo soprattutto Giuseppe Verdi e Giacomo Puccini ma anche, prima di loro, Gioacchino Rossini, Vincenzo Bellini e Gaetano Donizetti .

Gaetano Donizetti nacque a Bergamo (in Lombardia) nel 1797.

Studiò dapprima alla scuola musicale di Bergamo e poi al liceo musicale di Bologna. Terminati gli studi trovò subito lavoro come compositore d'opera. In circa 25 anni di attività compose più di 70 opere, alcune serie e altre buffe.

Note: * Fu inaugurato" (was inaugurated) and "furono costruiti" (were built) are passive constructions. The passive construction will be presented in the next chapter.

I teatri, sia italiani che stranieri, si contendevano le sue opere, molte delle quali furono scritte infatti su invito dei teatri di Parigi e di Vienna.

Donizetti morì a Bergamo nel 1848.

Fra le sue opere buffe le più famose sono: "l'Elisir d'amore" e il "Don Pasquale".

Fra quelle serie ricordiamo "La Favorita" e, soprattutto, la "Lucia di Lammermoor".

Quest'ultima opera è il vero capolavoro drammatico di Donizetti. L'opera è ambientata in un castello scozzese, alla fine del secolo sedicesimo e la trama del libretto deriva dal romanzo "The bride of Lammermoor" dello scrittore inglese Walter Scott. Fu rappresentata per la prima volta a Napoli, al teatro San Carlo, nel 1835.

▷ ▷ ▷ ESERCIZI

A. Sottolineare tutte le "parole simili" contenute nella lettura.

B. Scrivere una frase per ognuna delle seguenti parole o espressioni:
ben presto, pian piano, oggigiorno, a partire da, sempre più.

C. Parliamo

1. Dove e quando nacque l'opera? Che cos'è un'opera? Chi era Claudio Monteverdi?

2. Prima che costruissero i teatri pubblici dove si potevano vedere le opere? Quando e dove fu inaugurato il primo teatro pubblico? Quali sono i più importanti teatri italiani? Dove si trovano?

3. Chi sono i più famosi compositori d'opera italiani? Ricorda qualche opera famosa di Verdi o di Puccini?

4. Chi era Donizetti? Quando e dove nacque? In quali città studiò? Quante opere compose? In quali città furono rappresentate? Ricorda il nome di una delle sue opere buffe? Quale opera è considerata il suo capolavoro? Dove e quando fu rappresentata per la prima volta? Che cosa ricorda di quest'opera?

5. Ha mai visto un'opera a teatro o alla televisione? Quando? Con chi? Racconti tutto ciò che ricorda di quest'opera (com'era la trama, chi era il compositore, chi erano i cantanti etc..).

6. Ricorda alcune famose arie tratte (taken) dalle opere più famose? (la donna è mobile, nessun dorma etc...). Potrebbe cantarle?

D. Scrivere un breve tema intitolato: "Le mie canzoni preferite"

E. Attività a casa: con l'aiuto dell'enciclopedia fare una ricerca su uno dei seguenti compositori: Claudio Monteverdi, Giuseppe Verdi, Gioacchino Rossini, Giacomo Puccini, Vincenzo Bellini.

FILASTROCCHE

A. Sapevo che Gianni studiava all'università
sapevo anche che cambiava spesso facoltà;
sapevo pure che gli piaceva la musica leggera
e che amava suonare la chitarra, la sera.

Esercizio: Sostituire "sapevo" con "credevo".

B. L'opera era stata bellissima
la gente aveva applaudito, felicissima.
Il tenore e la soprano avevano cantato benissimo
e il loro successo era stato meritatissimo.

meritatissimo very much deserved

Esercizio: Aggiungere "Dicono che" all'inizio di ogni riga.

L'Italia in miniatura
Parole ed espressioni utili per la lettura

dichiararsi to declare oneself

frequentare to attend

La seguente lettura contiene molte "parole simili". Le riconoscete?

Feste tradizionali

Quando si parla di feste tradizionali italiane si pensa subito alle feste religiose. Quasi tutti gli italiani (oltre il novanta per cento) si dichiarano cattolici, anche se molti non frequentano regolarmente le funzioni religiose domenicali. Oltre al Natale e alla Pasqua, moltissime sono le altre feste religiose: il giorno dei Santi e dei Morti (primo e due novembre), le varie feste in onore di Maria, la madre di Gesù (come l'8 dicembre e il 15 agosto o Ferragosto) e infine la festa del patrono della città, sempre celebrata con fuochi d'artificio (fireworks) e fiere (fairs) locali. Tra l'Epifania e la Pasqua c'è una festa particolare che assomiglia ad Halloween (anche se dura più a lungo) e si chiama "Carnevale". Durante il Carnevale si fanno feste mascherate; molti, sia bambini che adulti, indossano maschere (masks) e costumi bellissimi. In molte città si possono vedere queste maschere su carri (floats) meravigliosamente allestiti (prepared) mentre attraversano le vie principali. Il carnevale di Venezia e quello di Viareggio (in Toscana) sono tra i più famosi d'Italia. Durante il periodo di Ferragosto, che va dal 14 al 18 agosto circa, tutti gli italiani sono in vacanza ed è molto difficile trovare negozi aperti nelle città. Per quel che riguarda le feste civili il 1 maggio in Italia (come anche in tutta Europa) si celebra la festa del lavoro (l'equivalente di Labor Day), il 2 giugno si festeggia la nascita della Repubblica italiana (nata nel 1946), il 4 novembre si celebra la festa delle Forze Armate (Memorial Day) e il 25 aprile è la festa della liberazione.* Tra le tradizioni più recenti ci sono la festa della mamma, celebrata, ormai forse in tutto il mondo, la seconda domenica di maggio; la festa del papà, invece, si celebra il 19 marzo, cioè il giorno di San Giuseppe, padre "terreno" (earthly) di Gesù. Infine l'8 marzo si festeggia la donna e ovunque si vendono fiori di mimose da dare come omaggio alle donne.

▷ ▷ ▷ **ESERCIZI**

A. Sottolineare tutte le "parole simili" contenute nella lettura e dire il loro significato.

B. Parliamo

1. Sono cattolici gli italiani? Frequentano regolarmente le funzioni religiose? Quali sono le principali feste religiose italiane, oltre al Natale e alla Pasqua? Come si celebra la festa del patrono della città?
3. Che cos'è il Carnevale? Quando si festeggia? Come si festeggia? In quali città è molto famoso?
4. In quale periodo quasi tutti gli italiani sono in vacanza? Quando si celebra la festa del lavoro? Ricorda altre importanti feste civili italiane?
   Quando si celebra la festa della mamma? E quella del papà? E quella della donna?

CARNEVALE DI VENEZIA

Note: * Il 25 aprile 1945 gli Alleati liberarono le città di Milano e Genova; il giorno dopo fu liberata anche Torino.

I verbi

accusare to accuse
ambientare to set
applaudire to clap
dichiararsi to declare oneself
giurarsi to swear to each other
maledire to curse
svolgersi (p. p. **svolto**) to take place

acquistare to buy, to gain
ammazzare to kill
comporre (p. p. **composto**) to compose
frequentare to attend
impazzire to go crazy
separarsi to get separated
uccidersi to kill oneself

I nomi: La musica, il teatro e altri

l'aria aria
il canto singing
la chitarra guitar
il compositore composer
il dramma (pl. **i drammi**) drama
la fedeltà fidelity
il libretto libretto
le nozze (f. pl.) wedding
l'organo organ
il pianoforte piano
la soprano soprano
il tenore tenor
la tragedia tragedy
la tromba trumpet
il dominio dominion

l'atto act
la canzone song
la commedia comedy
il concerto concert
la fama fame
l'infedeltà infidelity
il (la) musicista musician
l'orchestra orchestra
il posto seat, place
la sinfonia simphony
lo strumento musicale musical instrument
il tradimento treason
la trama plot
il violino violin

Gli aggettivi

assente absent
eterno eternal
incantevole enchanting

commosso moved
imbarazzato embarassed
scozzese Scottish

buffa o seria serious or comic (opera)

classica o leggera classical or pop (music)

Le congiunzioni che richiedono il congiuntivo

Benchè - sebbene - malgrado - nonostante - quantunque although
Purchè - a patto che - a condizione che provided that
Nel caso che in case
Prima che before

Senza che without
Affinchè - perchè so that, in order that

Le espressioni indefinite che richiedono il congiuntivo

chiunque whoever
qualsiasi or **qualunque** whatever (adj.)
qualunque cosa whatever (pron.)
comunque however
dovunque or **ovunque** wherever

Parole ed espressioni varie

ben presto soon enough
oggigiorno nowadays
a partire da starting from
pian piano little by little
sempre più more and more
su invito upon invitation

CAPITOLO 18

◊ **Per cominciare: Una nuova famiglia**

◊ **Frasi ipotetiche**
◊ **La costruzione passiva**
◊ **Fare seguito dall'infinito**
◊ **Lasciare e altri verbi seguiti dall'infinito**
◊ **Espressioni con fare e lasciare**

◊ **Prima lettura: La nascita dell'Euro**
◊ **Seconda lettura: Una nuova famiglia**
◊ **Filastrocche**
◊ **L'Italia in miniatura: Il lessico italiano**

UNA NUOVA FAMIGLIA

PER COMINCIARE
Una nuova famiglia

È domenica sera. A casa dei genitori di Luciano il padre sta guardando una partita di calcio alla televisione. Arrivano Luciano e Lucille. La madre di Luciano li saluta affettuosamente e poi tutti insieme entrano in salotto.

Padre: Ciao ragazzi, come va?... Scusate solo un attimo... la partita è quasi finita... oh, no, ma che fa...?
      l'_attimo_ moment

Luciano: Chi?

Padre: Quel giocatore nuovo, non vedi? Si è fatto rubare il pallone, proprio adesso... ooooh... goal!
      il giocatore player
      il pallone soccer ball

Luciano: Accidenti... abbiamo perso la partita?

Padre: No, no, per fortuna eravamo in vantaggio noi. Abbiamo vinto 2 a 1.
      il vant_aggio_ advantage

Luciano: Meno male!
      meno male! thank goodness!

Padre: Certo che quel giocatore non vale proprio una lira!

Luciano: Hai pienamente ragione papà, ma ora dovresti dire che non vale un centesimo!

Padre: Già, come avrebbe detto mio padre se fosse ancora al mondo. Siamo tornati ai centesimi, anche se adesso sono di euro.

Lucille: Chissà... forse quando i nostri futuri figli saranno grandi si tornerà alla lira.

Padre: I vostri figli? Avete intenzione di sposarvi?

Luciano: Sì, papà; volevamo proprio parlarvene questa sera.

Madre: E lo dici così tranquillamente? Ma è una magnifica notizia! Dobbiamo fare un brindisi! Venite ragazzi, andiamo a tavola.

Il padre di Luciano offre un bicchiere di vino ai ragazzi e alla moglie.

Padre: Alla salute della vostra nuova famiglia!... cin, cin!

PARLIAMO

1. Che giorno è? Dove sono Luciano e Lucille? Che cosa fa la mamma di Luciano quando arrivano i ragazzi?
2. Che cosa sta facendo il papà di Luciano? Come va la partita? Chi si è fatto rubare il pallone? È arrabbiato il padre di Luciano? Che cosa dice? E Luciano che cosa risponde?
3. Chi parla di futuri figli? E il padre è sorpreso? Che cosa chiede? E Luciano che cosa risponde? E qual è il commento della mamma? Come finisce la serata?
4. Quante "parole simili" ci sono in questa conversazione? Le elenchi.

Dialogo personalizzato. In gruppi di 4: personalizzate il dialogo cambiando le domande e le risposte a vostro piacimento. Siate pronti a leggere il nuovo dialogo ad alta voce.

A) FRASI IPOTETICHE

1. The subjunctive is often found in the secondary clause of a hypothetical sentence introduced by SE (IF) and followed by the main clause in the conditional.

Se mangiassi di meno **dimagrirei**. If I ate (if I were to eat) less I would loose weight.
Se Aldo **vendesse** la macchina la **comprerei**. If Aldo sold (if he were to sell) his car I would buy it.

2a. When the hypothetical sentence expresses a condition that **may happen, but it is unlikely to happen,** or a condition that **could never happen,** the imperfect subjunctive is used in the "se" clause:

Se Alfredo **studiasse** di più **prenderebbe** dei bei voti. If Alfredo studied more he would get good grades.
Se fossi un uccello **potrei** volare. If I were a bird I could fly.

2b. When the hypothetical sentence expresses a condition that **could have happened** (in the past) but actually didn't happen, then the past perfect subjunctive is used in the "se" clause.

Se tu gli **avessi telefonato sarebbe stato** contento. If you had called him he would have been happy.
Se i tuoi zii **fossero arrivati** prima **avremmo potuto** giocare a calcio. If your uncles had arrived earlier we could have played soccer.

3. When the hypothetical sentence expresses a condition that is **certain or at least very likely to happen,** the indicative mood is used in the "se" clause and the indicative or the imperative may be used in the main clause.

Se mi **aiuterai** ti **pagherò**. If you help me I will pay you.
Se vedi Marco **salutalo**! If you see Marco say hello to him!

FRASI IPOTETICHE: SCHEMA RIASSUNTIVO

Secondary clause	Main clause
SE + indicative (present - future - past)	**Indicative** (present - future - past) **Imperative**
SE + subjunctive (imperfect or past perfect)	**Conditional** (present or past)

▷ ▷ ▷ ESERCIZI

A. Mettere al passato

1. Se fossi molto ricco farei il giro del mondo.
2. Se noi vivessimo in Italia per un anno impareremmo l'italiano benissimo.
3. Se Roberto si comportasse meglio Anna lo sposerebbe subito.

4. Se i vostri amici non si lamentassero continuamente ci piacerebbero di più.

5. Se tu telefonassi a tuo padre lo faresti contento.

6. Se i miei genitori mi dessero i soldi comprerei la Ferrari.

7. Se l'insegnante parlasse più lentamente la capiremmo meglio.

8. Se partissi alle otto potrei arrivare alle undici.

B. Inserire la forma verbale corretta

1. Se avessi molto tempo libero (visitare) . . . . tutti i musei più famosi.

2. Se ci invitaste (venire) . . . . certamente.

3. Se Paolo dormisse di più (essere) . . . . più calmo.

4. Se voi fumaste di meno (stare) . . . . meglio.

5. Se quel candidato fosse più sincero noi (votare). . . . . per lui.

6. Se tu dicessi sempre la verità non (avere) . . . . tanti problemi.

7. Se lui sposasse mia sorella (diventare) . . . . mio cognato.

8. Se Adriano mi scrivesse gli (rispondere) . . . . volentieri.

C. Sostituire il soggetto della frase secondaria con quelli indicati tra parentesi

1. Se tu verrai mi farai piacere (lei, loro).

2. Se voi partite presto avvertitemi! (tu, lei)

3. Se Luisa mi telefonerà la ringrazierò (tu, voi)

4. Se vedi Luigi invitalo! (voi, Lei)

5. Se siete stanchi riposatevi! (tu, Lei)

6. Se parli così velocemente non ti capisco (voi, loro)

7. Se avete bisogno di soldi ve li darò (lei, loro)

8. Se Alfredo mi presterà la macchina ti potrò dare un passaggio (tua sorella, i vostri genitori)

D. Scrivere 10 frasi ipotetiche

E. Parliamo

1. Se Lei vincesse un milione di dollari come li spenderebbe?

2. Se Lei fosse il presidente degli Stati Uniti che cosa farebbe?

3. Se Lei fosse un senzatetto (homeless) come crede che vivrebbe? Che cosa mangerebbe? Dove dormirebbe? Con chi parlerebbe? Quali amici avrebbe? Come si vestirebbe? Quali sogni avrebbe?

4. Se Lei potesse trasformarsi in un animale per un giorno quale animale sceglierebbe? Perchè? Se Lei potesse volare dove volerebbe?

5. Se Lei potesse scegliere un marito (o una moglie) perfetto (a) quali caratteristiche dovrebbe avere?

6. Secondo Lei che cosa sarebbe successo se il principe non avesse trovato la scarpetta di Cenerentola? Potrebbe inventare una nuova fine per questa favola?

E se il cacciatore non avesse ucciso il lupo nella favola di Cappuccetto Rosso che cosa sarebbe accaduto (happened)?

E se Biancaneve invece di incontrare i sette nani avesse incontrato Dorothy, la protagonista della favola "il mago di Oz"?

E se Pinocchio avesse subito ascoltato i consigli del papà e del Grillo Parlante?

B) LA COSTRUZIONE PASSIVA

1. The passive construction occurs in a sentence whenever the direct object becomes the subject. Therefore this construction is not possible with intransitive verbs (verbs that do not take a direct object).

The passive construction consists of:

subject + essere (in the desired tense) **+ past participle** of the verb **+ da + agent**.

In the following phrases note the difference between active and passive constructions. Note also that the past participle in the passive construction always agrees in gender and number with the subject.

ACTIVE CONSTRUCTION	PASSIVE CONSTRUCTION
Il giornalista scrive l'articolo.	L'articolo è scritt**o** dal giornalista.
Roberto ha cantato la canzone.	La canzone è stat**a** cantat**a** da Roberto.
Gli studenti faranno i compiti.	I compiti saranno fatt**i** dagli studenti.
Paola lesse le poesie.	Le poesie furono lett**e** da Paola.
Giorgio aveva comprato i biglietti.	I biglietti erano stat**i** comprat**i** da Giorgio.
I dottori devono curare gli ammalati.	Gli ammalati devono essere curat**i** dai dottori.

2. The verb **venire** can replace **essere** in a passive construction, but only when simple tenses are involved.

Il pranzo **è** (o **viene**) servito alle nove in punto. Dinner is served at eight o'clock sharp.
La bambina **fu** (o **venne**) punita da suo padre. The child was punished by her father.
La lettera **era stata** scritta da Matteo. The letter had been written by Matteo.

3. As you already learned before, **si + verb** (in the third person singular or plural) is another kind of passive construction, that occurs when the agent (the person performing the action) is either not expressed or undefined.

Non si vendono alcolici qui. Alcoholic beverages are not sold here.
In questa classe **si parla** solo italiano. In this class only Italian is spoken.

▷ ▷ ▷ ESERCIZI

A. Quando è possibile sostituire la forma verbale di "essere" con quella di "venire".

1. Credo che Alfredo sia stato invitato da Carlo.
2. Questo lavoro sarà completato da Giovanni.
3. Gli zaini sono acquistati da molti studenti.
4. Mario pensava che le poesie fossero state lette da Franco.
5. L'offerta (offer) è fatta da mio cugino.
6. Le date saranno decise dal direttore.
7. Il libro è stato pubblicato da Mondadori.
8. La cena è preparata da mio fratello.
9. La Divina Commedia fu scritta da Dante Alighieri.

10. La Monna Lisa e il ritratto di Ginevra dei Benci furono dipinte da Leonardo da Vinci.
11. La guerra civile americana fu vinta dagli stati del nord.
12. Il presidente John F. Kennedy fu ucciso da Lee Harvey Oswald.

B. Rispondere usando la costruzione passiva.
Esempio: Chi ha aiutato la ragazza? (Luigi). La ragazza è stata aiutata da Luigi.

1. Chi ha letto le favole? (la maestra)
2. Chi aveva preparato le lasagne? (la mamma)
3. Chi ha consigliato questa operazione? (il dott. Selmi)
4. Chi aveva eletto il presidente? (l'assemblea)
5. Chi ha fatto questa ricerca? (il prof. Guidi)
6. Chi aveva deciso questa data? (il nostro datore di lavoro)
7. Chi ha chiamato il facchino? (tua zia)
8. Chi aveva firmato quei contratti? (i nostri fratelli)
9. Chi ha progettato il grattacielo Pirelli di Milano? (Pier Luigi Nervi)
10. Chi affrescò le pareti della Cappella Sistina? (Michelangelo)
11. Chi compose le opere "Rigoletto" e "Aida"? (Giuseppe Verdi)
12. Chi ha diretto (directed) il film "La vita è bella?" (Roberto Benigni)

Parole ed espressioni utili per la lettura: "La nascita dell'euro" *

la banconota bill, note
emettere (p.p. **emesso**) to issue
raffigurare to represent
il taglio format

coniare to coin, to mint
la moneta currency, coin, money
ritirare to withdraw
tramite through

PRIMA LETTURA
La nascita dell'euro

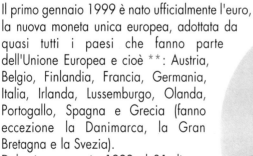

Il primo gennaio 1999 è nato ufficialmente l'euro, la nuova moneta unica europea, adottata da quasi tutti i paesi che fanno parte dell'Unione Europea e cioè ** : Austria, Belgio, Finlandia, Francia, Germania, Italia, Irlanda, Lussemburgo, Olanda, Portogallo, Spagna e Grecia (fanno eccezione la Danimarca, la Gran Bretagna e la Svezia).
Dal primo gennaio 1999 al 31 dicembre 2001 l'euro è esistito soltanto come "moneta scritturale", cioè è stato utilizzato solo per quelle operazioni per cui non

Note: * Most information and illustrations regarding the "euro" are taken from a booklet entitled: "L'euro, tu e la banca". Studio Cornieti. Bologna. ** Il 1° maggio 2004 gli stati dell'Unione Europa passano da 15 a 25.

era necessario l'uso dei contanti (assegni, carte di credito ecc.) e le monete nazionali hanno continuato ad essere regolarmente utilizzate.

Dal primo marzo 2002, però, le banconote e le monete nelle valute (currencies) dei singoli paesi aderenti (supporting) all'euro hanno perso il loro corso legale; sono state perciò ritirate dalla circolazione e sostituite con quelle in euro.

Le **banconote** in euro sono state emesse in 7 tagli diversi. I soggetti raffigurati sulle banconote si ispirano al tema "epoche e stili d'Europa".

Ogni banconota è dedicata ad uno degli stili architettonici che hanno caratterizzato le sette epoche della storia del vecchio continente.

I soggetti raffigurati sono finestre e portali per il lato anteriore (front side), ponti per quello posteriore (back side), e sono tutti immaginari. Le **monete** in euro sono state coniate in 8 tagli differenti: 1 - 2 - 5 - 10 - 20 - 50 centesimi di euro e 1 e 2 euro. La faccia anteriore delle monete è la stessa per tutti gli stati che hanno adottato l'euro, mentre quella posteriore riporta un soggetto diverso a seconda del paese di emissione.

Per la prima volta nella storia, tramite il meccanismo del televoto o votando via Internet, i cittadini italiani hanno contribuito a scegliere i soggetti che decorano le loro monete.

La nascita dell'euro è un evento di grande importanza, voluto per creare un'Europa più forte e unita sia sul piano politico che su quello economico.

▷ ▷ ▷ ESERCIZI

A. Per ognuna delle seguenti parole scrivere una frase: coniare, emettere, ritirare, il taglio, tramite

B. Quante "parole simili" ci sono in questa lettura? Le elenchi.

C. Parliamo

1. Quando è nato ufficialmente l'Euro? Da quali paesi è formata l'Unione Europea? Quali, tra questi paesi, non hanno adottato l'euro come moneta unica? Che cosa vuol dire che l'euro è esistito solo come "moneta scritturale"? Quando hanno perso il loro corso legale le banconote e le monete dei singoli paesi aderenti all'euro?

2. In quanti tagli sono state emesse le banconote? Che caratteristiche hanno? Quali soggetti sono raffigurati sul lato posteriore e anteriore di ogni banconota?

3. In quanti tagli sono state coniate le nuove monete? Quali caratteristiche hanno? In Italia chi ha scelto i soggetti che decorano le nuove monete? In che modo è avvenuta (happened) tale (such) scelta?

4. Perchè la nascita dell'euro è un evento di grande importanza? Secondo Lei quali conseguenze avrà sul turismo e sui rapporti commerciali tra i vari stati dell'Europa? E tra i paesi europei e il resto del mondo?

5. Qual è la valuta del Suo paese? Controlli sul giornale qual è il cambio euro - dollaro di oggi.

L'EURO

Soggetti raffigurati sulle **monete***

1 centesimo	Castel del Monte	**2 centesimi**	La Mole Antonelliana
5 centesimi	Il Colosseo	**10 centesimi**	La Venere del Botticelli
20 centesimi	L'opera "Forme uniche nella continuità dello spazio" di Boccioni		
50 centesimi	Il Marcaurelio	**1 euro**	L'uomo Vitruviano di Leonardo da Vinci
2 euro	Dante Alighieri		

FACCIA COMUNE

IN ITALIA

Soggetti raffigurati sulle **banconote**

5 euro Arte classica

10 euro Arte romanica

20 euro Arte gotica

50 euro Arte rinascimentale

100 euro Arte barocca e rococò

200 euro Architettura del ferro
e del vetro

500 euro Architettura moderna
del xx secolo

Note: * Castel del Monte è un bellissimo castello medioevale, vicino a Bari; La Mole Antonelliana si trova a Torino; il Colosseo è a Roma; La Venere del Botticelli si trova nella Galleria degli Uffizi a Firenze; l'opera "Forme uniche nella continuità dello spazio" si trova alla Galleria d'Arte Moderna di Milano; Il Marcaurelio è una statua equestre (equestrian) d'epoca romana e si trova a Roma; L'uomo Vitruviano è un disegno tratto da un manoscritto di Leonardo; Dante Alighieri è l'autore della Divina Commedia.

PAROLE, PAROLE!

Leggete le varie parole ad alta voce.
Quante ne conoscete già?

1. Economia e politica

il benessere welfare
il centesimo cent, penny
la diplomazia diplomacy
il governo government
l'istituzione institution
il partito politico political party
la povertà poverty
la nazione nation
lo scambio (il cambio) exchange
lo sviluppo development, growth
l'unione union
cambiare to exchange
emigrare - immigrare to emigrate - to immigrate
esportare - importare to export - to import
scegliere (p.p. **scelto**) to choose

la Borsa Valori Stock Exchange
la democrazia democracy
la disoccupazione unemployment
l'industria industry
il paese country
il popolo people
la produzione production
la ricchezza wealth
lo stato state
le tasse taxes
la valuta (or **la moneta**) currency
eleggere (p. p. **eletto**) to elect

Esercizio #1: Scrivere 3 frasi usando alcune delle parole elencate sopra.

2. La repubblica italiana

Presidente della repubblica
President of the Republic

capo dello Stato
head of State

Governo Government
Presidente del Consiglio (o **Primo ministro**)
e altri ministri
Prime Minister and other ministers

potere esecutivo
executive power

Parlamento Parliament (Congress)
Senato e Camera dei deputati
Upper House & Lower House (of Parliament)
(Senate and House of representatives)

potere legislativo
legislative power

3. Sedi a Roma (locations in Rome)

Il presidente della repubblica
Il Governo
Il Senato
La Camera dei deputati
Magistratura Courts

Palazzo del Quirinale
Palazzo Chigi
Palazzo Madama
Palazzo Montecitorio
potere giudiziario
judicial power

⯈ ⯈ ⯈ **ESERCIZI**

A. Riscrivere le frasi usando la forma passiva dei verbi sottolineati.

Esempio: Il ragazzo <u>legge</u> la lettera. La lettera **è letta** dal ragazzo.

1. Il Parlamento <u>elegge</u> il Presidente della Repubblica, il capo dello stato.
2. Il Presidente della Repubblica <u>ricopre</u> (holds) la più alta carica (office) dello stato.
3. Il Presidente <u>nomina</u> il capo del governo, chiamato anche Primo Ministro o Presidente del Consiglio.
4. Il popolo <u>sceglie</u> i membri del Parlamento attraverso le votazioni (voting) per i vari partiti politici.
5. Il Parlamento <u>esercita</u> (exercises) le funzioni del potere legislativo, mentre il Governo <u>esercita</u> quelle del potere esecutivo.
6. Il Presidente della Repubblica <u>promulga</u> (promulgates) le leggi approvate dal Parlamento.
7. I Ministri, capeggiati (headed) dal Primo Ministro, <u>compongono</u> (form) il Governo.
8. Il Senato e la Camera dei deputati <u>formano</u> il Parlamento.
9. L'Italia <u>importa</u> materie prime (raw materials).
10. L'Italia <u>esporta</u> prodotti finiti, soprattutto prodotti delle industrie automobilistiche, meccaniche, alimentari (food) e della moda.
11. Molte nazioni che fanno parte (are part of) dell'Unione Europea <u>hanno adottato</u> l'Euro, come moneta unica.
12. Tutti i cittadini (citizens) <u>pagano</u> le tasse.

B. Parliamo

1. Chi è il Presidente della repubblica italiana? Quale carica (office) ricopre (does he hold)? Sa come si chiama l'attuale Presidente della Repubblica?
2. Chi è il Presidente del Consiglio o primo Ministro? Da chi è nominato? Sa chi è l'attuale Presidente del Consiglio italiano?
3. Chi vota per i vari partiti politici?
4. Quali funzioni esercita il Parlamento italiano? E il Governo?
5. Chi promulga le leggi approvate dal Parlamento?
6. Da chi è composto il Governo? E il Parlamento?
7. Che cosa importa l'Italia? Che cosa esporta?
8. Sa quali sono i prodotti che l'Italia esporta negli Stati Uniti? (Quali automobili, quali prodotti alimentari, della moda, etc..?)
9. Chi è il Presidente degli Stati Uniti? Quali sono i suoi poteri? Quanti e quali partiti politici ci sono negli Stati Uniti? Che cosa si importa negli Stati Uniti? Che cosa si esporta?

C) **"FARE" SEGUITO DALL'INFINITO**

1. **Fare** followed by the infinitive is a construction used whenever we want to express the idea of having something done or having someone do something.

Faccio prenotare le stanze. I have the rooms reserved.
I ragazzi fanno lavare gli indumenti. The boys have their clothes washed.

2. Object nouns come after the infinitive, while object pronouns come before the conjugated form of fare:

Silvia farà dipingere il salotto. Silvia will have the living room painted.
Silvia lo farà dipingere. Silvia will have it painted.

Avete fatto tradurre i libri? Did you have the books translated?
Li avete fatti tradurre? Did you have them translated?

In the sentence above note that the past participle agrees in gender and number with the direct object (li avete **fatti** tradurre, meaning the books).

3. Whenever **fare** is either in the infinitive or in the informal imperative (tu - noi - voi) the pronouns are attached to the verb (fare).

Fa' preparare il conto. Have the bill prepared.
Fallo preparare. Have it prepared.
Fate preparare il conto al cameriere. Have the waiter prepare the bill.
Fateglielo preparare. Have him prepare it.

Voglio **far dipingere la casa.** I want to have the house painted.
Voglio **farla dipingere.** I want to have it painted.

Vogliono **far dipingere la casa a Carlo.** They want Carlo to paint the house.
Vogliono **fargliela dipingere.** They want him to paint it.

In the sentences above note that in the presence of two objects the person who performs the action is always the indirect object (**il cameriere** and **Carlo**).

4. Farsi + infinitive means to have something done (to oneself).
Note the use of the preposition "**da**".

Mi faccio tingere i capelli. I have my hair colored.
Me li faccio tingere. I have it colored.

Mi faccio tingere i capelli dal parrucchiere. I have the hairdresser color my hair (I have my hair colored by the hairdresser).
Me li faccio tingere da lui. I have him color it (I have it colored by him).

▷ ▷ ▷ ESERCIZI

A. Inserire la corretta forma verbale di "fare" e la corretta preposizione
Esempio:
Io. . . . . cucinare l'arrosto. . . . . mio marito. Io **faccio** cucinare l'arrosto **a** mio marito.

1. Tu. . . . . fare i letti . . . . donna di servizio (house maid).
2. Luisa. . . . . cambiare le lenzuola . . . . figlio.
3. Noi. . . . . spolverare i mobili . . . . ragazze.
4. Lei. . . . . passare l'aspirapolvere . . . . cognato.
5. Voi. . . . . fare la spesa . . . . mamma.

6. Io . . . . lavare gli indumenti . . . . Roberto.

7. Carlo . . . . stirare le camicie . . . . sorella.

8. I genitori . . . . apparecchiare la tavola . . . . amici.

9. Il professore . . . . scrivere le frasi . . . . studenti.

10. Tu . . . . annaffiare i fiori . . . . giardiniere.

11. Voi . . . . riparare l'orologio . . . . orefice (m. jeweller).

12. Gli insegnanti . . . . completare gli esercizi . . . . alunni.

B. Cambiare le frasi usando le forme dell'imperativo con "fare + infinito"
Esempi: Paola, dovresti cambiare la batteria! **Fa' cambiare la batteria!**
Il vostro amico dovrebbe portare il vino! **Fate portare il vino al vostro amico!**

1. Gianni, il tuo libro dovrebbe essere tradotto in italiano! . . . .

2. Vostro figlio dovrebbe lavare la macchina! . . . .

3. Il nostro computer dovrebbe essere riparato! . . . .

4. Signora Montorsi, suo marito dovrebbe seguire questa dieta! . . . .

5. Aldo e Mario, i vostri indumenti dovrebbero essere lavati a secco! . . . .

6. Riccardo, il tuo professore dovrebbe correggere il tuo tema! . . . .

7. Il vostro notaio dovrebbe firmare questo documento! . . . .

8. La nostra cucina dovrebbe essere ridipinta . . . .

C. Rispondere usando i pronomi corretti. Esempi: Fai pulire il bagno?
Sì, **lo** faccio pulire. Farai pulire il bagno a lei? Sì, **glielo** farò pulire.

1. Farai fare la spesa a Carlo? . . . .

2. Farete fare gli esercizi agli studenti? . . . .

3. Farete costruire la nuova casa qui? . . . .

4. Vi farete dire quanto costa quel mobile? . . . .

6. Farete affittare l'appartamento? . . . .

7. Fanno spiegare di nuovo la lezione al professore? . . . .

8. Fate suonare la nostra canzone preferita? . . . .

9. Faccio entrare gli ospiti subito? . . . .

10. Hai fatto vedere il tuo vestito a Maria? . . . .

11. Avete fatto fare una passeggiata al cane? . . . .

12. Hanno fatto fare il tema a Giacomo? . . . .

D) LASCIARE E ALTRI VERBI SEGUITI DALL'INFINITO

1. You already know that the verb lasciare means to leave (something or somebody); but lasciare also means "to let, to allow".
Whenever "lasciare" has the latter meaning it is followed directly by the infinitive and the construction of the sentence is similar to the "fare" construction.

a. Object nouns come after the infinitive, while object pronouns come before the conjugated form of lasciare.

Paolo non **lascia uscire suo figlio** stasera. Paolo doesn't let his son go out tonight.
Paolo non **lo lascia** uscire stasera. Paolo doesn't let him go out tonight.

Perchè non **lasci vedere** il film **a Maria**? Why don't you let Maria see the movie?
Perchè non **glielo lasci** vedere? Why don't you let her see it?

b. When **lasciare** is either in the infinitive or in the informal imperative (tu - noi - voi) the pronouns are attached to the verb lasciare.

Paolo, **lascia uscire tuo figlio** stasera! Paolo, let your son go out tonight!
Paolo, **lascialo** uscire stasera! Paolo, let him go out tonight!

Ho deciso di **lasciare vedere** il film a Maria! I have decided to let Maria see the movie!
Ho deciso di **lasciarglielo vedere**! I have decided to let her see it!

2. Other verbs that work like lasciare are: guardare, vedere, sentire.

Avete sentito squillare il telefono? Did you hear the telephone ringing?
L'avete sentito squillare? Did you hear it ringing?

È molto triste **vedere soffrire gli ammalati**. It is very sad to see sick people suffer.
È molto triste **vederli soffrire**. It is very sad to see them suffer.

3. Che + subjunctive may replace the infinitive after the verb lasciare.

Lascialo mangiare in pace! Let him eat in peace!
Lascia che mangi in pace! Let him eat in peace!

▷ ▷ ▷ ESERCIZI

A. Sostituire il nome con il pronome
Esempio: Lasciate dormire la nonna! Lasciate**la** dormire!

1. Ragazzi, lasciate mangiare la zia in pace!
2. Mario, lascia leggere il papà tranquillamente!
3. Lasciamo parlare i bambini!
4. Bambini, lasciate parlare Pierino!
5. Gianna, lascia lavorare il giardiniere!
6. Massimo, lascia entrare Fiorella!
7. Lasciamo partire le ragazze!
8. Angela, lascia venire tuo marito alla cena di domenica!

B. Tradurre
1. My father doesn't let us go to the party tonight.
2. Her son never lets her sleep at night.
3. Our teacher doesn't let us speak English in class.
4. Will you let me drive tomorrow?
5. Did you hear the tenor sing tonight?
6. At the theatre they don't let anybody eat or drink.
7. Let me try this hat on!
8. Sara saw the men pass by a few minutes ago.

E) ESPRESSIONI CON FARE E LASCIARE

1. As you already know, expressions with "fare" are innumerable in Italian
(fare gli auguri - fare la doccia - fare una passeggiata - fare la spesa - etc...).
When the "fare construction" is used with these expressions synonyms become very useful. Here are some of them:

Fare un tema	svolgere (p. p. svolto)...
Fare un esercizio	eseguire...
Fare una passeggiata	passeggiare
Fare una professione	esercitare...
Fare una lezione	impartire...
Fare gli auguri	presentare...
Fare il proprio (il mio, tuo, suo etc...) dovere	compiere (p. p. compiuto)...
Fare un telegramma	inviare...
Fare la fame	soffrire (p. p. sofferto) o patire...

Gli ho **fatto fare** il suo dovere!
Gli **ho fatto compiere** il suo dovere!
I had him do (or perform) his duty!

L'insegnante ha fatto fare un tema agli studenti.
L'insegnante **ha fatto svolgere** un tema agli studenti.
The teacher had the students do (or write) a composition.

2. The following idiomatic expressions with lasciare are widely used in Italian:

Lasciare fare a... (to let somebody take care of something)
Lasciare perdere (to let go)
Lasciare in pace (to leave somebody alone)

Lascia fare a noi! Let us take care of it!
Lascia perdere! Let go!
Lasciami in pace! Leave me alone! (in peace)

▷ ▷ ▷ ESERCIZI

A. Inserire i sinonimi di "fare" nella forma verbale corrispondente

1. Hai (fatto) . . . . il tema finalmente?

2. Fate (fare). . . . . subito il telegramma!

3. Il professore ci ha (fatto) . . . . una lezione bellissima questa mattina.

4. Gli volete far (fare) . . . . una professione così noiosa?

5. Ieri abbiamo (fatto) . . . . gli auguri di Buon Anno alla nostra direttrice.

6. In questo ufficio nessuno (fa) . . . . il proprio dovere!

7. Ti prometto che domani (farò una passeggiata) . . . . con il tuo cane.

8. Fanno (fare) . . . . la fame a quei poveri bambini!

B. Completare in italiano

1. Luisa non sa più cosa fare per convincere Rosa a venire alla festa.

Let Paolo take care of it! . . . .

2. Non so se conviene insistere. Tu che cosa mi consigli?

Let go!. . . . .

3. Non vedi che non hanno voglia di parlare?

Leave them alone!. . . . .

4. Potreste aiutarmi a trovare quei libri?

Let us take care of it . . . .

5. Non dovete sempre pensare a quello che avreste potuto fare!

Let go! . . . .

6. Non ti preoccupare per l'iscrizione!

Let me take care of it! . . . .

7. I tuoi amici non dovrebbero sempre lamentarsi!

Why don't they let go? . . . .

8. Ragazzi, non fate sempre arrabbiare il cane.

Leave him alone! . . . .

Parole ed espressioni utili per la lettura: "Una nuova famiglia"

agricolo agricultural
bensì on the contrary
di conseguenza consequently
fidato trustworthy
mettere alla prova to test
odierno of today
pianificare to plan
ricorrere (p. p. **ricorso**) to resort to
la vicinanza closeness

attualmente presently
il cambiamento change
esiguo small
l'ingresso entrance
in tal modo this way
permettersi (p. p. **permesso**) to afford
prevalentemente mostly
rimandare to put off

SECONDA LETTURA - Una nuova famiglia

Oggi come ieri la famiglia è un'istituzione estremamente importante per tutti gli italiani.
Fino a pochi decenni fa il tradizionale nucleo familiare era composto, oltre che dai genitori e da vari altri parenti, da almeno quattro o cinque figli. La famiglia italiana odierna, invece, è piccola, spesso formata dai genitori e un solo figlio (o al massimo due).
Infatti il tasso di natalità (natality rate) in Italia è attualmente tra i più bassi del mondo.
Da che cosa dipende questo cambiamento?
Certamente si devono considerare due fattori fondamentali: il benessere economico e l'emancipazione della donna. L'Italia si è trasformata in poco tempo da paese prevalentemente agricolo a una delle sei nazioni più industrializzate del mondo. La ricchezza che ne

è conseguita (that followed) ha migliorato notevolmente le condizioni economiche delle famiglie italiane. I giovani delle nuove generazioni hanno potuto permettersi di frequentare la scuola più a lungo, rimandando così di parecchi (several) anni il loro ingresso nel mondo del lavoro e, di conseguenza, anche la formazione di una famiglia propria.

Oggi le giovani mogli desiderano avere un lavoro fuori di casa, esattamente come i loro mariti. Le nuove coppie vogliono perciò pianificare la famiglia, spesso ricorrendo ai moderni metodi anticoncezionali (contraceptive methods). La nuova famiglia, però, anche se piccola, continua ad essere molto legata a tutti i parenti. Spesso i figli cercano di trovare un lavoro nella stessa città dei genitori e, di solito, vivono con loro finché non si sposano. Una volta sposati sono ben contenti di comprarsi una casa non troppo lontano da quella dei genitori. Così è più facile ricorrere ai nonni per qualsiasi aiuto pratico o psicologico, specialmente quando si tratta di fare accudire (to look after) i nipotini a persone care e fidate. La vicinanza alla famiglia d'origine permette inoltre di celebrare insieme le feste più importanti. Ora, con l'adozione dell'Euro, il benessere della nazione (e dunque di tutte le famiglie italiane), sarà costantemente messo alla prova. Ma la nuova famiglia italiana non si distingue da quella tradizionale solo per l'esiguo numero dei componenti, bensì anche per l'origine o la nazionalità di tanti nuovi genitori. Moltissimi sono oggi gli immigrati provenienti (coming) dai paesi dell' Africa (Marocco, Algeria, Senegal) e dell'Est europeo (Albania, Polonia, Ungheria, Ucraina).

Questi nuovi immigrati ben presto formano nuclei familiari propri, con religioni e tradizioni nuove, cambiando in tal modo l'aspetto di tutta la società italiana.

▷ ▷ ▷ **ESERCIZI**

A. Scrivere una frase per ognuna delle seguenti parole o espressioni :
attualmente, bensì, fidato, in tal modo, mettere alla prova

B. Sottolineare tutte le "parole simili" presenti nella lettura e dire il loro significato.

C. **Parliamo**

1. È importante l'istituzione della famiglia per gli italiani? Che differenze ci sono tra quellla che era la famiglia tradizionale italiana e quella attuale? Da che cosa dipendono queste differenze?
2. Dal punto di vista economico, quali cambiamenti sono avvenuti in Italia negli ultimi decenni?
3. Come vogliono organizzare la propria vita coniugale le giovani coppie italiane?
4. Ci sono molti immigrati attualmente in Italia? Da dove vengono principalmente?
5. Parliamo dell' emancipazione della donna negli Stati Uniti. Quando è cominciata? Come si è sviluppata?

D. Scrivere un breve tema intitolato: "L'emancipazione della donna nel mio paese (country)".

FILASTROCCHE

A. Se io fossi un giovane poeta
viaggerei per il mondo senza meta.
Se lui facesse il pittore
lavorerebbe con molto amore.

B. Se le tasse si potessero eliminare
molta gente si potrebbe rilassare.
Se lo stato riuscisse a far sparire la povertà
la vita sarebbe migliore per tutta la società.

Esercizio: Mettere tutte le filastrocche al passato.

L'ITALIA IN MINIATURA

Parole ed espressioni utili per la lettura

dovuto a due to

l'influsso influence

Il lessico italiano

Come è costituito il lessico italiano?
Il lessico italiano deriva soprattutto dal latino (e, attraverso il latino, anche dal greco antico), ma non meno importanti sono i prestiti (loans) che l'italiano ha ottenuto da altre lingue, specialmente dalle lingue di quei paesi che dominarono l'Italia per un certo periodo o con i quali l'Italia ha avuto stretti (close) rapporti commerciali.
Dall'arabo, per esempio, derivano le parole *ragazzo, caffè, sofà, limone, arancia*; dal francese derivano *cavaliere, gioiello, ragione, viaggio, pensiero, preghiera* (prayer); dallo spagnolo provengono *zaino, complimento, appartamento, tango*; dal portoghese *ananas* (pineapple), *banana, marmellata*; dal tedesco *sapone* (soap), *brindisi, strudel*; dal greco moderno *basilico* (basil), *indivia, gondola*.
Negli ultimi cinquant'anni, con il mercato italiano invaso da prodotti provenienti dagli Stati Uniti, l'influsso della lingua inglese è diventato sempre più forte e quasi tutti i nuovi vocaboli

sono penetrati nella lingua italiana in forma originale (tranne alcune eccezioni come, per esempio, *cartone animato, grattacielo, pubbliche relazioni, obiettore di coscienza*).

Innumerevoli sono oggi le parole inglesi che già da tempo fanno parte del lessico italiano. Ricordiamo soltanto le più comuni: *bar, blue jeans, computer, club, check - up, film, hamburger, hobby, jeep, leader, okay, playboy, quiz, sandwich, sexy, show, sport, stop, supermarket, toast, tunnel, week-end.* Ma l'italiano, come qualsiasi altra lingua, è in continua evoluzione; e oggigiorno i rapporti (sia economici che politici) tra l'Italia e le varie nazioni del mondo sono sempre più frequenti; chissà dunque quali e quante altre parole straniere entreranno a far parte del suo lessico nel prossimo futuro!

▷ ▷ ▷ ESERCIZI

A. Scrivere un elenco di parole italiane riguardanti la terminologia musicale che fanno ormai parte del lessico del Suo paese.

B. Parliamo

1. Da che cosa è composto il lessico italiano?
2. Ricorda alcune parole italiane che derivano dall'arabo? E dal francese? E dallo spagnolo? E dal portoghese? E dal tedesco? E dal greco moderno?
3. Perchè l'influsso della lingua inglese è diventato sempre più forte negli ultimi cinquant'anni? Ricorda almeno dieci parole inglesi che sono entrate nel lessico italiano in forma originale? Quali eccezioni ricorda?
4. Come sono oggigiorno i rapporti economici e politici tra l'Italia e le varie altre nazioni del mondo?

ELEZIONI POLITICHE A PADOVA

I verbi

emettere (p. p. **emesso**) to issue
eleggere (p. p. **eletto**) to elect
esportare to export
importare to import
permettersi (p. p. **permesso**) to afford
produrre to produce
ricorrere a (p. p. **ricorso**) to resort to
ritirare to withdraw

coniare to coin, to mint
emigrare to emigrate
immigrare to immigrate
mettere alla prova to test
pianificare to plan
raffigurare to represent
rimandare to put off
scambiare to exchange

I nomi: Economia, politica e altri

l'attimo moment
il benessere welfare
il cambiamento change
la diplomazia diplomacy
l'emancipazione emancipation
il governo government
l'influsso influence
l'istituzione institution
il paese country
il partito politico political party
la povertà poverty
lo scambio (il cambio) exchange
il taglio format, cut
il tasso di natalità natality rate
la valuta (or la moneta) currency
la vicinanza closeness

la banconota bill, note
il brindisi toast
la democrazia democracy
la disoccupazione unemployment
il giocatore player
l'industria industry
l'ingresso entrance
la nazione nation
il pallone soccer ball
il popolo people
la ricchezza wealth
lo sviluppo development, growth
la tassa tax
l'unione union
il vantaggio advantage

Gli aggettivi

agricolo agricultural
fidato trustworthy

esiguo small
odierno of today

Parole ed espressioni varie

attualmente presently
di conseguenza consequently
in tal modo this way
prevalentemente mostly

bensì on the contrary
dovuto a due to
meno male! thank goodness!
tramite through

RICAPITOLIAMO

Cominciamo: **Proverbi, detti, modi di dire**

Lettura: **Il solito posto**
Filastrocche

OGNI FRUTTO HA LA SUA STAGIONE

COMINCIAMO
Proverbi, detti, modi di dire

1. Ogni frutto ha la sua stagione. Everything in its own season.
2. Chi di spada ferisce (wounds) di spada perisce (perishes). He who lives by the sword dies by the sword.
3. Piove a catinelle (basins). It's raining cats and dogs.
4. Fidarsi (trusting) è bene, non fidarsi è meglio. He who trusts not is not deceived.
5. Non tutto il male viene per nuocere (to harm). Every cloud has a silver lining.
6. Chi ha tempo non aspetti tempo. Make hay while the sun shines.
7. Dire pane al pane e vino al vino. Call a spade a spade.
8. Lontano dagli occhi lontano dal cuore. Out of sight out of mind.

Attività in classe: in gruppi di tre o quattro analizzate i vari detti rispondendo alle domande elencate sotto. L'insegnante poi vi farà le stesse domande per paragonare le risposte dei vari gruppi.

1. Qual è il significato letterale e metaforico di questi detti?
2. Quali detti, secondo voi, corrispondono alla realtà? Quali, invece, secondo la vostra esperienza, non corrispondono? Perchè?
3. Quali detti sono uguali in italiano e in inglese e quali sono diversi? Quali preferite?

Capitolo 16

1. Il congiuntivo presente

a. With regular verbs:

	mangiare	**ricevere**	**dormire**	**finire**
che io	mang**i**	ricev**a**	dorm**a**	finis**ca**
che tu	mang**i**	ricev**a**	dorm**a**	finis**ca**
che lei - lui - Lei	mang**i**	ricev**a**	dorm**a**	finis**ca**
che noi	mang**iamo**	ricev**iamo**	dorm**iamo**	fin**iamo**
che voi	mang**iate**	ricev**iate**	dorm**iate**	fin**iate**
che loro - Loro	mang**ino**	ricev**ano**	dorm**ano**	finisc**ano**

b. The most common irregular verbs in the subjunctive are the following :

**andare, avere, bere, dare, dire, dovere, essere, fare
piacere, potere, sapere, stare, uscire, venire, volere**

Esercizio #1: For each of the above irregular verbs give the first person form of the present subjunctive.

2. Verbi ed espressioni con il congiuntivo

È impossibile che Mario **arrivi** presto, perchè è partito molto tardi.
Peccato che tu non **possa** venire al ballo!
È necessario che scriviate subito la lettera.

▷ ▷ ▷ **ESERCIZI**

A. Completare con la forma corretta del congiuntivo presente

1. Speriamo che Luigi stia bene; che voi . . . . che tu . . . .
2. Temono che Carla non venga; che noi . . . . che io . . . .
3. Bisogna che Roberto faccia ginnastica più spesso; che tu . . . . che loro . . . .
4. È meglio che tu non parta; che lui . . . . che io . . . .
5. Credo che il professore sia sposato; che Rosa . . . . che loro . . . .
6. Si dice che Giorgio si sposi; che noi . . . . che voi . . . .
7. Può darsi che lei abbia ragione; che tu . . . . che Giorgio . . . .
8. È inutile che voi vi lamentiate; che noi . . . . che lui . . . .

B. Completare con la forma corretta del congiuntivo

1. Paolo vuole che io (aprire) . . . . la porta.
2. Tua madre pensa che tu (mangiare) . . . . troppo poco.
3. Suo marito desidera che lei (bere) . . . . un po' di vino.
4. Il vostro datore di lavoro crede che voi (lavorare) . . . . troppo.
5. Spero che i ragazzi (studiare) . . . . molto per l'esame.
6. È bene che loro (insegnare) . . . . più lentamente.
7. È importante che i bambini (finire) . . . . il compito.
8. Credo che Valeria (volere) . . . . vendere la sua macchina.
9. Penso che Rinaldo (stare) . . . . facendo la doccia.
10. È meglio che io (comprare) . . . . la bicicletta sportiva.
11. È necessario che noi (preparare) . . . . una cena molto abbondante.
12. Desidero che l'insegnante mi (spiegare) . . . . il congiuntivo un'altra volta.
13. Vuoi che io (chiudere) . . . . la finestra?
14. Fiorella crede che lui (ricevere) . . . . sempre moltissimi regali.
15. Peccato che Riccardo non (essere) . . . . d'accordo.
16. Voglio che voi (leggere) . . . . il libro molto attentamente.

C. Mettere tutti i verbi al congiuntivo presente

Credo che Piero (svegliarsi) . . . . verso le sette e (alzarsi) . . . . verso le sette e quaranta. Credo che (andare) . . . . in bagno, che (lavarsi), ... che (pettinarsi), ... e che (vestirsi) . . . . Immagino che poi (andare) . . . . in cucina e che (fare) . . . . colazione. Poi è probabile che (tornare) . . . . in bagno e che (lavarsi) . . . . i denti. Immagino che prima di uscire (mettersi) . . . . il cappotto, la sciarpa e i guanti di pelle. Infine credo che (andare) . . . . in garage, (prendere) . . . . la macchina e (andare) . . . . al lavoro. Penso che al lavoro (annoiarsi) . . . . e (arrabbiarsi) . . . . spesso. Immagino che verso mezzogiorno e mezzo (andare) . . . . a pranzo in un ristorante vicino al suo ufficio e che poi (tornare)

.... al lavoro, fino alle cinque. Mi pare che la sera (mangiare) .... in casa, con la sua famiglia. Dopo cena credo che (stare) .... spesso in casa e che (guardare) ....la televisione o che (leggere) ....un libro. Credo che (andare) ....a dormire verso le undici e mezza.

D. Come si dice....?

1. to fresco . . . .   to paint . . . .
2. drawing . . . .   portrait . . . .
3. paint brush . . . .   masterpiece . . . .
4. landscape . . . .   still life . . . .

3. Il congiuntivo passato

Credo che Luigi **abbia bevuto** tutto il latte.
Piera pensa che i ragazzi **siano** già **partiti.**

4. Uso del congiuntivo vs. l'infinito

Ho paura che **Paolo sia** ammalato. **Ho paura di essere** ammalato.
È necessario che la gente dorma. È necessario dormire.

▷ ▷ ▷ ESERCIZI

A. Rispondere alle domande come indicato nell'esempio.
Ha mangiato il bambino? **Sì, credo che abbia mangiato.**

1. Ha studiato Luigi?
2. Sono arrivate le tue amiche?
3. Hanno parlato con l'insegnante?
4. È partito tuo padre?
5. Ha deciso di rimanere tuo cugino?
6. Hanno cantato tutti e due i tenori?
7. Ha ricevuto il pacco Antonio?
8. È uscita tua moglie?

B. Inserire "Marco" come soggetto della frase secondaria.
Esempio: Paola pensa di andare al mare presto.
Paola pensa che Marco vada al mare presto.

1. Credo di avere ragione.
2. Mio cugino è convinto di essere imbattibile (unbeatable) a tennis.
3. Carla vuole mettersi il vestito blu stasera.
4. Ho paura di non aver capito la conferenza.
5. Tuo padre preferisce mangiare a casa oggi.
6. Sei contento di aver partecipato alla riunione ieri?
7. I suoi amici vogliono suonare il pianoforte alla festa.
8. I ragazzi pensano di aver trovato la risposta esatta.

C. A voi la parola

1. Quante ore al giorno studi l'italiano? Quante ore al giorno credi sia necessario studiare per imparare bene una lingua straniera? Credi sia importante leggere il giornale tutti i giorni? Perchè? Tu lo leggi tutti i giorni? Ti piace leggerlo? Credi che i giornali dovrebbero essere diversi da come sono? Come dovrebbero essere, secondo te?

2. Pensi che sia bene avere molti amici? Perchè? Tu hai molti amici? Credi che alcuni tuoi amici approfittino (take advantage) di te qualche volta? Quando? Racconta una tua esperienza sull'argomento.

3. Pensi di essere un bravo studente? Perchè? Credi di essere un bravo figlio (a)? Perchè? Pensi di essere un buon amico? Perchè? Credi di avere ragione spesso? Credi di essere capito dai tuoi genitori? Dai tuoi amici? Perchè?

4. Credi che la religione sia importante? Perchè? Quali materie scolastiche pensi che siano utili e quali pensi che siano inutili? Perchè?

5. Pensi che la televisione e il cinema siano istruttivi? Perchè? Credi che sia importante mantenere le tradizioni? Perchè? Quali tradizioni italiane, americane (o di altri paesi) ti piacciono di più?

Capitolo 17

1. Il congiuntivo imperfetto e trapassato

Credevo che Alberto **fosse** italiano.
Rosa sperava che suo marito le **dicesse** la verità.

Avevo l'impressione che il tuo amico non **avesse capito**.
Alfredo temeva che tu **fossi arrivato** in anticipo.

▷ ▷ ▷ ESERCIZI

A. Completare

1. Speravamo che Carlo venisse a trovarci; che voi . . . . che tu . . . .

2. Temevano che Paola non capisse; che noi . . . . che io . . . .

3. Mi pareva che Alberto studiasse troppo; che tu . . . . che loro . . . .

4. Non voleva che tu partissi; che lui . . . . che voi . . . .

5. Credevo che Luciano fosse sposato; che Paola . . . . che loro . . . .

6. Rita pensava che Roberto si fidanzasse presto; che noi . . . . che voi . . . . . .

7. Ci pareva che lei avesse torto; che tu . . . . che Giorgio. . . . .

8. Avevi paura che io non ti pagassi?; che noi . . . . che lui . . . .

B. Inserire la forma verbale corretta del congiuntivo

1. Mia madre voleva che io (aprire) . . . . una gioielleria.

2. Alfredo temeva che tu (bere). . . . . troppo.

3. Mi pareva necessario che voi (scrivere). . . . . un biglietto di ringraziamento.

4. Il mio direttore aveva paura che io (licenziarsi) . . . .

5. Aldo non immaginava mai che tu (leggere) . . . . .tanto!

6. Suo fratello credeva che loro (essere) . . . . australiani.

7. Era importante che gli studenti (finire) . . . . la tesi entro l'anno.

8. Volevi che io (chiudere) . . . . la finestra?

C. Inserire la forma verbale corretta del congiuntivo

Mi pareva che Biancaneve e Cenerentola (avere) . . . . molte cose in comune.
Infatti credevo che tutte e due (essere) . . . . bellissime e buonissime.
Mi pareva che tutte e due (abitare) . . . . con una matrigna molto cattiva,
e che Cenerentola (avere) . . . . anche due sorellastre cattive.
Credevo che le due matrigne e le due sorellastre (comportarsi) . . . . da vere nemiche.
Mi pareva che Biancaneve e Cenerentola (lavorare). . . . . sempre moltissimo
per tenere pulita e ordinata la loro casa; mi pareva anche che (cantare) . . . .
spesso allegramente e che (parlare) . . . . molto volentieri con gli animali.
Credevo che Cenerentola (amare) . . . . molto la fata e che Biancaneve
(volere molto bene) . . . . ai sette nani.
Credevo che i sette nani e la fata (ricambiare). . . . . l'affetto delle belle fanciulle.
Credevo anche che gli animali, in qualche modo, (aiutare) . . . . . entrambe le ragazze.
Mi pareva che alla fine delle favole tutte e due (incontrare) . . . . un
bellissimo e bravissimo principe azzurro e che poi, alla fine della favola, tutti (vivere)
. . . . felici e contenti per tanto tanto tempo!

LETTURA - Il solito posto

Antonio e Francesco sono vecchi amici. Oggi stanno bevendo un cappuccino in un bar,
in centro a Torino. Ascoltiamo la loro conversazione:

Antonio: Allora, che facciamo durante l'estate? Andiamo al mare, come al solito?
Francesco: Beh; a me piacerebbe molto visitare gli Stati Uniti, lo sai bene.
Antonio: Certo che lo so; e so anche che tu te lo puoi permettere ma non io!
Sai quanto costa solo il viaggio? E io dove li prendo i soldi?
Francesco: Lo so, lo so; e so anche che se te li prestassi, come farei volentieri,
non li accetteresti, vero?
Antonio: Francesco, cerca di capire: se tu mi prestassi i soldi per il viaggio mi ci vorreb-
be (it would take me) almeno un anno per restituirteli! Lasciamo perdere gli Stati Uniti fino
a dopo la laurea, per favore!
Francesco: Va bene, va bene... Ah, sai dove potremmo andare? A Parigi! Ti ricordi quel-
le due ragazze che conoscemmo l'anno scorso a Venezia? Erano di Parigi!
Ho ancora il loro indirizzo!
Antonio: È vero, è vero! Ci dissero anche che se fossimo andati a Parigi a trovarle ci
avrebbero trovato una camera a un prezzo bassissimo, ricordi?
Francesco: È verissimo! Dobbiamo metterci in contatto con loro immediatamente.
Speriamo solo che si ricordino di noi!

Antonio: Già! Ma soprattutto speriamo che, nel frattempo, non si siano fidanzate o, peggio ancora, sposate!

Francesco: Avresti qualche speranza di cominciare una relazione con una parigina?

Antonio: Non con una parigina qualsiasi, con Josette!

Francesco: Josette? Ma Josette era la mia amica, la tua era l'altra! Come si chiamava?

Antonio: Non lo so come si chiamava l'altra perchè era la tua amica, non la mia!

Francesco: Ho già capito: se andassimo a Parigi cominceremmo subito a litigare (to fight). Sai che facciamo? Andiamo al solito posto al mare e non se ne parla più.

▷ ▷ ▷ ESERCIZI

A. Sottolineare tutti i verbi al congiuntivo e al condizionale e per ognuno dare l'infinito.

B. Parliamo

   1. Chi sono Francesco e Antonio? Dove sono e che cosa stanno facendo? Dove vorrebbe andare Francesco durante l'estate? Perchè non possono visitare gli Stati Uniti i due amici?

   2. Perchè i ragazzi vorrebbero andare a Parigi? Quale ragazza ricordano tutti e due? E l'altra? Perchè Francesco dice di non andare a Parigi? Dove andranno molto probabilmente i due amici durante l'estate?

   3. Lei ha mai avuto discussioni (arguments) con i suoi amici (o amiche) che riguardavano ragazze (o ragazzi)? Racconti.

2. Il congiuntivo con le congiunzioni, le espressioni indefinite e le frasi relative

The subjunctive is required after certain conjunctions (sebbene, malgrado, senza che, affinchè, etc...), after certain indefinite expressions (qualunque, chiunque, dovunque etc...) and in relative clauses that are preceded by:

   a. a negative expression (non c'è nessuno che mi capisca)

   b. a relative superlative (è il film più interessante che abbia mai visto!)

   c. a request or a desire for something or somebody with particular qualities (voglio trovare una lavatrice che non faccia troppo rumore).

▷ ▷ ▷ ESERCIZI

A. Come si dice...?

   1. although . . . . provided that . . . .

   2. in case that . . . . in order that . . . .

   3. unless . . . . however . . . .

   4. whoever . . . . whatever . . . .

   5. wherever . . . . before (that) . . . .

B. Completare la frase relativa al congiuntivo

1. Gisella sta cercando qualcuno che (potere tradurre) . . . . questo articolo.

2. I miei fratelli incontrano sempre molti amici, dovunque (andare). . . . .

3. Per favore, trova un ristorante che non (costare) . . . . molto.

4. Sono le ragazze più antipatiche che (esistere). . . . .

5. Non conosco nessuno che (sapere dipingere) . . . . veramente bene.

6. Dovete comprare una casa che (avere) . . . . almeno quattro camere.

7. È il vino più cattivo che io (avere) . . . . mai assaggiato!

8. Ci dispiace, ma non c'è niente che (potere). . . . . interessarvi qui.

C. Come si dice...?

1. musical instrument . . . . serious . . . .

2. tragedy . . . . simphony . . . .

3. show . . . . guitar . . . .

4. trumpet . . . . to clap . . . .

Capitolo 18

1. Le frasi ipotetiche

Se mi scriverai ti risponderò subito. If you write to me I will answer you right away.

Se fossi ricchissimo viaggerei continuamente. If I were very rich I would travel all the time.

▷ ▷ ▷ ESERCIZI

A. Completare con la forma verbale corretta

1. Ho una fame incredibile, nonostante (avere) . . . . mangiato solo due ore fa.

2. Va' fuori prima che tuo padre (arrabbiarsi) . . . . davvero.

3. Gianni vuole lavorare sebbene (essere) . . . . stanchissimo.

4. Ragazzi, dovete arrivare a scuola prima che (cominciare) . . . . la lezione!

5. Andremo a fare il picnic a meno che non (piovere) . . . .

6. Nel caso che Marta (partire) . . . . presto rimanderemo (to postpone) la cena.

7. Mio marito è andato alla riunione nonostante (essere) . . . . ammalato.

8. Presto i soldi a tuo cugino purchè lui me li (restituire) . . . . entro domenica.

B. Cambiare le frasi come indicato nell'esempio.

Esempio: Luigi non va all'opera perchè è troppo stanco.

Se Luigi non fosse troppo stanco andrebbe all'opera.

1. Non compro quella macchina perchè non ho abbastanza soldi.
2. Non mangiamo perchè non abbiamo fame.
3. Non dormono perchè non hanno sonno.
4. Alberto non viene al cinema perchè non ne ha voglia.
5. Non ti aiuto perchè non ho tempo.
6. Carlo non offre la cena perchè ha dimenticato la carta di credito.
7. Elisabetta non vi scrive perchè è troppo impegnata (busy) con il bambino.
8. I miei compagni di classe non fanno l'esercizio perchè è troppo difficile.
9. Non ti accompagno all'aeroporto perchè la mia macchina è ancora dal meccanico.
10. Non parlano perchè sono troppo emozionati.
11. Loretta non sposa Roberto perchè è un ragazzo troppo egoista.
12. Non capite il film in italiano perchè gli attori parlano troppo velocemente.
13. Non vieni alla festa perchè non c'è Gianni.
14. Enrico non ti telefona perchè si è offeso.
15. Non escono perchè non si sentono bene.
16. Paolo non presta la macchina a Giuseppe perchè Giuseppe è un guidatore spericolato.

C. Parliamo

1. Se Lei potesse cambiare un episodio della sua vita passata quale cambierebbe? Come lo cambierebbe?
2. Se Lei potesse eliminare un evento storico quale eliminerebbe? Perchè? Quali personaggi storici Le sarebbe piaciuto conoscere?
3. Se Lei fosse invisibile dove vorrebbe essere in questo momento? Che cosa vorrebbe vedere, scoprire, imparare, controllare, sapere?
4. Se Lei potesse vivere dove vuole dove vivrebbe?
5. Se Lei abitasse su un'isola deserta, come Robinson Crusoe, come passerebbe le sue giornate?
6. Se Lei potesse trasformarsi in un famoso personaggio politico, o in un attore (attrice) o in un (una) cantante o in uno scrittore (una scrittrice) quale sceglierebbe?

2. La costruzione passiva

ACTIVE CONSTRUCTION	PASSIVE CONSTRUCTION
Lo scrittore scrive il romanzo.	Il romanzo è (o viene) scritto dallo scrittore.
Piero ha cantato la canzone.	La canzone è stata cantata da Piero.
Giovanni lesse le favole.	Le favole furono (o vennero) lette da Giovanni.

3. Fare, lasciare e altri verbi seguiti dall'infinito

Faccio pulire la casa. I am having the house cleaned.
Avete fatto tradurre le canzoni? Did you have the songs translated?
Le avete fatte tradurre? Did you have them translated?
Fa' preparare il conto al cameriere. Have the waiter prepare the bill.

Faglielo preparare. Have him prepare it.
I ragazzi non lasciano parlare **Luisa**. The boys don't let Luisa speak.
I ragazzi non **la** lasciano parlare. The boys don't let her speak.
Avete sentito parlare il professore? Did you hear the professor talk?

⟡ ⟡ ⟡ ESERCIZI

A. Rispondere usando la costruzione passiva.
Esempio: Chi mangia il panino? (Giacomo). Il panino è mangiato da Giacomo.

1. Chi apparecchia la tavola? (Gianni)
2. Chi lava i piatti? (Teresa)
3. Chi stira i pantaloni? (la mamma)
4. Chi fa la spesa? (Riccardo)
5. Chi cambia le lenzuola? (Francesca)
6. Chi spolvera (spolverare = to dust) i mobili? (Carla)
7. Chi fa i compiti? (gli studenti)
8. Chi spiega la lezione? (il professore)
9. Chi vende i caffè e i cappuccini? (il barista - barman)
10. Chi guida la macchina? (gli automobilisti)
11. Chi nomina il capo del governo in Italia? (il presidente della repubblica)
12. Chi compone il governo italiano? (i ministri)
13. Chi forma il Parlamento italiano? (il Senato e la Camera dei deputati)
14. Chi sceglie i membri del Parlamento italiano? (il popolo)
15. Chi usa l'Euro? (molti paesi dell'Unione Europea)
16. Chi deve pagare le tasse? (tutti i cittadini).

B. Trasformare le frasi usando la forma dell'imperativo con "fare + infinito"
Esempio: Paolo, tuo figlio deve firmare il documento! Paolo, fa' firmare il documento a tuo figlio.

1. Teresa, tuo fratello deve lavare il garage!
2. Roberto, i tuoi amici devono portare il vino!
3. Carlo e Anna, la vostra televisione deve essere riparata!
4. I nostri bagni devono essere rinnovati!
5. Annalisa, i tuoi figli devono fare i compiti regolarmente!
6. Aldo, il tuo cane deve passeggiare più spesso!
7. Il nostro tappeto deve essere pulito!
8. Professore, il Suo libro deve essere pubblicato!

C. Inserire il sinonimo di fare

1. Fare la fame . . . . Fare gli auguri . . . .
2. Fare un esercizio . . . . Fare una lezione . . . .
3. Fare una professione . . . . Fare un tema . . . .
4. Fare il proprio dovere . . . . Fare un telegramma . . . .

D. Cambiare le frasi come indicato nell'esempio.

Esempio: lasciatemi scrivere la lettera! **Lasciatemela** scrivere!

1. Lasciatemi guardare il film in pace!
2. Lasciateci mangiare i tortelli tranquillamente.
3. Mi lasci vedere l'orario dei treni, per favore!
4. Lasciategli leggere il giornale con calma!
5. Lasciatele comprare le scarpe nuove!
6. Lasciami vendere la macchina!
7. Signora Caroli, ci lasci finire il discorso!
8. Lasciateci assaggiare questo vino!

FILASTROCCHE

A. L'opera è stata bellissima;
la gente ha applaudito, felicissima.
Il tenore e la soprano hanno cantato benissimo;
il loro successo è stato meritatissimo.

Esercizio: Rileggere la filastrocca aggiungendo "Dicono che" all'inizio di ogni riga.

B. La zia aveva comprato un biglietto andata e ritorno
era salita sul treno ed era andata a Livorno.
Aveva preso un tassì in città,
poi era andata all'università.

Esercizio: Rileggere la filastrocca aggiungendo "Credevo che" all'inizio di ogni riga.

APPENDIX

VEDUTA PANORAMICA DI FIRENZE

CONIUGAZIONE DEL VERBO ESSERE

INDICATIVO
Presente: sono, sei, è, siamo, siete, sono
Passato prossimo: sono stato(a), sei stato (a), è stato (a), siamo stati (e), siete stati (e), sono stati (e)
Imperfetto: ero, eri, era, eravamo, eravate, erano
Trapassato prossimo: ero stato (a), eri stato (a), era stato (a), eravamo stati (e), eravate stati (e), erano stati (e)
Futuro semplice: sarò, sarai, sarà, saremo, sarete, saranno
Futuro anteriore: sarò stato (a), sarai stato (a), sarà stato (a), saremo stati (e), sarete stati (e), saranno stati (e)
Passato remoto: fui, fosti, fu, fummo, foste, furono
Trapassato remoto: fui stato (a), fosti stato (a), fu stato (a), fummo stati (e), foste stati (e), furono stati (e)

CONDIZIONALE
Semplice: sarei, saresti, sarebbe, saremmo, sareste, sarebbero
Composto: sarei stato (a), saresti stato (a), sarebbe stato (a), saremmo stati (e), sareste stati (e), sarebbero stati (e)

IMPERATIVO
Informale (tu, noi, voi): sii! siamo! siate! (non essere! non siamo! non siate!)
Formale: (Lei, Loro): sia! siano! (non sia! non siano!)

CONGIUNTIVO
Presente: sia, sia, sia, siamo, siate, siano
Passato: sia stato (a), sia stato (a), sia stato (a), siamo stati (e), siate stati (e), siano stati (e)
Imperfetto: fossi, fosse, fosse, fossimo, foste, fossero
Trapassato: fossi stato (a), fossi stato (a), fosse stato (a), fossimo stati (e), foste stati (e), fossero stati (e)

INFINITO
presente: essere
passato: essere stato (a, i, e)

PARTICIPIO passato: stato

GERUNDIO
Semplice: essendo
Composto: essendo stato

CONIUGAZIONE DEL VERBO AVERE

INDICATIVO
Presente: ho, hai, ha, abbiamo, avete, hanno
Passato prossimo: ho avuto, hai avuto, ha avuto, abbiamo avuto, avete avuto, hanno avuto
Imperfetto: avevo, avevi, aveva, avevamo, avevate, avevano
Trapassato prossimo: avevo avuto, avevi avuto, aveva avuto, avevamo avuto, avevate avuto, avevano avuto
Futuro semplice: avrò, avrai, avrà, avremo, avrete, avranno
Futuro anteriore: avrò avuto, avrai avuto, avrà avuto, avremo avuto, avrete avuto, avranno avuto
Passato remoto: ebbi, avesti, ebbe, avemmo, aveste, ebbero
Trapassato remoto: ebbi avuto, avesti avuto, ebbe avuto, avemmo avuto, aveste avuto, ebbero avuto

CONDIZIONALE
Semplice: avrei, avresti, avrebbe, avremmo, avreste, avrebbero
Composto: avrei avuto, avresti avuto, avrebbe avuto, avremmo avuto, avreste avuto, avrebbero avuto

IMPERATIVO
Informale (tu, noi, voi): abbi! abbiamo! abbiate! (non avere! non abbiamo! non abbiate!)
Formale: (Lei, Loro): abbia! abbiano! (non abbia! non abbiano!)

CONGIUNTIVO
Presente: abbia, abbia, abbia, abbiamo, abbiate, abbiano
Passato: abbia avuto, abbia avuto, abbia avuto, abbiamo avuto, abbiate avuto, abbiano avuto
Imperfetto: avessi, avessi, avesse, avessimo, aveste, avessero
Trapassato: avessi avuto, avessi avuto, avesse avuto, avessimo avuto, aveste avuto, avessero avuto

INFINITO
presente: avere
passato: avere avuto

PARTICIPIO passato: avuto

GERUNDIO
Semplice: avendo
Composto: avendo avuto

CONIUGAZIONI DEI VERBI REGOLARI

Prima coniugazione: parlare

INDICATIVO
Presente: parlo, parli, parla, parliamo, parlate, parlano
Passato prossimo: ho parlato, hai parlato, ha parlato, abbiamo parlato, avete parlato, hanno parlato
Imperfetto: parlavo, parlavi, parlava, parlavamo, parlavate, parlavano
Trapassato prossimo: avevo parlato, avevi parlato, aveva parlato, avevamo parlato, avevate parlato, avevano parlato
Futuro semplice: parlerò, parlerai, parlerà, parleremo, parlerete, parleranno
Futuro anteriore: avrò parlato, avrai parlato, avrà parlato, avremo parlato, avrete parlato, avranno parlato
Passato remoto: parlai, parlasti, parlò, parlammo, parlaste, parlarono
Trapassato remoto: ebbi parlato, avesti parlato, ebbe parlato, avemmo parlato, aveste parlato, ebbero parlato

CONDIZIONALE
Semplice: parlerei, parleresti, parlerebbe, parleremmo, parlereste, parlerebbero
Composto: avrei parlato, avresti parlato, avrebbe parlato, avremmo parlato, avreste parlato, avrebbero parlato

IMPERATIVO
Informale: parla! parliamo! parlate! (non parlare! non parliamo! non parlate!)
Formale: parli! parlino! (non parli! non parlino!)

CONGIUNTIVO
Presente: parli, parli, parli, parliamo, parliate, parlino
Passato: abbia parlato, abbia parlato, abbia parlato, abbiamo parlato, abbiate parlato, abbiano parlato
Imperfetto: parlassi, parlassi, parlasse, parlassimo, parlaste, parlassero
Trapassato: avessi parlato, avessi parlato, avesse parlato, avessimo parlato, aveste parlato, avessero parlato

INFINITO
Presente: parlare
Passato: avere parlato

PARTICIPIO passato: parlato

GERUNDIO
Semplice: parlando
Composto: avendo parlato

CONIUGAZIONI DEI VERBI REGOLARI

Seconda coniugazione: vendere

INDICATIVO
Presente: vendo, vendi, vende, vendiamo, vendete, vendono
Passato prossimo: ho venduto, hai venduto, ha venduto, abbiamo venduto, avete venduto, hanno venduto
Imperfetto: vendevo, vendevi, vendeva, vendevamo, vendevate, vendevano
Trapassato prossimo: avevo venduto, avevi venduto, aveva venduto, avevamo venduto, avevate venduto, avevano venduto
Futuro semplice: venderò, venderai, venderà, venderemo, venderete, venderanno
Futuro anteriore: avrò venduto, avrai venduto, avrà venduto, avremo venduto, avrete venduto, avranno venduto
Passato remoto: vendei (vendetti), vendesti, vendè (vendette), vendemmo, vendette, venderono (vendettero)
Trapassato remoto: ebbi venduto, avesti venduto, ebbe venduto, avemmo venduto, aveste venduto, ebbero venduto

CONDIZIONALE
Semplice: venderei, venderesti, venderebbe, venderemmo, vendereste, venderebbero
Composto: avrei venduto, avresti venduto, avrebbe venduto, avremmo venduto, avreste venduto, avrebbero venduto

IMPERATIVO
Informale: vendi! vendiamo! vendete! (non vendere! non vendiamo! non vendete!)
Formale: venda! vendano! (non venda! non vendano!)

CONGIUNTIVO
Presente: venda, venda, venda, vendiamo, vendiate, vendano
Passato: abbia venduto, abbia venduto, abbia venduto, abbiamo venduto, abbiate venduto, abbiano venduto
Imperfetto: vendessi, vendessi, vendesse, vendessimo, vendeste, vendessero
Trapassato: avessi venduto, avessi venduto, avesse venduto, avessimo venduto, aveste venduto, avessero venduto

INFINITO
Presente: vendere
Passato: avere venduto

PARTICIPIO passato: venduto

GERUNDIO
Semplice: vendendo
Composto: avendo venduto

CONIUGAZIONI DEI VERBI REGOLARI

Terza coniugazione, primo gruppo: dormire

INDICATIVO
Presente: dormo, dormi, dorme, dormiamo, dormite, dormono
Passato prossimo: ho dormito, hai dormito, ha dormito, abbiamo dormito, avete dormito, hanno dormito
Imperfetto: dormivo, dormivi, dormiva, dormivamo, dormivate, dormivano
Trapassato prossimo: avevo dormito, avevi dormito, aveva dormito, avevamo dormito, avevate dormito, avevano dormito
Futuro semplice: dormirò, dormirai, dormirà, dormiremo, dormirete, dormiranno
Futuro anteriore: avrò dormito, avrai dormito, avrà dormito, avremo dormito, avrete dormito, avranno dormito
Passato remoto: dormii, dormisti, dormì, dormimmo, dormiste, dormirono
Trapassato remoto: ebbi dormito, avesti dormito, ebbe dormito, avemmo dormito, aveste dormito, ebbero dormito

CONDIZIONALE
Semplice: dormirei, dormiresti, dormirebbe, dormiremmo, dormireste, dormirebbero
Composto: avrei dormito, avresti dormito, avrebbe dormito, avremmo dormito, avreste dormito, avrebbero dormito

IMPERATIVO
Informale: dormi! dormiamo! dormite! (non dormire! non dormiamo! non dormite!)
Formale: dorma! dormano! (non dorma! non dormano!)

CONGIUNTIVO
Presente: dorma, dorma, dorma, dormiamo, dormiate, dormano
Passato: abbia dormito, abbia dormito, abbia dormito, abbiamo dormito, abbiate dormito, abbiano dormito
Imperfetto: dormissi, dormissi, dormisse, dormissimo, dormiste, dormissero
Trapassato: avessi dormito, avessi dormito, avesse dormito, avessimo dormito, aveste dormito, avessero dormito

INFINITO
Presente: dormire
Passato: avere dormito

PARTICIPIO passato: dormito

GERUNDIO
Semplice: dormendo
Composto: avendo dormito

CONIUGAZIONI DEI VERBI REGOLARI
Terza coniugazione, secondo gruppo: finire

INDICATIVO
Presente: finisco, finisci, finisce, finiamo, finite, finiscono
Passato prossimo: ho finito, hai finito, ha finito, abbiamo finito, avete finito, hanno finito
Imperfetto: finivo, finivi, finiva, finivamo, finivate, finivano
Trapassato prossimo: avevo finito, avevi finito, aveva finito, avevamo finito, avevate finito, avevano finito
Futuro semplice: finirò, finirai, finirà, finiremo, finirete, finiranno
Futuro anteriore: avrò finito, avrai finito, avrà finito, avremo finito, avrete finito, avranno finito
Passato remoto: finii, finisti, finì, finimmo, finiste, finirono
Trapassato remoto: ebbi finito, avesti finito, ebbe finito, avemmo finito, aveste finito, ebbero finito

CONDIZIONALE
Semplice: finirei, finiresti, finirebbe, finiremmo, finireste, finirebbero
Composto: avrei finito, avresti finito, avrebbe finito, avremmo finito, avreste finito, avrebbero finito

IMPERATIVO
Informale: finisci! finiamo! finite! (non finire! non finiamo! non finite!)
Formale: finisca! finiscano! (non finisca! non finiscano!)

CONGIUNTIVO
Presente: finisca, finisca, finisca, finiamo, finiate, finiscano
Passato: abbia finito, abbia finito, abbia finito, abbiamo finito, abbiate finito, abbiano finito
Imperfetto: finissi, finissi, finisse, finissimo, finiste, finissero
Trapassato: avessi finito, avessi finito, avesse finito, avessimo finito, aveste finito, avessero finito

INFINITO
Presente: finire
Passato: avere finito

PARTICIPIO passato: finito

GERUNDIO
Semplice: finendo
Composto: avendo finito

VERBI CONIUGATI CON ESSERE NEI TEMPI COMPOSTI

All reflexive verbs require "essere" in compound tenses. Other common verbs that require essere are the following:

andare to go
cambiare* to change
dipendere to depend
durare to last
essere to be
nascere to be born
passare* to pass (by)
rimanere to remain
salire* to go up, to board
stare to stay
venire to come

arrivare to arrive
cominciare* to begin
dispiacere to be sorry
entrare to enter
finire* to finish
parere to seem
piacere to like
ritornare to return
scendere* to go down
tornare to come back

cadere to fall
costare to cost
diventare to become
esistere to exist
morire to die
partire to leave, to depart
restare to stay
riuscire to succeed
sembrare to seem
uscire to leave, to go out

Partire

INDICATIVO
Passato prossimo: sono partito (a), sei partito (a), è partito (a), siamo partiti (e), siete partiti (e), sono partiti (e)
Trapassato prossimo: ero partito (a), eri partito (a), era partito (a), eravamo partiti (e), eravate partiti (e), erano partiti (e)
Futuro anteriore: sarò partito (a), sarai partito (a), sarà partito (a), saremo partiti (e), sarete partiti (e), saranno partiti (e)
Trapassato remoto: fui partito (a), fosti partito (a), fu partito (a), fummo partiti (e), foste partiti (e), furono partiti (e)

CONDIZIONALE
Composto: sarei partito (a), saresti partito (a), sarebbe partito (a), saremmo partiti (e), sareste partiti (e), sarebbero partiti (e)

CONGIUNTIVO
Passato: sia partito (a), sia partito (a), sia partito (a), siamo partiti (e), siate partiti (e), siano partiti (e)
Trapassato: fossi partito (a), fosse partito (a), fosse partito (a), fossimo partiti (e), foste partiti (e), fossero partiti (e)

INFINITO
Presente: partire **Passato:** essere partito (a - i - e)

PARTICIPIO passato: partito (a - i - e)

GERUNDIO
Composto: essendo partito (a - i - e)

Note: *Conjugated with "avere" whenever it is followed by a direct object.

VERBI IRREGOLARI

The following verbs are irregular in the tenses and/or moods indicated.

ACCOGLIERE to welcome

Indicativo presente: accolgo, accogli, accoglie, accogliamo, accogliete, accolgono
Passato remoto: accolsi, accogliesti, accolse, accogliemmo, accoglieste, accolsero
Participio passato: accolto
Imperativo: accogli, accolga, accogliamo, accogliete, accolgano
Congiuntivo presente: accolga, accolga, accolga, accogliamo, accogliate, accolgano

Other verbs that have the same irregularities as accogliere are: **raccogliere** to pick up and **sciogliere** to melt.

ACCORGERSI to realize

Passato remoto: mi accorsi, ti accorgesti, si accorse, ci accorgemmo, vi accorgeste, si accorsero
Participio passato: accorto

ANDARE to go
Indicativo presente: vado, vai, va, andiamo, andate, vanno
Futuro: andrò, andrai, andrà, andremo, andrete, andranno
Condizionale: andrei, andresti, andrebbe, andremmo, andreste, andrebbero
Imperativo: va' (vai), vada, andiamo, andate, vadano
Congiuntivo presente: vada, vada, vada, andiamo, andiate, vadano

APPARTENERE (a) to belong (to)

Indicativo presente: appartengo, appartieni, appartiene, apparteniamo, appartenete, appartengono
Futuro: apparterrò, apparterrai, apparterrà, apparterremo, apparterrete, apparterranno
Passato remoto: appartenni, appartenesti, appartenne, appartenemmo, apparteneste, appartennero
Condizionale: apparterrei, apparterresti, apparterrebbe, apparterremmo, apparterreste, apparterrebbero
Imperativo: appartieni, appartenga, apparteniamo, appartenete, appartengano
Congiuntivo presente: appartenga, appartenga, appartenga, apparteniamo, apparteniate, appartengano
Other verbs that have the same irregularities as appartenere are: **mantenere** to maintain, **ottenere** to obtain and **tenere** to hold.

APRIRE to open
Participio passato: aperto

Other verbs that have the same irregularities as aprire are: **coprire** to cover, **offrire** to offer, **scoprire** to discover, **soffrire** to suffer.

ASSUMERE to hire
Passato remoto: assunsi, assumesti, assunse, assumemmo, assumeste, assunsero
Participio passato: assunto

ATTENDERE to wait (for)
Passato remoto: attesi, attendesti, attese, attendemmo, attendeste, attesero
Participio passato: atteso

Other verbs that have the same irregularities as attendere are: **accendere** to turn on, **comprendere** to include, to comprehend, **difendere** to defend, **dipendere** to depend, **intendere** to intend, **offendere** to offend, **prendere** to take, to get, **rendere** to render, to give back, **scendere** to descend, to go down, **spendere** to spend (money)

BERE (to drink)
Indicativo presente: bevo, bevi, beve, beviamo, bevete, bevono
Futuro: berrò, berrai, berrà, berremo, berrete, berranno
Indicativo imperfetto: bevevo, bevevi, beveva, bevevamo, bevevate, bevevano
Passato remoto: bevvi, bevesti, bevve, bevemmo, beveste, bevvero
Participio passato: bevuto
Condizionale: berrei, berresti, berrebbe, berremmo, berreste, berrebbero
Imperativo: bevi, beva, beviamo, bevete, bevano
Congiuntivo presente: beva, beva, beva, beviamo, beviate, bevano
Congiuntivo passato: bevessi, bevessi, bevesse, bevessimo, beveste, bevessero
Gerundio: bevendo

CADERE to fall
Futuro: cadrò, cadrai, cadrà, cadremo, cadrete, cadranno
Passato remoto: caddi, cadesti, cadde, cademmo, cadeste, caddero
Condizionale: cadrei, cadresti, cadrebbe, cadremmo, cadreste, cadrebbero

CHIEDERE to ask
Passato remoto: chiesi, chiedesti, chiese, chiedemmo, chiedeste, chiesero
Participio passato: chiesto

CHIUDERE to close
Passato remoto: chiusi, chiudesti, chiuse, chiudemmo, chiudeste, chiusero
Participio passato: chiuso

Other verbs that have the same irregularities as chiudere are: **accludere** to enclose, **escludere** to exclude, **concludere** to conclude, **includere** to include.

CONDURRE to lead, to conduct
Indicativo presente: conduco, conduci, conduce, conduciamo, conducete, conducono
Futuro: condurrò, condurrai, condurrà, condurremo, condurrete, condurranno
Indicativo imperfetto: conducevo, conducevi, conduceva, conducevamo, conducevate, conducevano
Passato remoto: condussi, conducesti, condusse, conducemmo, conduceste, condussero
Participio passato: condotto
Condizionale: condurrei, condurresti, condurrebbe, condurremmo, condurreste, condurrebbero
Imperativo: conduci, conduca, conduciamo, conducete, conducano
Congiuntivo presente: conduca, conduca, conduca, conduciamo, conduciate, conducano
Congiuntivo passato: conducessi, conducessi, conducesse, conducessimo, conduceste, conducessero
Gerundio: conducendo

Other verbs that have the same irregularities as condurre are: **indurre** to induce, **introdurre** to introduce, **produrre** to produce, **ridurre** to reduce, **tradurre** to translate.

CONOSCERE to know
Passato remoto: conobbi, conoscesti, conobbe, conoscemmo, conosceste, conobbero
Participio passato: conosciuto

Another verb that has the same irregularities as conoscere is **riconoscere** to recognize.

CONVINCERE to convince
Passato remoto: convinsi, convincesti, convinse, convincemmo, convinceste, convinsero
Participio passato: convinto

Another verb that has the same irregularities as convincere is **vincere**.

CORRERE to run
Passato remoto: corsi, corresti, corse, corremmo, correste, corsero
Participio passato: corso

CUOCERE to cook
Indicativo presente: cuocio, cuoci, cuoce, cuociamo, cuocete, cuociono
Passato remoto: cossi, cuocesti, cosse, cuocemmo, cuoceste, cossero
Participio passato: cotto
Imperativo: cuoci, cuocia, cuociamo, cuocete, cuociano
Congiuntivo presente: cuocia, cuocia, cuocia, cuociamo, cuociate, cuociano

DARE to give
Indicativo presente: do, dai, dà, diamo, date, danno
Futuro: darò, darai, darà, daremo, darete, daranno
Passato remoto: diedi, desti, diede, demmo, deste, diedero
Condizionale: darei, daresti, darebbe, daremmo, dareste, darebbero
Imperativo: da' (dai), dia, diamo, date, diano
Congiuntivo presente: dia, dia, dia, diamo, diate, diano
Congiuntivo passato: dessi, dessi, desse, dessimo, deste, dessero

DECIDERE to decide
Passato remoto: decisi, decidesti, decise, decidemmo, decideste, decisero
Participio passato: deciso

Other verbs that have the same irregularities as decidere are: **dividere** to divide, **perdere** to lose, **ridere** to laugh, **sorridere** to smile, **uccidere** to kill

DIFFONDERE (DIFFONDERSI) to spread
Passato remoto: diffusi, diffondesti, diffuse, diffondemmo, diffondeste, diffusero
Participio passato: diffuso

DIPINGERE to paint
Passato remoto: dipinsi, dipingesti, dipinse, dipingemmo, dipingeste, dipinsero
Participio passato: dipinto

DIRE to say
Indicativo presente: dico, dici, dice, diciamo, dite, dicono
Indicativo imperfetto: dicevo, dicevi, diceva, dicevamo, dicevate, dicevano
Passato remoto: dissi, dicesti, disse, dicemmo, diceste, dissero
Participio passato: detto
Imperativo: di', dica, diciamo, dite, dicano
Congiuntivo presente: dica, dica, dica, diciamo, diciate, dicano
Congiuntivo passato: dicessi, dicessi, dicesse, dicessimo, diceste, dicessero
Gerundio: dicendo

DISCUTERE to discuss
Passato remoto: discussi, discutesti, discusse, discutemmo, discuteste, discussero
Participio passato: discusso

DOVERE must
Indicativo presente: devo, devi, deve, dobbiamo, dovete, devono
Futuro: dovrò, dovrai, dovrà, dovremo, dovrete, dovranno
Condizionale: dovrei, dovresti, dovrebbe, dovremmo, dovreste, dovrebbero
Congiuntivo presente: debba (deva), debba (deva), debba (deva), dobbiamo, dobbiate, debbano (devano)

ELEGGERE to elect
Passato remoto: elessi, eleggesti, elesse, eleggemmo, eleggeste, elessero
Participio passato: eletto

FARE to do, to make
Indicativo presente: faccio, fai, fa, facciamo, fate, fanno
Futuro: farò, farai, farà, faremo, farete, faranno
Indicativo imperfetto: facevo, facevi, faceva, facevamo, facevate, facevano
Passato remoto: feci, facesti, fece, facemmo, faceste, fecero

Participio passato: fatto
Condizionale: farei, faresti, farebbe, faremmo, fareste, farebbero
Imperativo: fa' (fai), faccia, facciamo, fate, facciano
Congiuntivo presente: faccia, faccia, faccia, facciamo, facciate, facciano
Congiuntivo passato: facessi, facessi, facesse, facessimo, faceste, facessero
Gerundio: facendo

LEGGERE to read
Passato remoto: lessi, leggesti, lesse, leggemmo, leggeste, lessero
Participio passato: letto

METTERE to put
Passato remoto: misi, mettesti, mise, mettemmo, metteste, misero
Participio passato: messo

Other verbs that have the same irregularities as mettere are: **permettere** to allow, to permit, **promettere** to promise, **rimettere** to put back, **scommettere** to bet, **smettere** to quit.

MORIRE to die
Indicativo presente: muoio, muori, muore, moriamo, morite, muoiono
Participio passato: morto
Imperativo: muori, muoia, moriamo, morite, muoiano
Congiuntivo presente: muoia, muoia, muoia, moriamo, moriate, muoiano

NASCERE to be born
Passato remoto: nacqui, nascesti, nacque, nascemmo, nasceste, nacquero
Participio passato: nato

PARERE to seem, to appear
Indicativo presente: paio, pari, pare, pariamo, parete, paiono
Futuro: parrò, parrai, parrà, parremo, parrete, parranno
Passato remoto: parvi, paresti, parve, paremmo, pareste, parvero
Participio passato: parso
Condizionale: parrei, parresti, parrebbe, parremmo, parreste, parrebbero
Congiuntivo presente: paia, paia, paia, paiamo, paiate, paiano

PIACERE to like, to be pleasing
Indicativo presente: piaccio, piaci, piace, piacciamo, piacete, piacciono
Passato remoto: piacqui, piacesti, piacque, piacemmo, piaceste, piacquero
Participio passato: piaciuto
Imperativo: piaci, piaccia, piacciamo, piacete, piacciano
Congiuntivo presente: piaccia, piaccia, piaccia, piacciamo, piacciate, piacciano

Another verb that has the same irregularities as piacere is **dispiacere** to be sorry, to be displeasing.

PIANGERE to cry
Passato remoto: piansi, piangesti, pianse, piangemmo, piangeste, piansero
Participio passato: pianto

PORRE (PORSI) to put, to place
Indicativo presente: pongo, poni, pone, poniamo, ponete, pongono
Future: porrò, porrai, porrà, porremo, porrete, porranno
Passato remoto: posi, ponesti, pose, ponemmo, poneste, posero
Participio passato: posto
Condizionale: porrei, porresti, porrebbe, porremmo, porreste, porrebbero
Imperativo: poni, ponga, poniamo, ponete, pongano
Congiuntivo presente: ponga, ponga, ponga, poniamo, poniate, pongano

POTERE can
Indicativo presente: posso, puoi, può, possiamo, potete, possono

Futuro: potrò, potrai, potrà, potremo, potrete, potranno
Condizionale: potrei, potresti, potrebbe, potremmo, potreste, potrebbero
Congiuntivo presente: possa, possa, possa, possiamo, possiate, possano

RIMANERE to remain
Indicativo presente: rimango, rimani, rimane, rimaniamo, rimanete, rimangono
Futuro: rimarrò, rimarrai, rimarrà, rimarremo, rimarrete, rimarranno
Passato remoto: rimasi, rimanesti, rimase, rimanemmo, rimaneste, rimasero
Participio passato: rimasto
Condizionale: rimarrei, rimarresti, rimarrebbe, rimarremmo, rimarreste, rimarrebbero
Imperativo: rimani, rimanga, rimaniamo, rimanete, rimangano
Congiuntivo presente: rimanga, rimanga, rimanga, rimaniamo, rimaniate, rimangano

RISPONDERE to answer
Passato remoto: risposi, rispondesti, rispose, rispondemmo, rispondeste, risposero
Participio passato: risposto

Another verb that has the same irregularities as rispondere is **nascondere** to hide.

ROMPERE to break
Passato remoto: ruppi, rompesti, ruppe, rompemmo, rompeste, ruppero
Participio passato: rotto

Another verb that has the same irregularities as rompere is **interrompere** to interrupt

SALIRE to climb, to go up, to board
Indicativo presente: salgo, sali, sale, saliamo, salite, salgono
Imperativo: sali, salga, saliamo, salite, salgano
Congiuntivo presente: salga, salga, salga, saliamo, saliate, salgano

SAPERE to know
Indicativo presente: so, sai, sa, sappiamo, sapete, sanno
Futuro: saprò, saprai, saprà, sapremo, saprete, sapranno
Passato remoto: seppi, sapesti, seppe, sapemmo, sapeste, seppero
Condizionale: saprei, sapresti, saprebbe, sapremmo, sapreste, saprebbero
Imperativo: sappi, sappia, sappiamo, sappiate, sappiano
Congiuntivo presente: sappia, sappia, sappia, sappiamo, sappiate, sappiano

SCEGLIERE to choose
Indicativo presente: scelgo, scegli, sceglie, scegliamo, scegliete, scelgono
Passato remoto: scelsi, scegliesti, scelse, scegliemmo, sceglieste, scelsero
Participio passato: scelto
Imperativo: scegli, scelga, scegliamo, scegliete, scelgano
Congiuntivo presente: scelga, scelga, scelga, scegliamo, scegliate, scelgano

SCOMPARIRE to disappear
Indicativo presente: scompaio, scompari, scompare, scompariamo, scomparite, scompaiono
Passato remoto: scomparvi, scomparisti, scomparve, scomparimmo, scompariste, scomparvero
Participio passato: scomparso
Imperativo: scompari, scompaia, scompaiamo, scomparite, scompaiano
Congiuntivo presente: scompaia, scompaia, scompaia, scompariamo, scompariate, scompaiano

SCRIVERE to write
Passato remoto: scrissi, scrivesti, scrisse, scrivemmo, scriveste, scrissero
Participio passato: scritto

SEDERSI to sit down
Indicativo presente: mi siedo, ti siedi, si siede, ci sediamo, vi sedete, si siedono

Imperativo: siediti, si sieda (si segga), sediamoci, sedetevi, si siedano (si seggano)
Congiuntivo presente: mi sieda, ti sieda, si sieda, ci sediamo, vi sediate, si siedano (si seggano)

STARE to stay, to be
Indicativo presente: sto, stai, sta, stiamo, state, stanno
Futuro: starò, starai, starà, staremo, starete, staranno
Passato remoto: stetti, stesti, stette, stemmo, steste, stettero
Condizionale: starei, staresti, starebbe, staremmo, stareste, starebbero
Imperativo: sta' (stai), stia, stiamo, state, stiano
Congiuntivo presente: stia, stia, stia, stiamo, stiate, stiano
Congiuntivo passato: stessi, stessi, stesse, stessimo, steste, stettero

SUCCEDERE to happen, to succeed (in an office or post)
Passato remoto: successi, succedesti, successe, succedemmo, succedeste, successero
Participio passato: successo

TOGLIERSI to take off (garments)
Indicativo presente: mi tolgo, ti togli, si toglie, ci togliamo, vi togliete, si tolgono
Passato remoto: mi tolsi, ti togliesti, si tolse, ci togliemmo, vi toglieste, si tolsero
Participio passato: tolto
Imperativo: togliti, si tolga, togliamoci, toglietevi, si tolgano
Congiuntivo presente: mi tolga, ti tolga, si tolga, ci togliamo, vi togliate, si tolgano

USCIRE (to go out)
Indicativo presente: esco, esci, esce, usciamo, uscite, escono
Imperativo: esci, esca, usciamo, uscite, escano
Congiuntivo presente: esca, esca, esca, usciamo, usciate, escano

Another verb that has the same irregularities as uscire is **riuscire (a)** to succeed, to be capable (of).

VEDERE to see
Futuro: vedrò, vedrai, vedrà, vedremo, vedrete, vedranno
Passato remoto: vidi, vedesti, vide, vedemmo, vedeste, videro
Participio passato: visto (o veduto)
Condizionale: vedrei, vedresti, vedrebbe, vedremmo, vedreste, vedrebbero

VENIRE to come
Indicativo presente: vengo, vieni, viene, veniamo, venite, vengono
Futuro: verrò, verrai, verrà, verremo, verrete, verranno
Passato remoto: venni, venisti, venne, venimmo, veniste, vennero
Participio passato: venuto
Condizionale: verrei, verresti, verrebbe, verremmo, verreste, verrebbero
Imperativo: vieni, venga, veniamo, venite, vengano
Congiuntivo presente: venga, venga, venga, veniamo, veniate, vengano

VIVERE to live
Futuro: vivrò, vivrai, vivrà, vivremo, vivrete, vivranno
Passato remoto: vissi, vivesti, visse, vivemmo, viveste, vissero
Participio passato: vissuto
Condizionale: vivrei, vivresti, vivrebbe, vivremmo, vivreste, vivrebbero

VOLERE want
Indicativo presente: voglio, vuoi, vuole, vogliamo, volete, vogliono
Futuro: vorrò, vorrai, vorrà, vorremo, vorrete, vorranno
Passato remoto: volli, volesti, volle, volemmo, voleste, vollero
Condizionale: vorrei, vorresti, vorrebbe, vorremmo, vorreste, vorrebbero
Congiuntivo presente: voglia, voglia, voglia, vogliamo, vogliate, vogliano

VOCABULARY

SICILIA, VEDUTA DELL'ETNA

The following vocabulary contains most words and expressions used in the textbook.
Most cognates found after chapter 3 (when the cognate concept is introduced) are listed only in the Italian - English vocabulary and not in the English - Italian vocabulary.
When looking for a word in this vocabulary remember the following:

A. Most Italian words are stressed on the next-to-the-last vowel:
ragazzo - albergo - matita - insalata - parlare - mangiare - offrire.
When the stress falls on a different vowel the actual stressed vowel will be underlined
(albero - vivere - aereo).

B. Most invariable nouns (nouns that do not change their endings in the plural) belong to the following categories:

1. Nouns stressed on the last vowel: la città - le città, l'università - le università
2. Abbreviated nouns: l'auto - le auto, il cinema - i cinema, la foto - le foto
3. Nouns of one syllable: il re - i re, il tè (il the) - i tè (i the), la gru - le gru
4. Nouns of foreign origin: il film - i film, lo sport - gli sport
5. Nouns ending in **-i**: la diagnosi - le diagnosi, la crisi (crisis) - le crisi, la tesi (thesis) - le tesi
6. Nouns ending in **-ie**: la serie (series) - le serie, la specie (species) - le specie.

Exceptions: la moglie - le mogli, la superficie (surface), le superfici.

C. An asterisk next to a verb indicates that the verb requires **essere** and not **avere** when forming the past (andare*). The asterisk is also included in reflexive verbs, even though you should know that they all require **essere**.

D. Third conjugation verbs that work like preferire are indicated as follows:
preferire (**-isco**)

E. The abbreviations used are the following:
(**f.**) feminine; (**m.**) masculine; they are given only when the article alone is not sufficient to determine the gender.
(**s.**) singular; (**pl.**) plural; they are given only when there are major irregularities.
(**form.**) formal; (**inform.**) informal.
(**inv.**) invariable.
(**p. p.**) past participle; it is given only when it is irregular.
(**subj.**) subjunctive.

A

a (often **ad** before vowels) at, in, to
abbastanza (inv.) enough
l'abbacchio baby lamb
l'abbigliamento clothing
abbondante rich, plentiful
abbracciare to hug; **abbracciarsi***
   to hug each other
l'abitante inhabitant
abitare to live, to dwell
l'abito dress, suit
l'abitudine (f.) habit; **avere**
   l'abitudine di to be in the habit of
accadere* to happen
accanto (**a**) close, next (to)
accendere (p. p. **acceso**) to turn
   on (lights)
l'accento accent
accettare to accept
l'acciaio steel
accidenti! damn!
accogliere (p. p. **accolto**) to welcome
accompagnare to accompany
accorgersi* (p. p. **accorto**) to realize
accudire (-isco) to take care of
accusare to accuse
l'aceto vinegar
l'acqua water; **l'acqua minerale**
   mineral water
l'acquedotto aqueduct
acquistare to buy, to gain
adagio slowly
adatto suitable
addio farewell
addirittura even
addormentarsi* to fall asleep
addosso on
adesso now
aderire (-isco) to adhere, to support
l'adulto adult
l'aeroplano (or **l'aereo**) airplane
l'aeroporto airport
affamato hungry
l'affare (m.) bargain, business
affermare to affirm
l'affettato (or **gli affettati**) cold cuts
l'affetto affection
affettuoso affectionate
affezionarsi* (**a**) to grow fond (of)
affinché so that, in order that
affittare to rent
affollato crowded
affrescare to fresco
l'affresco fresco
africano African
l'agenzia agency
aggiungere (p. p. **aggiunto**) to add
l'aglio garlic
l'agnello lamb
agosto August
agricolo agricultural
aguzzo sharp, pointed

l'aiuola flower - bed
aiutare to help
l'aiuto help
l'ala (pl. **le ali**) wing
l'albergatore hotel owner
l'albergo hotel
l'albero tree
l'albicocca apricot;
l'albicocco apricot tree
alcune - alcuni some, a few
l'alfabeto alphabet
alimentare pertaining to food;
prodotti alimentari food products
alleato allied; **gli alleati** the allies
allestire (-isco) to prepare, to dress
almeno at least
allegro cheerful
l'allievo - l'allieva pupil
allora so; back then
l'alluminio aluminum
alto tall, high; **ad alta voce** aloud
altrimenti otherwise
altro other
l'alunno - l'alunna pupil
alzare to raise, to lift;
alzarsi* to get up
amare to love
amaro bitter
ambientare to set
l'ambiente environment
americano American
l'amica - l'amico friend
ammalarsi* to get sick
ammalato sick
ammazzare to kill
ammirare to admire
l'amore (m.) love
ampio large
l'analfabetismo illiteracy
analizzare to analyze
l'ananas pineapple
anche also
ancora still, yet, again;
   non ancora not yet
andare* to go; **andare a casa** to
   go home; **andare a dormire** to go to
   bed; **andare all'estero** to go
   abroad; **andare in** (campagna,
   montagna, aereo, bicicletta, macchina,
   treno) **to go to/by** (the countryside,
   the mountains, airplane, bicycle, car,
   train); **andare al mare** to go to
   the seashore; **andare a piedi** to
   go by foot, to walk; **andare a
   trovare** to go visit; **andare via** to
   leave, to go away; **andare in
   vacanza** to go on vacation
andata e ritorno round trip
l'anfiteatro amphitheatre
l'anguilla eel
l'anima (or **l'animo**) soul
l'animale (m.) animal

animatamente vivaciously
l'anitra duck
l'anno year;
 Buon Anno! Happy new Year!
annoiarsi* to get bored
annunciare to announce
l'ansia anxiety
anteriore anterior, front
l'anticipo advance; **essere in anticipo** to be early
antico ancient
l'anticoncezionale contraceptive
l'antipasto appetizer; **gli antipasti misti** assorted appetizers
antipatico unpleasant
l'anulare (m.) ring finger
anzi on the contrary
l'aperitivo aperitif
aperto open; **all'aperto** in the open, outdoors
apparecchiare to set the table
l'appartamento apartment
appartenere (a) to belong (to)
appena just, as soon as; **appena appena** barely
appestato plague stricken
l'appetito appetite; **buon appetito!** enjoy your meal! (lit.: good appetite!)
appetitoso appetizing
applaudire to clap, to applaud
apprezzare to appreciate
approfittare (di) to take advantage (of)
appropriato appropriate
approvare to approve
appunto exactly; **gli appunti** notes
aprile April
aprire (p. p. **aperto**) to open
arabo Arab
l'arancia (pl. **le arance**) orange (fruit);
l'arancio orange tree
arancione (inv.) orange (color)
archeologico archeological
l'architetto architect
architettonico architectural
l'architettura architecture
l'arco arch
ardente ardent
l'argento silver
l'argomento subject, topic
l'aria air, aria; **l'aria condizionata** air conditioning
l'armadietto kitchen cabinet
l'armadio (pl. **gli armadi**) wardrobe; **l'armadio a muro** closet
arrabbiarsi* to get angry
arredare to furnish
aristocratico aristocratic
arrivare* to arrive
l'arrivo arrival
arrivederLa (form.) so long; **arrivederci** (form. and inform.) so long
l'arrosto roast; **arrosto** roasted
l'arte (f.) art; **la storia dell'arte** history of art

l'articolo article; **l'articolo di bigiotteria** cheap jewelry item
l'artista m. & f. (m. pl. **gli artisti**) artist
artistico artistic
l'ascensore elevator
l'asciugacapelli (m.) hair drier
l'asciugamano towel
asciugare to dry; **asciugarsi*** to get dry
ascoltare to listen to
l'asino donkey
aspettare to wait for
l'aspetto aspect, look, point of view
l'aspirapolvere (m.) vacuum cleaner
assaggiare to taste
l'assassino murderer, assassin
l'assegno check
l'assemblea (pl. **le assemblee**) assembly
assente absent
assolutamente absolutely
assomigliarsi* to resemble each other
assumere (p. p. **assunto**) to hire
l'atleta m. & f. (m. pl. **gli atleti**) athlete
attendere (p. p. **atteso**) to wait
attento careful; **stare attento** to pay attention, to be careful
l'atterraggio landing
l'attimo moment
l'attività activity
l'atto act
l'attore - l'attrice actor, actress
attraente attractive
attraversare to cross
attraverso through
attuale present, current
attualmente presently
auguri! best wishes!
l'aula classroom
l'aura air, breeze (poetic)
l'autobus bus
l'automobile (or **l'auto**) (f.) automobile
l'autore - l'autrice author
l'autostrada highway; **la rete autostradale** highway system
l'autunno autumn, fall
avaro stingy
avere to have; **avere... anni** to be... years old; **avere bisogno (di)** to need (to); **avere caldo** to be hot; **avere fame** to be hungry; **avere paura (di)** to be afraid; **avere freddo** to be cold; **avere fretta** to be in a hurry; **avere ragione** to be right; **avere sete** to be thirsty; **avere sonno** to be sleepy; **avere torto** to be wrong; **avere voglia (di)** to feel like (having)
avvelenare to poison
avvenire* (p. p. **avvenuto**) to occur, to take place
l'avventura adventure
l'avvertimento warning

avvicinarsi* to get closer, to approach
l'avvocato - l'avvocatessa lawyer
azzurro light blue

B

baciare to kiss
baciarsi* to kiss each other
il bacio (pl. **i baci**) kiss
il bagaglio (pl. **i bagagli**) baggage, luggage
bagnare to wet
il bagno bathroom
il balcone balcony, terrace
la balena whale
il balocco toy; **il paese dei balocchi** Toyland
ballare to dance
il ballo ball
balsamico balsamic
il bambino - la bambina young child, kid
la bambola doll
la banca bank
la bancarella stand
il banchetto banquet
il banco desk, counter; **al banco** at the counter
la banconota bill, note
il bar bar, coffee house
il barbiere barber
la barca boat
basare to base
il basilico basil
basso short (in height), low
basta! enough!
il bastone cane
battere to strike (the hour), to beat
beh (bene) well
la bellezza beauty
bello beautiful
la beltà beauty
benchè (+subj.) although
bene well; **benissimo** very well
il benessere welfare
beninteso to be sure
bensì on the contrary
benvenuto (a - i - e)! welcome!
la benzina gas
bere (p. p. **bevuto**) to drink
la bevanda beverage
la biancheria linen
bianco white
la bibita soft drink
la biblioteca library
il bicchiere glass
la bicicletta (or **la bici**) bicycle
le bietole Swiss chard
la bigiotteria cheap jewelry
il biglietto ticket, card; **il biglietto di auguri** well wishing card
la bilancia (pl. **le bilance**) scale
il bimbo - la bimba young child, baby
il binario (pl. **i binari**) platform
biondo blond

la birra beer
il biscotto cookie
bisogna che it is necessary that
la bistecca beefsteak; **la bistecca alla fiorentina** Florentine style steak (chop)
blu (inv.) blue
la bocca mouth
il bollettino metereologico weather report
bollire to boil
il bollito boiled meat
la borsa bag
il bosco woods, forest
la bottiglia (pl. **le bottiglie**) bottle
il braccio (pl. **le braccia**) arm
il brano passage`
bravo good, able
breve brief, short
brindare to make a toast
il brindisi toast
il brodo broth
brontolare to grumble
bruciare to burn
bruno dark-haired
brutto ugly
buffo funny, comic
la bugia (pl. **le bugie**) lie
buono good
il burattino puppet
il burro butter
bussare to knock

C

la cabina telefonica telephone booth
la caccia hunting
il cacciatore hunter
cadere* to fall
il caffè coffee, coffee house; **doppio** double; **corretto** with a dash of liquor; **lungo** with water added; **macchiato** with a drop of milk; **normale** normal; **ristretto** strong, concentrated
il caffelatte coffee and milk
il calcio soccer
caldo hot
calmo calm
calpestare to step on
le calzature footwear
le calze socks
le calze velate stockings
i calzoni trousers
il cambiamento change
cambiare to change
il cambio change, exchange
la camera (da letto) bedroom; **la Camera dei deputati** House of representatives
il cameriere - la cameriera waiter - waitress
il camice smock
la camicetta blouse
la camicia (pl. **le camicie**) shirt

la camicia da notte nightgown
il camino chimney
camminare to walk
la campagna countryside;
  la campagna elettorale electoral
  campaign
il campanile bell tower
il campo field
il canale channel
il cancellino eraser
il cane dog
la canna cane, reed
i cannelloni kind of pasta
il (la) cantante singer
cantare to sing
la cantina cellar
il canto singing
la canzone song
capeggiare to head
il capello strand of hair; **i capelli** hair
capire (-isco) to understand
la capitale capital (of a country)
il capitolo chapter
il capo head
il capolavoro masterpiece
il capoluogo capital (of a region)
il cappello hat
il cappotto overcoat
il cappuccio (pl. **i cappucci**) hood
il capriolo venison
il carasau Sardinian paper thin bread
la caratteristica characteristic
il carbone coal
il carciofo artichoke
cariato with cavities, decayed (tooth)
la carica office; **ricoprire una
  carica** to hold an office
caricare to load
carino nice, cute
la carne meat; **in carne e ossa** in
  flesh and bones
caro dear, expensive
la carota carrot
il carro cart; **il carro di Carnevale**
  Carnival float
la carta paper, card; **la carta di
  credito** credit card; **la carta
  d'identità** identification card;
  la carta geografica map;
  la cartina small map
le carte cards; **giocare a carte**
  to play cards
la cartella briefcase
la cartolina postcard
il cartone animato animated
  cartoon
la casa house; **la specialità della
  casa** specialty of the house
casalingo home made
il caso case; **per caso** by chance;
  nel caso che (+ subj.) in case
la cassa crate, cash register
la cassata Sicilian ice - cream (or cake)
  with candied fruit

il cassetto drawer
il cassettone chest of drawers
la castagna chestnut; **il castagno**
  chestnut tree
il castello castle
la catena chain; **la catena
  montuosa** mountain chain
la catinella basin
la cattedrale cathedral
cattivo bad, naughty
cattolico catholic
il cavalletto easel
il cavallo horse
il cavolfiore cauliflower
il cavolo cabbage
il CD compact disc
celebrare to celebrate
celebre famous
la cena dinner, supper
cenare to have dinner, to dine
la cenere ash, ashes, cinders
il centesimo cent, penny
il centimetro centimeter
cento one hundred
centrale central
il centro downtown
la ceramica ceramic
cercare to look for, to try
certamente certainly
certo sure
la cesta basket
che that, who
che cosa? (or **che?** or **cosa?**) what?
chi? who?
la chiacchiera rumor, chat
chiacchierare to chat
chiamare to call; **chiamarsi*** to be
  called
chiaro clear
la chiave key
chiedere (p. p. **chiesto**) to ask, to
  request
la chiesa church
il chilogrammo (or **il chilo**) kilogram
il chilometro kilometer
chissà! who knows!
la chitarra guitar
chiudere (p. p. **chiuso**) to close;
  chiudere a chiave to lock
chiunque whoever
ci there; **c'è** there is; **ci sono** there are
ciao hi, good - bye (inform.)
il cibo food
il ciclismo cycling, bicycling
il cielo sky
la ciliegia (pl. **le ciliege**) cherry;
  il ciliegio cherry tree
cin cin! cheers!
la Cina China
il cinematografo (or **il cinema**)
  movie theatre
cinese Chinese
ciò this
la cioccolata (or **il cioccolato**)

chocolate; **la cioccolata in tazza**
hot chocolate (in a cup);
il cioccolatino small chocolate
cioè that is, i.e.
la cipolla onion
circa about, approximately
il circo circus
circondare to surround
la città city
il cittadino citizen
civile civil
la civiltà civilization
la classe class
classico classic, classical
il cliente - la cliente client
il clima (pl. **i climi**) climate
la colazione breakfast
la collina hill
il collo neck
il colombo dove, pigeon; **la
colomba pasquale** Easter dove
la colonna column
il colore color; **di che colore è?**
which color is it?; **i colori** crayons
il colosseo colosseum
il coltello knife
colto learned
come how, as, such as; **come mai?**
how come?; **come si dice?** how do
you say?; **come va?** how is it going?
cominciare to begin
la commedia comedy, play
commentare to comment
il commento comment
il commesso - la commessa
salesperson
commuovere (p. p. **commosso**)
to move, to touch
il comò chest of drawers
comodo comfortable
il comodino night stand
la compagnia company
**il compagno (la compagna) di
classe** classmate
compiere to do, to perform
il compito homework
il compleanno birthday; **buon
compleanno!** happy birthday!
completare to complete
completo complete, entire
complimenti! congratulations!
comporre (p. p. **composto**) to
compose
comportarsi* to behave
il compositore composer
comprare to buy
comprendere (p.p. **compreso**)
to include, to comprehend
il computer computer
il comune town hall, municipality
comune common; **in comune**
in common
comunque anyway, however
con with

il concerto concert
il concetto concept
concludere (p. p. **concluso**) to
conclude
la condizione condition; **a
condizione che** (+ subj.) provided that
il condominio condominium
condurre (p. p. **condotto**) to lead,
to conduct; **a conduzione familiare**
family run
la conferenza lecture
congratulazioni! congratulations!
coniare to coin, to mint
il coniglio (pl. **i conigli**) rabbit
conoscere (p. p. **conosciuto**)
to know, to meet
conquistare to conquer
conseguente consequent
la conseguenza consequence;
di conseguenza consequently
conseguire to obtain
il conservatorio conservatory, school
of music
consumare to consume
il contadino - la contadina peasant
contagioso contagious
contaminare to contaminate
i contanti cash; **pagare in contanti**
to pay cash
contare to count
il contatto contact; **mettersi in
contatto** to contact
contendersi* (p. p. **conteso**) to
contend
contenere to contain
contento glad
il contenuto content
il continente continent
continuare to continue
il conto bill
il contorno side dish
contribuire (-isco) to contribute
contro against
controllare to check
la convalescenza convalescence
il convento convent
convincere (p. p. **convinto**) to
convince
la coperta blanket
la coppia couple; **in coppia** in pairs
coprire (p. p. **coperto**) to cover
il coraggio courage
correggere (p. p. **corretto**) to correct
il corpo body
correre (p. p. **corso**) to run
corrispondente corresponding
la corrispondenza correspondence
corrispondere (p. p. **corrisposto**)
to correspond
il corso course
la corte court
la cortesia courtesy, kindness
corto short (in length)
la cosa thing; **cosa** (or **che** or

che cosa) vuol dire? what does it mean?; **cosa** (or **che** or **che cosa) è?** what is it?

la coscienza conscience; **l'obiettore di coscienza** conscientious objector

così so, this way

così così so - so

la costa coast

costante constant

costare* to cost

il costo cost

costoso expensive

costruire (-isco) to build

la costruzione construction

il costume custom, usage, costume

la cotoletta cutlet; **la cotoletta alla milanese** cutlet Milanese style (fried)

il cotone cotton

cotto cooked; **ben cotto** well done (meat)

la cottura cooking; **il tempo di cottura** cooking time

la cozza mussel

la cravatta tie

la creatura creature

credere to believe; **crederci** to believe (it or in something/somebody)

la crema custard, cream

crescere (p. p. **cresciuto**) to grow

la crescita growth

la crisi crisis

il Cristianesimo Christianity

la crostata pie

il crostino canapè

crudo raw

il cucchiaino teaspoon

il cucchiaio (pl. **i cucchiai**) tablespoon

il cucciolo puppy, young and inexperienced person

la cucina kitchen, cuisine

cucinare to cook, to prepare food

il cugino - la cugina cousin

culinario culinary

cuocere (p. p. **cotto**) to cook (on the stove), to bake

il cuoco - la cuoca cook

il cuoio (or **la pelle**) leather

il cuore heart

la cupola dome

curare to cure

il cuscino pillow

il custode - la custode janitor

D

d'accordo agreed

da from; **da quanto tempo..?** How long...?

dài come on

la dama checkers

dappertutto everywhere

dapprima at first

dare to give; **dare** (o **sostenere**) **un esame** to take an exam; **dare una mancia** to give a tip; **dare un passaggio** to give a ride

la data date; **dato che** since, as

il datore di lavoro employer

davanti (**a**) in front (of)

davvero really, for sure

debole weak

il decennio (pl. **i decenni**) decade

decidere (p. p. **deciso**) to decide

la decina about ten

deciso determined

definire (-isco) to define

il delfino dolphin

delizioso delightful

la democrazia democracy

il denaro (or **i soldi**) money

il dente tooth; **al dente** (pasta) firm

dentro inside

la Depressione Depression

il deputato representative

derivare to derive

descrivere (p. p. **descritto**) to describe

desiderare to desire, to wish for

la desolazione desolation

la destra right; **a destra** to the right

determinato determinate, certain

il detto saying

di of; **di chi?** whose?

la diagnosi (pl. **le diagnosi**) diagnosis

il dialetto dialect

il dialogo dialogue

dicembre December

dichiarare to declare; **dichiararsi*** to declare oneself

la dichiarazione declaration; **fare una dichiarazione d'amore** to declare one's love; to propose

dietro behind

differente different

la differenza difference; **a differenza di** unlike

difficile difficult

diffondersi* (p. p. **diffuso**) to spread

la diffusione spread, propagation

diffuso widespread

digiunare to fast

dimagrire* (-isco) to lose weight

dimenticare to forget

Dio (pl. **gli dei**) God

dipendere* (p. p. **dipeso**) (**da**) to depend on

dipingere (p. p. **dipinto**) to paint

il dipinto painting

il diploma (pl. **i diplomi**) diploma

la diplomazia diplomacy

dire (p. p.**detto**) to say; **dire di sì o di no** to say yes or no

diretto direct

il direttore - la direttrice director

diritto straight, straight ahead

il disco record

il discorso discourse, speech

la discussione argument

discutere (p.p. **discusso**) to discuss
disegnare to draw
il disegno drawing
disoccupato unemployed; **essere disoccupato** to be unemployed
la disoccupazione unemployment
la disperazione desperation
dispiacere* to be sorry; **mi dispiace** I am sorry; **ti dispiace?** do you mind?
la dissertazione dissertation
la distanza distance
distinguere (p. p. **distinto**) to distinguish
distinto distinguished
disturbare to disturb
il dito (pl. **le dita**) finger, toe
la ditta firm
il divano sofa
diventare* to become
diverso different
divertente amusing, entertaining
divertirsi* to enjoy oneself
dividere (p.p. **diviso**) to divide
divino divine
il dizionario (pl. **i dizionari**) dictionary
la doccia (pl. **le docce**) shower; **fare la doccia** to take a shower
il documentario (pl. **i documentari**) documentary
il documento document
la dogana customs
il dolce dessert
dolce sweet; **suono dolce** soft sound
il dollaro dollar
domani tomorrow
la domanda question
la domenica Sunday; **il giornale domenicale** the Sunday paper
dominare to dominate
il dominio dominion; **essere di dominio pubblico** to be public property
il dono gift
la donna woman
dopo after, afterwards, later
doppio double
dormire to sleep
dotto learned
il dottore - la dottoressa doctor
dove where
dovere must, to have to
doveroso a must
dovunque everywhere, wherever
dovuto a due to
la dozzina dozen
il dramma (pl. **i drammi**) drama
il dubbio (pl. **i dubbi**) doubt; **senza dubbio** without any doubt
dubitare to doubt
il duetto duet
il duomo cathedral
dunque so, therefore

durante during
durare* to last
duro hard, tough

E
e (often **ed** before vowels) and
è is or it is
l'ebano ebony
eccezionale exceptional
l'eccezione (f.) exception; **fare eccezione** to be an exception
ecco here is/here are
eccitato excited
l'eco f. or m. (pl. **gli echi**) echo
l'economia economy, economics; **economia e commercio** economics, business administration
economico (or **a buon mercato**) inexpensive, cheap
l'edificio (pl. **gli edifici**) building
efficiente efficient
egli he
egoista m. & f. (m. pl. **egoisti**; f. pl. **egoiste**) selfish
egregio distinguished (in a letter)
l'elefante (m.) elephant
elegante elegant
eleggere (p. p. **eletto**) to elect
elencare to list
l'elenco list; **l'elenco telefonico** telephone directory
l'elettrodomestico appliance
ella she
l'enciclopedia encyclopedia
enorme enormous
eliminare to eliminate
l'emancipazione emancipation
emettere (p. p. **emesso**) to issue
emigrare to emigrate
l'emissione issue
emozionante exciting, thrilling, moving
entrambi (o **entrambe**) both
entrare* to enter
l'entrata entrance
entro within
entusiasta m. & f. (m. pl. **entusiasti** f. pl. **entusiaste**) enthusiastic
l'episodio (pl. **gli episodi**) episode
l'Epifania (or **la Befana**) Epiphany
l'epoca epoque
l'equatore (m.) Equator
l'erba grass
l'errore (m.) mistake, error
l'esame (m.) exam; **l'esame di maturità** High School - leaving exam
esattamente exactly
esatto exact
esclamare to exclaim
l'escursione (f.) short trip, excursion
esecutivo executive
eseguire to do, to carry out
l'esempio (pl. **gli esempi**) example
esercitare to exercise, to practise

Studio italiano

l'esercizio (pl. gli esercizi) exercise
esiguo small
esistere* (p. p. esistito) to exist
l'esperienza experience
l'esperto expert
esportare to export
l'espressione (f.) expression
l'espresso espresso
essere* (p. p. stato) to be;
  essere di moda to be fashionable;
  essere fuori moda to be out of
  fashion; essere ammalato to be sick;
  essere in funzione to be working
l'essere (m.) umano human being
l'est east; a est to the east
l'estate summer
esterno external, outside
estero foreign;
  all'estero abroad
estremamente extremely
l'età age
eterno eternal
l'ettogrammo (or l'etto) hectogram
l'euro euro (European currency)
europeo European
l'evento event
evidente evident

F

fa ago; due giorni fa two days ago
la fabbrica factory
la faccia (pl. le facce) face
facile easy
facilitare to facilitate
la facoltà school, University
  department
facoltoso wealthy
i fagiolini string beans
il fagiolo bean
il falcone falcon
la fama fame
la fame hunger; avere una fame da
  lupi to be as hungry as a bear (lit: as
  wolves)
la famiglia family
famoso famous
la fanciulla maiden, young girl
fantastico fantastic
la faraona Guinea hen
farcito stuffed
fare (p. p. fatto) to make, to do; fare
  attenzione to pay attention; fare
  colazione to have breakfast; fare
  la doccia to take a shower; fare
  una domanda to ask a question;
  fare due passi to take a short walk;
  fare un giro to go for a ride; fare
  indigestione to get indigestion;
  fare il letto to make the bed; fare
  del male to hurt; fare una
  passeggiata to take a walk; fare
  una pausa to take a break; fare uno
  sconto to give a discount; fare la
  spesa to shop (for grocery); fare

delle spese to shop (for anything);
  fare una telefonata to make a
  phone call; fare un viaggio to take a
  trip; farsi la barba to shave (men only)
la farmacia drugstore
il (la) farmacista pharmacist
il faro light, lighthouse
la fata fairy; la fata dai capelli
  turchini the fairy with blue hair
faticoso fatiguing
il fattore factor
la fattoria farm
il fautore supporter
la favola fable
il favore favor; per favore please
il fazzoletto handkerchief
febbraio February
la febbre fever
fedele faithful
la fedeltà fidelity
il fegato liver
felice happy
la felicità happiness
fermarsi* to come to a stop
la fermata stop
ferire to wound
feroce ferocious
la festa party; Buone Feste! Happy
  holidays!
festeggiare to celebrate
la fetta slice
feudale feudal
il fico fig (or fig tree)
fidanzarsi* to get engaged
il fidanzato - la fidanzata fiancè -
  fiancee
fidarsi* (di) to rely (on), to trust
fidato trustworthy
la fiera fair
la figlia - il figlio daughter, son
la filastrocca nursery rhyme
il film film; il film giallo thriller
il finale ending
finalmente finally
la fine end, ending
la finestra window
il finestrino window (of a car, train etc..)
finire (-isco) to finish, to end, to end up
fino a up to, as far as, until
il fiore flower
fiorentino Florentine
il fisico physicist
il fiume river
la flanella flannel
la focaccia kind of flat bread
la foglia leaf
il foglio (pl. i fogli) paper
fondare to found, to establish
la fonduta fondue (melted cheese
  with cream and eggs)
fonetico phonetic
la fontana fountain
la forchetta fork
la forma form

il formaggio (pl. **i formaggi**) cheese
formale formal
formare to form
il fornaio baker
il forno oven; **al forno** baked;
  il forno a microonde microwave
  oven
forse perhaps, maybe
forte strong
la fortuna luck; **buona fortuna!**
  good luck!; **che fortuna!** what
  luck!; **per fortuna** fortunately
fortunato fortunate
la fotografia (or **la foto**)
  photograph
fra between or among
la fragola strawberry
francese French
la Francia France
la frase sentence, phrase
il frate friar
il fratellastro half - brother,
  step - brother
il fratello brother
frattempo: nel frattempo in the
  meantime
la frazione fraction
freddo cold
frequentare to attend
frequente frequent
fresco fresh, cool
la fretta haste; **in fretta** in a hurry
il frigorifero refrigerator
fritto fried
la frutta fruit; **la macedonia di
  frutta** fruit salad
il frutto single fruit; **i frutti di mare**
  seafood
il frutteto orchard
fuggire* to flee
il fulmine lightning
fumare to smoke
il funerale funeral
il fungo mushroom
la funzione function
il fuoco fire; **i fuochi d'artificio**
  fireworks
fuori out, outside
furbo sly

G

la galera jail
la gamba leg
il gamberetto shrimp
gassata sparkling (water)
la gastronomia gastronomy
il gatto cat
il gelato ice-cream
il gelo frost
il gemito sigh
generale general
il genere type, kind, sort
generoso generous
il genio (pl. **i geni**) genius

il genitore parent
gennaio January
la gente people
gentile kind
la gentilezza kindness
la geografia geography
geografico geographical
la Germania Germany
gestire (-isco) to run (a business)
Gesù Jesus
gettare to throw
il gettone token
il ghetto ghetto
la ghianda acorn
già already, sure
la giacca jacket
giallo yellow
giapponese Japanese
il giardino garden
il giglio (pl. **i gigli**) lily
il ginocchio (pl. **le ginocchia**) knee
la ginnastica gymnastics
giocare to play; **giocare a carte** to
  play cards; **giocare a palla** to play
  ball
il giocatore player
il giocattolo toy
il gioco game
la gioielleria jewelry shop
il gioiello jewel
il giornale newspaper
il (la) giornalista journalist
la giornata day
il giorno day; **che giorno è?**
  what day is it?
giovane young
il giovedì Thursday
la giraffa giraffe
la gita short trip; **fare una gita** to
  take a trip
il giubbotto sports jacket
giugno June
la giungla jungle
giurare to swear, to pledge;
giurarsi* to swear to each other
la giurisprudenza jurisprudence,
  law
la giustizia justice, fairness
giusto right, fair, correct
lo gnomo elf
godere to enjoy
la gola throat
il golfo gulf
la gomma tire, eraser
gonfio swollen
gongolare to be delighted
la gonna skirt
il gorgonzola Italian sharp cheese,
  similar to blue cheese
gotico gothic
il governo government
il grado degree; **i gradi centigradi**
  Celsius degrees
la grammatica grammar

VOCABULARY

Studio italiano

grande big, great, large
la grandezza greatness
grandioso grandiose
grasso fat
il grattacielo skyscraper
grave grave, serious
grazie thank you; **grazie mille** or
  grazie tante many thanks; **grazie
  di tutto** thanks for everything
greco (pl. **greci**) Greek
gridare to shout
grigio (pl. **grigi**) gray
la griglia grill; **alla griglia** on the grill
il grillo cricket; **il Grillo Parlante** the
  talking cricket
grosso big
la gru crane
il guanto glove
guardare to look at; **guardarsi* in
  faccia** to look into each other's face
guarire (-isco) to get well
la guerra war
la guida guide
guadagnare to earn, to gain
guidare to drive
il guidatore driver
il gusto taste

H
hotel hotel
humus humus

I
l'idea idea; **che bell'idea!** what a
  beautiful idea!
identificarsi* to identify
ieri yesterday
illustre distinguished, illustrious (letter)
imbarazzato embarassed
imbattibile unbeatable
imbrogliare to swindle
immaginario imaginary, fictitious
immancabilmente unfailingly,
  inevitably
immediatamente immediately
immergere (p. p. **immerso**) to
  immerse, to soak
immigrare* to immigrate
immortalare to immortalize
imparare to learn; **imparare a
  memoria** to memorize
impartire (-isco) to give (a lesson)
impazzire* (-isco) to go crazy
impegnato busy, occupied
l'imperatore emperor
l'impermeabile (m.) raincoat
l'impero empire
l'impiegato - l'impiegata employee
imponente imposing
imporsi* (p. p. **imposto**) to assert
  oneself
importante important
l'importanza importance
importare to import, to matter; **non**

importa it doesn't matter
l'imprenditore - l'imprenditrice
  entrepreneur
improvvisamente all of a sudden
in in, at
l'incantesimo spell, enchantment
incantevole enchanting
l'incisione (f.) etching
includere (p.p. **incluso**) to include
incontrare to meet; **incontrarsi*** to
  meet each other
l'incontro meeting, encounter
indeciso undecided
indicare to indicate
l'indice (m.) index, index finger
l'indigestione (f.) indigestion
l'indipendenza independence
l'indirizzo address
l'indivia endive
indossare to wear
indovinare to guess
l'indumento garment
indurre (p. p. **indotto**) to induce
l'industria industry
industriale industrial
industrializzato industrialized
infatti in fact
l'infedeltà infidelity
infelice unhappy
l'infermiere - l'infermiera nurse
infine finally
l'inflazione (f.) inflation
l'influenza flu
l'influsso influence
informale informal
informarsi* to inform oneself
l'Inghilterra England
l'ingegneria engineering
ingiusto unjust
inglese English
l'ingresso entrance
l'inizio (pl. **gli inizi**) beginning
innalzare to elevate
innamorarsi* (**di**) to fall in love (with)
innamorato in love
innumerevole innumerable
inoltre furthermore
inquinare to pollute
l'insalata lettuce, salad
l'insegnante (f. & m.) teacher
insegnare to teach
inserire to insert
insieme together; **tutti insieme** all
  together
insistere (p. p. **insistito**) to insist
insuperabile unbeatable
l'istituzione institution
intanto in the meantime
integrale whole wheat (bread)
intelligente intelligent
intendere (p. p. **inteso**) to intend
interessante interesting
internazionale international
interno internal, interior; **all'interno**

inside
intero entire, whole
intervenire* (p. p. **intervenuto**) to intervene
intervistare to interview
intitolare to entitle
intonare to intone
intrattenere to entertain
introdurre (p. p. **introdotto**) to introduce
inutile useless
invadere to invade, to swarm
invece instead
inventare to invent
inventore inventor
l'inverno winter
inviare to send
l'invidia envy
invidiare to envy
invidioso envious
invitare to invite
l'invito invitation; **su invito** upon invitation
io I
iscriversi* (p. p. **iscritto**) to enroll
l'isola island
l'isolato block
ispirare to inspire
l'istituto tecnico technical institute (**agrario** agrarian; **commerciale** commercial; **industriale** industrial)
l'istituzione (f.) institution
istruttivo instructive
l'Italia Italy
italiano Italian
l'itinerario itinerary

L

là over there
la lacrima tear
il ladro - la ladra thief
il lago lake
il lamento lamentation
la lampada lamp
la lana wool
largo large
le lasagne lasagna
lasciare to leave (somebody or something), to let; **lasciar perdere** to let go; **lasciare in pace** to leave alone; **lasciare fare a...** (me - te - lui, etc...) to let someone (me - you - him etc...) take care of something
lastricare to pave
latino Latin
il lato side; **da un lato** on the one hand; **dall'altro lato** on the other hand
il latte milk
la laurea (pl. **le lauree**) university degree
laurearsi* to graduate
la lavagna blackboard
la lavanderia laundromat

il lavandino sink
la lavapiatti dishwasher
lavare to wash; **lavarsi*** to wash oneself; **lavare a secco** to dry clean
la lavatrice washing machine
lavorare to work; **lavorare a maglia** to knit
il lavoro job; **che lavoro fai?** what do you do for a living?
la legge law
la leggenda legend
leggere (p.p. **letto**) to read
leggero light; **la musica leggera** pop music
legislativo legislative
il legno wood; **di legno** made of wood
i legumi vegetables
Lei - lei you (s. form.) - she
lento slow
il lenzuolo (pl. **le lenzuola**) sheet
il leone lion
il lessico lexicon
il lesso boiled meat; **lesso** boiled
la lettera letter
letterario literary
la letteratura literature
il letto bed; **la camera da letto** bedroom
la lettura reading
la lezione lesson
lì there
la liberazione liberation
libero free
la libertà liberty, freedom
il libretto libretto (opera)
il libro book
licenziare to fire
il liceo High school (**artistico** artistic; **classico** classical; **linguistico** linguistic; **scientifico** scientific)
lieto glad, merry
il limite limit; **il limite di velocità** speed limit
il limone lemon (or lemon tree)
la lingua language, tongue
le linguine thick spaghetti
la liquidazione sale
il liquore liquor
liscia without gas (water)
litigare to fight, to quarrel
il litro liter
il livello level
locale local
lontano (da) far (from)
Loro - loro you (pl. form.) - they
la lotta wrestling, fight
lottare to fight
la luce light
luccicare to glitter, to shine
luglio July
la luna moon; **la luna di miele** honeymoon
il lunedì Monday

lungo long; **più a lungo** longer
il luogo place; **del luogo** local
lui he
il lupo wolf

M

ma but
i maccheroni macaroni
la macchina car
la macedonia di frutta fruit salad
il macellaio (pl. **i macellai**) butcher
la macelleria butcher's shop
la madre mother
il maestro - la maestra
  elementary school teacher
il (grande) magazzino department
  store
maggio May
la maggioranza majority
maggiore bigger, greater, major; **il mag-**
giore the biggest, the greatest
la maglietta Tshirt
il maglione sweater
magnifico magnificent
magro thin, slender
mai never; **mai più** never again
il maiale pig, pork
la malattia disease
il male sickness, evil
male badly; **avere mal di**...to have an
  ache (**mal di testa** headache; **mal**
  di schiena backache, etc...); **non c'è**
  male not bad
maledire (p. p. **maledetto**) to curse
maleducato bad mannered
malgrado (+subj.) although, despite
i maltagliati kind of pasta for soup
  (lit.: badly cut)
la mamma mom
la mammola violet (flower)
mancare to lack, to miss
la mancia tip
il mandarino tangerine (or tangerine tree)
la mandorla almond; **il mandorlo**
  almond tree
mangiare to eat
la manica sleeve
la mano (pl. **le mani**) hand; **battere**
  le mani to clap
mantenere to keep, to maintain
la marca brand, make
il mare sea
il marito husband
la marmellata marmalade
marrone (inv.) brown
il martedì Tuesday
marzo March
la maschera mask
mascherare to mask; **mascherarsi***
  to masquerade
la matematica mathematics
il matematico mathematician
la materia school subject, matter;
  la materia prima raw material

il materiale material
la matita pencil
il matrimonio (pl. **i matrimoni**)
  matrimony, wedding
il mattino (or **la mattina**) morning
il mattone brick
maturo ripe
il meccanico mechanic
la medicina medicine
il medico (pl. **i medici**) physician
medio medium (size)
il medio middle finger
medioevale medieval
il Medioevo Middle Ages
meglio better
la mela apple; **il melo** apple tree
la melanzana eggplant
il melone cantaloupe, melon
la memoria memory; **a memoria**
  by heart
il menestrello minstrel
meno minus, less; **a meno che**
  unless; **di meno** less; **meno male!**
  thank Goodness!
mentre while
il menù menu
menzionare to mention
meravigliarsi* to be amazed
il mercante merchant
il mercato market
la merce merchandise
il mercoledì Wednesday
meraviglioso marvelous
la merenda snack, picnic
meridionale southern
meritare to deserve
il mese month
il Messico Mexico
il mestiere job
la meta destination
la metà half
il metro meter
la metropolitana subway
mettere (p. p. **messo**) to put;
  mettersi to put on; **mettere alla**
  prova to test; **mettersi in contatto**
  con to make contact with
mezzanotte midnight
mezzo half
mezzogiorno midday
la michetta small, round-shaped bread loaf
il miele honey
migliorare to improve
migliore better; **il migliore** the best
il mignolo little finger
il miliardo billion
il milione (m.) million
mille (pl. **mila**) one thousand
la mimosa mimosa
il minestrone vegetable soup
la miniatura miniature
il ministro minister, secretary of state
minore minor, smaller; **il minore**
  the smallest

misto assorted, mixed
la misura measure
mite mild, meek
il mobile piece of furniture; **i mobili** furniture
la moda fashion
moderno modern
il modo mood, way; **in qualche modo** somehow; **in tal modo** this way; **il modo di dire** idiom
la moglie (pl. **le mogli**) wife
la moltiplicazione multiplication
molto very, a lot
il momento moment
la monarchia monarchy
il mondo world
il monello rascal
la moneta coin, currency
la montagna mountain
il monumento monument
morire* (p. p. **morto**) to die
mormorare to murmur
la morte death
il morto dead; **i vivi e i morti** the living and the dead
il mosaico (**i mosaici**) mosaic
la mostra exhibit
mostrare to show
la motocicletta (or **la moto**) motorbike, motorcycle
la mozzarella kind of soft cheese; **la mozzarella in carrozza** mozzarella Neapolitan style
la mucca cow
il muro wall
il museo (pl. **i musei**) museum
la musicalità musicality
il (la) musicista musician

N
il nano dwarf
nascere* (p. p. **nato**) to be born
il nascondino hide - and - seek; **giocare a nascondino** to play hide and seek
la nascita birth
il naso nose
il Natale Christmas; **Buon Natale!** Merry Christmas! **la stagione natalizia** Christmas (of Christmas)
nativo native
la natura nature; **la natura morta** still life
naturalmente naturally, of course
la nave ship
nazionale national
la nazionalità nationality
la nazione nation
nè... nè neither... nor
neanche not even
la nebbia fog
necessario necessary
la necessità necessity
negativo negative

il (la) negoziante shop keeper
il negozio shop; **il negozio di alimentari** grocery store
il nemico (pl. **i nemici**) enemy
nemmeno not even
neppure not even
nero black
nervoso nervous
nessuno nobody
la neve snow
nevicare to snow
niente nothing; **non per niente** not for nothing
il nipote - la nipote grandson/nephew granddaughter/niece
no no
la nobildonna noblewoman
nobile noble
noi we
noioso boring
noleggiare to rent (a car, a boat, etc...)
il nome noun
nominare to nominate
non not
la nonna - il nonno grandmother, grandfather
nonostante (+subj.) although, even though
il nord north; **a nord** to the north
la nota note
notare to notice, to note
la notizia news, novelty
noto well known
la notte night; **buona notte** good night
la novella short story
novembre November
le nozze (f. pl.) wedding
il nucleo nucleus, core, group
il numero number, shoe size; **il numero di codice postale** zip code
numeroso numerous
nuocere (p. p. **nuociuto**) to harm
nuotare to swim
la nuotata swim
nuovo new; **di nuovo** again
la nuvola cloud
nuvoloso cloudy

O
o or
obbligatorio compulsory, a must
l'oca goose
l'occhio (pl. **gli occhi**) eye
occidentale western
occuparsi* **di** to be interested in, to attend to
odierno of today, of the present time (or age)
offrire (p.p. **offerto**) to offer
l'oggetto object
oggi today
oggigiorno nowadays
ogni every, each; **ogni tanto** once in a while
ognuno everybody

l'**olio** oil
l'**oliva** olive; l'**olivo** (or l'**ulivo**) olive tree
oltre besides
l'**omaggio** (pl. **gli omaggi**) homage
l'**ombra** shadow, shade
l'**ombrello** umbrella
onesto honest
l'**onore** honor
l'**opera** opera, work
l'**operaio** - l'**operaia** worker
l'**operazione** (f.) operation
opposto opposite
oppure or
l'**ora** hour; **che ora è? che ore sono?** what time is it?; **a che ora?** at what time?
ora now
l'**orario** (pl. **gli orari**) schedule; **in orario** on time
l'**orchestra** orchestra
ordinare to order
l'**ordinazione** order; **fatto su ordinazione** made to order
le **orecchiette** ear shaped pasta
l'**orecchio** (pl. **le orecchie**) ear
organizzare to organize
l'**organo** organ
orgoglioso proud
orientale eastern
ormai by now
l'**oro** gold
l'**orologio** (pl. **gli orologi**) watch, clock
l'**orso** bear; l'**orsacchiotto** teddy - bear
osare to dare
l'**ospedale** hospital
l'**ospite** (m. or f.) guest
osservare to observe
l'**oste** innkeeper
l'**osteria** inn
ostinato stubborn
ottenere to obtain
ottimo very good
ottobre October
l'**ovest** west; **a ovest** to the west
ovunque everywhere, wherever
ovvio obvious
l'**ozio** idleness

P
il **pacco** package, parcel
il **padre** father
il **padrone** - la **padrona** master, owner
il **paesaggio** (pl. **i paesaggi**) landscape
il **paese** country, small town
la **pagina** page
il **paio** (pl. **le paia**) pair
la **pala** shovel
il **palazzo** palace, condominium
la **palla** ball

la **pallacanestro** basketball
il **pallone** soccer ball
la **pancetta** bacon
la **pancia** belly
il **pane** bread
il **panettone** soft Christmas fruit cake
il **panforte** hard fruit cake, made with almonds and honey
il **panino** sandwich
la **paninoteca** sandwich parlor
la **panna** cream
i **pantaloni** trousers, pants
il **Papa** (pl. **i Papi**) pope
il **papà** daddy
paragonare to compare
il **paragone** comparison
parcheggiare to park
il **parcheggio** (pl. **i parcheggi**) parking
il **parco** park
parecchi several; **parecchio** a lot
il **parente** relative
il **parere** opinion; **a mio parere** in my opinion
parere (p. p. **parso**)* to seem, to appear
parigino Parisian
parlare to speak
il **parmigiano** Parmesan (kind of hard cheese, from Parma)
la **parola** word
la **parrocchia** parish
la **parrucchiera** - il **parrucchiere** hairdresser
la **parte** part; **da nessuna parte** nowhere; **da parte mia, tua,** etc... on my - your, etc...behalf; **la maggior parte** most
la **partenza** departure
particolare particular, special
partire* to leave (on a trip), to depart; **a partire da** starting from
la **partita** game
il **partito** party
la **Pasqua** Easter; **Buona Pasqua!** Happy Easter!; l'**uovo di Pasqua** Easter egg; l'**agnello pasquale** Easter (or Passover) lamb
il **passaporto** passport
passare to pass, to spend time; **passare*** to pass by
il **passatempo** pastime, hobby
il **passato** past
passeggiare to go for a walk
la **passione** passion
la **pasta** pasta, pastry; **la pastina** (or **la minestrina**) **in brodo** - small pasta with broth; **la pasta asciutta** pasta with sauce (**in bianco** with butter or oil; **al ragù** with meat sauce; **al sugo** with tomato sauce; **al pesto** with basil sauce; **alla panna** with cream)
la **pasticceria** pastry shop

il pasto meal
la patata potato; **le patatine** french fries, potato chips
la patente driver's license
patire (-isco) to suffer
il patrigno step-father
il patrono patron (saint)
pattinare to skate
il patto pact; **a patto che** (+ subj.) provided that
la pattumiera trash can
pauroso scary
la pausa break
il pavimento floor
la pazienza patience
il pazzo madman
pazzo crazy
il peccato sin; **peccato!** too bad!
peggiore worse; **il peggiore** the worst
il pegno pledge
la pelle leather, skin
la penisola peninsula
la penna pen
le penne kind of pasta
il pennello paint brush
pensare to think; **pensarci** to think (of/about someone or something)
il pensiero thought
la pensione small hotel, inn
la pentola pot
il pepe pepper
il peperone bell pepper
per for, in order to, times (in operations)
la pera pear; **il pero** pear-tree
perbene proper, good
perchè why, because; **perchè** (+ subj.) so that, in order that
perciò therefore
il percorso way, route
perdere (p. p. **perso**) to lose, to miss
la perdita loss
perdonare to forgive
perfetto perfect
perfino even
il pericolo danger; **essere in pericolo di vita** to be in a life threatening situation
pericoloso dangerous
la periferia outskirts
il periodo period
perire (-isco) to perish, to die
il permesso permission
permettere (p. p. **permesso**) to let, to allow; **permettersi*** (**di**) to afford (to)
però but, however
persiano Persian
la persona person
il personaggio (pl. **i personaggi**) character, famous person
personalizzare to personalize
pesante heavy
pesare to weigh; **pesarsi*** to weigh oneself

la pesca peach; **il pesco** peach tree
il pesce fish
il peso weight
pessimo very bad
la pestilenza (or **la peste**) pestilence
il pesto basil sauce
pettinarsi* to comb one's hair
il pettine comb
il pezzo piece
il piacere favor, pleasure; **piacere mio** my pleasure; **per piacere** please
piacere* (p. p. **piaciuto**) to like, to be pleasing to; how do you do; **a vostro piacimento** to your liking (as you wish)
piacevole pleasant
il pianeta (pl. **i pianeti**) planet
piangere (p. p. **pianto**) to cry
pianificare to plan
il (la) pianista pianist
il piano plan, floor; **a che piano?** which floor?
piano slowly; **pian piano** little by little, slowly
il pianoforte piano
la pianta plant
la pianura plain
la piastrella tile
il piatto dish, plate
piccante spicy
piccolo small
il piede foot; **in punta di piedi** on tiptoe
pieno full; **mi fa il pieno?** can you fill it up?
la pietà pity
la pietra stone
il pigiama pajamas (top and bottom)
pigliare to catch
la pila pile, battery; **la pila atomica** atomic pile
la pinacoteca picture gallery
la pioggia (pl. **le piogge**) rain
piovere to rain; **piove** it's raining
i piselli peas
la piscina swimming pool
il pisolo nap; **fare un pisolo** (or **pisolino**) to take a nap
il pittore - la pittrice painter
pittoresco picturesque
la pittura painting (art form)
più more, most; **più o meno** more or less; **di più** more
piuttosto rather
la plastica plastic
poco little; **un po'** a little bit **tra** (or **fra**) **poco** in a little while
la poesia poem, poetry
il poeta - la poetessa poet
poi then
la polenta corn mush
la politica politics
il politico politician
politico political

il polo pole; **il Polo Nord** North Pole
il pollice thumb, inch
il pollo chicken
la poltrona armchair
il pomeriggio (pl. **i pomeriggi**) afternoon; **buon pomeriggio!** good afternoon!
il pomodoro tomato
il pompelmo grapefruit (or grapefruit tree)
il ponte bridge
la popolazione population
il popolo people
porre (p. p. **posto**) to place, to put
la porta door
il portale portal
portare to bring
il portico arcade
portoghese Portuguese
la posata piece of silverware; **le posate** silverware
posporre (p. p. **posposto**) to postpone
possibile possible
posteriore posterior, back
il postino mailman
il posto place
potente powerful
il potere power
potere to be able to, can; **non poterne più** not being able to stand it any more
povero poor
la povertà poverty
il pozzo well
pranzare to have lunch, to dine
il pranzo lunch, dinner
praticare to practice
pratico practical
il prato meadow
precedente previous
precedere to precede
preferire (-isco) to prefer
preferito favorite
il prefisso area code
la preghiera prayer
prego please, you are welcome
il premio (pl. **i premi**) prize
prendere (p.p. **preso**) to take, to get; **prendere il sole** to sun - bathe; **prendere un po' d'aria** to get some air
prenotare to book
preoccupato preoccupied
la preoccupazione preoccupation
preparare to prepare; **prepararsi*** to get ready
presentare to introduce (a person), to present
la presenza presence
il presepio (pl. **i presepi**) nativity scene
il (la) preside principal
il presidente president; **il presidente del Consiglio** Prime Minister
il prestito loan

presto soon, early; **a presto** see you soon; **ben presto** pretty soon
prevalentemente mostly
le previsioni del tempo weather forecast
il prezzo price
prima before; **prima di tutto** first of all; **prima che** (+subj.) before
la primavera spring
primo first
principale major
il principe - la principessa prince - princess
probabile probable
il problema (pl. **i problemi**) problem
la processione procession
il processo process
il prodotto product
produrre (p. p. **prodotto**) to produce
la produzione production
il professore - la professoressa (m. & f.) professor
profondo deep
il profumo perfume, scent, good smell
il programma (pl. **i programmi**) program
proibire (-isco) to forbid
il Proibizionismo Prohibition
la promessa promise
promettere (p. p. **promesso**) to promise
la promozione promotion
promulgare to promulgate
pronto hello, ready
la pronuncia (pl. **le pronunce**) pronunciation
proposito: a proposito di speaking of
proprio exactly, really, proper
la prosa prose
il prosatore prose writer
il prosciutto (**crudo**) (raw) ham
prossimo next; **il passato prossimo** present perfect
il (la) protagonista (m. pl. **i protagonisti**) protagonist
provare to try, to try on, to prove
provenire* (p. p. **provenuto**) (**da**) to come or derive from
il proverbio (pl. **i proverbi**) proverb
il provolone kind of cheese
prudente prudent
la prugna plum; **il prugno** plum tree
lo psicologo psychologist
psicologico phycological
pubblico public
pulire (-isco) to clean
il punto period, point; **in punto** sharp, exactly (time)
puntuale punctual
purchè (+subj.) provided that
pure also
il purè mash, puree; **il purè di patate** mashed potatoes
purtroppo unfortunately

Q

qua over here
il quaderno notebook
il quadro painting, picture
i quadretti kind of pasta for soup (lit.: small squares)
quale which
qualche some
qualcosa something
qualcuno somebody
la qualità quality
qualsiasi any, whatever
qualunque any, whatever
quando when
quanto how much; **quanto fa...?** how much is...? **quanto costa?** how much does it cost?
quantunque (+subj.) although
la Quaresima Lent
il quartiere neighborhood
quarto fourth; **sono le due meno un quarto** it's a quarter to two
quasi almost
quello that
la questione matter
questo this
qui here
quindi therefore

R

la rabbia rage, anger
la raccolta collection
raccomandare to recommend; **mi raccomando!** I beg you!
raccontare to relate, to tell (a story)
il racconto short story
raffigurare to represent, to portray
raffinato refined
il raffreddore cold
la ragazza - il ragazzo girl - boy (also girl - friend/boy - friend)
raggiungere (p. p. **raggiunto**) to reach
la ragione reason; **avere ragione** to be right
il ragno spider
il ragù meat sauce (pasta)
rallentare to slow down
rammentarsi* to remember
il rapporto relationship; **in buoni rapporti** in good terms
rappresentare to represent
raramente rarely
i ravioli stuffed pasta
il re king
realizzare to realize, to accomplish, to come true
la realtà reality
recente recent
recitare to recite, to act
regalare to give (as a gift)
il regalo gift
la regina queen
regionale regional
la regione region

il (la) regista movie director
il regno kingdom
la regola rule
regolare regular
la relazione relationship;
le pubbliche relazioni public relations
la religione religion
rendere (p.p. **reso**) to render, to return
la repubblica republic
restare* to stay
restituire (-isco) to return, to give back
il resto rest
la Resurrezione Resurrection
la rete net, network
il riassunto summary
ricapitolare to ricapitulate, to review
ricco rich
la ricchezza wealth
la ricerca research
la ricetta recipe
ricevere to receive
richiedere (p. p. **richiesto**) to request
ricominciare to start again
ricoprire (p. p. **ricoperto**) to cover again, to hold (an office)
ricordare to remember
ricorrere* (**a**) (p.p. **ricorso**) to resort to
la ricotta kind of soft cheese
ridere (p.p. **riso**) to laugh; **ridere di gusto** to laugh heartily
ridurre (p.p. **ridotto**) to reduce
la riga line
riguardare to look at again, to concern; **per quanto riguarda...** as far as... is concerned
rilassare to relax; **rilassarsi*** to relax oneself
rilassato relaxed
la rima rhyme
rimandare to put off
rimanere* (p.p. **rimasto**) to remain
il Rinascimento Renaissance
il ringraziamento thanksgiving; **il giorno del Ringraziamento** Thanksgiving day
ringraziare to thank
riparare to repair, to fix
ripassare to review, to pass by again
il ripasso review
ripetere to repeat
il ripieno stuffing; **ripieno** stuffed
riportare to bring back, to report
riposare to rest; **riposarsi*** to rest one - self
riprendere (p. p. **ripreso**) to resume
risalire (**a**) to go back (to)
risaputo well known
il riso rice; **il risotto alla milanese** risotto Milanese style (with saffron)
risparmiare to save
rispettare to respect
rispettivamente respectively
rispondere (p.p. **risposto**) to answer
la risposta answer
risultare to result

il ritardo delay; **essere in ritardo** to be late
ritirare to withdraw, to take back
ritornare* to return
il ritorno return
il ritratto portrait
la riunione meeting
riunirsi* (-isco) to gather, to get together
riuscire* (**a**) to succeed (in)
rivalutare to revalue
la rivista magazine
la roba property, stuff
robusto robust
romanico Romanesque
romanza romance (language)
il romanzo novel
rompere (p. p. **rotto**) to break
la rosa rose
rosa (inv.) pink
rosolare to sautee
rosso red
rumeno Rumanian
il rumore noise
russo Russian

S

il sabato Saturday
il sacco bag, sack; **un sacco di** a lot of
il sacchetto small bag
la sala room, hall; **la sala da pranzo** dining room
salato salty
il saldo sale
il sale salt
salire* to board, to get in (a vehicle); **salire le scale** to go up the stairs
il salmone salmon
il salone: il salone dell'automobile motor show
il salotto living room
la salsiccia (pl. **le salsicce**) sausage
saltare to jump
i saltimbocca veal scaloppine stuffed with ham, cheese and sage
il salume or **i salumi** cold cuts
salutare to greet; **salutarsi*** to greet each other
la salute health; **salute!** to (your) health!
il saluto greeting; **distinti saluti** yours truly (form. in a letter)
salvare to save
il sandalo sandal
il sangue blood; **al sangue** rare (meat)
sano healthy
il santo saint; **San Francesco e San Marco** Saint Francis and Saint Mark; **Santo cielo!** Good Heavens!
sapere to know
il sapone soap
la saponetta soap bar
la sauna sauna
sbagliare to make a mistake; **sbagliare strada** to go the wrong way

sbagliato wrong
lo sbaglio (pl. **gli sbagli**) mistake
sbalordito amazed
gli scacchi chess
lo scaffale shelf, bookshelf
le scale stairs
scalzo barefoot
scambiare to exchange
lo scambio exchange
scappare* to run away
scarno emaciated
la scarpa shoe; **le scarpe da ginnastica** sneakers
la scatola box
lo scavo excavation
scegliere (p. p. **scelto**) to choose
la scelta choice
scemo stupid
scendere* (p. p. **sceso**) to descend, to go down
la scena scene
lo sceriffo sheriff
la scimmia monkey
scherzare to joke
lo scherzo joke
la schiena back
lo schifo disgust; **che schifo!** how disgusting (or awful)!
sciare to ski
la sciarpa scarf
lo scienziato scientist
sciocco silly
lo sciopero strike
lo scoiattolo squirrel
scolpire (-isco) to sculpture
scomparire* (p. p. **scomparso**) to disappear
la scomparsa disappearance
lo sconto discount
lo scontrino receipt
scoprire (p. p. **scoperto**) to discover
scorso last, past
scozzese Scottish
lo scrittore - la scrittrice writer
la scrivania desk
scrivere (p. p. **scritto**) to write
lo scultore - la scultrice sculptor
la scultura sculpture
la scuola school; **la scuola elementare** Elementary school; **la scuola materna** nursery school; **la scuola media** Middle school **la scuola superiore** High school
scuro dark
scusa, scusi excuse me (inform. - form.)
se if: **anche se** even though; **se no** otherwise
sebbene although
seccato annoyed
secco dry
il secolo century
il secondo second (time); **secondo** second (ordinal number); **secondo me - te - lei** etc.. in my,

your, her etc... opinion; **a seconda di...** according to...
il sedano celery
la sede seat, location, headquarters
sedersi* to sit down
la sedia chair
il segno sign, gesture
seguente following
seguire to follow
il seguito continuation; **in seguito** later on
selvaggio wild
sembrare* to seem
i semini seed shaped pasta for soup
semplice simple
sempre always; **sempre più** more and more
il Senato Senate
sensibile sensitive
sentire to hear, to feel; **sentirsi* bene o male** to feel well or bad
senza without; **senz'altro** certainly; **senza che** (+ subj.) without; **senza dubbio** no doubt about it; **senza contare** without counting
il (la) senzatetto homeless
separarsi* to get separated
la sera evening
la serenata serenade
sereno clear, serene
la serie series
serio serious
il serpente snake
servire to serve
il servitore servant
la seta silk
settembre September
settentrionale northern
la settimana week; **il fine - settimana** week - end
severo severe, strict
lo sfilatino kind of bread (baguette shaped)
sfortunato unfortunate
la sfumatura shade (of colors)
sgarbato unkind, rude
sì yes
sicché so that
sicuro sure, safe; **di sicuro** for sure
la signora Madam, lady, Mrs. Ms.
il signore Mister, sir
significare to mean
il significato meaning
signorile elegant
la signorina Young lady, Miss, Ms.
simile similar
simpatico pleasant, nice
la sinfonia simphony
singolo single
la sinistra left; **a sinistra** to the left
sissignore! yes, sir!
il sistema system
smettere (p. p. **smesso**) to quit
la società society

il sofà sofa
soffermarsi* to pause
la soffitta attic
il soffitto ceiling
soffrire (p. p. **sofferto**) to suffer
il soggetto subject
la sogliola sole
sognare to dream
il sogno dream
il sole sun
solito usual; **come al solito** as usual, **di solito** usually
solo only, alone; **da solo** by oneself
la soluzione solution
il sondaggio (pl. **i sondaggi**) poll
sopra above, on top of
il soprammobile knick - knack
la soprano (pl. **le soprano**) soprano
soprattutto above all, most of all
sopravvivere* (p. p. **sopravvissuto**) to survive, to outlive
la sorella sister
la sorellastra half-sister, step-sister
la sorpresa surprise; **ma che bella sorpresa!** what a beautiful surprise!
sorridere (p. p. **sorriso**) to smile
il sorriso smile
sospettare to suspect
sospirare to sigh
il sospiro sigh
sostanzioso substantial
sostenere to support, to sustain; **sostenere un esame** to take an exam
sostituire (-isco) to substitute
sottile thin
sotto under, below
sottolineare to underline
la sottrazione subtraction
la Spagna Spain
spagnolo Spanish
spalancare to open wide
la spalla shoulder
sparecchiare to clear the table
sparire* (-isco) to disappear
lo specchio (pl. **gli specchi**) mirror
speciale special
la specialità specialty
specializzarsi* (**in**) to specialize (in)
specialmente especially
la specie species, kind, sort
specificare to specify, to state precisely
spendere (p. p. **speso**) to spend
spericolato reckless
spesso often
spettacolare spectacular
lo spettacolo show
la spia spy
la spiaggia (pl. **le spiagge**) beach
spiccare to stand out
spiegare to explain
gli spinaci (pl.) spinach
spingere (p. p. **spinto**) to push

spolverare to dust
sporcarsi* to get dirty
lo sport sport
sportivo sporty
sposare to marry; **sposarsi*** to get married
spumante sparkling; **lo spumante**
  sparkling wine
lo spuntino snack
squillare to ring
squisito delicious
lo stadio (pl. **gli stadi**) stadium
la stagione season
lo stagno pond
stancarsi* to get tired
stanco tired
la stanza room
stare* (p. p. **stato**) to stay; **stare**
  bene o male to feel well or bad;
  stare attento to pay attention, to be
  careful; **stare zitto** to keep quiet
lo stato state
la statua statue
la stazione station
la stella star
stesso same
lo stile style
lo (la) stilista designer
lo stipendio (pl. **gli stipendi**) salary
stirare to iron
lo stivale boot
lo stomaco stomach
la storia history, story;
  fare storie to fuss
storico historical
la strada street; **per strada** in the street
stragrande very large
lo straniero foreigner
straniero foreign
strano strange
la strega witch
stretto tight, narrow, close
stringere (p. p. **stretto**) to hold tightly,
  to clasp
lo strumento instrument
lo studente-la studentessa student
lo studio (pl. **gli studi**) study, office,
  research
la stufa stove
stupendo stupendous
stupido stupid
gli Stati Uniti United States
su on, come on
subito right away, immediately
succedere* (p. p. **successo**) to happen
successivo next
il successo success
il succo juice; **il succo di frutta** fruit juice
il sud south; **a sud** to the south
sufficiente sufficient
il sugo sauce
suggerire (-isco) to suggest
suonare to play an instrument
il suono sound
la superficie surface, area

il supermercato supermarket
la susina plum; **il susino** plum tree
svegliare to wake up somebody
  svegliarsi* to wake up
la svendita sale
lo sviluppo development, growth
svolgere (p. p. **svolto**) to do;
  svolgere un tema to write
  a composition
svolgersi* to take place;

T
il tacchino turkey
il tacco heel
la taglia dress size
tagliare to cut
le tagliatelle noodles
il taglio (pl. **i tagli**) cut, format
il taleggio kind of soft cheese
tanto a lot
il tappeto rug
tardi late; **più tardi** later
il tartufo truffle
la tassa tax
il tasso: **il tasso di natalità**
  natality (or birth) rate
il tassi (or **il taxi**) taxi cab
la tavola (or **il tavolo**) table
il tavolino coffee table
la tazza cup
il tè (or **il the**) tea
il teatro theatre
tedesco German
il tegame pan
telefonare to telephone
il telefono telephone
la televisione (or **il televisore**)
  television set
il tema (pl. **i temi**) composition, theme, topic
temere to fear
il tempio (pl. **i templi**) temple
il tempo weather, time, tense; **al**
  tempo stesso or **allo stesso**
  tempo at the same time
la tenda curtain
la tendenza tendency
tenere to keep, to hold
tenero tender
il tenore tenor
le terme thermal baths, spa
la terminazione ending
il termine term
la terminologia terminology
la terra land, earth
terreno earthly
il territorio territory
la tesi thesis, dissertation
il tesoro treasure
il tessuto fabric
la testa head
il tetto roof
il timore fear
tingere (p. p. **tinto**) to color, to dye
tipico typical

il **tipo** type, kind
il **tiramisù** tiramisu (dessert)
tirare to pull; **tirare fuori** to take out;
 tirare su to pull up
il **titolo** title
toccare to touch
togliere (p. p. **tolto**) to take off;
 togliersi* to take off (clothes)
il **topo** mouse
tornare* to come back
la **torre** tower
il **torrone** kind of nougat
la **torta** cake
i **tortelli** stuffed ravioli; i **tortelli**
 dolci sweet ravioli
i **tortellini** small ravioli stuffed with
 meat and cheese
la **tosse** cough
il **tostapane** toaster
la **tovaglia** tablecloth
il **tovagliolo** napkin
tra between, among
il **tradimento** treason
tradizionale traditional
tradurre (p.p. **tradotto**) to translate
il **traffico** traffic
la **tragedia** tragedy
il **traghetto** ferry-boat
la **trama** plot
il **tramezzino** diagonally cut sandwich
tramite through
tranquillo tranquil
tranne except
trarre (p. p. **tratto**) **da** to take from
trasformare to transform
trattarsi* **di** to be a matter of
la **trattoria** informal restaurant
travestirsi to disguise oneself
il **treno** train
il **trionfo** triumph
triste sad
la **tromba** trumpet
troppo too much
la **trota** trout
trovare to find; **trovarsi*** to be located
tu you (s. inform.)
turchino blue
il (la) **turista** (m. pl. i **turisti**) tourist
turrita towered
tutto all
tutti everybody; **tutti/e e due** both

U

ubbidiente obedient
l'**uccello** bird
uccidere (p. p. **ucciso**) to kill;
 uccidersi* to kill oneself
udire to hear, to listen
ufficialmente officially
l'**ufficio** office; l'**ufficio postale** Post office
uguale equal, same
l'**uliveto** (or l'**oliveto**) olive grove
ultimo last
umano human

unico only, sole, unique
unire (-isco) to unite
l'**università** university; lo
 studente universitario university student
l'**unione** union
uno one, a; l'**una** one o'clock (time)
 l'**uno o l'altro** one or the other
l'**uomo** (pl. gli **uomini**) man
l'**uovo** (pl. le **uova**) egg; le **uova**
 sode hard boiled eggs;
 strapazzate scrambled;
 al tegamino sunny side up
urlare to shout
l'**usanza** custom
uscire* to leave (from a place)
l'**uscita** exit
l'**uso** use
l'**utensile** utensil
utile useful
utilizzare to utilize, to use
l'**uva** grapes

V

va bene OK
la **vacanza** vacation
valere (p. p. **valso**) to be worth;
 valerne la pena to be worth the effort
la **valigia** (pl. le **valige**) suitcase
il **valore** value
la **valuta** currency
il **vantaggio** (pl. i **vantaggi**)
 advantage
vantare to boast
vario miscellaneous, various
la **vasca** bathtub
il **vaso** vase
vecchio old
vedere (p. p. **visto** or **veduto**) to see
 vedersi to see each other; **non vedere**
l'**ora di** to be looking forward to
la **veduta** view
veloce fast
la **velocità** speed
vendere to sell
il **venditore** vendor
il **venerdì** Friday
veneto Venetian
venire* (p. p. **venuto**) to come
il **vento** wind
verde green
la **verdura** vegetable (s); le **verdure**
alla griglia grilled vegetables
la **verità** truth
vero true
verso towards, around
vestire to dress **vestirsi*** to get dressed
il **vestito** dress
la **vetrina** china cabinet
la **via** road, street; la **via di mezzo**
 middle way
viaggiare to travel
il **viaggiatore** traveller
il **viaggio** trip; **buon viaggio!**
 have a good trip!

il viale avenue, boulevard
la vicinanza closeness
vicino (a) close (to)
il vicino di casa neighbor
il video-registratore V. C.R
la vigilia eve
il vigneto vineyard
la villa villa
vincere (p. p. **vinto**) to win
il vino wine
viola purple
il violino violin
il viso face
la vista view
la vita life
il vitello veal
la vittoria victory
vivente living
vivere (p.p. **vissuto**) to live; **il modo di vivere** way of life
viziato spoiled
il vizio bad habit
il vocabolario (pl. **i vocabolari**) vocabulary, dictionary
la voce voice; **ad alta voce** aloud
voi you (pl. inform.)
volare to fly
volentieri gladly
volere to want; **volerci** to take, to need, to be necessary
il volo flight

la volpe fox
la volta time; **a volte** or **qualche volta** sometimes; **c'era una volta** once upon a time (there was); **due (tre, quattro etc..) per volta** two (three, four etc..) at a time; **una volta** once; **due volte** twice; **quante volte?** how many times?
votare to vote
la votazione vote, voting
il vulcano volcano
vuoto empty

z
lo zabaglione egg - flip
lo zaino backpack
la zampa paw, leg (animal)
la zanzara mosquito
lo zero zero
la zia aunt
lo zio (pl. **gli zii**) uncle
zitto quiet, silent
la zona zone
lo zoo (pl. **gli zoo**) zoo
la zucca pumpkin
lo zucchero sugar
gli zucchini (pl.) Italian squash
la zuppa soup; **la zuppa di pesce** fish soup; **la zuppa inglese** English trifle (chocolate and custard dessert)

A

a - an un, una, un', uno
able bravo, capace
above sopra, su; **above all** soprattutto
abroad all'estero
absent assente
absolutely assolutamente
accent l'accento
to accept accettare
to accompany accompagnare
to act recitare
actor - actress l'attore, l'attrice
to add aggiungere (p. p. aggiunto)
address l'indirizzo
to admire ammirare
advance l'anticipo
advantage il vantaggio
adventure l'avventura
adult l'adulto
to affirm affermare
to afford (to) permettersi* (p. p. permesso) (di)
affection l'affetto
affectionate affezionato
after dopo
afternoon il pomeriggio; **good afternoon!** buon pomeriggio!
again ancora, di nuovo
against contro
age l'età
ago fa; **two days ago** due giorni fa
agreed d'accordo
agricultural agricolo
air l'aria; **air conditioning** l'aria condizionata
airplane l'aeroplano (or l'aereo)
airport l'aeroporto
all tutto, tutti (everybody)
to allow lasciare, permettere (p. p. permesso)
almond la mandorla; **almond tree** il mandorlo
almost quasi
aloud ad alta voce
already già
also anche, pure
although nonostante, anche se
aluminum l'alluminio
always sempre
amazed: to be amazed meravigliarsi*
among fra, tra
ancient antico
and e, ed (often before vowels)
angry arrabbiato
to announce annunciare
annoyed seccato
answer la risposta
to answer rispondere (p. p. risposto)
anxiety l'ansia
any qualsiasi, qualunque, di+ art. (del - della - dei - delle etc..)
anybody (or **anyone**) qualcuno
anything qualcosa
aperitif l'aperitivo
appetizer l'antipasto
apple la mela; **apple tree** il melo
to appreciate apprezzare
apricot l'albicocca; **apricot tree** l'albicocco
April aprile
arch l'arco
archeology l'archeologia
architect l'architetto
area la superficie (pl. le superfici), la zona; **area code** il prefisso
argument la discussione
arm il braccio (pl. le braccia)
armchair la poltrona
around verso
arrival l'arrivo
to arrive arrivare*
art l'arte; **history of art** la storia dell'arte
as come; **as far as...is concerned** per quanto riguarda
to ask chiedere (p. p. chiesto), domandare; **to ask a question** fare una domanda
aspect l'aspetto
at a, ad (often before vowels); **at least** almeno; **at first** dapprima
athlete l'atleta (m. & f.) (pl. gli atleti - le atlete)
athletic sportivo
attic la soffitta
attractive attraente
August agosto
aunt la zia
Australian australiano
author l'autore - l'autrice
autumn l'autunno
avenue il viale

B

back la schiena
backpack lo zaino
bad cattivo; **too bad!** peccato!
bag la borsa
baggage il bagaglio (pl. i bagagli)
to bake cuocere (p. p. cotto)
baker il fornaio (pl. i fornai)
balcony il balcone
ball la palla, il ballo (dancing)
bank la banca
banquet il banchetto
barber il barbiere
barefoot scalzo
barely appena
bargain l'affare
to base basare
basil il basilico

basket la cesta
to bathe fare il bagno
bathroom il bagno
bathtub la vasca
to be essere* (p. p. stato); **to be able to** riuscire a, potere; **to be born** nascere; **to be cold** avere freddo; **to be early** essere in anticipo; **to be fashionable** essere di moda; **to be hot** avere caldo; **to be hungry** avere fame; **to be in a hurry** avere fretta; **to be late** essere in ritardo; **to be moved** commuoversi (p. p. commosso); **to be right** avere ragione; **to be thirsty** avere sete; **to be sleepy** avere sonno; **to be sorry** dispiacere; **to be wrong** avere torto; **to be... years old** avere...anni
beach la spiaggia
bean il fagiolo; **green beans** i fagiolini
bear l'orso; **teddy-bear** l'orsacchiotto
beauty la bellezza
to become diventare
bed il letto
bedroom la camera da letto
beer la birra
to begin cominciare
beginning l'inizio
to behave comportarsi*
behind dietro
to believe credere
to belong (to) appartenere (a)
besides oltre, inoltre
best ottimo; **the best** il migliore
better meglio, migliore
beverage la bevanda
bicycle la bicicletta
big grosso
bill il conto
billion il miliardo
bird l'uccello
birth la nascita
birthday il compleanno; **happy birthday!** buon compleanno!
bit: a little bit un po'
bitter amaro
black nero
blackboard la lavagna
block l'isolato
blond biondo
blood il sangue
blouse la camicetta
blue blu
to board salire
boat la barca
to boil bollire
boiled bollito
book il libro
to book prenotare
boot lo stivale
to border (on) confinare con
bored: to get bored annoiarsi*

boring noioso
both tutti (e) e due, entrambi (e)
box la scatola
boy il ragazzo
brand la marca
bread il pane
break la pausa
breakfast la prima colazione
brick il mattone
bridge il ponte
brief breve
briefcase la cartella
to bring portare
broth il brodo
brother il fratello; **half-brother** or **step-brother** il fratellastro
brown marrone (inv.), castano (hair)
to build costruire (isco)
building l'edificio (pl. gli edifici)
to burn bruciare
bus l'autobus
busy impegnato, occupato
but ma, però
butcher il macellaio; **butcher's shop** la macelleria
butter il burro
to buy comprare
by heart a memoria

C

cab: taxi cab il tassì, il taxi
cabbage il cavolo
cake la torta
to call chiamare; **to be called** chiamarsi*
calm calmo
can potere
Canadian canadese
cane la canna
capital la capitale (of a country); il capoluogo (of a region)
car la macchina, l'automobile
card il biglietto; **cards** le carte
careful attento
carrot la carota
cash i contanti; **cash register** la cassa
castle il castello
cat il gatto
to catch pigliare
cauliflower il cavolfiore
to celebrate celebrare, festeggiare
cellar la cantina
cent il centesimo
century il secolo
certain certo
chain la catena
chair la sedia
chance: by chance per caso
change il cambio
to change cambiare
channel il canale
chapter il capitolo
to chat chiacchierare

check l'assegno
to check controllare
cheerful allegro
cheers cin! cin!
cheese il formaggio (pl. i formaggi)
cherry la ciliegia (pl. le ciliege); **cherry
tree** il ciliegio
chess gli scacchi
chest: **chest of drawers** il comò,
il cassettone
chestnut la castagna; **chestnut tree**
il castagno
chicken il pollo
child il bambino -la bambina
chimney il camino
china: **china cabinet:** la vetrina
Chinese cinese
chocolate la cioccolata; **small
chocolates** i cioccolatini; **hot
chocolate** la cioccolata in tazza
choice la scelta
Christmas il Natale
church la chiesa
circus il circo
citizen il cittadino
city la città
civilization la civiltà
to clap applaudire, battere le mani
class la classe, la lezione
classmate il (la) compagno (a) di
classe
classroom la classe
clear chiaro
climate il clima (pl. i climi)
clock l'orologio (pl. gli orologi)
close (**to**) vicino (a)
to close chiudere (p. p. chiuso)
closeness la vicinanza
clothing l'abbigliamento
cloud la nuvola
cloudy nuvoloso
coal il carbone
coffee il caffè; **coffee house** il bar, il
caffè; **coffee table** il tavolino
cold freddo
color il colore
cool fresco
comb il pettine
to come venire* (p. p. venuto)
come on su, dai
comfortable comodo
company la compagnia
to compare paragonare
comparison il paragone
complete completo
to compose comporre (p. p. composto)
compulsory obbligatorio
concept il concetto
congratulations! congratulazioni!,
complimenti!
to conquer conquistare
conscience la coscienza
conservatory il conservatorio
to contain contenere

content il contenuto
to continue continuare
contraceptive l'anticoncezionale
to contribute contribuire (-isco)
to convince convincere (p. p. convinto)
cook il cuoco - la cuoca
to cook (**on the stove**) cuocere (p. p.
cotto); **to cook (to prepare food)**
cucinare; **cooking time** il tempo
di cottura
cotton il cotone
cough la tosse
to count contare
counter il banco
country il paese
countryside la campagna
courage il coraggio
course il corso; **first course** il primo
piatto
cousin il cugino - la cugina
to cover coprire (p. p. coperto)
cow la mucca
crate la cassa
crazy pazzo
cream la panna
to create creare
crowded affollato
to cry piangere (p. p. pianto)
cup la tazza
to cure curare
currency la valuta, la moneta
curtain la tenda
custard la crema
custom l'usanza
customer il (la) cliente
customs la dogana
cut il taglio (pl. i tagli)
to cut tagliare
cute carino
cutlet la cotoletta
cycling il ciclismo

D

dad il papà
damn! accidenti!
to dance ballare
danger il pericolo
dangerous pericoloso
to dare osare
dark scuro
  dark - haired bruno
daughter la figlia
day il giorno, la giornata
dear caro
death la morte
decade il decennio (pl. i decenni)
December dicembre
to decide decidere (p. p. deciso)
to declare oneself dichiararsi*
deep profondo
to define definire (-isco)
degree (climate) il grado;
(school) il diploma, la laurea
delicious squisito

delighted: to be delighted gongolare
department (university) la facoltà
department store il grande magazzino
departure la partenza
to depend (on) dipendere*
  (p. p. dipeso)(da)
to derive derivare
to descend scendere (p. p. sceso)
to describe descrivere (p. p. descritto)
designer lo stilista - la stilista (pl. gli
  stilisti - le stiliste)
to desire desiderare
desk il banco
dessert il dolce, il dessert
determined deciso
development lo sviluppo
diagnosis la diagnosi
dialect il dialetto
dictionary il dizionario (pl. i dizionari)
to die morire* (p. p. morto)
difference la differenza
different diverso, differente
difficult difficile
to dine cenare
dining room la sala da pranzo
dinner la cena
diploma il diploma (pl. i diplomi)
director il direttore - la direttrice;
  film director il (la) regista
directory: telephone directory
  l'elenco telefonico
dirty sporco; **to get dirty** sporcarsi*
to disappear sparire* (-isco),
  scomparire* (p. p. scomparso)
disappearance la scomparsa
disc: compact disc il C.D.
discount lo sconto
discourse il discorso
to discuss discutere (p. p. discusso)
disease la malattia
disgust il disgusto; **how disgusting!**
  che schifo!
dish il piatto
dishwasher la lavapiatti
dissertation la dissertazione,
  la tesi
distance la distanza
to distinguish distinguere (p. p.
  distinto); **distinguished** (in a letter)
  egregio, illustre
to disturb disturbare
to divide dividere (p. p. diviso)
to do fare (p. p. fatto)
doctor il dottore-la dottoressa
dog il cane
doll la bambola
dollar il dollaro
dolphin il delfino
dome la cupola
to dominate dominare
donkey l'asino
door la porta
doubt il dubbio; **no doubt about it**
  senza dubbio

dove: Easter dove la colomba
  pasquale
downtown il centro
to draw disegnare
drawing il disegno
dream il sogno
to dream sognare
dress il vestito
to dress; to get dressed vestirsi*
drink: soft drink la bibita
to drink bere (p. p. bevuto)
to drive guidare
driver il guidatore; **driver's license**
  la patente
drugstore la farmacia
to dry asciugare; **to dry clean** lavare
  a secco; **to get dry** asciugarsi*
duck l'anitra
duet il duetto
during durante
to dust spolverare
dwarf il nano

E

each ogni (inv.)
to earn guadagnare
earth la terra; **earthly** terreno
east l'est
Easter la Pasqua
easy facile
to eat mangiare
ebony l'ebano
echo l'eco (pl. gli echi)
economy l'economia
egg l'uovo (pl. le uova)
to elect eleggere (p. p. eletto)
elephant l'elefante (m.)
to elevate innalzare
elf lo gnomo
to eliminate eliminare
to emigrate emigrare
employee l'impiegato-l'impiegata
enchanting incantevole
enchantment l'incantesimo
end la fine, il finale
endive l'indivia
English inglese
enormous enorme
enough abbastanza (inv.)
to enjoy oneself divertirsi*
to enter entrare*
entertaining divertente
enthusiastic entusiasta (m. & f.)
entire intero
to entitle intitolare
entrance l'entrata
envious invidioso
envy l'invidia
to envy invidiare
epiphany l'epifania
equal uguale
etching l'incisione (f.)
eternal eterno
European europeo

eve la vigilia
even perfino; **even though** nonostante, anche se
evening la sera; **good evening!** buona sera!
event l'evento
ever mai; **for ever (and ever)** per sempre
every ogni, tutti (e); **everything** tutto; **everywhere** dappertutto
evident evidente
exact esatto
exam l'esame (m.)
excavation lo scavo
except eccetto
exceptional eccezionale
to exchange scambiare
excited eccitato, emozionato
to exclaim esclamare
exercise l'esercizio (pl. gli esercizi)
to exercise fare ginnastica
to exist esistere*
exit l'uscita
expensive caro, costoso
experience l'esperienza
expert l'esperto
to explain spiegare
to export esportare
eye l'occhio (pl. gli occhi)

F
fable la favola
fabric il tessuto
face la faccia (pl. le facce)
factor il fattore
factory la fabbrica
fair giusto
fairy la fata
faithful fedele
fall l'autunno
to fall cadere
fame la fama
family la famiglia; **family run** a conduzione familiare
famous famoso, celebre
farm la fattoria
fashion la moda; **fashionable** di moda; **to be fashionable** essere di moda; **to be out of fashion** essere fuori moda
to fast digiunare
father il padre; **step - father** il patrigno
fatiguing faticoso
favor il favore
favorite preferito
fear la paura; **to fear** avere paura, temere
February febbraio
to feel (well or **bad)** stare o sentirsi* (bene o male); **to feel like** avere voglia di
ferry-boat il traghetto
fever la febbre
few pochi (e); **a few** alcuni (e)

fiancè - fiancee il fidanzato - la fidanzata
fidelity la fedeltà
field il campo
fig il fico (fruit and tree)
to fight litigare
finally finalmente
to find trovare
finger il dito (pl. le dita)
to finish (-isco) finire
fire il fuoco; **fireworks** i fuochi d'artificio
to fire licenziare
firm la ditta
fish il pesce
flannel la flanella
to flee fuggire
flesh: in flesh and bones in carne e ossa
flight il volo
float: Carnival float il carro di Carnevale
floor il pavimento, il piano
flower il fiore
flower-bed l'aiuola
flu l'influenza
to follow seguire; **following** seguente
food il cibo
foot il piede
footwear le calzature
to forbid proibire (-isco)
foreign straniero
foreigner lo straniero
to forgive perdonare
fork la forchetta
to form formare
fortunate fortunato
fortune la fortuna
to found fondare
fountain la fontana
fox la volpe
freedom la libertà
French francese
fresco l'affresco
to fresco affrescare
friar il frate
Friday venerdì
friend l'amico - l'amica (pl. gli amici - le amiche)
frost il gelo
fruit la frutta, il frutto; **fruit salad** la macedonia di frutta
to fry friggere (p. p. fritto)
full pieno
funny buffo
to furnish arredare

G
game il gioco, la partita
garden il giardino
garlic l'aglio (pl. gli agli)
garment l'indumento
gas la benzina
genius il genio (pl. i geni)

German tedesco
gesture il segno
to get: to get angry arrabbiarsi*;
  to get bored annoiarsi*; **to get
  closer** avvicinarsi*; **to get dry**
  asciugarsi*; **to get dirty** sporcarsi*;
  to get dressed vestirsi*; **to get
  engaged** fidanzarsi*; **to get
  indigestion** fare indigestione;
  to get ready prepararsi*;
  to get sick ammalarsi*; **to get
  separated** separarsi*; **to get
  tired** stancarsi*; **to get together**
  riunirsi*; **to get up** alzarsi*; **to get
  well** guarire (-isco)
ghetto il ghetto
gift il regalo, il dono
giraffe la giraffa
girl (or **girl-friend**) la ragazza
to give dare; **to give a discount** fare
  lo sconto; **to give** (as a gift)
  regalare; **to give a lesson**
  impartire una lezione; **to give a
  ride** dare un passaggio; **to give a
  tip** dare la mancia
glad contento
gladly volentieri
glass il bicchiere
to glitter luccicare
glove il guanto
to go andare*; **to go away** andare
  via; **to go for a walk** andare
  a fare una passeggiata; **to go on
  vacation** andare in vacanza; **to go
  out** uscire; **to go shopping** andare a
  fare delle spese; **to go visit** andare a
  trovare
gold l'oro
good buono, bravo; **good!** bene! bravo!
good-bye ciao (inform.), arrivederci
  (form. & inform.)
goose l'oca
gossip la chiacchiera
government il governo
grandchild (grandson - granddaughter)
  il nipote - la nipote
grandfather il nonno
grandmother la nonna
grapefruit il pompelmo
grapes l'uva
grave grave
gray grigio
great grande
greatness la grandezza
green verde
greenhouse la serra
to greet salutare; **to greet each other**
  salutarsi*
greeting il saluto
grill la griglia; **on the grill** alla griglia
grocery store il negozio di alimentari
to grow fond (of) affezionarsi* a
growth la crescita
to grumble brontolare

to guess indovinare
guest l'ospite (m. & f.)
guide la guida
guitar la chitarra

H

habit l'abitudine; **to be in the habit
  of** avere l'abitudine di
hair i capelli
hairdresser il parrucchiere - la parrucchiera
half mezzo, la metà
ham prosciutto
hand la mano (pl. le mani)
handkerchief il fazzoletto
to happen succedere* (p. p. successo),
  accadere
happiness la felicità
happy felice
hard duro
haste la fretta
hat il cappello
to have avere; **to have breakfast**
  fare colazione; **to have dinner**
  cenare; **to have fun** divertirsi*; **to
  have lunch** pranzare; **to have
  to** dovere
he lui, egli
head la testa, il capo
headquarters la sede
health la salute
healthy sano
to hear sentire
heavy pesante
hectogram l'etto (l'ettogrammo)
heel il tacco
hello! (on the phone) pronto!
help l'aiuto
to help aiutare
here qui; **over here** qua; **here
  is/here are** ecco
hi ciao (inform.)
hide - and - seek il nascondino
high alto
highway l'autostrada
to hire assumere (p. p. assunto)
history la storia
to hold tenere
holiday la vacanza
home la casa; **homeless** il senzatetto;
  home made fatto in casa
homework il compito
honey il miele
honor l'onore
hood il cappuccio
to hope sperare
horse il cavallo
hospital l'ospedale (m.)
hot caldo
hotel l'albergo; **hotel owner** l'albergatore
house la casa
how come; **how are you?** come stai?
  (inform.) - come sta? (form.); **how
  come?** come mai?; **how do you
  say?** come si dice?; **how do you**

do? piacere; **how is it going?**
come va?; **how many?** quanti - e?;
how many times? quante volte?;
how much? quanto?
however comunque
to hug abbracciare; **to hug each
other** abbracciarsi*
hungry affamato; **to be hungry** avere fame
hunter il cacciatore
hunting la caccia; **to go hunting**
andare a caccia
hurry fretta; **to be in a hurry** avere fretta
husband il marito

I
I io
ice - cream il gelato
idea l'idea
to identify identificarsi*
idiom il modo di dire
idleness l'ozio
if se; **as if** come se
illiteracy l'analfabetismo
immediately subito, immediatamente
to immigrate immigrare*
to immortalize immortalare
importance l'importanza
imposing imponente
to include includere (p. p. incluso)
independence l'indipendenza
index l'indice (also index finger)
to indicate indicare
indigestion l'indigestione
industry l'industria
inexpensive a buon mercato, economico
infidelity l'infedeltà
influence l'influsso
inhabitant l'abitante
inn l'osteria; **innkeeper** l'oste
to insert inserire (-isco)
to insist insistere (p. p. insistito)
to inspire ispirare
instead invece
institute l'istituto
institution l'istituzione
instructive istruttivo
instrument lo strumento
interesting interessante
internal interno
to intervene intervenire* (p. p. intervenuto)
to interview intervistare
to introduce (a person) presentare
invitation l'invito; **upon invitation**
su invito
to invite invitare
Irish irlandese
island l'isola
to issue emettere (p. p. emesso)
Italy l'Italia

J
jacket la giacca
jail la galera
janitor il (la) custode

January gennaio
Japanese giapponese
Jesus Gesù
jewel il gioiello;
jewelry shop la gioielleria
job il lavoro
joke lo scherzo
to joke scherzare
journalist il (la) giornalista
juice il succo
July luglio
to jump saltare
June giugno
jungle la giungla
just appena, solo
justice la giustizia

K
to keep tenere;
to keep a promise mantenere una
promessa
key la chiave
to kill uccidere (p. p. ucciso),
ammazzare;
to kill oneself uccidersi*
kilogram il chilo (il chilogrammo)
kind gentile, il tipo
kindness la gentilezza
king il re
kingdom il regno
kiss il bacio (pl. i baci)
to kiss baciare;
to kiss each other baciarsi*
kitchen la cucina;
kitchen cabinet l'armadietto
knee il ginocchio - le ginocchia
knife il coltello
to knit lavorare a maglia
to knock bussare
to know sapere, conoscere
(p. p. conosciuto)

L
lake il lago
lamb l'agnello
lamentation il lamento
lamp la lampada
land la terra
landing l'atterraggio
language la lingua
large largo, grande
last ultimo
late tardi; **later** più tardi
to laugh ridere (p. p. riso); **to laugh
heartily** ridere di gusto
laundromat la lavanderia
to lead condurre (p. p. condotto)
leaf la foglia
to learn imparare
learned dotto
leather il cuoio, la pelle
to leave lasciare (somebody or
something), partire* (to depart); **to
leave alone** lasciare in pace

lecture la conferenza
left sinistra; **to the left** a sinistra
leg la gamba
lemon il limone
to lend prestare
less meno; **more or less** più o meno
lesson la lezione
to let lasciare, permettere (p. p. permesso)
letter la lettera
lexicon il lessico
library la biblioteca
license: driver's license la patente
life la vita
light la luce; **headlight** il faro
lightning il fulmine
likable simpatico
to like piacere* (p. p. piaciuto)
lily il giglio (pl. i gigli)
limit il limite; **speed limit** il limite di
  velocità
line la riga
linen la biancheria
liquor il liquore
list l'elenco
to listen ascoltare
liter il litro
literary letterario
literature letteratura
little poco; **a little bit** un po'; **in a
  little while** fra (or tra) poco
to live vivere (p. p. vissuto)
liver il fegato
living vivente
to load caricare
to lock chiudere a chiave (p. p. chiuso)
long lungo
to look guardare
to look for cercare
to lose perdere (p. p. perso)
loss la perdita
lot: a lot molto, tanto
love amore;
  to fall in love innamorarsi*
luck la fortuna; **what luck!** che
  fortuna!
lucky fortunato
lunch il pranzo

M
macaroni i maccheroni
mad pazzo; **madman** il pazzo
madam la signora
magazine la rivista
magnificent magnifico
major maggiore
majority la maggioranza
to make fare;
  to make a phone call fare una
  telefonata; **to make
  a mistake** fare un errrore
man l'uomo (pl. gli uomini)
mannered: bad mannered
  maleducato
many molti (e), tanti (e)

March marzo
market il mercato
marmalade la marmellata
to marry sposare; **to get married**
  sposarsi*
marvelous meraviglioso
mash il purè; **mashed potatoes**
  il purè di patate
mask la maschera
to mask mascherare
material il materiale; **raw material**
  la materia prima
mathematics la matematica
matter la materia (also school subject)
may potere
meadow il prato
meal il pasto
mean (bad) **cattivo; in the
  meantime** nel frattempo
to mean significare
meaning il significato
measure la misura
meat la carne; **boiled meat**
  il bollito
mechanic il meccanico
medicine la medicina
medium medio (size)
meek mite
to meet incontrare; **to meet each
  other** incontrarsi*
meeting la riunione
melon il melone
to memorize imparare a memoria
to mention menzionare
menu il menù
merchandise la merce
merchant il mercante
Mexican messicano
middle medio; **Middle Ages** il
  Medioevo; **middle finger** il medio;
  a middle way una via di mezzo
mild mite
milk il latte
million il milione
miniature la miniatura
minister ministro; **Prime Minister** il
  Primo ministro
minstrel il menestrello
to mint coniare
minus meno
miscellaneous vario
miss la signorina
to miss perdere (p. p. perso)
mistake l'errore
mister il signore
mom la mamma
Monday lunedì
money i soldi, il denaro
monkey la scimmia
month il mese
mood il modo
moon la luna
more più, di più; **more and more**
  sempre più; **more or less** più o meno

morning il mattino or la mattina; **good morning!** buon giorno!
mosquito la zanzara
most più, la maggior parte; **mostly** per la maggior parte
mother la madre; **step - mother** la matrigna
motorcycle la motocicletta (la moto)
mouse il topo
mouth la bocca
mountain la montagna; **mountain chain** la catena montuosa
to move commuovere (p. p. commosso)
moving commovente
much molto, tanto; **too much** troppo
murderer l'assassino
museum il museo
mushroom il fungo
music la musica
musician il (la) musicista
mussel la cozza
must dovere; **a must** obbligatorio

N

name il nome; **last name** il cognome
napkin il tovagliolo
native nativo
naughty cattivo
near vicino, accanto; **nearby** qui vicino
neighbor il vicino di casa
neighborhood il quartiere
neither... nor nè...nè
nephew il nipote
net la rete
never mai; **never again** mai più
new nuovo
news la notizia; **newscast** il notiziario, il telegiornale
nice carino
niece la nipote
night la notte; **night stand** il comodino; **good night!** buona notte!
nightgown la camicia da notte
no no
noble nobile
nobody nessuno
noise il rumore
to nominate nominare
noodles le tagliatelle
north il nord
northern settentrionale
nose il naso
not non; **not even** neppure, nemmeno, neanche; **not for nothing** non per niente
note la nota
to note notare
nothing niente
to notice notare
noun il nome
novel il romanzo
November novembre
now ora, adesso

nowadays oggigiorno
nowhere da nessuna parte
nucleus il nucleo
number il numero; **telephone number** il numero di telefono
nurse l'infermiere - l'infermiera
nursery rhyme la filastrocca

O

obedient ubbidiente
object l'oggetto
to obtain ottenere
obvious ovvio
October ottobre
of di
to offer offrire (p. p. offerto)
office l'ufficio (pl. gli uffici); **to hold an office** ricoprire una carica
often spesso
oil l'olio
okay va bene
old vecchio
olive l'oliva; **olive grove** l'uliveto; **olive tree** l'olivo (or l'ulivo)
on su
once una volta; **once upon a time** c'era una volta
one uno, una; **one o'clock** l'una in punto; **one or the other** l'uno o l'altro
oneself se stesso; **by oneself** da solo
onion la cipolla
only solo
to open aprire (p. p. aperto); **to open wide** spalancare
opera l'opera
opinion l'opinione (f.) **in my, your etc... opinion** secondo me, te etc...
opposite opposto
or o, oppure
orange l'arancia (fruit); **orange tree** l'arancio; **arancione** (inv. color)
orchard il frutteto
to order ordinare; **in order that** perchè (+subj.)
organ l'organo
to organize organizzare
other altro
out fuori
outside fuori
outskirts la periferia
oven il forno; **microwave oven** il forno a microonde
over su; **over there** là

P

package il pacco
pact il patto
page la pagina
to paint dipingere (p. p. dipinto)
paint brush il pennello
painter il pittore-la pittrice

painting la pittura, il quadro
pair il paio (pl. le paia)
pajamas il pigiama (top & bottom)
palace il palazzo
pan il tegame
pants i pantaloni, i calzoni
paper la carta
parcel il pacco
parent il genitore
parish la parrocchia
park il parco
to park parcheggiare
parking il parcheggio
part la parte
party la festa
to pass (or **to pass by**) passare
passage il brano
passport il passaporto
pasta la pasta
pastry la pasta; **pastry shop** la pasticceria
patience la pazienza
patron il patrono
pause la pausa
to pause fare una pausa
to pave lastricare
paw la zampa
to pay pagare
peach la pesca; **peach tree** il pesco
pear la pera; **pear tree** il pero
peas i piselli
peasant il contadino - la contadina
pen la penna
pencil la matita
peninsula la penisola
people la gente (s.)
pepper il pepe; **bell pepper** il
  peperone
perfect perfetto
perfume il profumo
perhaps forse
to perish (-isco) perire
permission il permesso
to permit permettere (p. p. permesso)
period il periodo
pestilence la pestilenza (or la peste)
pharmacy la farmacia
photograph la fotografia (la foto)
physician il medico (pl. i medici)
piano il pianoforte
picture il quadro; **picture gallery** la
  pinacoteca
picturesque pittoresco
pie la crostata
piece il pezzo; **piece of furniture** il
  mobile; **piece of silverware**
  la posata
pig il maiale
pillow il cuscino
pineapple l'ananas
pink rosa (inv.)
pity la pietà
place il luogo, il posto
to place mettere (p. p. messo), porre
  (p. p. posto)

plain la pianura
plan il piano
to plan pianificare
planet il pianeta
plant la pianta
plastic la plastica
plate il piatto
platform il binario (pl. i binari)
to play giocare; **to play cards**
  giocare a carte; **to play a**
  musical instrument suonare
  uno strumento musicale; **to play soccer**
giocare a calcio
player il giocatore
pleasant piacevole, simpatico
please per favore, per piacere;
  please do! prego!
pleasure il piacere;
  my pleasure! piacere mio!
pledge il pegno
plot la trama
plum la prugna, la susina; **plum tree**
  il prugno, il susino
poem la poesia
poet il poeta (pl. i poeti)
poetry la poesia
pointed aguzzo
to poison avvelenare
pole il polo; **North Pole** il polo Nord
politician il politico
politics la politica
poll il sondaggio
to pollute inquinare
pond lo stagno
poor povero
pope il Papa
population la popolazione
pork il maiale
portal il portale
portrait il ritratto
Portuguese portoghese
possible possibile
postcard la cartolina
pot la pentola
potato la patata
poverty la povertà
power il potere
powerful potente
practical pratico
to practice praticare
prayer la preghiera
to precede precedere
to prefer preferire (-isco)
preoccupied preoccupato
to prepare preparare
presence la presenza
presently attualmente
pretty bello, carino
previous precedente
price il prezzo
prince il principe
principal (of a school) il preside - la
  preside
prize il premio (pl. i premi)

probable probabile
problem il problema (pl. i problemi)
process il processo
procession la processione
to produce produrre (p. p. prodotto)
product il prodotto
profession il mestiere, la professione
program il programma (pl. i programmi)
Prohibition il Proibizionismo
promise la promessa
to promise promettere (p. p.promesso)
to promulgate promulgare
pronunciation la pronuncia
proper perbene
property la proprietà
prose la prosa
protagonist il (la) protagonista
proverb il proverbio (pl. i proverbi)
provided that a condizione che,
  a patto che, purchè (+subj.)
prudent prudente
psychological psicologico
psychologist lo psicologo
public pubblico
to pull up tirare su
punctual puntuale
pupil l'allievo, l'alunno
puppet il burattino
puppy il cucciolo
puree il purè
purple viola (inv.)
to put mettere (p. p. messo); **to put on**
  mettersi*

Q
to quarrel litigare
queen la regina
question la domanda
quiet zitto; **to keep quiet** stare zitti
to quit smettere (p. p. smesso)

R
rabbit il coniglio (pl. i conigli)
rage la rabbia
rain la pioggia (pl. le piogge)
raincoat l'impermeabile (m.)
to raise alzare
rarely raramente
rascal il monello
rate: natality (birth) rate il tasso di natalità
rather piuttosto
raw crudo
to reach raggiungere (p. p. raggiunto)
recent recente
to read leggere (p. p. letto)
reading la lettura
ready pronto
reality la realtà
to realize accorgersi* (p. p. accorto)
really davvero, proprio
reason la ragione
receipt lo scontrino
to receive ricevere
recipe la ricetta

to recite recitare
reckless spericolato
to recommend raccomandare
record il disco
red rosso
to reduce ridurre (p. p. ridotto)
reed la canna
refined raffinato
refrigerator il frigorifero
to relate raccontare
relationship il rapporto
relative il parente
to relax rilassare; **to relax oneself**
  rilassarsi*
religion la religione
to remain rimanere* (p. p. rimasto)
to remember ricordare
Renaissance il Rinascimento
to render rendere (p. p. reso)
to rent affittare
to repair riparare
to repeat ripetere
to report riportare
to represent rappresentare
to request richiedere (p. p. richiesto)
research la ricerca
to resort (to) ricorrere* (p. p. ricorso) a
to respect rispettare
respectively rispettivamente
to rest riposare; **to rest oneself**
  riposarsi*
restaurant il ristorante
to result risultare*
to resume riprendere (p. p. ripreso)
Resurrection la Resurrezione
to return ritornare*
to revalue rivalutare
to review ripassare
rice il riso
rich ricco
right destra, giusto; **to be right**
  avere ragione; **to the right** a destra;
ripe maturo
river il fiume
roast l'arrosto; **roasted** arrosto/arrostito
romance (language) romanza
Romanesque romanico
roof il tetto
room la stanza
roommate il compagno - la compagna
  di stanza
rose la rosa
route il percorso, la via
rude sgarbato
rug il tappeto
rule la regola
rumor la chiacchiera
to run correre (p. p. corso); **to run**
  away scappare*
Russian russo

S
safe sicuro
saint santo

salary lo stipendio
sale la svendita, la liquidazione
salesperson il commesso-la commessa
salmon il salmone
salty salato
same stesso
sandal il sandalo
sandwich il panino; **sandwich
 parlor** la paninoteca
Saturday sabato
sauce la salsa
sausage la salsiccia
to save risparmiare
to say dire (p. p. detto); **to say yes
 or no** dire di sì o di no
saying il detto
scale la bilancia
scarecrow lo spaventapasseri
scarf la sciarpa
scary pauroso
scene la scena
schedule l'orario
 school la scuola; **Elementary school**
 la scuola elementare; **High school**
 la scuola secondaria
scientist lo scienziato
sculpture la scultura
to sculpture scolpire (-isco)
sea il mare
season la stagione
seat il posto, la sede
to see vedere (p. p. visto); **to see each
 other** vedersi*
to seem sembrare, parere (p. p. parso)
selfish egoista m. & f. (pl. m. egoisti - pl. f.
 egoiste)
to sell vendere
to send inviare
sensitive sensibile
sentence la frase
September settembre
serenade la serenata
serene sereno
serious serio
servant il servitore
to serve servire
to set (the table) apparecchiare
severe severo
shade l'ombra
shadow l'ombra
sharp aguzzo
she lei
sheet il lenzuolo (pl. le lenzuola)
shelf lo scaffale
sheriff lo sceriffo
to shine luccicare
shirt la camicia (pl. le camicie)
shoe la scarpa
shop il negozio; **shop keeper** il negoziante
to shop fare delle spese; **to shop
 (for grocery)** fare la spesa
short basso, corto
shoulder la spalla
to shout urlare

shovel la pala
show lo spettacolo
to show mostrare
shrimp il gamberetto
sick ammalato
sickness il male
side la parte, la faccia; **side dish** il contorno
sigh il gemito, il sospiro
to sigh sospirare
sign il segno
silent zitto
silk la seta
silly sciocco
silver l'argento
simple semplice
since da
to sing cantare
singer il cantante-la cantante
singing il canto
single singolo
sink il lavandino
sister la sorella; **step - sister** la sorellastra
to sit sedersi*
to skate pattinare
to ski sciare
skin la pelle
sky il cielo
skyscraper il grattacielo
to sleep dormire
sleeve la manica
slender magro, snello
slow lento
to slow down rallentare
sly furbo
small piccolo; **smaller** minore;
 smallest il minore
smile il sorriso
smock il camice
to smoke fumare
snack lo spuntino; **afternoon
 snack** la merenda
snake il serpente
sneakers le scarpe da ginnastica
snow la neve
to snow nevicare
so so così, così; **so long**
 arrivederci (form. & inform.);
 arrivederLa (form.)
soap il sapone, la saponetta (soap bar)
soccer il calcio; **soccer ball** il pallone
socks le calze
sofa il sofà, il divano
soft tenero; **soft sound** suono dolce
some alcuni-alcune (a few); di + article
 (dei - delle etc...); un po' (a little bit of)
son il figlio (pl. i figli)
song la canzone
soon presto; **pretty soon** ben presto;
 see you soon a presto
soprano la soprano (pl. le soprano)
soul l'anima (or l'animo)
soup la zuppa, la minestrina, la pastina
 in brodo
southern meridionale

sparkling (water) gassata; **sparkling** (wine) lo spumante
to speak parlare
to specialize (in) specializzarsi* in
specialty la specialità
spectacular spettacolare
speech il discorso
speed la velocità; **speed limit** il limite di velocità
spell l'incantesimo
spicy piccante
spider il ragno
spinach gli spinaci
spoiled viziato
sport lo sport
to spread diffondere, diffondersi*
spring la primavera
spy la spia
squirrel lo scoiattolo
stadium lo stadio (pl. gli stadi)
stairs le scale
to stand out spiccare
star la stella
to start cominciare
statue la statua
to stay stare* (p. p. stato), restare
steel l'acciaio
to step on calpestare
still ancora
stockings le calze velate
stomach lo stomaco
stone la pietra
stop stop
store: department store il grande magazzino
stove la stufa
straight (straight ahead) diritto
strange strano
street la strada
strict severo
strike lo sciopero
strong forte
stubborn ostinato
student lo studente-la studentessa
study lo studio (pl. gli studi)
stuffed ripieno, farcito
stuffing il ripieno
stupid stupido
style lo stile
subject il soggetto, l'argomento; **school subject** la materia
substantial sostanzioso
to substitute sostituire (-isco)
subtraction la sottrazione
subway la metropolitana
success il successo
to suffer soffrire (p. p. sofferto)
to suggest suggerire (-isco)
suit l'abito
summer l'estate
Sunday la domenica
supporter il fautore
sure sicuro, già; **to be sure** beninteso
surface la superficie (pl. le superfici)

surprise la sorpresa; **what a beautiful surprise!** ma che bella sorpresa!
to surround circondare
to survive sopravvivere* (p. p. sopravvissuto)
to suspect sospettare
to swear giurare; **to swear to each other** giurarsi*
sweater il maglione
sweet dolce
to swim nuotare
swimming pool la piscina
symphony la sinfonia

T

table la tavola; **coffee table** il tavolino
tablecloth la tovaglia
to take prendere; **to take a break** fare una pausa; **to take care of** accudire; **to take an exam** dare un esame; **to take a nap** fare un pisolo; **to take off** (clothes) togliersi* (p. p. tolto); **to take out** tirare fuori; **to take a walk** fare una passeggiata; **to take a short walk** fare due passi; **to take a shower** fare la doccia; **to take a trip** fare un viaggio
taste il gusto
to taste assaggiare
tax la tassa
taxi cab il tassì (o il taxi)
tea il tè (or il the)
to teach insegnare
tear la lacrima
telephone il telefono; **telephone booth** la cabina telefonica; **telephone call** la telefonata
to telephone telefonare
to tell dire (p. p. detto), raccontare
temple il tempio (pl. i templi)
tendency la tendenza
tender tenero
tenor il tenore
to test mettere alla prova
thank you grazie
to thank ringraziare
thanks grazie; **many thanks** molte (or tante) grazie; **Thanksgiving day** il giorno del Ringraziamento
that quello; **that is** cioè
theatre il teatro
then allora, poi
there lì; **over there** là
therefore dunque, quindi
thesis la tesi (pl. le tesi)
they loro
thief il ladro
thin sottile
thing la cosa
to think pensare
this questo; **this way** così, in tal modo
thought il pensiero

thriller il (film) giallo
throat la gola
through attraverso, tramite
thumb il pollice
Thursday giovedì
ticket il biglietto
tie la cravatta
tight stretto
time il tempo, la volta; **at a time** per volta; **how many times?** quante volte? **at the same time** allo stesso tempo; **sometimes** qualche volta; **at what time?** a che ora? **what time is it?** che ora è? (o che ore sono?)
tip la mancia (pl. le mance)
tire la gomma
tired stanco; **to get tired** stancarsi*
title il titolo
toast il toast
to toast tostare
toaster il tostapane
today oggi
together insieme
token il gettone
tomato il pomodoro
tomorrow domani
too anche; **me too** anch'io; **too much** troppo
tooth il dente
topic l'argomento
to touch toccare; **to get in touch (with)** mettersi in contatto (con)
tough duro
tourist il turista - la turista
towards verso
towel l'asciugamano
tower la torre
toy il giocattolo
traffic il traffico
tragedy la tragedia
train il treno
tranquil tranquillo
to transform trasformare
transportation il trasporto; **means of tranportation** i mezzi di trasporto
trash can la pattumiera
to travel viaggiare
treason il tradimento
treasure il tesoro
trip il viaggio; **short trip** la gita, l'escursione
triumph il trionfo
trousers i pantaloni, i calzoni
trout la trota
trumpet la tromba
trustworthy fidato
truth la verità
tub la vasca
turkey il tacchino
typical tipico

U
ugly brutto
umbrella l'ombrello
unbeatable insuperabile

uncle lo zio (pl. gli zii)
undecided indeciso
under sotto
to underline sottolineare
to understand capire (-isco)
unemployed disoccupato
unfailingly immancabilmente
unfortunately purtroppo, sfortunatamente
unhappy infelice
union l'unione
to unite unire
university l'università
unjust ingiusto
unless a meno che
unpleasant antipatico
until fino a
usage l'usanza
use l'uso
to use usare
useful utile
useless inutile
usually di solito; **as usual** come al solito
utensil l'utensile

V
vacation la vacanza
vacuum cleaner l'aspirapolvere
vase il vaso
veal il vitello
vegetables la verdure (or le verdure)
vendor il venditore
venison il capriolo
very molto (inv.)
victory la vittoria
view la veduta, la vista
villa la villa
vinegar l'aceto
vineyard il vigneto
violet viola (inv. color); la viola, la mammola (flower)
violin il violino
to visit visitare
vivaciously animatamente
voice la voce
vote il voto
to vote votare
voting la votazione

W
to wait aspettare
waiter il cameriere - la cameriera
to wake up svegliarsi*; **to wake up** (somebody) svegliare
to walk camminare
wall il muro
to want volere
war la guerra
warning l'avvertimento
to wash lavare; **to wash oneself** lavarsi*
washing machine la lavatrice
watch l'orologio (pl. gli orologi)
water l'acqua
way il modo; **way of life** il modo di

vivere; **middle way** la via di mezzo;
this way così, in tal modo
we noi
weak debole
wealthy ricco, facoltoso
to wear indossare
weather il tempo; **weather
forecast** le previsioni del tempo;
weather report il bollettino meteorologico
wedding il matrimonio, le nozze (f. pl.)
Wednesday mercoledì
week la settimana
to weigh pesare; **to weigh oneself**
pesarsi*
weight il peso
welcome! benvenuto! (a - i - e)
to welcome accogliere (p. p. accolto)
welfare il benessere
well bene; **well known** risaputo
west ovest
western occidentale
to wet bagnare
whale la balena
what? che cosa? cosa? che?
when quando
where dove
which quale;
which one (s)? quale (i)?
while mentre
white bianco ·
who che; **who?** chi?
whoever chiunque
whole intero; **whole wheat** (bread)
integrale
why perchè
widespread diffuso
wife la moglie (pl. le mogli)
wild selvaggio
to win vincere (p. p. vinto)
wind il vento
window la finestra; **car window**
il finestrino

wine il vino
winter l'inverno
to wish desiderare
witch la strega
to withdraw ritirare
within entro
without senza
woman la donna
wood il legno
woods il bosco
wool la lana
word la parola
work il lavoro
to work lavorare
worker l'operaio - l'operaia
world il mondo
to worry preoccuparsi*; **don't
worry!** non ti preoccupare!
worse peggiore, peggio; **worst** peggiore,
peggio **worth: to be worth** valere (p. p.
valso) **to be worth** (the effort) valerne
la pena
wrestling la lotta
to write scrivere (p. p. scritto)
writer lo scrittore - la scrittrice
wrong sbagliato

Y

year l'anno; **Happy new year!**
Buon Anno!
yellow giallo
yes sì
yesterday ieri
yet ancora; **not yet** non ancora
you tu (s. inform.); Lei (s. form.);
voi (pl. inform.); Loro (pl. form.)
young giovane

Z

zero lo zero
zoo lo zoo (pl. gli zoo)